"十二五"职业教育国家规划教材
高等职业教育铁道信号自动控制专业系列教材

区间信号自动控制

（第四版）

林瑜筠　主编

中国铁道出版社有限公司

2025年·北　京

内 容 简 介

本书为“十二五”职业教育国家规划教材、高等职业教育铁道信号自动控制专业系列教材之一。本书全面系统地阐述了铁路区间信号自动控制设备的基本知识和基本原理，共分6个项目，包括闭塞和闭塞系统认知、半自动闭塞系统认知与维护、自动站间闭塞认知与维护、ZPW-2000系列自动闭塞认知与维护、改变运行方向电路认知与维护、区间综合监控系统认知与使用维护和高速铁路自动闭塞功能认知与维护。本书内容密切结合现场实际，并吸纳了最新的科技成果。

本书为高等职业教育铁道信号自动控制专业教材，还可作为现场工程技术人员和信号维修人员的培训教材或参考资料。

图书在版编目(CIP)数据

区间信号自动控制 / 林瑜筠主编. -- 4版. -- 北京 : 中国铁道出版社有限公司, 2025. 7. -- (“十二五”职业教育国家规划教材)(高等职业教育铁道信号自动控制专业系列教材). -- ISBN 978-7-113-32220-5

Ⅰ. U284.43

中国国家版本馆CIP数据核字第2025P0G586号

书　　名：区间信号自动控制
作　　者：林瑜筠

策　　划：吕继函
责任编辑：吕继函　　**编辑部电话：**(010)51873205　　**电子邮箱：**312705696@qq.com
封面设计：郑春鹏
责任校对：苗　丹
责任印制：赵星辰

出版发行：中国铁道出版社有限公司(100054，北京市西城区右安门西街8号)
网　　址：https://www.tdpress.com
印　　刷：北京联兴盛业印刷股份有限公司
版　　次：2007年8月第1版　2025年7月第4版　2025年7月第1次印刷
开　　本：787 mm×1 092 mm 1/16　**印张：**18　**字数：**450千
书　　号：ISBN 978-7-113-32220-5
定　　价：49.00元

前言

本书为“十二五”职业教育国家规划教材、高等职业教育铁道信号自动控制专业系列教材之一。

截至2024年底，全国铁路营业里程达到16.2万km，其中高速铁路营业里程4.8万km。我国铁路在持续快速发展，作为铁路主要技术装备的信号系统也在迅速发展，而区间信号是主要信号系统之一。随着我国铁路建设的发展，尤其是提速战略的实施和高速铁路的建设，进一步加快了区间信号设备发展的步伐。本书是在2020年出版《区间信号自动控制(第三版)》的基础上，根据我国铁路区间信号发展的实际情况修订而成的。

本书密切结合铁路现场实际，紧跟现代化信号技术的发展步伐。凡是现场已经淘汰或行将淘汰的设备，本书不予介绍。站内轨道电路电码化设备，是CTCS-0级的地面设备，不属于闭塞设备，宜在《列车运行自动控制》中介绍，本书不作介绍。本版主要修订内容如下：

1. ZPW-2000系列自动闭塞包括ZPW-2000A、ZPW-2000R、ZPW-2000S型，其中应用最多的是ZPW-2000A型，ZPW-2000R型、ZPW-2000S型应用较少。为了全面介绍ZPW-2000系列自动闭塞，所以本书仅对ZPW-2000R型、ZPW-2000S型进行简要介绍。在ZPW-2000A型自动闭塞中补充了阻容缓放盒的内容。

2. 在自动闭塞区段，钢轨、轮对表面存在影响分路电阻的物质，会造成占用丢失的现象。在高速铁路上，通过TCC的软件实现了区间占用逻辑检查，对区间闭塞分区占用丢失进行了安全防护。但在普速铁路上，采用的是继电式区间占用逻辑检查设备，因此本书增加了该部分内容。

3. 区间综合监控系统可实现站间安全信息传输、区间方向控制和区间占用逻辑检查三项功能，在我国铁路有所运用，因此本书增加介绍该部分的内容。

本书宜和《自动闭塞图册(第三版)》《计算机联锁图册(第三版)》配套使用。本书中的主要电路均在图册中呈现，不再另附插图。

本书由南京铁道职业技术学院林瑜筠任主编，南京铁道职业技术学院张菊、李瑞成，中国铁路上海局集团有限公司常州电务段宋超华、中国铁路济南局集团有限公司济南电务段田朋任副主编。林瑜筠编写了项目1、项目4、项目7；张菊编写了项目2；李瑞成编写了项目3；宋超华编写了项目5；田朋编写了项目6。

在本书编写过程中，编者得到了全路许多单位和同仁的支持和帮助，于此一并表示感谢。

由于编者水平有限，资料搜集不全，再加上时间仓促，书中疏漏、不妥之处在所难免，恳请读者批评指正。

编　者

2025年1月

目录

项目1　闭塞和闭塞系统认知

项目描述

本项目主要介绍闭塞和闭塞系统的基本概念，包括半自动闭塞、自动站间闭塞和自动闭塞的系统组成、技术特征和发展概况，使读者在学习以后建立对闭塞和闭塞系统的初步认识。

学习目标

了解区间闭塞和闭塞系统的基本情况、闭塞系统的分类；初步了解半自动闭塞、自动站间闭塞和自动闭塞的系统组成、技术特征和发展概况；知道三种闭塞系统的区别及分别运用于何种类型的铁路。

典型工作任务1　闭塞认知与闭塞系统认知

1.1.1　工作任务

了解区间、闭塞、闭塞制度和行车闭塞制式的发展。

视频

铁路闭塞的基本概念

1.1.2　知识链接

1. 区间和闭塞

所谓区间，是指两个车站(或线路所)之间的铁路线路。相邻两站之间的区间称为站间区间；车站与线路所之间的区间称为所间区间。根据区间线路的数目，分为单线区间、双线区间及多线区间（如三线区间、四线区间）。

车站向区间发车时，必须确认区间无车。在单线区间又必须防止两站同时向同一个区间发车。为此要求按照一定的方法组织列车在区间的运行。用信号或凭证，保证列车按照空间间隔制运行的技术方法称为行车闭塞法，简称闭塞。用以完成闭塞作用的系统称为闭塞系统。

闭塞系统的作用是保证列车在区间运行的安全间隔。

区间信号自动控制是铁路区间信号、闭塞及区段自动控制、远程控制技术的总称。

2. 时间间隔法和空间间隔法

安全间隔可分为时间间隔和空间间隔。

最初采用的闭塞制度是时间间隔法，即前行列车和追踪列车之间必须保持一定时间间隔的行车方法。当前行列车出发后，经过一定的时间，才允许后续列车出发。由于前行列车可能在途中减速或因故停留在区间，而且列车运行速度可能和预定计划不一致，故此方法很不可靠。列车晚点会打乱行车时刻表，因此要求用路票的办法予以辅助。电报和电话应用于铁路行车即所谓电报或电话闭塞，曾起过重要的作用，但当联系错误时危及行车安全，因此必须采用两站间闭塞设备互相联锁的办法，即空间间隔法。

空间间隔法是控制前行列车和追踪列车之间保持一定距离的行车方法。一般以相邻两车站之间作为一个区间或将区间的铁路线路划分为若干个闭塞分区，一个区间或一个闭塞分区同时只能允许一列列车运行，因此能保证行车安全。它与时间间隔法相比，是一个很大的进步。

3. 行车闭塞制式的发展

行车闭塞制式大致经历了：电报或电话闭塞→路签（牌）闭塞→半自动闭塞→自动站间闭塞→自动闭塞的发展过程。

电报或电话闭塞是最初采用的人工闭塞，由车站值班员用电报或电话进行联系实现区间闭塞。这是完全的人工闭塞，没有任何技术保证。

路签（牌）闭塞以路签（牌）作为占用区间的凭证，相邻两站都设有电气路签（牌）机，非经两站同意，并办理一定手续，不能从中取出路签（牌）；在取出一个路签（牌）后，不能取出第二个。这就保证了同时只有一列列车在区间内运行。路签（牌）闭塞是实物凭证闭塞，路签（牌）的授受是人工的，技术水准很低，极大地影响行车效率。

半自动闭塞是以出站信号机或线路所的通过信号机显示的进行信号作为列车占用区间的凭证，发车站的出站信号机或线路所的通过信号机必须经两站同意，办理闭塞手续后才能开放，列车进入区间后自动关闭；在列车未到达接车站以前，向该区间发车用的所有信号机都不得开放，这就保证了两站间的区间内同时只有一列列车运行。半自动闭塞均由继电电路构成，故称为继电半自动闭塞。继电半自动闭塞适应我国单线铁路站间距离短、列车成对运行的特点，得到了迅速的发展，在保证行车安全、提高运输效率、改善劳动条件等方面发挥了显著的作用，取得了突出的技术经济效果。但是，半自动闭塞因没有区间空闲检查设备，列车完整到达需要人为确认，存在不安全因素。

在半自动闭塞的基础上增加区间空闲检查设备——计轴器或长轨道电路，可完成闭塞手续和到达复原的自动办理，构成自动站间闭塞。自动站间闭塞的安全程度有了很大提高，而且无须人为确认列车完整到达，缩短了车站办理接发车时间，相应地提高了区间通过能力。

路签（牌）闭塞、半自动闭塞、自动站间闭塞都是以整个区间作为行车间隔的，都属于站间闭塞的范畴。

自动闭塞不同于站间闭塞，它将一个区间划分为若干个闭塞分区，每个闭塞分区的起点装设通过信号机，列车运行借助车轮与轨道电路接触发生作用，自动控制通过信号机的显示，即在列车运行中自动完成闭塞作用。这种方式既不需要办理闭塞手续，又可开行追踪列车，既保证了行车安全，又提高了运输效率。自动闭塞比其他各种闭塞方式都要优越，是一种先进的闭塞方式。

4. 闭塞系统的运用

目前在我国铁路，双线多采用自动闭塞，单线多采用半自动闭塞，路牌闭塞已不存在，路签闭塞也已绝迹。电话闭塞则是当上述基本闭塞设备不能使用时，根据列车调度员的命令所采用的代用闭塞方法。

典型工作任务 2　半自动闭塞认知

1.2.1　工作任务

了解半自动闭塞的技术特征、主要技术条件、分类、设备组成、基本原理和技术经济效益。

1.2.2　知识链接

1. 半自动闭塞的定义和技术特征

半自动闭塞是用人工来办理闭塞及开放出站信号机，而由出发列车自动关闭出站信号机并实现区间闭塞的一种闭塞方式。

半自动闭塞的技术特征是：

(1)以出站信号机或线路所的通过信号机绿灯显示作为列车占用区间的凭证。

(2)办理闭塞和到达复原是人工完成的，而实现闭塞是由列车自动完成的，整个过程是半自动的。

2. 半自动闭塞主要技术条件

(1)单线区间，只有在本站发出请求发车信息并收到对方站(或线路所)的同意接车信息之后，发车站闭塞机才能开通，出站信号机或通过信号机才能开放。

(2)双线区间，只有在前行列车到达接车站，并收到接车站的到达复原信息之后，闭塞机才能开通，出站信号机或通过信号机才能开放。

(3)出站信号机开放后，列车出发前，发车站应在发车进路解锁后才能取消闭塞。

(4)列车从发车站进入区间，出站信号机应自动关闭，并使双方站闭塞机均处于闭塞状态。在列车到达接车站前，不得解除闭塞。列车占用的区间，有关的出站信号机不得开放。

(5)列车到达接车站后，发车站未得到接车站的确认列车完全到达信息时，不得解除闭塞。

(6)半自动闭塞设备，应保证发送电话振铃信号时不干扰闭塞设备的正常工作。

(7)半自动闭塞站间传输线路必须采用实线回路。

(8)当继电半自动闭塞设备的传输线路任何一处发生断线、混线、混电、接地、外电干扰、元器件故障、轨道电路失效或错误办理时，均应保证闭塞机不能错误开通。

(9)继电半自动闭塞电源停电恢复时，闭塞机应处于闭塞状态，只有用事故按钮办理，才能使闭塞机复原。

(10)继电半自动闭塞的线路电源应使对方站(或线路所)的线路继电器得到不小于其工作值120%的电压，同一车站的上、下行闭塞机的线路电源应分开设置。

3. 继电半自动闭塞及其分类

以继电电路的逻辑关系来完成两站间闭塞作用的半自动闭塞称为继电半自动闭塞。

我国铁路采用的是64型继电半自动闭塞。64型继电半自动闭塞分为64D型、64F型和64Y型。64D型用于单线，64F型用于双线，64Y型是带预办功能的半自动闭塞。目前使用的是64D型继电半自动闭塞。

4. 继电半自动闭塞的组成

单线继电半自动闭塞示意如图1.1所示。

在一个区间的相邻两站设一对半自动闭塞机(简称BB)，并经过两站间的闭塞电话线连接起来，通过两站半自动闭塞机的相互控制，保证一个区间同时只有一列列车运行。

64D型继电半自动闭塞设备由半自动闭塞机、半自动闭塞用的轨道电路、操纵和表示设备(也可称控制台)及闭塞电源、闭塞外线等组成。此外，在控制电路中还包括了车站的出站信号机的控制条件。它们之间以电线相连，借以实现彼此间的电气联系。为了实现闭塞设备之间

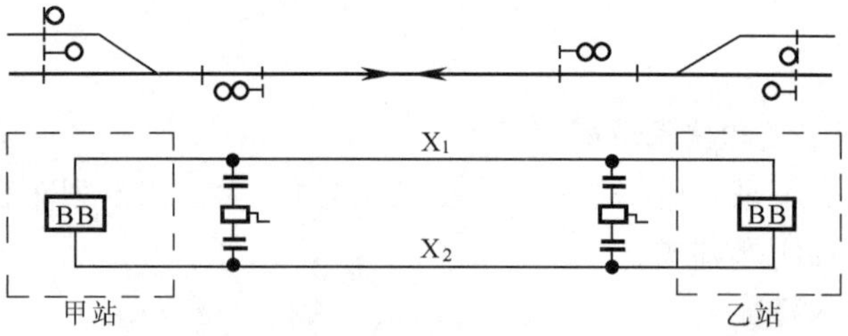

图 1.1　单线继电半自动闭塞示意

的相互联系与控制，在相邻两车站上属于同一区间的两台闭塞机之间，用两条外线连接。64D型继电半自动闭塞设备间的联系示意如图 1.2 所示。

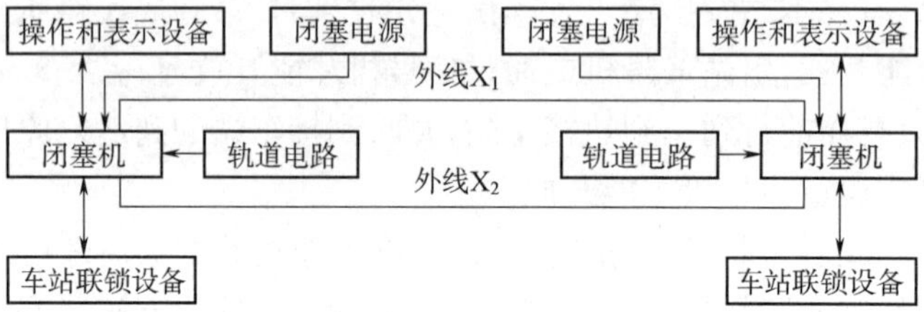

图 1.2　64D 型继电半自动闭塞设备间的联系示意

(1)半自动闭塞机是闭塞设备的核心，它由继电器、电阻、电容器等元件组成，以继电电路的逻辑关系来完成两站间的闭塞作用。

(2)轨道电路监督列车的出发和到达。

(3)操作和表示设备有按钮、表示灯、电铃和计数器等，用来提供操作手段和表示信息。

(4)闭塞电源保证连续不间断地供电。

(5)闭塞外线联系两站的闭塞机。

5. 继电半自动闭塞的基本原理

发车站要向区间发车，必须检查区间空闲，经两站车站值班员同意，办理闭塞手续后区间才能开通，发车站的出站信号机或线路所的通过信号机才能开放。

列车进入区间后，发车站的出站信号机或线路所的通过信号机自动关闭，而且在列车未到达接车站以前，向该区间发车用的所有信号机都不得开放。

列车到达接车站，由车站值班员确认列车整列到达，办理到达复原后，使两站闭塞机复原。

继电半自动闭塞可用于电气化和非电气化区段，能与各种联锁设备相结合。

6. 继电半自动闭塞的技术经济效益

运用实践证明，继电半自动闭塞的技术经济效益很显著，具有设备简单、使用方便、维修容易、投资少、安装快等优点。由于用出站信号机的允许显示取代实物凭证，极大地提高了行车安全程度，改善了司机、车站值班员的劳动条件，提高了列车运行速度。在单线区段，与路签(牌)闭塞相比，通过能力可提高 20%～30%。

但是，采用半自动闭塞，虽然在一定程度上保证了行车安全，但不能充分发挥铁路线路(尤其是双线)的通过能力。而且由于区间没有空闲检查设备，须由人工确认列车的整列到达，尤其是事故复原的安全操作得不到保证，所以行车安全程度不高，影响运输效率。

典型工作任务3　自动站间闭塞认知

1.3.1　工作任务

了解自动站间闭塞的基本概念、类型、基本原理、技术特征、技术条件和技术经济效益。

1.3.2　知识链接

1. 自动站间闭塞的基本概念

目前我国铁路在单线区段普遍使用64D型继电半自动闭塞，由于没有区间检查设备，区间的占用或空闲及列车是否完整到达均需由车站值班员人工确认，因此，存在着不安全因素。一旦车站值班员违章和疏忽，错误办理解除闭塞而向有车占用的区间发车，就可能造成车毁人亡的重大事故。为确保单线区段的行车安全，完善和改进现有64D型继电半自动闭塞的功能，提高运输效率，减轻车站值班人员的劳动强度，铁路在行车安全措施中，要求逐步对现有的半自动闭塞进行技术改造，增加区间空闲与占用状态的检查设备。

在半自动闭塞区段，配套计轴设备或长轨道电路，可自动地确认列车的完整到达，使区间闭塞设备自动复原，构成自动站间闭塞。

2. 自动站间闭塞的类型

自动站间闭塞分两种类型：一种是在现有64D型继电半自动闭塞的基础上增加计轴设备或长轨道电路构成的自动站间闭塞；另一种是在双线双向自动闭塞区段，反方向按自动站间闭塞运行。

3. 自动站间闭塞的基本原理

上述第一种自动站间闭塞是当发车站办理发车进路时，区间自动构成闭塞，并断开对方站的发车进路条件。出站信号机开放，应连续检查闭塞正确及区间空闲。列车出发后，解除闭塞前，两站防护区间的出站信号机均不能开放。当列车到达接车站，经检查区间空闲后，自动解除闭塞。

第二种自动站间闭塞在检查了整个站间区间空闲并改变运行方向后，即可形成自动站间闭塞。

以下所述均为第一种自动站间闭塞。

4. 自动站间闭塞的技术特征

自动站间闭塞与半自动闭塞相同的是，它们都是站间闭塞，但自动站间闭塞不同于半自动闭塞，它不需要办理闭塞，不需要办理到达复原，即闭塞作用完全是自动完成的。

自动站间闭塞与自动闭塞相同的是，它们都是自动完成闭塞作用的，但自动站间闭塞也不同于自动闭塞，它不将区间划分为闭塞分区，而是以整个区间作为闭塞空间的。

5. 自动站间闭塞的技术条件

自动站间闭塞区间必须装设区间轨道检查装置。区间轨道检查装置可采用计轴设备或长轨道电路。

自动站间闭塞应满足下列技术要求：

(1)车站办理发车进路，区间应自动转入闭塞状态。

(2)出站信号机开放,必须连续检查闭塞正确及区间空闲。

(3)列车出发后,出站信号机应自动关闭。闭塞解除前,两站向该区间的出站信号机不得再次开放。

(4)列车到达接车站,经检查区间空闲后,闭塞自动解除。

(5)区间闭塞后、发车进路解锁前,不能解除闭塞;取消发车进路、发车进路解锁后,闭塞随之自动解除。

自动站间闭塞区间,原有半自动闭塞可作为备用闭塞且应满足下列要求:

(1)区间检查设备正常、区间空闲、未办理闭塞时,经操作,自动站间闭塞方式与半自动闭塞方式可以互相转换,同一区间的闭塞方式应一致。

(2)区间检查设备故障停用时,可按规定的作业程序改为半自动闭塞。

当区间检查设备为计轴设备时,计轴设备检修或停电恢复后,应由区间两端车站值班员确认区间空闲,同时办理,才能使设备复原。

6. 自动站间闭塞的技术经济效益

自动站间闭塞无须车站值班员办理闭塞和确认列车完整到达,缩短了车站办理接发车时间,相应地提高了区间通过能力。更重要的是,克服了在没有区间空闲检查设备状况下半自动闭塞区段因区间遗留车辆、车辆溜逸和错误办理事故复原等造成的不安全情况。

典型工作任务 4　自动闭塞认知

1.4.1　工作任务

了解自动闭塞的基本概念、基本原理、主要技术要求、分类等。

1.4.2　知识链接

自动闭塞是先进的闭塞制度,技术经济效果显著,受到各国的普遍重视,并在技术上不断完善和提高。为适应我国铁路运输现代化的需要,在大力发展自动闭塞。

1. 自动闭塞的基本概念

自动闭塞是根据列车运行及有关闭塞分区状态,自动变换通过信号机显示而司机凭信号行车的闭塞方法,它是一种先进的行车闭塞方法。自动闭塞是在列车运行过程中自动完成闭塞作用的。双线单向自动闭塞示意如图 1.3 所示,它将一个区间划分为若干小段即闭塞分区,在每个闭塞分区的起点装设通过信号机(如图中的 1、3、5、7 和 2、4、6、8 信号机均为通过信号机)用以防护该闭塞分区。每个闭塞分区内都装设轨道电路(或计轴器等列车检测设备),根据列车运行及有关闭塞分区的状态使通过信号机的显示自动变换。因为闭塞作用的完成不需要人工操纵,故称为自动闭塞。

2. 自动闭塞的基本原理

自动闭塞通过轨道电路(或计轴器等列车检测设备)自动地检查闭塞分区的占用情况,根据轨道电路的占用和空闲状态,通过信号机自动地变换其显示,以指示列车运行。

三显示自动闭塞基本原理如图 1.4 所示,通过信号机的不同显示是调整列车运行的命令。

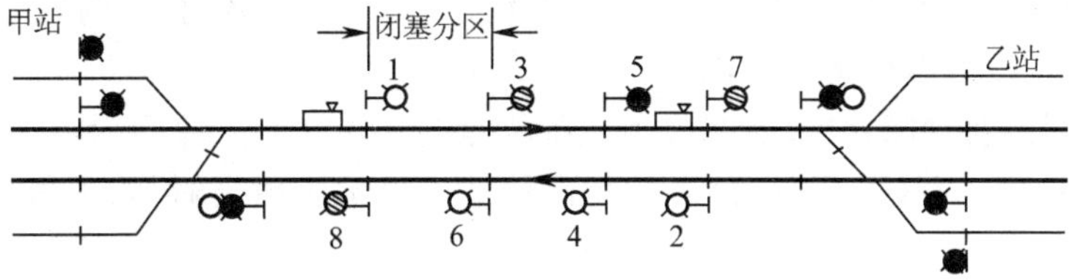

图 1.3 双线单向自动闭塞示意

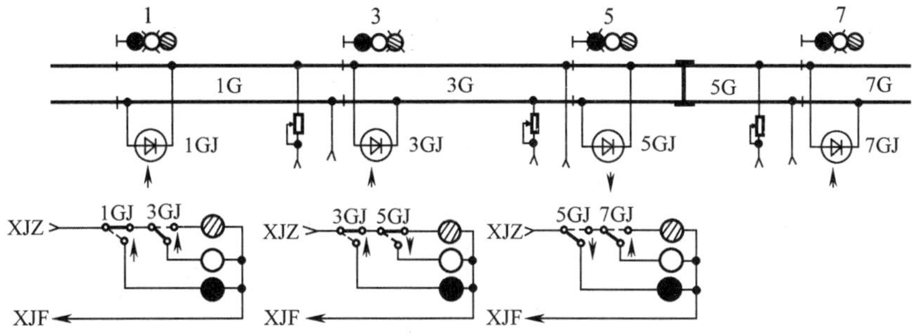

图 1.4 三显示自动闭塞基本原理

通过信号机平时显示绿灯，即“定位开放式”，只有当列车占用该信号机所防护的闭塞分区或线路发生断轨等故障时，才显示红灯——停车信号。

每架通过信号机处为一个信号点，信号点的名称以通过信号机命名。例如，通过信号机“1”处就称为“1”信号点。现以图 1.4 为例说明自动闭塞的工作原理。

当列车进入 3G 闭塞分区时，3G 闭塞分区的轨道电路被列车车轮分路，轨道继电器 3GJ 落下，通过信号机 3 显示红灯，则通过信号机 1 显示黄灯。当列车驶入 5G 闭塞分区并出清 3G 闭塞分区时，3GJ 吸起，5GJ 落下，因而通过信号机 3 显示黄灯，通过信号机 1 显示绿灯。

通过对三显示自动闭塞基本原理的叙述，可得出以下几点结论：

(1)通过信号机的显示是随着列车运行的位置而自动改变的。当显示黄灯时，列车运行前方只有一个闭塞分区空闲；当显示绿灯时，列车运行前方至少有两个闭塞分区空闲。

(2)通过信号机的禁止信号(红灯显示)，是利用轨道电路传送的，而其他的显示信息可以利用轨道电路，也可利用电缆传送。对于三显示自动闭塞必须传递三种以上的信息。

(3)若利用轨道电路传送信息，在每一个信号点处不但有接收本信号点信息的接收设备，同时还须有向前方信号点发送信息的发送设备。

虽然自动闭塞有不少制式，但是它们有着共同的特点，即大多是以轨道电路为基础构成的，也就是说是采用轨道电路来传输信息的。

3. 自动闭塞的主要技术要求

(1)闭塞分区被占用或轨道电路失效时，防护该闭塞分区的通过信号机应自动关闭。

(2)当进站及通过信号机红灯灭灯时，其前一架通过信号机应自动显示红灯。

(3)双向运行的自动闭塞区段，在同一线路上，当一个方向的通过信号机开放后，相反方向的信号机均须在灭灯状态；与其衔接的车站向同一线路发车的出站信号机开放后，对方车站不得向该线路开放出站信号机。

(4)双向运行的自动闭塞区段，当区间被占用或轨道电路失效时，经两站工作人员确认后，可通过办理规定的手续改变运行方向。

(5)双向运行的自动闭塞区段，当发生设备故障或受外电干扰时，不得出现敌对发车状态。

(6)闭塞设备中，当任一元件、部件发生故障或钢轨绝缘破损时，均不得出现信号的升级显示。

(7)在自动闭塞区段，站内控制台上应设有下列区间表示：

①双向运行区间列车运行方向及区间占用。

②邻近车站两端的正线上，至少相邻两个闭塞分区的占用情况。

③必要的故障报警。

4. 自动闭塞的分类

自动闭塞一般是根据运营和技术上的特征来进行分类的。

(1)按行车组织方法可分为单向自动闭塞和双向自动闭塞

在单线区段，只有一条线路，既要运行上行列车，又要运行下行列车。为了调整双方向列车的运行，在线路的两侧都要装设通过信号机，这种自动闭塞称为单线自动闭塞，如图 1.5 所示。

在双线区段，以前采用列车的单方向运行方式，即一条铁路线路只允许上行列车运行，而另一条铁路线路只允许下行列车运行。为此，对于每一条铁路线路仅在一侧装设通过信号机，这样的自动闭塞称为双线单向自动闭塞，如图 1.3 所示。

为了充分发挥铁路线路的运输能力，在双线区段的每一条线路上都能双方向运行列车，这样的自动闭塞称为双线双向自动闭塞，如图 1.6 所示。正方向设置通过信号机，反方向运行的列车是按机车信号的显示作为行车命令的，即此时以机车信号作为行车凭证。

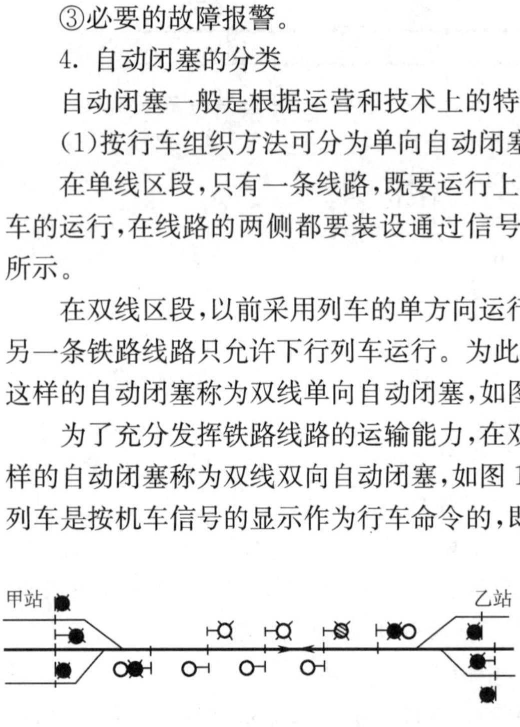

图 1.5 单线双向自动闭塞

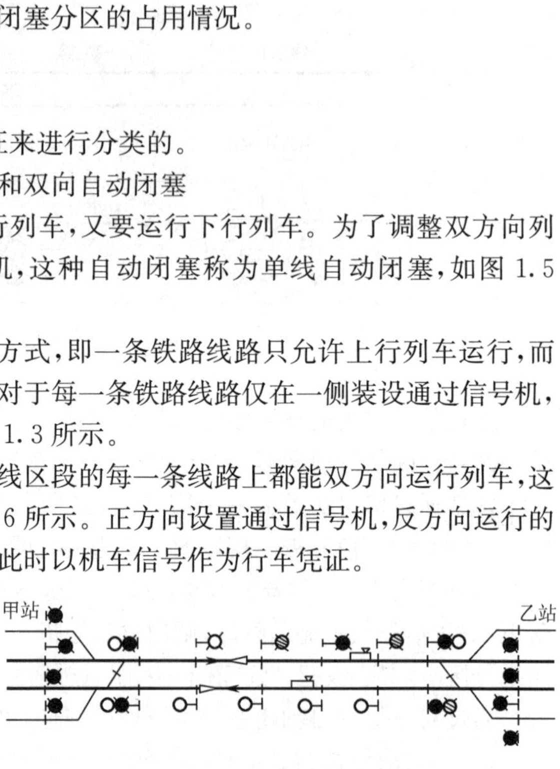

图 1.6 双线双向自动闭塞

双线单向自动闭塞，只防护列车的尾部，而单线或双线双向自动闭塞，必须对列车的尾部和头部两个方向进行防护。为了防止两方向的列车正面冲突，平时规定一个方向的通过信号机亮灯，另一个方向的通过信号机灭灯(或双线区段另一个方向的机车信号没有信息)，只有在需要改变运行方向，而且在区间空闲的条件下，由车站值班员办理一定的手续后才能允许反方向的列车运行。

(2)按通过信号机的显示制式可分为三显示自动闭塞和四显示自动闭塞

三显示自动闭塞的通过信号机具有三种显示，能预告列车运行前方两个闭塞分区的状态。图 1.4 为三显示自动闭塞基本原理，当通过信号机所防护的闭塞分区被列车占用时显示红灯，仅它所防护的闭塞分区空闲时显示黄灯，其运行前方有两个及以上的闭塞分区空闲时显示绿灯。

三显示自动闭塞能使列车按规定速度在绿灯下运行，并能得到前方一架通过信号机显示的预告，基本上既能满足运行要求，又能保证行车安全。因此曾经得到较广泛的应用，但现已不再发展，并已逐渐改造为四显示自动闭塞。

列车运行在三显示自动闭塞区段，越过显示黄灯的通过信号机时开始减速，至次架显示红灯的通过信号机前停车，因此要求每个闭塞分区的长度绝对不能小于列车的制动距离。随着列车速度和密度的不断提高，在一些繁忙的客货混运区段，各种列车运行的速度和制动距离相差很大，如市郊列车等需经常停车且制动距离短，要求实现最小运行间隔，闭塞分区长度越短越好；而高速动车组列车、重载货物列车制动距离长，闭塞分区长度又不能太短。因此，三显示自动闭塞不能解决这一矛盾，提高区间通过能力的最好方法是采用四显示自动闭塞。

四显示自动闭塞是在三显示自动闭塞的基础上增加一种绿黄显示，如图 1.7 所示。它能预告列车运行前方三个闭塞分区的状态，规定列车以规定的速度越过绿黄显示后必须减速，以使列车在抵达黄灯显示下运行时不大于规定的黄灯允许速度，保证在显示红灯的通过信号机前停车；而对于低速、制动距离短的列车越过绿黄显示后可不减速。由于增加了绿黄显示，就圆满地解决了上述矛盾。

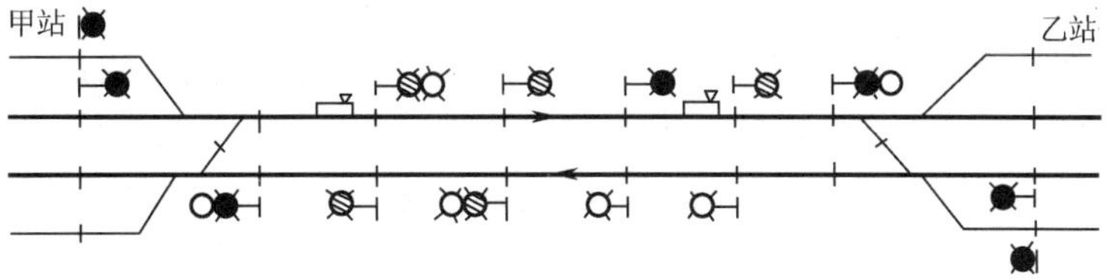

图 1.7　四显示自动闭塞

四显示自动闭塞的信号显示具有明确的速差含义，是真正意义的速差式自动闭塞，列车按规定的速度运行，能确保行车安全。四显示自动闭塞能缩短列车运行间隔，缩短闭塞分区长度，提高运输效率。目前基本上为四显示自动闭塞。

(3)按设备放置方式可分为分散安装式自动闭塞和集中安装式自动闭塞

分散安装式自动闭塞的设备都放置在每个信号点处。分散安装方式虽然造价较低，但设备安装在铁路沿线，受环境温度影响大，所以设备工作稳定性较差，故障率较高，也不利于维护。现不再采用分散安装式。集中安装式自动闭塞的设备集中放置在相近的车站继电器室内，用电缆与通过信号机、区间轨道电路相联系。集中安装式自动闭塞极大地改善了设备的工作条件，提高了设备的稳定性和可靠性，十分便于维修，但需大量电缆，造价较高。

(4)按传递信息的特征可分为交流计数电码自动闭塞、极性频率脉冲自动闭塞和移频自动闭塞

交流计数电码自动闭塞以交流计数电码轨道电路为基础，以钢轨作为传输通道传递信息，不同信息的特征靠电码脉冲和间隔构成不同的电码组合来区分。交流信号的频率，在非电气化区段是 50 Hz，而电气化区段是 25 Hz，以与 50 Hz 牵引电流相区别。用不同的电码周期的方法解决相邻轨道电路的干扰。交流计数电码自动闭塞采用电磁元件，电路简单，对工作环境要求不严，工作稳定，传输性能好，轨道电路长度可达 2 600 m，具有断轨检查性能。但是在技术上已落后，信息构成简单，抗干扰性能不强，绝缘双破损时可能出现升级显示；当区间发送设备有一处故障时，会同时造成两相邻信号机点红灯的故障，影响效率；接点磨损严重，维修周期短；信息量少，不能满足所需要的信息要求；应变时间长，最长达 20 s，不能适应铁路运输发展的需要，而且存在着冒进信号的危险。经过微电子改造后，性能有所改善。

极性频率脉冲自动闭塞(简称极频自动闭塞)以极性频率脉冲轨道电路为基础，以钢轨作

为通道传递信息，不同信息的特征是靠两种不同极性和每个周期内不同数目的脉冲来区分的，其设备采用电子电路、组匣方式。采用工频电源相位交叉来防止相邻轨道电路的干扰，用锁相原理使发送系统设备故障后导向安全侧，接收端设有抗交流工频连续干扰的抑制电路。极频自动闭塞设备简单，原理简明，容易掌握；轨道电路传输性能较好，长度可达 2 600 m；断轨检查性能较好。但其信息简单，抗来自外界的交直流断续干扰性能差，对于邻线干扰和不规则的脉冲干扰没有防护措施，对于一般离散的脉冲干扰及脉冲尾的干扰很难防护；不适用于电气化区段，因其对接触网火花、晶闸管调速机车的牵引和再生制动、斩波器机车牵引所引起的谐波干扰难以防护。

移频自动闭塞以移频轨道电路为基础，用钢轨传递移频信息。它是一种选用频率参数作为信息的制式，利用调制方法把规定的调制信号(低频信息)搬移到载频段并形成振荡，由上下边频构成交替变化的移频波形，其交替变化的速率就是调制信号频率，其信息特征就是不同的调制信号频率。采用不同载频交叉来防护相邻轨道电路绝缘节的破损、上下行邻线的串漏、站内相邻区段的干扰。对工频及其谐波的防护，采用躲开的方法，站内将载频选在工频的偶次谐波上，区间选在奇次谐波上。移频自动闭塞抗干扰性能强，设备无接点化，组匣化，工作寿命长，维修方便，信息量相对较多，技术上较先进，适用于电气化和非电气化区段。但在站内相邻线路干扰和绝缘节破损的情况下，因轨道电路载频单边互相侵入曾发生过险性事故，对电力机车的干扰也存在一定的问题；检查断轨性能差；因频率较高，轨道电路长度受到限制，传输长度为 1 950 m；设备较复杂，造价较高，对防雷需特殊电路，调整困难，对元件参数要求过严，尤其是在电气化区段使用时受吸流线、回流线的电流等影响，使轨道电路性能变坏而造成许多不良后果，乃至危及行车安全。

另外，20 世纪 80 年代出现过的 25 Hz 相敏自动闭塞，以 25 Hz 相敏轨道电路为基础，用电缆来传递信息，有较强的抗干扰性能，特别适用于电气化区段，但 25 Hz 相敏轨道电路不能发送机车信号信息，故必须在其上叠加移频轨道电路。

(5)按是否设置轨道绝缘分为有绝缘自动闭塞和无绝缘自动闭塞

传统的自动闭塞在闭塞分区分界处均设有钢轨绝缘，以分割各闭塞分区，但钢轨绝缘的设置不利于线路向长钢轨、无缝化发展，钢轨绝缘损坏率高，影响了设备的稳定工作且增加了维修工作量和费用。尤其是电气化区段，牵引电流为了通过钢轨绝缘，必须安装扼流变压器，缺点更明显，于是出现了无绝缘自动闭塞。无绝缘自动闭塞以无绝缘轨道电路为基础。无绝缘轨道电路分谐振式和感应式两种，取消了区间线路的钢轨绝缘，满足了铁路无缝化、电气化发展的需要。

5. 移频自动闭塞

移频自动闭塞是采用频率参数作为控制信息的自动闭塞制式。国产 4 信息、8 信息和 18 信息移频自动闭塞，UM71 系列、WG-21A 型和 ZPW-2000 系列均为移频制式，只是频率参数不相同。

(1)移频自动闭塞的基本概念

移频自动闭塞是以移频轨道电路为基础的自动闭塞。它选用频率参数作为控制信息，采用频率调制的方法，用低频信号(F_C)调制较高频率(中心载频 f_0)上，以形成振幅不变、频率随低频信号的幅度作周期性变化的调频信号。将此信号用钢轨作为传输通道来控制通过信号机的显示，达到自动指挥列车运行的目的。移频信号波形如图 1.8 所示。

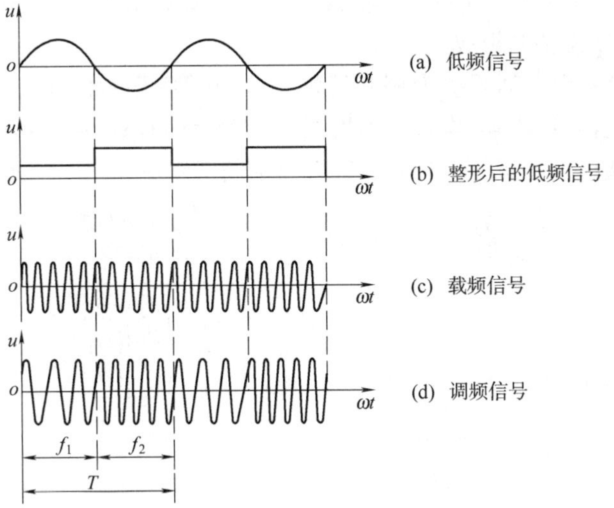

图 1.8　移频信号波形

从图 1.8 中可以看出，调频信号的变化规律是以载频信号 f_0 为中心，作上、下边频偏移。当低频调制信号输出低电位时，载频 f_0 向下偏移 Δf（称为频偏），为“$f_0-\Delta f$”，叫作低端载频（或称下边频）；当低频调制信号输出高电位时，载频 f_0 向上偏移 Δf，为“$f_0+\Delta f$”，叫作高端载频（或称上边频）。可见，调频信号是受低频信号的调制而作低端载频“$f_0-\Delta f$”和高端载频“$f_0+\Delta f$”的交替变化，两者在单位时间内变化的次数与低频调制信号的频率相同。

在轨道电路中传输的信息是低端载频“$f_0-\Delta f$”和高端载频“$f_0+\Delta f$”，载频 f_0 实际上是不存在的。

由于低端载频和高端载频的交替变换接近于突变性的，好似频率的移动，因此称为移频信号。应用这种移频轨道电路的自动闭塞称为移频自动闭塞。

在移频自动闭塞中，低频信号用于控制通过信号机的显示，而载频 f_0 则为运载低频信号之用，其目的是提高抗干扰能力。

三显示自动闭塞的地面信号显示只要两种参数就可以构成 3 种信息。例如，选用 F_{C1} 为绿灯信息，F_{C2} 为黄灯信息，无信号为红灯信息。但是自动闭塞均和机车信号配合使用，由于运营的需要，机车信号应比地面信号有更多的显示。此外，为了和正线停车有所区别，当列车进侧线停车时，需要另设一种显示。

四显示自动闭塞则在三显示自动闭塞的基础上增加绿黄灯信息，例如，选用 F_{C3} 为绿黄灯信息，即构成 4 种信息。

在每个闭塞分区的钢轨中传输的移频信息，实际上是下边频 f_1（即 $f_0-\Delta f$）和上边频 f_2（即 $f_0+\Delta f$）的两个交替变换的正弦交流信息，即 f_1 和 f_2。单位时间内频率变换的次数由低频调制信号 F_C 决定。

ZPW-2000 移频自动闭塞载频中心频率 f_0 选为 1 700 Hz、2 000 Hz、2 300 Hz、2 600 Hz、-1、-2 几种，是为了防止钢轨绝缘双破损后两相邻轨道电路产生错误动作，所以相邻轨道电路采用不同的载频。在双线区段，由于上、下行线路之间存在邻线干扰，所以上、下行线路采用不同的频率，下行线用 1 700 Hz 和 2 300 Hz，上行线用 2 000 Hz 和 2 600 Hz，频偏 Δf

为11 Hz,低频为从 10.3 Hz～29 Hz,每隔 1.1 Hz 一个,共 18 个,各低频代表不同的信息。

(2)移频自动闭塞设备的组成

现以 ZPW-2000A 型自动闭塞为例介绍移频自动闭塞设备的组成。ZPW-2000A 型无绝缘闭塞设备包括发送器、接收器、电缆模拟网络、调谐单元(BA)、空芯线圈、匹配变压器、补偿电容器、执行单元、通过信号机等,ZPW-2000A 自动闭塞组成如图 1.9 所示。

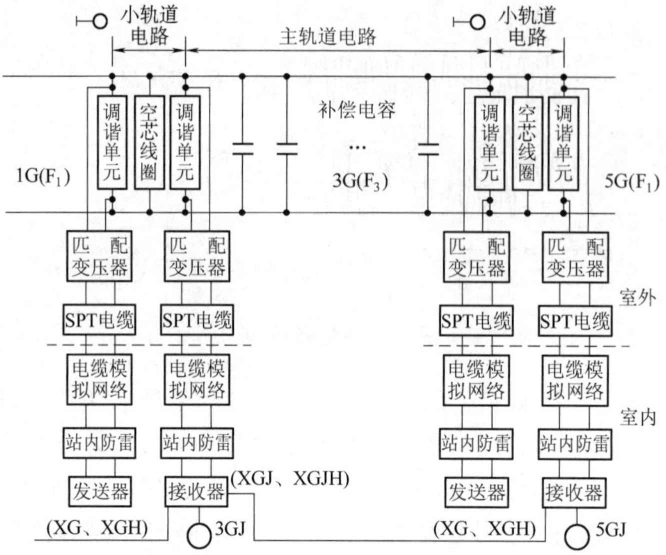

图 1.9　ZPW-2000A 自动闭塞组成

发送器、接收器、电缆模拟网络、调谐单元、空芯线圈、匹配变压器、补偿电容器构成无绝缘轨道电路,将轨道电路分为主轨道电路和调谐区短小轨道电路(简称小轨道电路)两个部分,并将短小轨道电路视为列车运行前方主轨道电路的所属"延续段"。

发送器用来产生高精度、高稳定性的移频信号,同时向线路两侧主轨道电路、短小轨道电路发送信号。

接收器用于接收主轨道电路信号,并在检查所属调谐区短小轨道电路状态(XGJ、XGJH)条件下,动作本轨道电路区段的轨道继电器。

执行单元由有关继电器组成,用它们的接点电路来控制发送设备编码及构成通过信号机的显示条件。

通过信号机采用三显示机构的色灯信号机。

(3)移频自动闭塞的基本工作原理

移频自动闭塞以钢轨作为通道,采用移频信号的形式传输低频信号,自动控制区间通过信号机的显示,指示列车运行。

在移频自动闭塞区段,移频信息的传输,是按照运行列车占用闭塞分区的状态,迎着列车的运行方向,自动地向前方闭塞分区传递信息的,移频自动闭塞的工作原理如图 1.10 所示。若下行线有两列列车 A、B 运行,A 列车运行在 1G 分区,B 列车运行在 5G 分区。由于 1G 有列车占用,防护该闭塞分区的通过信号机 7 显示红灯,这时 7 信号点的发送设备自动向前方闭塞分区 2G 发送 26.8 Hz 调制的、中心载频为 2 300 Hz 的移频信号。当 5 信号点的接收设备接收到该移频信号后，使通过信号机5显示黄灯，此时5信号点的发送设备自动地向前方闭塞分区3G发送以16.9 Hz调制的、中心载频为1 700 Hz的移频信号。当3信号点的接收设备接收到该移频信号后，使通过信号机3显示绿黄灯，同样，3信号点的发送设备又自动地向前方闭塞分区4G发送13.6 Hz调制的、中心载频为2 300 Hz的移频信号，当1信号点的接收设备接收到此移频信号后，使通过信号机1显示绿灯。1信号点的发送设备又自动地向前方闭塞分区5G发送11.4 Hz调制的、中心载频为1 700 Hz的移频信号。由于后行列车B已进入5G分区，可按规定速度继续运行。如果列车A由于某种原因停在1G分区，则当后行列车B进入4G分区，司机见到通过信号机3显示绿黄灯，则应注意减速运行。当后行列车B进入3G分区，司机见到通过信号机5显示黄灯，则应进一步减速运行。当后行列车B进入2G分区时，由于通过信号机7显示红灯，司机采取制动措施，使列车B停在显示红灯的通过信号机7的前方。这样，就可根据列车占用闭塞分区的状态，自动改变地面信号机的显示，准确地指挥列车的运行，实现自动闭塞。

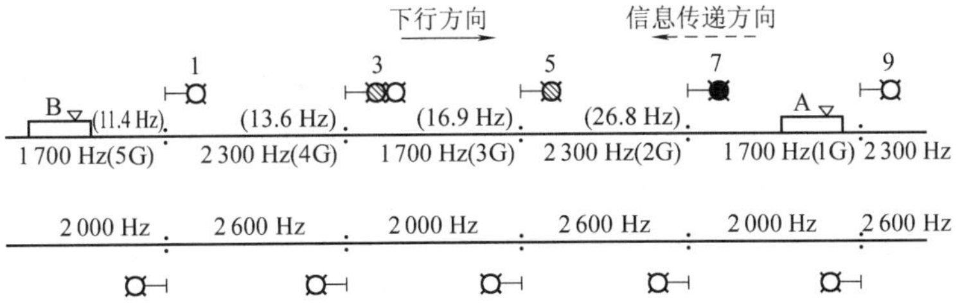

图1.10 移频自动闭塞的工作原理

(4)移频自动闭塞的特点

移频自动闭塞制式具有以下主要特点：

①抗干扰能力较强，既能适用于非电力牵引区段，又能适用于干扰较大的电力牵引区段。

②信息量多，除能满足三显示自动闭塞和八显示机车信号外，还可满足四显示自动闭塞和列车自动控制系统信息量的需要。

③信号显示的应变时间不大于2 s，能满足我国高速行车的要求。

④当闭塞分区的长度超过移频轨道电路的极限长度时，可采用分割方式延长移频轨道电路的作用距离。移频轨道电路只做一次调整，便于维修。

⑤以采用电子元件为主，耗电省、体积小、质量小。在电子元件发生故障的情况时，能满足故障—安全的要求。

⑥有较完善的过压防护措施，在雷电冲击下，能起到保护作用，保证设备不间断使用。

⑦移频自动闭塞信息能直接用于机车信号，因此在装设机车信号时区间无须增加地面设备。

6. 自动闭塞的技术经济效益

自动闭塞不需要办理闭塞手续，并可开行追踪列车，既保证了行车安全，又提高了运输效率。和半自动闭塞相比，自动闭塞有以下优点：

(1)由于两站间的区间允许后行列车追踪运行，就大幅度地提高了行车密度，显著地提高区间通过能力。

(2)由于不需要办理闭塞手续，简化了办理接发列车的程序，因此既提高了通过能力，又大大减轻了车站值班人员的劳动强度。

(3)由于通过信号机的显示能直接反映运行前方列车所在位置及线路的状态,因而确保了列车在区间运行的安全。

(4)自动闭塞还能为列车运行超速防护提供连续的速度信息,构成更高层次的列车运行控制系统,保证列车高速运行的安全。

由于自动闭塞具有明显的技术经济效果,所以广泛应用于各国铁路(尤其是双线铁路)。更由于自动闭塞便于和列车自动控制、调度集中(CTC)/列车调度指挥系统(TDCS)等系统相结合,它已成为现代化铁路必不可少的基础设备。

7. 我国自动闭塞的发展

近些年来,我国铁路的闭塞设备有了很大的发展。1949 年,我国铁路有 72%的线路没有闭塞设备,仅在天津—张贵庄间有 10 km 的半自动闭塞,沈阳—大石桥间有143 km 的二元三位式交流自动闭塞,两者相加不到营业里程的 2%。大部分铁路采用的是电话、电报闭塞,行车安全无法得到保证。而到 2024 年底,全国铁路营业里程达 16.2 万 km,其中高速铁路 4.8 万 km,大多采用 ZPW-2000 系列主流制式的四显示自动闭塞。

我国以前运用的自动闭塞主要是交流计数电码自动闭塞、极频自动闭塞、移频自动闭塞 3 种。交流计数电码自动闭塞是 20 世纪 50 年代后期从苏联引进的,极频、移频自动闭塞是我国 20 世纪 60 年代自行研制的。它们的共同缺点是可靠性不够高,信息量太少,抗干扰能力不够强,不能满足列车提速、增加行车密度、重载和电气化的需要。随着铁路运输的发展,需要发展四显示自动闭塞、双线双向自动闭塞及列车运行超速防护,而原有自动闭塞不能满足这些要求,亟须研制新型自动闭塞。

新型自动闭塞必须适应提高列车运行速度和行车密度的需要,适应重载运输的需要,适应电气化铁路发展的需要,提高设备的可靠性和安全性,并逐步建立起我国的自动闭塞、机车信号和列车运行超速防护的完整体系。但如果丢开现有的发展基础,从头开始研制新制式,无论从时间上和技术发展上都不现实,无疑会延误我们的发展进程。为此应选择一条适合我国国情的较为便捷的道路,即在现有自动闭塞的基础上,吸收国外先进技术,对现有制式做进一步改进和提高。于是,在京广线郑武段电气化工程中引进了法国的 UM71 和 TVM300,引进后进行了二次开发,以适应我国铁路客货混运、股道没有保护区段等特点,通过消化吸收迅速实现国产化。UM71 型无绝缘移频自动闭塞,采用谐振式无绝缘轨道电路,工作稳定可靠,具有抗电气化干扰能力强、防雷性能好等特点,有断轨检查功能,能满足速差式自动闭塞和列车运行超速防护的需要。WG-21A 型无绝缘轨道电路移频自动闭塞就是完全国产化的创新产品,它不仅保留了 UM71 设备的优点,而且频率精度、抗干扰能力等指标还优于国外设备。ZPW-2000系列自动闭塞更有新的突破,解决了关键技术问题,性能高于 UM71。

移频自动闭塞和国外标准相近,在做进一步改进方面很有前途,应充分引进先进的技术,扩大信息量,完成轨道电路的无绝缘化,采用集成电路、微型计算机等新型器件,在系统的技术性能、可靠性指标、监测功能、双机故障倒换及器件结构等方面有大幅度的提高,形成新一代的国产移频自动闭塞系统。8 信息和 18 信息移频自动闭塞就在这种情况下应运而生。

ZP-89 型移频自动闭塞是在原 4 信息移频自动闭塞的基础上研制而成的。在满足系统和器件"故障—安全"原则及抗干扰性能的基础上采用集成器件,以减小设备体积,提高可靠性。低频信息增加到 8 个,以满足四显示自动闭塞和速差式机车信号的信息要求。低频和移频振荡电路均采用石英晶体振荡器，以提高频率的稳定度和精度，从而提高了系统的稳定性。在电路结构上考虑电气化和非电气化通用，当电气化改造时，只需将轨道变压器改为扼流变压器，及在接收端增设一个滤波器盘即可。

ZP·Y1-18(ZP·DJ)型和ZP·Y2-18(ZP·WD)型均为18信息移频自动闭塞。由于采用微型计算机和数字信号处理(DSP)等先进技术，成功地解决了信息量少、信干比低、应变时间长等技术难题，实现了多信息、高可靠、高抗干扰、应变速度快等目标。具有18种低频信息，不仅可满足四显示自动闭塞的需要且可为列车运行超速防护系统提供必要的信息。安全设计为双软件、双CPU、双模拟数字(A/D)及安全与门等冗余结构，并具有故障检测报警等功能，符合故障—安全原则；抗干扰能力强，在各种条件下信干比在1∶1以上，应变速度快，信息的转换时间不大于2 s；通用性强，可在电气化和非电气化区段通用；工艺先进，结构合理，外形美观，整机质量高，故障率低，便于施工和维修。

ZP·W1-18型18信息无绝缘移频自动闭塞是在ZP·Y2-18型基础上研制而成的，采用频标、微型计算机和微电子技术，为电压发送、电流接收、一送一受、自然衰耗式无绝缘轨道电路，较好地解决了轨道电路越区传输和交叉干扰等问题，没有提前分路情况，列车接近分界点明确，有效地缩短了轨道电路二次分路和滞后恢复长度。采用数字信号处理技术，具有较强的抗电气化干扰和邻线干扰能力，轨道发送变压器具有轨间电流平衡作用，适用于电气化区段。采用自然衰耗隔离方式，适用于低道床电阻轨道电路。系统的接收和发送电子盘4种载频通用，实现了设备单一化，采用“$n+1$”热备工作方式。

但8信息、18信息移频自动闭塞由于载频选择、调制频偏的固有缺陷，使轨道电路存在传输特性差、邻线干扰、半边侵入等问题，尤其是没有断轨检查功能，必须进行技术改造，代之以ZPW-2000系列自动闭塞。

在UM71国产化的进程中，我国自行开发了具有自主知识产权的ZPW-2000系列无绝缘移频自动闭塞。ZPW-2000系列对UM71进行了重大改进，并且予以创新，除采用单片机和数字信号处理技术外，还解决了调谐区断轨检查、谐振单元断线和调谐区“死区”长度及拍频干扰等技术难题，有较高的安全度、可靠的分路保证和断轨检查功能，能抗电气化大电流干扰，传输特性好，适用于无缝线路、双方向、四显示及发展列车自动控制的要求。ZPW-2000系列自动闭塞是目前性能最为先进的制式，是我国统一制式的主流自动闭塞，获得了迅速的发展，已在全国铁路普及，对铁路扩能、提速、提效起着非常重要的作用。必须采用ZPW-2000系列统一我国铁路自动闭塞制式，这是今后一个时期自动闭塞发展的基本技术政策。

在高速铁路，实现了闭塞和列控一体化，再没有传统的独立自动闭塞的概念。将ZPW-2000轨道电路纳入列控中心(TCC)控制，实现了区间自动闭塞由继电编码向通信编码的转变。运行非动车组列车的高速铁路(部分运行速度200～250 km/h的高速铁路)区间设通过信号机，其点灯由列控中心控制。区间方向控制也纳入列控中心控制，不再采用继电式改变运行方向电路。而且，站内、区间轨道电路同一制式，即站内、区间一体化，不再需要进行站内轨道电路电码化，真正实现了站内列控信息无盲区且易于实现站内发送、接收设备的转换，实现反方向追踪运行。

在铁路快速发展的进程中，新建双线区段应同步建设自动闭塞，既有双线半自动闭塞，应进行自动闭塞改造。单线提速及繁忙单线区段，应积极发展单线自动闭塞或自动站间闭塞，并与CTC结合，开辟单线安全扩能的新途径。

1.4.3 知识拓展

移频自动闭塞必须具有高抗干扰性能，在最不利条件下应能稳定可靠地工作，在各种干扰情况下均不出现升级显示，因此采用移频键控方式，并合理选择频率参数。也就是说，移频自动闭塞的频率参数和它的抗干扰性能有密切关系。

1. 干扰源分析及其防护

在交流电气化区段，主要是牵引电流工频及其谐波干扰，以及邻线干扰及高频电磁波的辐射干扰。机车采用晶闸管进行列车无级调速时，将产生大量奇次谐波电流，当正负半波发生非对称失真时，又将产生较大的偶次谐波电流。由于机车启动、制动，以及升降弓操作时会使牵引电流发生突变，形成连续频谱的牵引电流。当两根钢轨在平衡条件下，上述奇偶次谐波电流、突变的连续频谱电流连同基波电流均不构成对地面及机车接收设备的干扰；当两根钢轨不平衡时，上述干扰就将突现出来。在非电气化区段，一般存在电传动内燃机车牵引电机干扰、邻线干扰、高频电磁波辐射干扰及供电电网接地时 50 Hz 干扰。其中，以交流牵引电流所引起的干扰最为严重。

电力牵引干扰量的大小与电力机车类型和牵引状态有密切关系，这取决于牵引电流的大小、牵引机车的运行状态（即牵引电流的波形）、轨道电路不平衡情况及轨道电路设备参数等。

根据对各型电力机车的测试，可见奇次谐波幅值较大，而偶次谐波幅值较小。SS_4 型电力机车各次谐波电流的大小和比重见表 1.1。

表 1.1 SS_4 型电力机车各次谐波电流的大小和比重

谐波次数 n	频率/Hz	谐波电流/A	谐波次数 n	频率/Hz	谐波电流/A	谐波次数 n	频率/Hz	谐波电流/A
基波	50	97.3	21	1 050	0.63	41	2 050	0.096
2	100	0.45	22	1 100	0.113	42	2 100	0.043
3	150	19.88	23	1 150	0.56	43	2 150	0.076
4	200	0.53	24	1 200	0.1	44	2 200	0.047
5	250	9.74	25	1 250	0.46	45	2 250	0.068
6	300	0.41	26	1 300	0.086	46	2 300	0.050
7	350	5.11	27	1 350	0.385	47	2 350	0.078
8	400	0.36	28	1 400	0.08	48	2 400	0.054
9	450	2.76	29	1 450	0.346	49	2 450	0.087
10	500	0.34	30	1 500	0.09	50	2 500	0.058
11	550	1.64	31	1 550	0.34	51	2 550	0.076
12	600	0.34	32	1 600	0.094	52	2 600	0.07
13	650	0.99	33	1 650	0.308	53	2 650	0.093
14	700	0.32	34	1 700	0.09	54	2 700	0.065
15	750	0.74	35	1 750	0.249	55	2 750	0.104
16	800	0.32	36	1 800	0.075	56	2 800	0.068
17	850	0.70	37	1 850	0.175	57	2 850	0.098
18	900	0.27	38	1 900	0.050	58	2 900	0.057
19	950	0.72	39	1 950	0.13	59	2 950	0.098
20	1 000	0.24	40	2 000	0.04	60	3 000	0.050

根据在 100 A 不平衡牵引电流条件下，基波及各次谐波电流典型分布可知：

(1)奇次谐波电流远大于偶次谐波电流。当总电流为 100 A 时，基波电流为 97.3 A，谐波电流总量为 23.08 A，其中，奇次谐波电流总量为 23.04 A，偶次谐波电流总量为 1.2 A。

(2)奇次谐波电流按次数升高逐次下降。3、5、7、9……奇次谐波电流按 19.88 A、9.74 A、5.11 A、2.76 A……逐次下降，至 33 次谐波(1 650 Hz)已下降到 0.308 A。

(3)偶次谐波电流按次数升高逐次下降。2、4、6、8……偶次谐波电流按 0.45 A、0.53 A、0.41 A、0.36 A……亦呈整体下降趋势，至 34 次谐波(1 700 Hz)时，已下降到 0.09 A。

(4)以上各电流比为 100(总电流)∶97.3(基波电流)∶23.08(总谐波电流)∶23.04(总奇次谐波电流)∶1.2(总偶次谐波电流)。

在双线区段，移频信号既是信号源，又是干扰源。如上行线的移频信号，对于下行线即为干扰，称为邻线干扰。邻线干扰一般来说远小于主信号。但如果有渡线，则存在绝缘破损带来的较大干扰。在同一线路上，还存在绝缘破损的干扰。这两种情况的干扰，都是通过耦合或传导方式侵入而形成的干扰，统称为传导干扰。

电磁波的辐射干扰主要是无线电话引起的，它以辐射或辐射、传导同时存在的传输方式，从设备外壳、输入或输出导线、馈电导线进入设备。

对于辐射干扰，采用屏蔽的方法予以防护。对于电气化干扰和邻线干扰，通带(通带宽度 1 650～2 650 Hz)外的干扰，靠滤波器来防护。通带内的干扰依靠选用合适的制式和频率参数，即提高设备本身的抗干扰能力来防护。

为了提高接收设备的抗干扰能力，必须采取一切措施，降低带内干扰，以提高带内信干比。由于牵引电流的大小与列车密度、牵引吨数和线路坡度有密切关系，不能任意改变，所以降低带内干扰主要从以下方面考虑：

(1)选择频率参数尽量远离能量较大的干扰频率，使滤波器对于干扰频率具有足够的防卫度。

(2)采取措施保证轨道电路的平衡性，严禁接触网铁塔地线及其他地线直接接入钢轨。

(3)使轨道电路接收端输入阻抗在信号频率时阻抗值最大，其他低端和高端频率时阻抗值较小，为此扼流变压器信号线圈采用并接谐振电容的方式。对于机车信号，为降低干扰电压，机车接收线圈的安装位置应尽量远离机车轮对。

2. ZPW-2000 系列频率参数的选择

(1)载频和频偏的选择

由 100 A 不平衡牵引电流条件下基波及各次谐波电流典型分布可知：在 1 650～2 650 Hz 频率段内谐波电流总量仅为 0.536 A，其中，33～53 次奇次谐波(1 650～2 650 Hz)电流总量为 0.502 A，34～52 次偶次谐波(1 700～2 600 Hz)电流总量为 0.189 A。

该频段奇次谐波电流值与偶次谐波电流值较小，而且两者相差倍数也大大低于低频段。这样 50 Hz 工频频率在规定范围内变化，引起 1 650～2 650 Hz 频段内谐散频点、幅值变化，对采用频谱分析解调及设备的工作都不会有大的影响。

由 100 A 不平衡牵引电流条件下基波及各次谐波电流非典型分布分析可知：偶次谐波处电流值均低于相近奇次谐波处电流值。在 1 650～2 650 Hz 频段，偶次谐波量值会有一定程度增加，但不会高于奇次谐波水平且整体上处于量值较低的状态。

ZPW-2000系列无绝缘轨道电路选用法国UM71轨道电路使用的1 650～2 650 Hz频段，将有效地提高使用条件下的固有信干比，有利于系统工作的稳定。

与国产4信息、8信息、18信息移频相比，UM71轨道电路的载频选得较高(1 700～2 600 Hz)。在这些频段上，牵引回归电流谐波的强度已经很弱，因此，UM71轨道电路在电气化区段的抗干扰能力要强于国产移频。

UM71轨道电路的频偏Δf选为11 Hz。由于频偏较小，信号能量集中在中心频率附近，远离邻线和邻区段的干扰，同时也便于利用一个谐振槽路进行信号的解调。ZPW-2000在UM71的基础上将载频增加为8种，有利于防止载频的越区传输和电缆芯线的运用。载频频率的应用：

下行：1700-1，1 701.4 Hz；1700-2，1 698.7 Hz；2300-1，2 301.4 Hz；2300-2，2 298.7 Hz。

上行：2000-1，2 001.4 Hz；2000-2，1 998.7 Hz；2600-1，2 601.4 Hz；2600-2，2 598.7 Hz。

各频率交错使用。

(2)低频频率的选择和应用

在低频调制频率已知的情况下，可以求出移频信号在频域中相对能量的分布，根据分析可知：

①各种低频在载频中心频率上都有很高的相对能量幅值，并随着低频信号频率的增高而增高。从10.3～29 Hz，其中心频率相对能量幅值占总能量幅值由0.592 7增高至0.941 0。该现象表明，中心频率频点特征可用作各低频判断的共同特征。

②根据UM71轨道电路低频信号最大频率(29 Hz)、频偏值(11 Hz)及通频带的选取(±40 Hz)，表明在±40 Hz范围内，各低频信号均有甚高的总相对能量幅值，即从10.3～29 Hz，±40 Hz范围内的低频信号总相对能量幅值为0.997 24～0.998 1。该现象表明，该频率范围内各低频信号特征可作为各低频判断的有效特征。

③移频信号能量主要集中在中心频率及两边一次边频分量上，从10.3～29 Hz，相对信号幅值占总能量幅值0.939 5～0.998 1。

项目小结

随着技术不断进步，我国铁路目前的区间闭塞制式有半自动闭塞、自动站间闭塞和自动闭塞，它们分别用于单线线路和双线线路，对于保证行车安全、提高运输效率起到了积极的作用。大部分单线铁路采用半自动闭塞，半自动闭塞由继电电路构成，适应我国单线铁路的运行条件，有一定的技术经济效果。部分单线铁路采用自动站间闭塞，它是在半自动闭塞的基础上增加区间空闲检查设备——计轴器或长轨道电路构成的，可完成闭塞手续和到达复原的自动办理。双线线路几乎全部采用自动闭塞。自动闭塞是先进的闭塞制式，它以轨道电路为基础，自动控制通过信号机的显示，即在列车运行中自动完成闭塞作用。在高速铁路，实现了闭塞和列控一体化，由列控中心控制轨道电路低频编码、区间通过信号机点灯控制。区间方向控制也纳入列控中心控制，不再采用继电式改变运行方向电路。而且，站内、区间轨道电路同一制式，即站内、区间一体化，真正实现了站内列控信息无盲区，且易于实现反方向追踪运行。今后，在我国铁路快速发展的进程中，闭塞系统的技术水平、装备率还将得到不断提高。

复习思考题

1. 什么是时间间隔法？什么是空间间隔法？两者有什么不同？
2. 什么是半自动闭塞？什么是自动站间闭塞？什么是自动闭塞？它们有什么不同？
3. 简述半自动闭塞系统的技术特征、设备组成、基本原理和技术经济效益。
4. 简述自动站间闭塞系统的技术特征、设备组成、基本原理和技术经济效益。
5. 简述自动闭塞系统的技术特征、设备组成、基本原理和技术经济效益。
6. 各种闭塞制式如何运用？
7. 单向自动闭塞和双向自动闭塞有何异同？
8. 三显示自动闭塞和四显示自动闭塞有何异同？
9. 什么是移频信号？什么是移频自动闭塞？移频自动闭塞的信息特征是什么？
10. 什么叫中心载频、上边频、下边频、低频调制信号和频偏？

项目 2　半自动闭塞系统认知与维护

项目描述

本项目是课程的重点之一，主要介绍半自动闭塞系统的概况、64D 型继电半自动闭塞电路原理、微电子半自动闭塞传输设备原理、继电半自动闭塞的维护。通过学习，掌握继电半自动闭塞的电路原理和维护方法。

学习目标

了解半自动闭塞系统的概况，系统掌握半自动闭塞功能、设备组成、办理手续、电路工作原理，以及继电半自动闭塞与车站联锁的结合电路。了解微电子半自动闭塞传输设备原理。能够阅读继电半自动闭塞电路图，进行继电半自动闭塞维护，具有初步分析电路和排除一般故障的能力。

典型工作任务 1　半自动闭塞系统认知

2.1.1　工作任务

视 频

铁路半自动闭塞

了解半自动闭塞系统的作用、主要特点和技术要求。

2.1.2　知识链接

1. 半自动闭塞系统的作用

半自动闭塞系统应能完成以下作用：

(1)甲站要向乙站发车，必须保证区间空闲并得到乙站同意后，才能开放出站信号机。

(2)列车从甲站出发后，区间闭塞，两站都不能向该区间发车。

(3)列车到达乙站，车站值班员确认列车整列到达，办理到达复原后，区间才能解除闭塞。

2. 半自动闭塞系统的主要特点

64D 型继电半自动闭塞是结合我国铁路运输的实际情况研制的，它的主要特点是：

(1)发车站和接车站值班员按照“请求—同意”方式共同办理闭塞，大大提高了设备的可靠性。

(2)采用三个不同极性的脉冲构成允许发车信号，而且请求发车信号检查了接车站闭塞机和外线的良好状态，从而提高了闭塞设备的安全性。

(3)在办理闭塞后、开放进站或出站信号机前，允许进行站内调车、变更进路和取消闭塞，因而提高了车站作业效率，适应我国铁路运输的需要。

(4)闭塞电路设计严密，办理手续简便，表示方式清楚。闭塞外线可与既有的闭塞电话线共用；使用的继电器和元件类型少；功耗低，可以用于无交流电源区段；能与各种车站信号设备相结合。

3. 半自动闭塞系统的技术要求

为了保证行车安全,提高运输效率,方便使用和经济,对单线继电半自动闭塞提出以下技术要求:

(1)保证行车安全方面

①单线继电半自动闭塞,只有在区间空闲时,由发车站发出请求发车信号并收到接车站的同意接车信号之后,发车站的闭塞机才能开通,出站信号机才能开放。接车站发出同意接车信号后,闭塞机应处于闭塞状态。

②当列车出发进入发车轨道电路区段时,双方站的闭塞机均处于闭塞状态。

③列车到达接车站,进入并出清轨道电路区段,接车进路解锁并办理到达复原后,才能使双方站的闭塞机复原。

④闭塞机处于闭塞状态后,在接车站未发送到达复原信号或事故复原信号之前,当发生各种故障或错误办理时,均不能使接车站闭塞机复原,更不能使发车站闭塞机开通。

⑤发车站闭塞机开通并开放出站信号机后,如果轨道电路发生故障,应使双方站闭塞机处于闭塞状态;列车到达接车站,如果轨道电路发生故障,允许使用事故按钮办理事故复原。

⑥继电半自动闭塞专用的轨道电路,其长度不少于 25 m。半自动闭塞专用的轨道电路最好能避免人为无意分路的影响。

⑦继电半自动闭塞的外线,任何一处发生断线、接地、混线、混电及外电干扰故障或错误办理时,均应保证闭塞机不能错误开通。

⑧继电半自动闭塞与站间闭塞电话共用外线时,应保证电话振铃电流不干扰闭塞机的正常运用;使用闭塞机时也不应降低通话质量和影响振铃信号。

⑨继电半自动闭塞电源设备停电恢复时,闭塞机应处于闭塞状态。只有两站车站值班员确认区间空闲后,用事故按钮才能使闭塞机复原。

(2)提高行车效率方面

①闭塞机开通后和列车未出发之前,允许发车站在出站信号机关闭状态下取消已办好的闭塞或变更发车进路。

②闭塞机开通后,在发车站未开放出站信号机或接车站未开放进站信号机之前,允许进行站内调车作业。

③闭塞机应动作迅速、办理简便、表示清楚,具有请求、开通、闭塞、列车出发通知和列车到达等表示。

④闭塞机能区分一般通话的呼叫信号和请求发车信号。

⑤闭塞机具有便于检查闭塞设备、轨道电路和外线的性能,以便及时发现故障,迅速修复,保证正常运用。

⑥在保证"故障—安全"原则下,应尽量减少元件,简化电路,提高闭塞机的可靠性,保证设备安全运用。

典型工作任务 2　64D 型继电半自动闭塞系统认知

2.2.1　工作任务

掌握 64D 型继电半自动闭塞的构成原理、设备组成、办理手续、工作原理,以及继电半自动闭塞与车站联锁的结合电路。

2.2.2 知识链接

1. 64D 型继电半自动闭塞电路构成原理

在继电半自动闭塞区段，出站信号机显示的绿色信号是列车向区间运行的凭证，所以对出站信号机必须实行严密的控制。在单线区段，为确保“一个区间同时只允许一列列车运行”的原则，首先应排除区间两端的出站信号机同时开放的可能性，当区间内已有一列列车运行时，两站的出站信号机应不能开放。因此，为了保证行车安全，64D 型单线继电半自动闭塞电路按下列原则进行设计：

(1)为了防护外界电流的干扰，采用“＋”“－”“＋”3 个不同极性的直流脉冲组合构成允许发车信号。即发车站要发车时，先向接车站发送一个正极性脉冲的请求发车信号，随后由接车站自动发回一个负极性脉冲的回执信号，并且要求收到接车站发来一个正极性脉冲的同意接车信号之后，发车站的出站信号机才能开放。

(2)列车自发车站出发，进入发车站轨道电路区段时，使发车站的闭塞机闭塞，并自动地向接车站发送一个正极性脉冲的列车出发通知信号。这个信号断开接车站的复原继电器电路，保证在列车未到达接车站之前，任何外界电流干扰或发车站错误办理，既不能构成发车站允许发车条件，也不能构成接车站闭塞机的复原条件，从而保证了列车在区间运行的安全。

(3)只有列车到达，并出清接车站轨道电路区段，车站值班员确认列车完整到达，并发送负极性脉冲的到达复原信号之后，才能使两站闭塞机复原，区间才能解除闭塞。

(4)闭塞机的开通和闭塞等控制电路，是以闭路式原理构成的，并采用安全型继电器，因此当发生瞬间停电或断线等故障时，均能满足“故障—安全”的要求。

根据单线继电半自动闭塞电路构成原理的要求，并考虑到当发车站办理请求发车后的取消复原，以及当闭塞设备发生故障时的事故复原，两站间应该传送以下 7 种闭塞信号：请求发车信号；自动回执信号；同意接车信号；出发通知信号；到达复原信号；取消复原信号；事故复原信号。

在 64D 型单线继电半自动闭塞中，用正极性脉冲作为办理闭塞用的信号，用负极性脉冲作为闭塞机的复原信号。为了提高安全性，在请求发车和同意接车两个正极性信号之间，又增加一个负极性的自动回执信号。因此，构成允许发车条件，必须具有“＋”“－”“＋”3 个直流脉冲的组合，而接发一列列车，应在线路上顺序传送“＋”“－”“＋”“＋”“－”5 个直流脉冲的组合。所以，如果外来单一极性脉冲或多个不同顺序的脉冲干扰，既不能构成允许发车条件，也不能完成一次列车的接发车过程。64D 型继电半自动闭塞两站间传送的闭塞信号如图 2.1 所示。

2. 闭塞设备

64D 型继电半自动闭塞设备由半自动闭塞机、半自动闭塞用的轨道电路、操纵和表示设备及闭塞电源、闭塞外线等部分组成。此外，在控制电路中还包括了车站的出站信号机的控制条件。它们之间以电线相连，借以实现彼此间的电气联系。为了实现闭塞设备之间的相互联系与控制，在相邻两车站上属于同一区间的两台闭塞机之间，用两条外线连接。

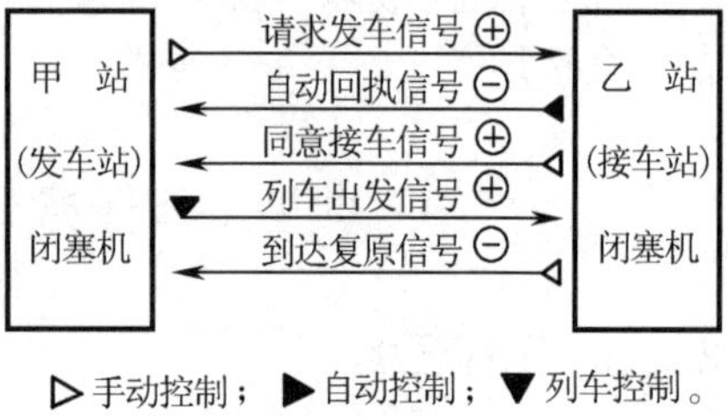

图 2.1 64D 型继电半自动闭塞两站间传送的闭塞信号

(1)轨道电路

64D 型继电半自动闭塞在每个车站两端进站信号机的内方需装设一段不小于 25 m 的轨道电路，其作用一是监督列车的出发，使发车站闭塞机闭塞；二是监督列车的到达，然后由接车站值班员办理到达复原。由于这两个作用（尤其是第一个作用）的重要性，即轨道电路的动作直接影响行车安全，所以要求轨道电路不仅能稳定可靠地工作，而且要能满足“故障—安全”的要求。

继电半自动闭塞的发车轨道电路应采用闭路式，因为当轨道电路发生断线或瞬间断电等故障时，轨道继电器落下，使闭塞机处于闭塞状态。继电半自动闭塞的接车轨道电路应采用开路式，因为，当发生断线或瞬间断电故障时，轨道继电器不动作，不会使闭塞机构成虚假到达。单线继电半自动闭塞区段由于接、发车轨道电路是共用的，故采用闭路式为好。

当采用一段开路式轨道电路时只要一处断线，列车出发时就会产生闭塞机不闭塞的故障，可能造成重大行车事故，所以为保证行车安全，不准只采用一段开路式轨道电路。

由上述分析，单线继电半自动闭塞专用轨道电路最好采用两段：一段开路式和一段闭路式。这样，既能满足接车轨道电路的要求，又能满足发车轨道电路的要求。

(2)操纵和表示设备

单线继电半自动闭塞的操纵和表示设备有：按钮、表示灯、电铃和计数器等，这些元件安装在信号控制台上。

①按钮

为了办理两站间的闭塞和复原要设：

a. 闭塞按钮 BSA。二位自复式按钮，办理请求发车或同意接车时按下。

b. 复原按钮 FUA。二位自复式按钮，办理到达复原或取消复原时按下。

c. 事故按钮 SGA。二位自复式按钮，平时加铅封。当闭塞机因故不能正常复原时，破封按下，使闭塞机复原。

②表示灯

车站的每一个接发车方向各设继电半自动闭塞表示灯两组。

a. 发车表示灯 FBD：由黄、绿、红 3 个光点式表示灯组成。表示灯经常熄灭，黄灯点亮表示本站请求发车，绿灯点亮表示对方站同意接车，红灯点亮表示发车闭塞。

b. 接车表示灯 JBD：由黄、绿、红 3 个光点式表示灯组成。表示灯经常熄灭，黄灯点亮表示对方站请求发车，绿灯点亮表示本站同意接车，红灯点亮表示接车闭塞。当接、发车表示灯同时点亮红灯时，表示列车到达。

每组 3 个表示灯用箭头围在一起，箭头表示列车运行的方向。表示灯的排列顺序为，从箭头方向起为黄、绿、红。若车站为计算机联锁采用显示器时，在屏幕上分别用黄、绿、红箭头作为半自动闭塞联系信号，接车方向箭头指向本站，发车方向箭头指向对方站。

③电铃

电铃（DL）是闭塞机的音响信号，在闭塞电路中采用直流 24 V 电铃，它装在控制台里。

当对方站办理请求发车、同意接车或列车从对方站出发时，本站电铃鸣响；当对方站办理取消复原或到达复原时，本站电铃也鸣响。此外，如果接车站轨道电路发生故障时，当列车自发车站出发后，接车站电铃一直鸣响（但此时因电路中串联一个电阻，音量较小），以提醒接车站及时修复轨道电路，准备接车。

为了区别运行方向，车站两端的闭塞电铃可调成不同的音响（可以调整电铃上的螺栓或在电路中适当地串联一个电阻）。

④计数器

计数器 JSQ 用来记录车站值班员办理事故复原的次数，每按下一次 SGA，JSQ 自动转换一个数字。因为事故复原是在闭塞设备发生故障时的一种特殊复原方法，当使用事故按钮使闭塞机复原时，行车安全完全由车站值班员人为保证，因此必须严加控制。使用时要登记，用后要及时加封，而且由计数器自动记录使用的次数。

(3)闭塞机

闭塞机是闭塞设备的核心，它由继电器和电阻器、电容器等元件组成。在继电集中联锁车站，采用组合式，即将插入式继电器和电阻、电容器安装在组合柜上。

①继电器

64D 型继电半自动闭塞机每台有 13 个继电器，它们构成继电电路，完成闭塞作用。它们的名称和作用如下：

a. 正线路继电器 ZXJ，接收正极性的闭塞信号。

b. 负线路继电器 FXJ，接收负极性的闭塞信号。

c. 正电继电器 ZDJ，发送正极性的闭塞信号。

d. 负电继电器 FDJ，发送负极性的闭塞信号。

e. 闭塞继电器 BSJ，监督和表示闭塞机的状态。闭塞机在定位状态时它吸起，表示区间空闲；作为发车站且当列车占用区间时它落下；作为接车站时发出同意接车信号后它落下，表示区间闭塞。

f. 选择继电器 XZJ，选择并区分自动回执信号和复原信号。在办理发车时，监督出站信号机是否开放。

g. 准备开通继电器 ZKJ，记录对方站发来的自动回执信号。

h. 开通继电器 KTJ，记录接车站发来的同意接车信号，并控制出站信号机的开放。

i. 复原继电器 FUJ，接收复原信号，使闭塞机复原。

j. 回执到达继电器 HDJ，和 TJJ 一起构成自动回执电路发送回执信号及记录列车到达。

k. 同意接车继电器 TJJ，记录对方站发来的请求发车信号并使闭塞机转入接车状态，以及与 HDJ 一起构成自动回执电路。

l. 通知出发继电器 TCJ，记录对方站发来的列车出发通知信号。

m. 轨道继电器 GDJ，是现场轨道继电器的复示继电器，监督列车出发和到达。

这 13 个继电器中，除了 ZXJ 和 FXJ 采用偏极继电器(JPXC-1000 型)外，其余均为直流无极继电器(JWXC-1700 型)。

②电阻器和电容器

电阻器和电容器的作用是使继电器缓放。将它们串联后并接在继电器的线圈上，即构成继电器的缓放电路。电阻器用来限制电容器的充放电电流，只要适当选择它们的数值，便可获得较长的缓放时间。电阻器的规格为 510 Ω/2 W，电容器为 CDM 型 100 μF、200 μF 和 500 μF 三种，耐压 25 V 以上。电容器除了上述作用外，还串接在闭塞电话电路中，以防止闭塞信号的直流电流影响通话，一般采用 2 μF 的 CZM 型密封纸介质电容器。

(4)闭塞电源

闭塞电源应连续不间断地供电且应保证继电器的端电压不低于工作值的 120%，以保证闭塞机的可靠动作。64D 型继电半自动闭塞采用直流 24 V 电源，可用交流电源整流供电。

继电半自动闭塞的电源分为线路电源和局部电源，前者用于向邻站发送闭塞信号，后者供本站闭塞电路用。当站间距离较长，外线环线电阻超过 250 Ω 时，允许适当提高线路电源电压。线路电源最低电压U_Z为

$$U_Z = 1.2 I_J (R_Z + R_J)$$

式中　U_Z——线路电源电压，V；

R_Z——线路阻抗，Ω；

I_J——线路继电器工作电流，A；

R_J——线路继电器阻抗，Ω；

1.2——安全系数。

一个车站两端的闭塞机电源应分别设置，为的是若一端的电源发生故障，不影响另一端。

半自动闭塞设备的供电视所在车站联锁设备供电的不同而不同。半自动闭塞的局部电源可以和车站联锁继电器控制电源合用。凡是电源屏中设置半自动闭塞线路电源的，可直接引用。若电源屏中未设半自动闭塞线路电源，则必须在半自动闭塞组合中设一台整流器。原使用 ZG-130/0.1 型整流器专供线路电源，ZG-130/0.1 型整流器的交流输入电压 220 V 或 110 V，输出功率 10 W，直流输出电压有 50 V、80 V、130 V 三种，可根据需要选用。后研制了专用的 ZG_1-42/0.5 型整流器，包括变压器、桥式整流器和电容器 3 部分，额定容量 21 W，输入电压交流 220 V；额定输出电流 0.5 A，直流输出电压有 24 V、28 V、32 V、36 V、42 V 五档。

(5)闭塞外线

继电半自动闭塞的外线原来是与站间闭塞电话线共用的，为了防护外界电源对闭塞机的干扰，提高闭塞电话的通话质量，应采用两根外线。当采用电缆作为闭塞外线时，应将闭塞机外线和闭塞电话外线分开。

当闭塞外线为架空明线时，一般采用 4.0 mm 镀锌铁线，其环线电阻为 22 Ω/km。当采用电缆线路时，由于电缆芯线线径只有 1.0 mm，其环线电阻为 57 Ω/km，若在线路电源电压一定的条件下，则闭塞机的控制距离将要缩短。为提高闭塞机的控制距离，可在线路继电器上并联二极管，其电路如图 2.2 所示。当二极管击穿时，线路继电器被短路而不能吸起；当二极管断线时，则线路继电器不能正常工作，满足“故障—安全”原则，但此时闭塞机与闭塞电话不能合用外线。

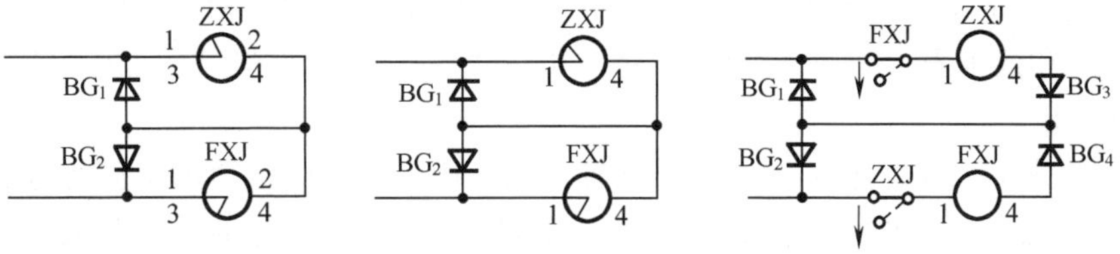

图 2.2　线路继电器并联二极管电路

闭塞外线的任一处发生断线、接地、混线、混电及外电干扰故障时，均不应使闭塞机发生危险侧故障。

由于通信传输手段的现代化，光纤传输和无线传输越来越普遍，于是出现了将闭塞信号通过编码，由光缆或无线进行传输，以代替电缆传输。

3. 办理闭塞手续

单线继电半自动闭塞要求两个车站的值班员共同办理闭塞手续，其办理手续分为正常办理、取消复原和事故复原 3 种。根据列车运行情况和设备状态分别采用之。

(1)正常办理

所谓正常办理是指两站间列车的正常运行及闭塞机处于正常状态时的办理方法，共有 5 个步骤。设甲站为发车站，乙站为接车站，办理步骤如下：

①甲站请求发车

甲站要向乙站发车，甲站值班员应先检查控制台上的接、发车指示灯处于灭灯状态，并确认区间空闲后，通过闭塞电话与乙站联系，然后按下闭塞按钮，向乙站发送请求发车信号。此时，乙站电铃鸣响。当甲站值班员松开闭塞按钮后，乙站自动向甲站发送自动回执信号，使甲站发车表示灯亮黄灯，同时电铃鸣响。当发完自动回执信号后，乙站接车表示灯也亮黄灯。这说明甲站办理请求发车的手续已完成。

②乙站同意甲站发车

乙站如果同意甲站发车，乙站值班员在确认接车表示灯亮黄灯后，按下闭塞按钮，向甲站发送同意接车信号。此时，乙站接车表示灯黄灯熄灭，绿灯点亮，甲站发车表示灯黄灯也熄灭，改亮绿灯，同时电铃鸣响。

至此，两站间完成了一次列车占用区间的办理闭塞手续。闭塞机处于“区间开通”状态，表示乙站同意甲站发车，甲站至乙站方向区间开通，甲站出站信号机可以开放。

③列车从甲站出发

甲站值班员看到发车表示灯亮绿灯，即可办理发车进路，开放出站信号机。当出发列车驶入出站信号机内方，出站信号机自动关闭。当列车驶入进站信号机内方第一个轨道区段时，使甲站发车表示灯变为点红灯，并自动向乙站发送出发通知信号，使乙站接车表示灯也变点红灯，同时电铃鸣响。

至此，双方站的闭塞机均处于“区间闭塞”状态，表明该区间内有一列列车在运行，此时双方站向该区间的出站信号机均不能再次开放。

④列车到达乙站

乙站值班员在同意接车后，应准备好列车进路。当接车表示灯由绿灯变为红灯及电铃鸣响后(说明列车已从邻站开出)，应根据列车在区间运行时分的长短，及时建立接车进路，开放进站信号机，准备接车。当列车到达乙站，进入乙站进站信号机内方第一个轨道区段时，乙站的发车表示灯和接车表示灯都亮红灯，表示列车到达。此时，乙站进站信号机自动关闭。

⑤到达复原

列车全部进入乙站股道后，接车进路解锁。乙站值班员在确认列车完整到达后，按下复原按钮，办理到达复原。此时，乙站接、发车表示灯的红灯均熄灭，同时向甲站发送到达复原信号，使甲站的发车表示灯红灯熄灭，电铃鸣响。

至此，两站闭塞机均恢复定位状态。两站间正常办理闭塞步骤与闭塞机状态如图 2.3 所示。

(2)取消复原

取消复原是指办理闭塞手续后，列车因故不能发车时，而采用的取消闭塞的方法。取消复原有以下 3 种情况：

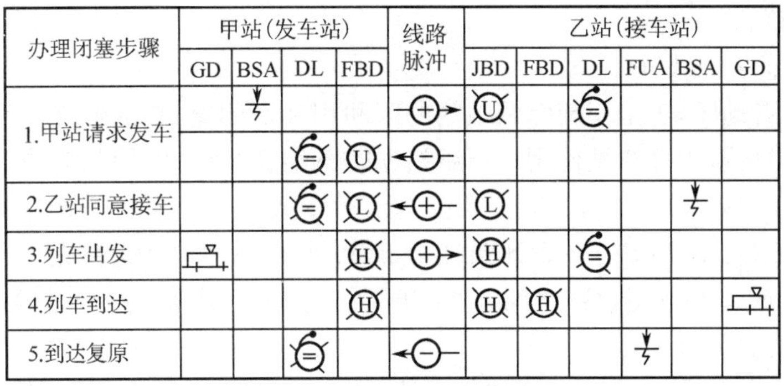

图 2.3　两站间正常办理步骤与闭塞机状态示意

①发车站请求发车，收到接车站的回执信号后取消复原。此时，发车站的发车表示灯、接车站的接车表示灯均亮黄灯，如果接车站不同意对方站发车或发车站需取消发车时，经双方联系后可由发车站车站值班员按下复原按钮办理取消复原。

②发车站收到对方站的同意接车信号后，但其出站信号机尚未开放以前取消复原。这时发车站的发车表示灯和接车站的接车表示灯均亮绿灯，如需取消闭塞，也须经两站车站值班员联系后，由发车站值班员按下复原按钮，办理取消复原。

③在电气集中联锁的车站，发车站开放出站信号机后，列车尚未出发之前取消复原。此时若要取消复原，须经两站值班员电话联系后，确认列车未出发，发车站值班员先办理发车进路的取消或人工解锁(视列车接近的情况)。在出站信号机关闭，发车进路解锁后，再按下复原按钮，办理取消复原。

以上 3 种情况的取消复原，执行者均为发车站值班员，如由接车站值班员办理取消复原，则是无法实现的。

(3)事故复原

使用事故按钮使闭塞机复原的方法，叫事故复原。事故复原是在闭塞机不能正常复原时，所采用的一种特殊复原方法。由于事故复原不检查任何条件，行车安全全靠人为保证，因此两站值班员必须共同确认区间没有被占用(列车没有出发、区间没有车运行、列车整列到达)，双方出站信号机均关闭，并应在“行车设备检查登记簿”中登记，然后由发生故障一方的车站值班员打开铅封，按下事故按钮使闭塞机复原。在下列情况下，允许使用事故按钮办理事故复原：

①闭塞电源断电后重新恢复供电时。

②列车到达接车站，因轨道电路故障不能办理到达复原时。

③装有钥匙路签的车站，必须由区间返回原发车站的路用列车时。

加封的事故按钮，破封后不准连续使用。装有计数器的事故按钮，破封后可以继续使用。无论装不装计数器，每办理一次事故复原，车站值班员都应在“行车设备检查登记簿”中登记，并在交接班时登记计数器上的数字，以便明确责任。事故按钮使用后，应及时加封。

4. 电路动作程序

64D 型继电半自动闭塞机在定位状态时，除 BSJ 吸起外，其他继电器均处于落下状态，两站的 FBD 和 JBD 都熄灭。为了便于叙述，以甲站为发车站，乙站为接车站，按办理闭塞手续的顺序说明电路动作程序。

(1)正常办理

①甲站请求向乙站发车

单线继电半自动闭塞,由于相邻两站间的区间用一对闭塞机,因此在闭塞电路设计上,既可作为发车站,又可作为接车站使用。当甲站先按下闭塞按钮时,甲站就成为发车站,而乙站则成为接车站,反之亦然。

甲站要向乙站发车,甲站车站值班员按下 BSA,此时甲站的 ZDJ 吸起。ZDJ 吸起后,一方面使本站的 XZJ 吸起并自闭,给电容器 C_3 充电;另一方面向乙站发送一个正极性脉冲的请求发车信号,使乙站的 ZXJ 吸起。

在乙站,ZXJ 吸起后,一方面接通电铃电路,使电铃鸣响,另一方面使 HDJ 吸起,并给电容器 C_2 充电。

当甲站值班员松开 BSA 后,ZDJ 因电容器 C_1 的放电而缓放落下后,请求发车信号结束,使乙站的 ZXJ 落下,电铃停响,并断开了 HDJ 的励磁电路。在 ZXJ 落下和 HDJ 缓放(因 C_2 放电)的时间里接通了 TJJ 电路,使 TJJ 吸起并自闭。TJJ 吸起后与 HDJ(在缓放)共同接通 FDJ 的励磁电路,FDJ 吸起后向甲站发送一个负极性脉冲的自动回执信号。

在甲站,当收到自动回执信号时 FXJ 吸起。FXJ 吸起后,一方面使电铃鸣响,另一方面经 XZJ 的前接点使 ZKJ 吸起并自闭。ZKJ 吸起后一方面给电容器 C_2 充电,另一方面接通了 GDJ 的励磁电路,使 FBD 亮黄灯,表示请求发车。

在乙站,当 HDJ 缓放落下后,一方面断开了 FDJ 的励磁电路,当 FDJ 因电容器 C_1 的放电而缓放落下后,结束自动回执信号,另一方面使 JBD 亮黄灯,表示对方站请求发车。

至此,甲站闭塞机中有 BSJ、XZJ、ZKJ 和 GDJ 吸起,FBD 亮黄灯,表示本站请求发车;乙站闭塞机中有 BSJ 和 TJJ 吸起,JBD 亮黄灯,表示邻站请求发车。

甲站请求向乙站发车的电路动作程序如图 2.4 所示。

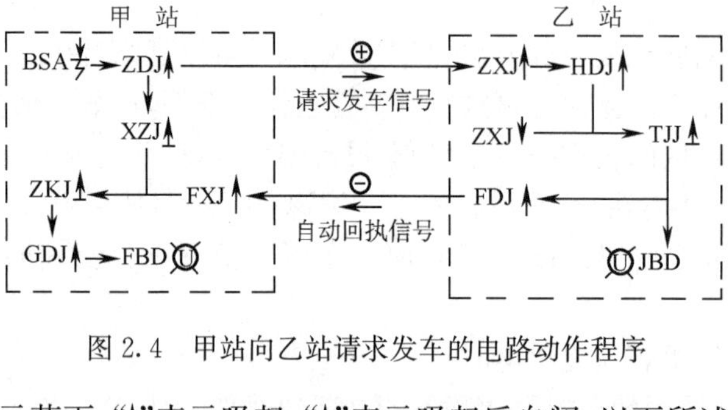

图 2.4 甲站向乙站请求发车的电路动作程序

图 2.4 中,"↓"表示落下;"↑"表示吸起;"↑̲"表示吸起后自闭,以下所述均为此意。

②乙站同意甲站发车

乙站值班员看到接车表示灯亮黄灯,待电铃停止鸣响后,按下 BSA,表示同意接车。此时,由于乙站的 TJJ 已吸起,所以使 BSJ 落下。BSJ 落下后,一方面使 JBD 亮绿灯,另一方面接通 ZDJ 电路,ZDJ 吸起后,向甲站发送一个正极性脉冲的同意接车信号。

在甲站,当收到同意接车信号后,ZXJ 吸起,一方面接通电铃电路使之鸣响,另一方面接通 KTJ 电路,使 KTJ 吸起并自闭且接通 FBD 的绿灯电路,使其亮绿灯,表示邻站同意发车。

当乙站值班员松开 BSA 后,ZDJ 经电容器 C_1 放电而缓放落下后,停止发送同意接车信号,使甲站的 ZXJ 落下。

至此，甲站有 BSJ、XZJ、ZKJ、KTJ、GDJ 吸起，FBD 亮绿灯；乙站只有 TJJ 吸起，JBD 亮绿灯，表示从甲站到乙站方向的区间开通。

乙站同意甲站发车时的电路动作程序如图 2.5 所示。

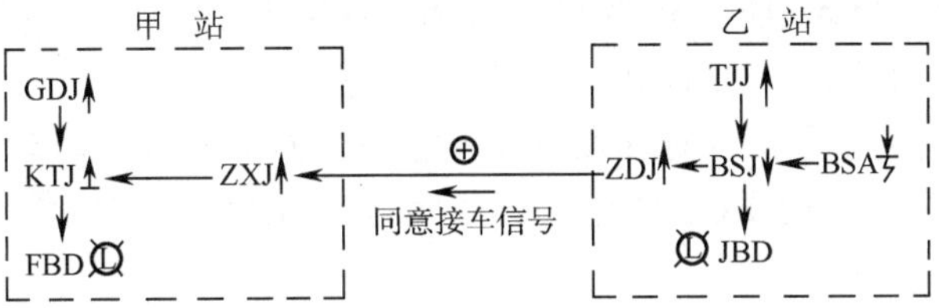

图 2.5　乙站同意甲站发车时的电路动作程序

③列车从甲站出发

甲站车站值班员看到发车表示灯亮绿灯，即可办理发车进路，开放出站信号机，此时 XZJ 落下。当列车出发驶入出站信号机内方，出站信号机自动关闭。当列车驶入进站信号机内方第一个轨道区段时，由于 GDJ 落下，使 BSJ、ZKJ 和 KTJ 相继落下。因为 ZXJ 的缓放（电容器 C_2 放电所致），其落下后才使 KTJ 落下，所以在 BSJ 已落下和 KTJ 尚未落下的时间里，使 ZDJ 吸起，向乙站发送一个正极性脉冲的出发通知信号。

在乙站，收到出发通知信号后，使 ZXJ 吸起并接通 TCJ 励磁电路，使 TCJ 吸起并自闭。TCJ 吸起后又使 GDJ 吸起，准备接车。GDJ 吸起后断开了 TJJ 的自闭电路，使 TJJ 落下。

至此，甲站的全部继电器都落下，FBD 亮红灯；乙站只有 TCJ 和 GDJ 吸起，JBD 亮红灯，表示两站闭塞机转入“区间闭塞”状态，甲站到乙站方向的区间闭塞，并有一列列车占用。

列车从甲站出发的电路动作程序如图 2.6 所示。

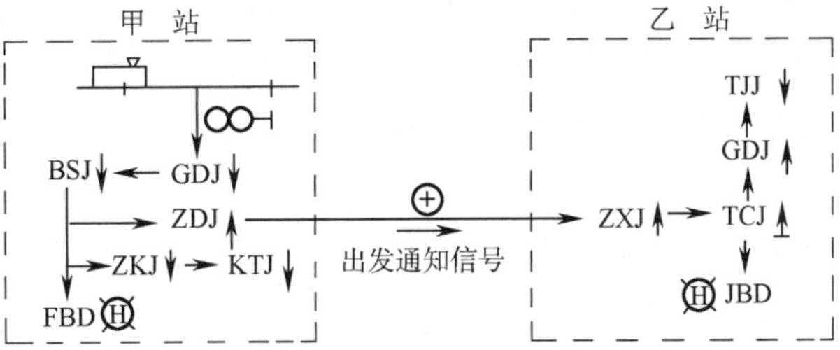

图 2.6　列车从甲站出发的电路动作程序

④列车到达乙站

乙站车站值班员看到接车表示灯由绿灯亮为红灯，电铃鸣响后，表明列车已由甲站开出，应及时建立接车进路，开放进站信号机，准备接车。当列车到达乙站，进入乙站进站信号机内方第一个轨道区段时，由于 GDJ 落下，使 HDJ 吸起并自闭，发车表示灯 FBD 亮红灯。此时，乙站进站信号机自动关闭。列车出清该轨道区段后，GDJ 重新吸起。

至此，乙站有 TCJ、GDJ 和 HDJ 吸起，JBD 和 FBD 都亮红灯，表示列车到达。甲站闭塞机状态无变化，FBD 仍亮红灯。

列车到达乙站时的电路动作程序如图 2.7 所示。

⑤到达复原

列车全部进入乙站股道后，接车进路解锁。乙站车站值班员在确认列车完整到达后，按下

FUA,办理到达复原。此时乙站的 FDJ 吸起,FDJ 吸起后,一方面接通本站的 FUJ 电路,另一方面向甲站发送一个负极性脉冲的到达复原信号。

在乙站,由于 FUJ 吸起,使 BSJ 吸起并自闭。BSJ 吸起后,使 TCJ、GDJ 和 HDJ 相继落下,JBD 和 FBD 的红灯熄灭。

在甲站,当收到到达复原信号时,FXJ 吸起,它一方面接通电铃电路使之鸣响,另一方面使 FUJ 吸起。FUJ 吸起后又使 BSJ 吸起并自闭,FBD 红灯熄灭。

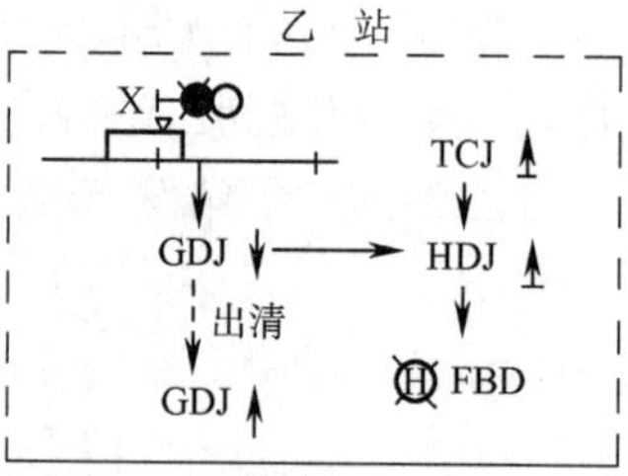

图 2.7 列车到达乙站时的电路动作程序

至此,甲乙两站闭塞机中只有 BSJ 吸起,两站的接、发车表示灯均熄灭,两站闭塞机恢复定位状态,表示区间空闲。

乙站办理到达复原时的电路动作程序如图 2.8 所示。

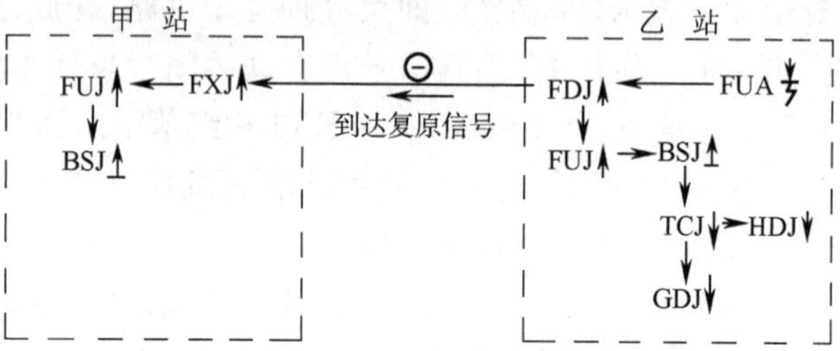

图 2.8 乙站办理到达复原时的电路动作程序

(2)取消复原

办理取消复原可分为 3 种情况,它们的电路动作程序如下:

①甲站收到自动回执信号,即 FBD 亮黄灯之后。当甲站请求发车之后,乙站同意接车之前,FBD 亮黄灯时,如果乙站不同意甲站发车或甲站需要取消发车时,经双方联系后,可由甲站车站值班员按下复原按钮办理取消复原。此时,在甲站闭塞机中有 BSJ、XZJ、ZKJ 吸起并自闭,GDJ 也已吸起,FBD 亮黄灯;乙站有 BSJ 和 TJJ 吸起并自闭,JBD 亮黄灯。甲站 FBD 亮黄灯时办理取消复原的电路动作程序如图 2.9 所示。

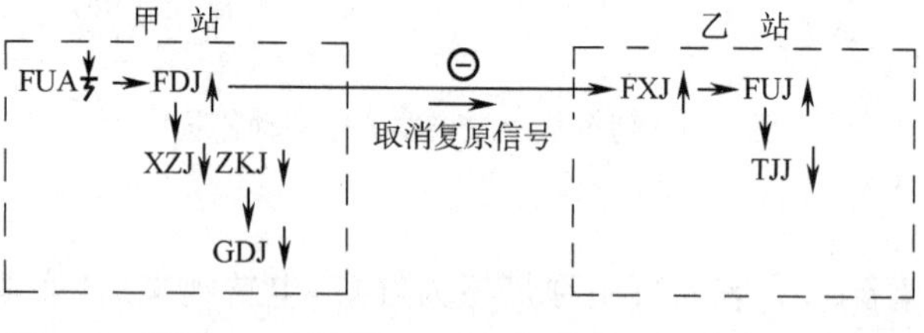

图 2.9 甲站 FBD 亮黄灯时办理取消复原的电路动作程序

在甲站,当甲站车站值班员按下 FUA 后,使 FDJ 吸起,FDJ 吸起后,用它的后接点断开 ZKJ 和 XZJ 的自闭电路;用 ZKJ 的前接点断开 GDJ 电路;用 GDJ 的前接点断开 FBD 的黄灯电路。同时,经 FDJ 前接点,通过外线向乙站发送一个负极性的取消复原信号。

在乙站,当收到负极性的取消复原信号时,FXJ 吸起。FXJ 吸起后使电铃鸣响,同时接通 FUJ 励磁电路。FUJ 吸起后,用 FUJ 的后接点断开 TJJ 的自闭电路;TJJ 落下后又用其前接点断开 JBD 的黄灯电路。

至此，两站闭塞机中只有 BSJ 吸起，表示灯都熄灭，闭塞机恢复定位。

②甲站收到同意接车信号，FBD 亮绿灯，尚未开放出站信号机之前。此时，需要取消闭塞，经两站车站值班员联系后，由甲站车站值班员按下 FUA，办理取消复原。在这种情况下，甲站闭塞机中除 BSJ、XZJ、ZKJ 和 GDJ 吸起外，尚有 KTJ 吸起，FBD 亮绿灯。乙站闭塞机中只有 TJJ 吸起，JBD 亮绿灯。甲站 FBD 亮绿灯后办理取消复原的电路动作程序如图 2.10 所示。

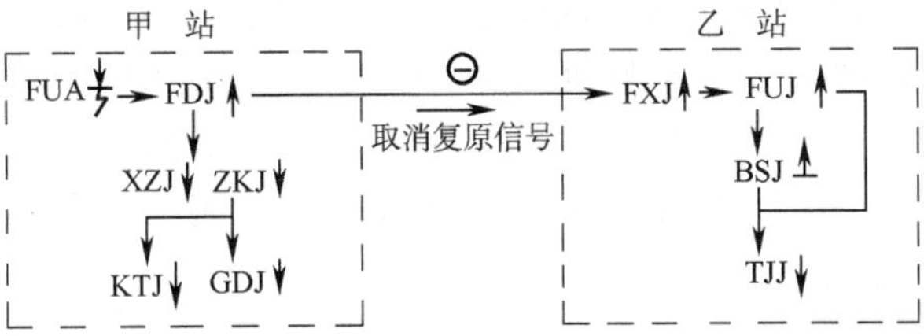

图 2.10 甲站 FBD 亮绿灯后办理取消复原的电路动作程序

当甲站车站值班员按下 FUA 时，使 FDJ 吸起。FDJ 吸起后，用其后接点断开 ZKJ 和 XZJ 的自闭电路；ZKJ 落下后，用其前接点断开 KTJ 的自闭电路和 GDJ 电路。KTJ 落下后，用其前接点断开 FBD 绿灯电路，FBD 熄灭。

在乙站，当收到取消复原信号时，FXJ 吸起。FXJ 吸起后，使电铃鸣响，同时使 FUJ 吸起。FUJ 吸起后，使 BSJ 吸起并自闭。用 BSJ 的后接点断开 TJJ 的自闭电路和 JBD 的绿灯电路，JBD 熄灭。

至此，两站闭塞机中只有 BSJ 吸起，表示灯都熄灭，闭塞机恢复定位。

③在电气集中联锁车站，甲站开放出站信号机之后，列车尚未出发之前。在这种情况下要取消闭塞时，需经两站值班员电话联系后，确认列车未出发，甲站值班员先人工解锁发车进路。在出站信号机关闭，发车进路解锁后，XZJ 重新吸起，再按下 FUA，办理取消复原。其电路动作顺序同前。

(3)事故复原

由于事故复原不检查任何条件，行车安全完全靠两站值班员人为保证，所以在办理事故复原时，两站值班员必须充分确认列车未出发或区间无车占用或双方出站信号机均关闭，然后由发生故障的一方车站值班员打开铅封，按下事故按钮，办理事故复原。

根据继电半自动闭塞使用方法的规定，只准在下列 3 种情况下使用事故复原：

①闭塞机停电后恢复时。闭塞机停电恢复后，BSJ 等所有继电器均落下，FBD 亮红灯，闭塞机处于发车闭塞状态。此时，停电车站(如甲站)的值班员打开铅封，按下 SGA，使闭塞机复原。停电恢复后办理事故复原时的电路动作程序如图 2.11 所示。

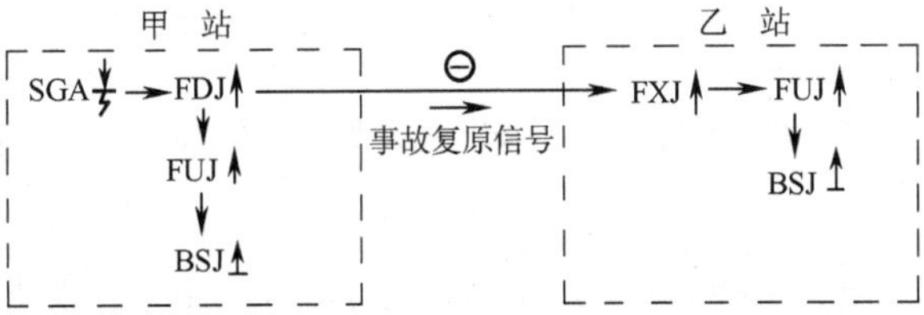

图 2.11 停电恢复后办理事故复原时的电路动作程序

当甲站按下 SGA 后，使 FDJ 吸起。FDJ 吸起后，一方面使 FUJ 吸起，继而使 BSJ 吸起并自闭,用 BSJ 的后接点断开 FBD 红灯电路,使甲站闭塞机恢复定位。

另一方面向乙站发送一个负极性的事故复原信号,使乙站的 FXJ 吸起,电铃鸣响。FXJ 吸起后,使 FUJ 吸起,继而使 BSJ 吸起并自闭,用 BSJ 后接点断开 FBD 红灯电路,使乙站闭塞机恢复定位。

②当列车到达接车站后,因轨道电路故障不能办理到达复原时。当列车到达,进入并出清接车站进站信号机内方第一个轨道电路区段后,因轨道电路故障,轨道继电器不能再次吸起,若此时接车站车站值班员按下 FUA,则因 GDJ 的落下,不能使 FDJ 吸起,故 FUJ、BSJ 也不能吸起,闭塞机不能复原,而应经双方车站值班员电话联系,确认列车整列到达,根据列车调度员命令,由接车站值班员登记破封,按下 SGA,办理事故复原。接车站轨道电路故障时办理事故复原的电路动作程序如图 2.12 所示。

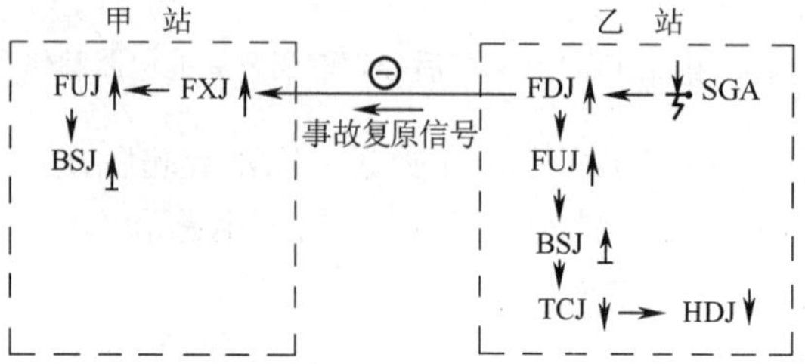

图 2.12 接车站轨道电路故障时办理事故复原的电路动作程序

③装有钥匙路签的车站办理由区间返回原发车站的路用列车时。当路用列车由区间返回发车站后,发车站闭塞机中的继电器全部处于落下状态,FBD 亮红灯,接车站闭塞机中的 TCJ 和 GDJ 在吸起状态,JBD 亮红灯,两站闭塞机均处于闭塞状态。此时,发车站值班员向司机取回钥匙路签放入控制台,登记破封,用事故按钮办理事故复原,使 FDJ 吸起。FDJ 吸起后,一方面使 FUJ 吸起,继而使 BSJ 吸起并自闭,从而断开 FBD 红灯电路,使闭塞机恢复定位。另一方面向接车站发送一个负极性的事故复原信号,使接车站的 FXJ 吸起并接通电铃电路,接车站车站值班员在电铃鸣响过程中,应按下 FUA,使本站闭塞机中的 FUJ 吸起,继而使 BSJ 吸起并自闭,TCJ 和 GDJ 相继落下,JBD 红灯熄灭,闭塞机恢复定位。

路用列车由区间返回原发车站办理事故复原时电路动作程序如图 2.13 所示。

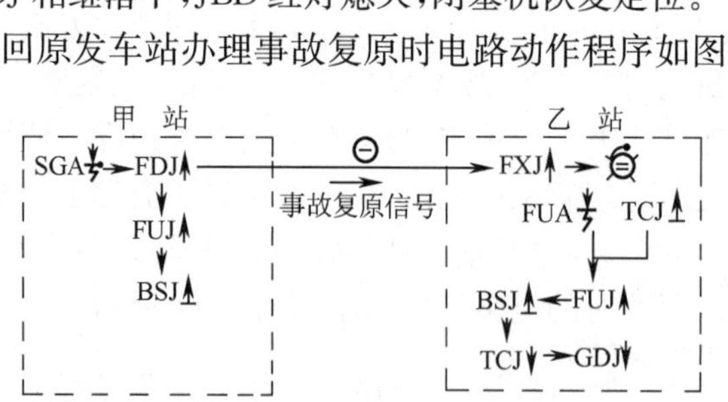

图 2.13 路用列车由区间返回原发车站办理事故复原时的电路动作程序

5. 电路工作原理

为使电路简单明了,便于掌握,将 64D 型继电半自动闭塞电路按功能不同设计成独立的单元式电路。它由线路继电器电路、信号发送器电路、发车接收器电路、接车接收器电路、闭塞继电器电路、复原继电器电路、轨道继电器电路和表示灯电路等 8 个单元电路组成,具体可参阅《计算机联锁图册(第三版)》图Ⅰ-18。

(1)线路继电器电路

线路继电器电路如图 2.14 所示,其作用是发送和接收闭塞信号。它由正线路继电器 ZXJ 和负线路继电器 FXJ 组成。在每个闭塞区间两端的线路继电器是对称的,每端串联两个线路继电器,ZXJ 接收正极性的闭塞信号,FXJ 接收负极性的闭塞信号。线路继电器之所以采用偏极继电器,是因为偏极继电器具有选择电流极性的特性。为降低继电器的工作电压,线路继电器两个线圈并联使用。

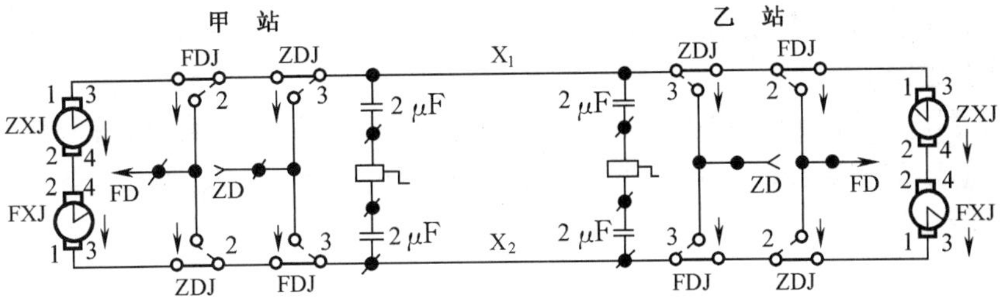

图 2.14 线路继电器电路

为了向线路发送正负两种极性的闭塞信号,在线路继电器电路中接有两组 ZDJ 的接点和两组 FDJ 的接点。ZDJ 吸起时向线路上发送正极性的闭塞信号;FDJ 吸起时向线路上发送负极性的闭塞信号。由于 ZDJ 和 FDJ 的两组接点是互相照查的,所以两个继电器同时吸起时,不会向线路上发送任何闭塞信号。

为防护外线混电,电路由 ZDJ 和 FDJ 的双断接点通断电源,因此当一条外线混电时,不会引起线路继电器的错误动作。

闭塞电话与线路继电器电路共用一对外线。为防止直流闭塞信号进入电话机,在闭塞电话电路中串联两个 2 μF 的电容器。

甲站请求向乙站发车,按下 BSA,使 ZDJ 吸起,向乙站送正极性的请求发车信号,使乙站 ZXJ 吸起,励磁电路为:

甲站 ZD—$ZDJ_{32\text{-}31}$—外线 X_1—乙站 $ZDJ_{31\text{-}33}$—$FDJ_{21\text{-}23}$—$ZXJ_{1\text{、}3\text{-}2\text{、}4}$—$FXJ_{2\text{、}4\text{-}1\text{、}3}$—$ZDJ_{23\text{-}21}$—$FDJ_{33\text{-}31}$—外线 X_2—甲站 $FDJ_{31\text{-}33}$—$ZDJ_{21\text{-}22}$—FD。

乙站 ZXJ 吸起后,使 HDJ 吸起。甲站松开 BSA,乙站 ZXJ 落下,使 TJJ 吸起,TJJ 吸起后与正在缓放中的 HDJ 共同接通 FDJ 电路,FDJ 吸起后向甲站发送负极性的自动回执信号,使甲站的 FXJ 吸起,励磁电路为:

乙站 ZD—$FDJ_{32\text{-}31}$—外线 X_2—甲站 $FDJ_{31\text{-}33}$—$ZDJ_{21\text{-}23}$—$FXJ_{1\text{、}3\text{-}2\text{、}4}$—$ZXJ_{2\text{、}4\text{-}1\text{、}3}$—$FDJ_{23\text{-}21}$—$ZDJ_{33\text{-}31}$—外线 X_1—乙站 $ZDJ_{31\text{-}33}$—$FDJ_{21\text{-}22}$—FD。

乙站同意甲站发车,按下 BSA,由于 TJJ 已吸起,使 BSJ 落下,接通 ZDJ 电路,向甲站发送正极性的同意接车信号,使甲站的 ZXJ 吸起,励磁电路为:

乙站 ZD—$ZDJ_{32\text{-}31}$—外线 X_1—甲站 $ZDJ_{31\text{-}33}$—$FDJ_{21\text{-}23}$—$ZXJ_{1\text{、}3\text{-}2\text{、}4}$—$FXJ_{2\text{、}4\text{-}1\text{、}3}$—$ZDJ_{23\text{-}21}$—$FDJ_{33\text{-}31}$—外线 X_2—乙站 $FDJ_{31\text{-}33}$—$ZDJ_{21\text{-}22}$—FD。

列车从甲站出发,驶入进站信号机内方第一个轨道区段时,GDJ 落下,使 BSJ、ZKJ、KTJ 相继落下,在 BSJ 已落下和 KTJ 因 ZKJ 缓放尚未落下时,使 ZDJ 吸起,向乙站发送正极性的出发通知信号,使乙站 ZXJ 吸起,励磁电路同请求发车时的 ZXJ 励磁电路。

列车到达乙站,乙站在确认整列到达后办理到达复原,按下 FUA,使 FDJ 吸起,向甲站发送负极性的到达复原信号，使甲站 FXJ 吸起，其励磁电路与接收自动回执信号时相同。

取消复原时，甲站按下 FUA 后，使 FDJ 吸起，向乙站发送负极性的取消复原信号，使乙站的 FXJ 吸起，励磁电路为：

甲站 ZD—$FDJ_{32\text{-}31}$—外线 X_2—乙站 $FDJ_{31\text{-}33}$—$ZDJ_{21\text{-}23}$—$FXJ_{1、3\text{-}2、4}$—$ZXJ_{2、4\text{-}1、3}$—$FDJ_{23\text{-}21}$—$ZDJ_{33\text{-}31}$—外线 X_1—甲站 $ZDJ_{31\text{-}33}$—$FDJ_{21\text{-}22}$—FD。

为了引起车站值班员的注意，在收到对方站发来的各种闭塞信号时电铃都鸣响，为此用 $ZXJ_{21\text{-}22}$ 或 $FXJ_{21\text{-}22}$ 接通电铃电路。

(2)信号发送器电路

信号发送器电路如图 2.15 所示，其作用是发送闭塞信号。它由正电继电器 ZDJ 和负电继电器 FDJ 组成，ZDJ 吸起向闭塞外线发送正极性的闭塞信号；FDJ 吸起向闭塞外线发送负极性的闭塞信号。

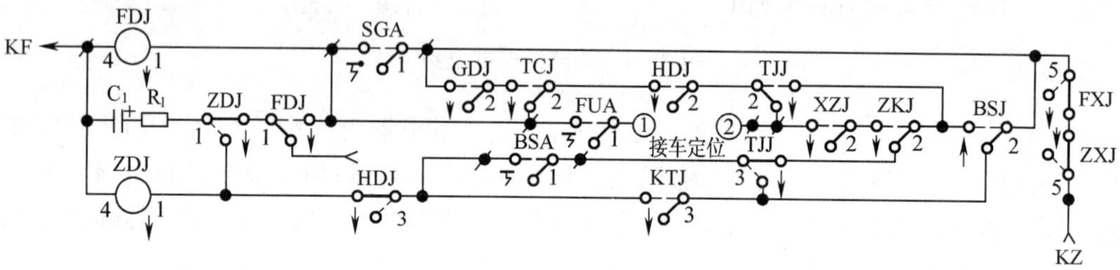

图 2.15 信号发送器电路

①ZDJ 电路

ZDJ 吸起向闭塞外线发送请求发车信号、同意接车信号和出发通知信号等 3 种正极性的闭塞信号。

a. 请求发车信号。这是闭塞机在定位状态时才能发出的信号，此时 ZDJ 的励磁电路要检查的条件是：

(a)区间空闲，闭塞机在定位状态(BSJ↑)。

(b)双方站未请求发车(HDJ↓)。

(c)本站闭塞机未转到接车状态(TJJ↓)。

(d)本站闭塞机也未转到准备开通状态(ZKJ↓)。

请求发车信号的控制条件是 BSA，当本站值班员按下闭塞按钮时，经过 $BSA_{11\text{-}12}$ 接通 ZDJ 励磁电路，ZDJ 吸起后向闭塞外线发送正极性的请求发车信号。

因为 BSA 是自复式按钮，所以当车站值班员松开 BSA 后，即断开 ZDJ 电路。为了保证电路的可靠动作，要求发送的闭塞信号有足够的长度，故 ZDJ 和 FDJ 电路共用由电阻 R_1 (510 Ω/2 W)和电容器 C_1 (500 μF)构成的阻容缓放电路。电容器 C_1 平时经过 $ZDJ_{11\text{-}13}$ 和 $FDJ_{11\text{-}13}$ 处于充电状态，当 ZDJ 吸起时，经过 $ZDJ_{11\text{-}12}$ 使 C_1、R_1 并联在 ZDJ 的线圈上，而当 FDJ 吸起时，经过 $ZDJ_{11\text{-}13}$ 和 $FDJ_{11\text{-}12}$ 使 C_1、R_1 并联在 FDJ 的线圈上。当 ZDJ 或 FDJ 断电时，C_1 向 ZDJ 或 FDJ 的线圈放电，使其缓放，其缓放时间应不小于 1.6 s。

因 C_1 采用经常充电的方式，所以 ZDJ 和 FDJ 只缓放不缓吸，缓放时间稳定，保证闭塞信号长度的一致，从而不受本站值班员按压按钮时间长短的影响。

$ZXJ_{51\text{-}53}$ 和 $FXJ_{51\text{-}53}$ 接在信号发送器的总电路中，其作用是保证闭塞机在接收完对方站发来的闭塞信号之后，才能使 ZDJ 或 FDJ 吸起，以防止车站值班员抢先办理闭塞时使电路无法动作。

b. 同意接车信号

这是在收到对方站的请求发车信号、本站闭塞机转为接车状态后才能发送的信号，此时 ZDJ 的励磁电路要检查以下条件：

(a)闭塞机转为接车状态(TJJ↑)。

(b)车站值班员同意接车，按下 BSA($BSA_{11\text{-}12}$)。

(c)闭塞机转为闭塞状态(BSJ↓)。

$HDJ_{31\text{-}33}$是综合电路时并入的，它保证在发送回执信号时断开 ZDJ 的励磁电路，以保证自动回执信号的脉冲长度。当 HDJ 落下时，证实自动回执信号已发完。

c. 出发通知信号

这是在列车自发车站出发，进入发车站进站信号机内方第一个轨道区段时，闭塞机自动发出的信号，此时 ZDJ 的励磁电路要检查以下条件：

(a)列车出发进入进站信号机内方第一个轨道电路区段(GDJ↓)。

(b)闭塞机转入闭塞状态(BSJ↓)。

应该指出的是，在出发通知信号电路中并没有 GDJ 的后接点，它是通过 $BSJ_{21\text{-}23}$来证明的。因为在发车站的 BSJ 电路中，由于此时 KTJ 是吸起的，当列车出发进入轨道电路区段时，GDJ 落下，BSJ 才落下。

列车出发通知信号是自动接通和断开的，电路的接通条件是 $BSJ_{21\text{-}23}$，而断开的条件是 $KTJ_{31\text{-}32}$。因为列车出发时，电路动作顺序是 GDJ↓→BSJ↓→ZKJ↓→KTJ↓且 ZKJ 的线圈上并联电容器 C_2，有一定的缓放时间，当 ZKJ 落下后，KTJ 才落下。所以，此时的 ZDJ 电路由 BSJ 的落下来接通，用 KTJ 的落下来断开，以保证 ZDJ 有一定的吸起时间。

②FDJ 电路

FDJ 吸起向闭塞外线发送自动回执信号、到达复原信号、取消复原信号和事故复原信号等四种负极性的闭塞信号。

a. 自动回执信号

这是接车站收到请求发车信号之后，自动向发车站发送的证实信号，此时 FDJ 的励磁电路要检查的条件是：

(a)本站闭塞机在定位状态(BSJ↑)。

(b)收到请求发车信号(HDJ↑)。

(c)本站闭塞机已转为接车状态(TJJ↑)。

TCJ 第 2 组接点用来区分是自动回执电路还是到达复原电路。当 TCJ 落下，FDJ 吸起时，向闭塞外线发送的是自动回执信号，当 TCJ 吸起，FDJ 吸起时，向闭塞外线发送的是到达复原信号。

$TJJ_{21\text{-}22}$和 $HDJ_{21\text{-}22}$在电路中起着自动接通和断开自动回执电路的作用。用 $TJJ_{21\text{-}22}$接通 FDJ 电路，开始发送自动回执信号。HDJ 经过一段时间的缓放后落下，用 $HDJ_{21\text{-}22}$断开 FDJ 电路，终止发送自动回执信号。

自动回执信号的脉冲长度近似等于 HDJ 和 FDJ 缓放时间之和，起控制作用的是 HDJ 缓放时间的长短。FDJ 吸起后经 $FDJ_{11\text{-}12}$接通 C_1放电电路，使 FDJ 有足够的缓放时间。

b. 到达复原信号

这是在列车完整到达接车站后，由接车站值班员办理到达复原时发送的信号，此时 FDJ 的励磁电路要检查的条件是：

(a)收到出发通知信号(TCJ↑)。

(b)列车到达本站(HDJ↑)。

(c)列车出清接车站接车进路第一个轨道电路区段(GDJ↑)。

(d)“接车定位条件”是结合车站联锁设备情况，用能证实接车进路解锁的继电器接点来接通。

(e)本站车站值班员办理到达复原，按下 FUA。

$TJJ_{21\text{-}23}$接点是为了进一步证实列车已从对方站出发而加入的。TCJ 第 2 组接点和 TJJ 第 2 组接点是区分电路用的，加入这两个条件后，自动回执电路和到达复原电路可共用 $HDJ_{21\text{-}22}$接点。

c. 取消复原信号

这是在本站请求发车之后和列车未出发之前由车站值班员办理取消闭塞时发送的信号，此时 FDJ 的励磁电路要检查的条件是：

(a)本站办理请求发车并收到自动回执信号(BSJ↑和 ZKJ↑)。

(b)出站信号机未开放(XZJ↑)。

(c)本站值班员办理取消复原按下 FUA($FUA_{11\text{-}12}$)。

“接车定位条件”不是本电路的必要条件，是合并电路时加入的。

d. 事故复原信号

这是当闭塞机发生故障不能正常复原，而办理事故复原时发送的信号。因为故障情况可能随时发生，所以在事故复原电路中，除 ZXJ 和 FXJ 后接点外，不检查任何条件，只要车站值班员按下$SGA_{11\text{-}12}$，即可构成 FDJ 的励磁电路。松开 SGA，FDJ 落下。

(3)发车接收器电路

发车接收器电路的作用是记录发车站闭塞机状态的，它由 XZJ、ZKJ 和 KTJ 组成。

①XZJ 电路

XZJ 电路有两个作用：一是区分自动回执信号和复原(到达复原、取消复原、事故复原)信号；二是请求发车后检查出站信号机是否开放。XZJ 电路如图 2.16 所示。

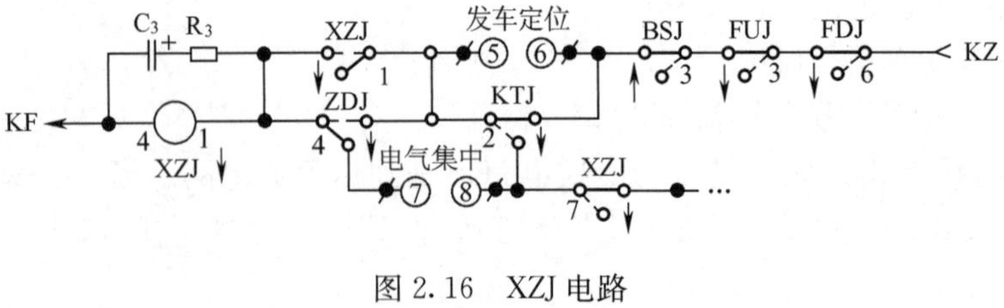

图 2.16　XZJ 电路

自动回执信号和复原信号都是从对方站发来的负极性脉冲，为了区分这两种代表不同意义的负极性信号，在 ZKJ 和 FUJ 电路中分别检查 $XZJ_{31\text{-}32}$和 $XZJ_{61\text{-}63}$。XZJ 吸起时，通过$XZJ_{31\text{-}32}$证明接收的是自动回执信号，而 XZJ 落下时，通过 $XZJ_{61\text{-}63}$证明接收的是复原信号。

XZJ 是当办理请求发车时经过 $ZDJ_{41\text{-}42}$吸起，然后经 $XZJ_{11\text{-}12}$自闭，并一直保持到收到同意接车信号 KTJ 吸起和车站值班员开放出站信号机后才落下。开放出站信号机前，XZJ 吸起，允许调车和取消闭塞；出站信号机开放后，XZJ 落下，则不允许调车和取消闭塞。这样，在出站信号机开放前后，闭塞机状态就有了一个变化。

当本站办理取消复原时，用 $FDJ_{61\text{-}63}$ 断开 XZJ 电路；当对方站办理事故复原时，用 $FUJ_{31\text{-}33}$ 断开 XZJ 电路。

当一个区间两端的车站值班员同时办理请求发车，按下 BSA 时，两站的 XZJ 都能吸起并自闭，但是由于两个正极性的闭塞信号在外线相顶，双方都收不到自动回执信号。在这种情况下，如某站再次办理请求发车，接车站在发送自动回执信号时 FDJ 吸起，用其第 6 组后接点断开 XZJ 的自闭电路，使 XZJ 落下。

若在因故障收不到对方站发来的自动回执信号的情况下办理事故复原时，也是用 $FDJ_{61\text{-}63}$ 断开 XZJ 的自闭电路的。

电路中的 $BSJ_{31\text{-}32}$ 是与 ZKJ 共用的，它表明只有闭塞机在定位状态(BSJ 吸起)时，才能办理请求发车，XZJ 才能吸起。

XZJ 要有一定的缓放时间，是因为在办理取消复原时，$FDJ_{61\text{-}63}$ 接点一断开，XZJ 就要落下，这样 $XZJ_{21\text{-}22}$ 将切断 FDJ 的励磁电路。为使 FDJ 可靠吸起，XZJ 应缓放。为此在 XZJ 的线圈上并联 C_3、R_3 缓放电路，C_3 为 100 μF，R_3 为 510 Ω。

②ZKJ 电路

ZKJ 电路如图 2.17 所示，其作用是接收自动回执信号。当收到自动回执信号时，ZKJ 吸起并自闭，将闭塞机转至准备开通状态。ZKJ 的励磁条件是：

a. 区间空闲。

b. 闭塞机在定位状态 (BSJ↑)。

c. 本站已办理请求发车(XZJ↑)。

d. 收到了对方站的自动回执信号(FXJ↑)。

ZKJ 吸起后经 $ZKJ_{11\text{-}12}$ 自闭。

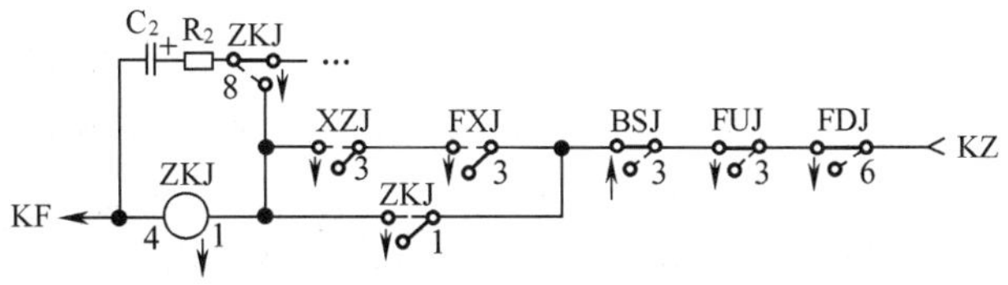

图 2.17　ZKJ 电路

ZKJ 的失磁条件是：列车出发，区间闭塞时由 $BSJ_{31\text{-}32}$ 断开其自闭电路；本站办理取消复原时，用 $FDJ_{61\text{-}63}$ 断开其自闭电路。

在办理取消复原时，用的是 FDJ 的后接点，而不用 FUJ 的后接点来断开 ZKJ 的自闭电路，这是因为在请求发车后办理取消复原时，FDJ 吸起后即向对方站发送取消复原信号，而本站的 FUJ 要经过 $FDJ_{61\text{-}62}$ 才能吸起。如果本站的 FUJ 电路因故障不能吸起，若用 FUJ 后接点时即不会使 ZKJ 落下，这就发生对方站闭塞机复原，本站闭塞机仍保留着发车条件的故障，这不符合“故障—安全”原则，而用 $FDJ_{61\text{-}63}$ 断开 ZKJ 的自闭电路，就防止了上述故障，保证在办理取消复原时双方闭塞机工作的一致性。

ZKJ 要求有一定的缓放时间(不小于 0.32 s),以保证办理取消复原时使 FDJ 可靠吸起,这和 XZJ 的缓放要求是相似的。ZKJ 的缓放还有另一个作用,即当列车出发时,因 BSJ 先落下,ZKJ 缓放,使 KTJ 也缓放,这样才能通过 $BSJ_{21\text{-}23}$和 $KTJ_{31\text{-}32}$构成 ZDJ 的励磁电路,从而能可靠发送列车出发通知信号,并使之有足够的长度。

③KTJ 电路

KTJ 电路的作用是接收对方站发来的同意接车信号,并将闭塞机转到开通状态。KTJ 电路如图 2.18 所示,其励磁条件是:

a. 闭塞机收到自动回执信号(ZKJ↑)。

b. 闭塞机收到同意接车信号(ZXJ↑)。

c. 半自动闭塞用轨道电路良好(GDJ↑)。

KTJ 吸起后经 $KTJ_{11\text{-}12}$自闭。

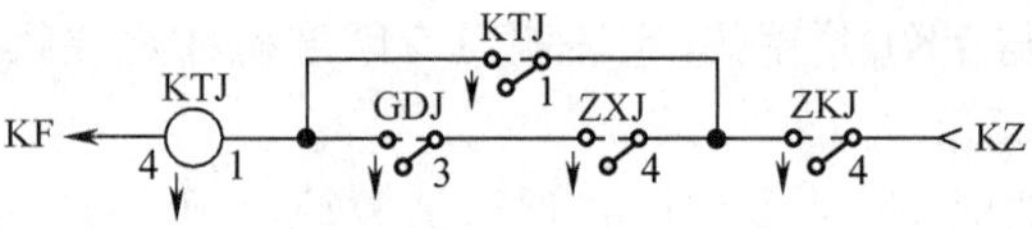

图 2.18 KTJ 电路

KTJ 的失磁条件和 ZKJ 的一样,所以当 $ZKJ_{41\text{-}42}$断开时,KTJ 也落下。

在发车接收器电路中 XZJ、ZKJ 和 KTJ 按办理闭塞的顺序依次动作,保证了两站间在区间空闲、电路动作正常的情况下,必须往返三次不同极性的闭塞信号时,发车站闭塞机才能表示“区间开通”,从而提高了发车接收器电路的抗干扰能力。

(4)接车接收器电路

接车接收器电路的作用是记录接车站闭塞机的状态,它由回执到达继电器 HDJ,同意接车继电器 TJJ 和通知出发继电器 TCJ 组成。

①HDJ 电路

HDJ 电路如图 2.19 所示,它有两个作用:一是接收对方站发来的请求发车信号,与 TJJ 一起构成自动回执信号电路;二是记录列车到达。因为这两个作用不是同时完成的,所以可由一个继电器来兼用,而设计成两组电路,用 TCJ 第 5 组接点来区分两组电路。在收到列车出发通知信号之前,因 TCJ 落下,此时 HDJ 吸起作为发送回执信号之用;而在收到列车出发通知信号之后,因 TCJ 吸起,此时 HDJ 吸起作为记录列车到达之用。

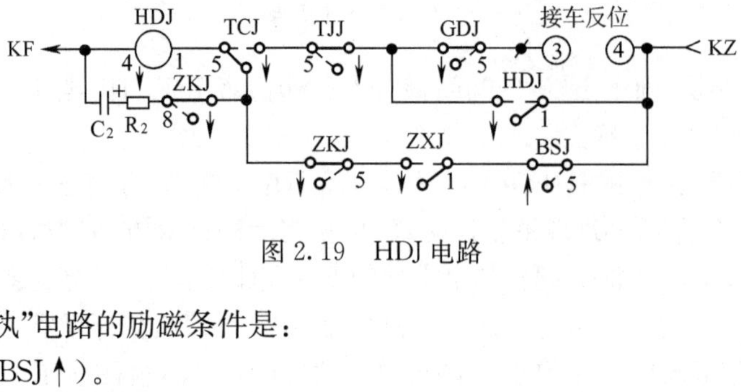

图 2.19 HDJ 电路

HDJ“自动回执”电路的励磁条件是:

a. 区间空闲(BSJ↑)。

b. 收到对方站的请求发车信号(ZXJ↑)。

电路中的 ZKJ_{51-53}是为了区别请求发车信号和同意接车信号用的，因为两者都使 ZXJ 吸起，这样当发车站闭塞机转到准备开通状态之后，再收到同意接车信号时，由于 ZKJ_{51-53}断开，所以不会错误构成 HDJ 电路。

随着请求发车信号的终止，ZXJ 落下，HDJ 依靠 C_2和 R_2组成的电路缓放。在 HDJ 落下后，停止发送自动回执信号。HDJ“到达”电路的励磁条件是：

a. 收到列车出发通知信号(TCJ↑)。

b. 接车进路已建立。

c. 列车到达进入进站信号机内方第一个轨道电路区段(GDJ↓)。

HDJ 吸起后自闭。

在办理到达复原时，TCJ 落下后断开 HDJ 自闭电路，HDJ 落下。

在 HDJ 的“到达”电路中加入 TJJ_{51-53}接点，是因为 GDJ 在 TCJ 吸起后才能吸起，如果在 HDJ 的“到达”电路中没有 TJJ_{51-53}接点，那么在列车出发前，接车站过早地开放进站信号机，则在 TCJ 吸起后 GDJ 尚未吸起之前，会使 HDJ 错误吸起，造成列车虚假到达的故障。加入 TJJ_{51-53}后，它们的动作顺序是 TCJ↑→GDJ↑→TJJ↓。由于 TCJ 吸起后 GDJ 尚未吸起时，TJJ 处于吸起状态，即防止了上述错误。

电路中接有“接车反位条件”是为了在进站信号机未开放前，可以利用正线进行调车作业，此时 HDJ 不会吸起。

对 HDJ 要求有一定的缓放时间(不小于 0.6 s)，因为在接收请求发车信号时，HDJ 经 ZXJ_{11-12}而吸起，当请求发车信号终了 ZXJ 落下时，则断开了 HDJ 的励磁电路，但是要用 ZXJ_{11-13}和 HDJ_{61-62}构成 TJJ 的励磁电路，而用 TJJ_{21-22}和 HDJ_{21-22}构成 FDJ 的励磁电路发送自动回执信号，因此，为了使 TJJ 可靠吸起，并可靠地发送自动回执信号，要求 HDJ 缓放。它是通过在 HDJ 的线圈上并联 C_2(200 μF)及 R_2(510 Ω)而实现的。C_2、R_2是与 ZKJ 共用的，用 ZKJ 的第 8 组接点来区分。

②TJJ 电路

TJJ 电路如图 2.20 所示，其作用是接收请求发车信号。TJJ 吸起后将闭塞机转为接车状态，并为发送同意接车信号做好准备。TJJ 的励磁条件是：

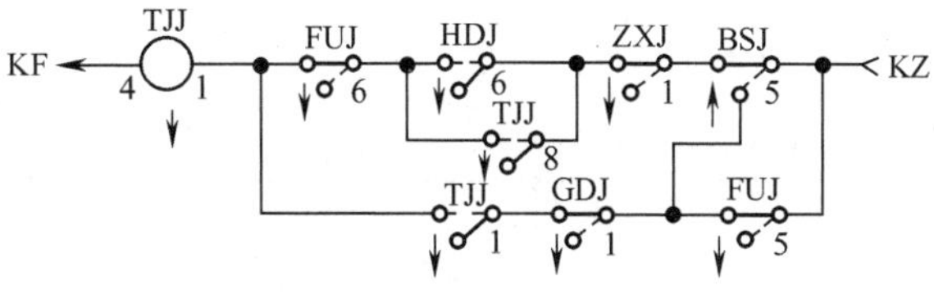

图 2.20 TJJ 电路

a. 闭塞机在定位状态(BSJ↑)。

b. 收到请求发车信号(HDJ↑)。

c. 请求发车信号终了(ZXJ↓)。

TJJ 吸起后经 TJJ_{81-82}、TJJ_{11-12}自闭。

TJJ 的失磁条件是：收到对方站的列车出发通知信号，用 GDJ_{11-13}(TCJ↑→GDJ↑)断开其自闭电路。收到对方站的取消复原信号，用 FUJ_{51-53}、FUJ_{61-63}断开其自闭电路。

在 TJJ 的励磁电路中，加入 FUJ_{61-63}接点，是防止在办理到达复原时，因 BSJ 吸起后，HDJ

落下前(BSJ 先吸起,HDJ 后落下),使 TJJ 错误吸起。

在 TJJ 的自闭电路中,加入 FUJ_{51-53} 接点的作用是:在发车站办理请求发车以后(FBD 亮黄灯时),办理取消复原时,用以切断 TJJ 的自闭电路。加入 BSJ_{51-53} 接点的作用是,在接车站办理同意接车后(JBD 亮绿灯时),发车站办理取消复原时,使接车站的 FBD 不闪红灯。因此时接车站的 FUJ 先吸起,在 BSJ 尚未吸起的瞬间 TJJ 会落下,使 FBD 闪红灯。若加入 BSJ_{51-53} 接点后,在上述情况下,TJJ 就不会落下,当 BSJ 吸起后,才断开 TJJ 的自闭电路,从而避免了 FBD 闪红灯的现象。

在 TJJ 的电路中,TJJ_{81-82} 接点的作用是:防止 TJJ 的自闭电路断线后,由于车站值班员错误办理闭塞而使两站闭塞机错误复原。当发车站办理请求发车收到自动回执信号后,FBD 亮黄灯,由于接车站的 TJJ 自闭电路断线而不能自闭,所以在发完自动回执信号后,TJJ 落下,JBD 无显示。如果接车站此时办理请求发车,XZJ 吸起自闭,其请求发车信号送到发车站后变成了同意接车信号,使发车站的 FBD 亮绿灯。发车站办理发车进路开放出站信号机,列车出发进入发车站进站信号机内方第一个轨道电路区段时,FBD 亮红灯,并向接车站发送列车出发通知信号。由于接车站的 BSJ 仍处在吸起状态,所以使列车出发通知信号变成请求发车信号,并向发车站送出自动回执信号,而接车站的 TJJ 吸起后不再自闭而又落下。由于发车站的 BSJ 在列车出发时已落下,此时在收到自动回执信号后,因 FUJ 的吸起又使其吸起,FBD 红灯熄灭,闭塞机复原。如果发车站车站值班员继续错误办理请求发车,接车站在发送自动回执信号时,因 FDJ 的吸起切断了 XZJ 的自闭电路使其落下,而 TJJ 吸起后因不能自闭又落下,此时接车站的闭塞机复原,发车站的 FBD 亮黄灯。若发车站车站值班员再次错误办理取消闭塞,则造成列车在区间运行时两站闭塞机均恢复定位,这决不能允许。为此,在 TJJ 励磁电路中的 HDJ_{61-62} 接点上并联 TJJ_{81-82},构成另一条自闭电路。这样,如果 TJJ 的自闭电路断线,则 TJJ 会经过 BSJ_{51-52}、ZXJ_{11-13}、TJJ_{81-82} 和 FUJ_{61-63} 而保持自闭。当接车站车站值班员办理同意接车时,由于 BSJ 的落下而使 TJJ 也落下,使故障导向安全。

③TCJ 电路

TCJ 电路如图 2.21 所示,其作用是接收列车出发通知信号,励磁条件是:

a. 闭塞机在接车闭塞状态(BSJ↓、TJJ↑)。

b. 收到出发通知信号(ZXJ↑)。

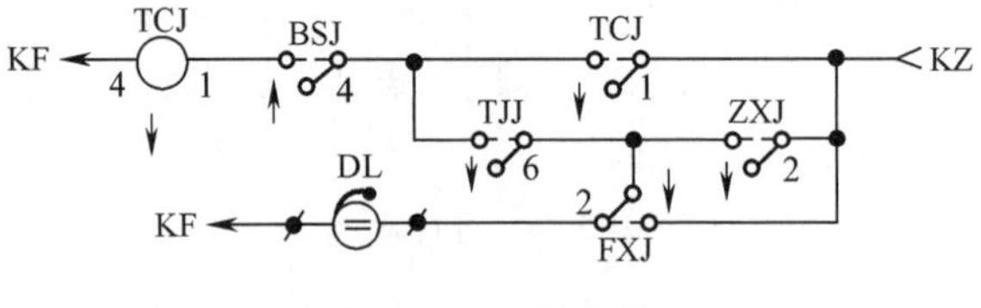

图 2.21　TCJ 电路

TCJ 吸起后经 TCJ_{11-12} 自闭。

当闭塞机复原时,用 BSJ_{41-43} 断开其自闭电路。

在收到列车出发通知信号后,如果接车站轨道电路发生故障,TCJ 吸起后 GDJ 未吸起,则 TJJ 不会落下。此时经过 TCJ_{11-12}、TJJ_{62-61}、FXJ_{23-21} 接通电铃电路,使电铃连续鸣响,发出报警,以便在列车到达前及时修复轨道电路。

(5)BSJ 电路

BSJ 电路的作用是反映区间的闭塞状态。BSJ 吸起时，表示区间空闲，闭塞机在定位状态；BSJ 落下时，表示区间闭塞，闭塞机在闭塞状态。

BSJ 电路如图 2.22 所示。BSJ 平时吸起并经过 $BSJ_{11\text{-}12}$、$TJJ_{41\text{-}43}$、$KTJ_{41\text{-}43}$ 自闭。

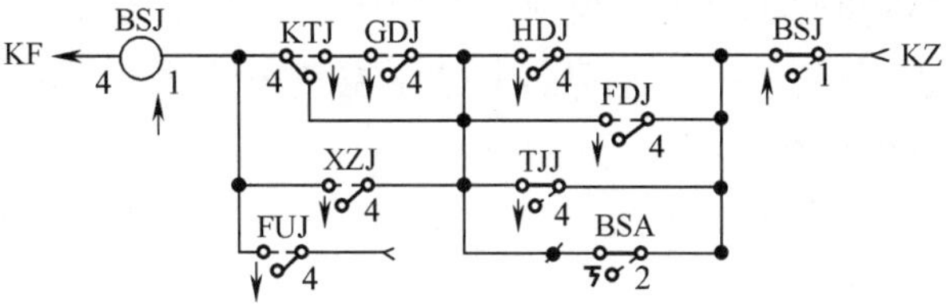

图 2.22　BSJ 电路

作为发车站，当办理发车后，列车出发进入进站信号机内方第一个轨道电路区段时，BSJ 落下。BSJ 的失磁条件是：出站信号机已开放，由 $XZJ_{41\text{-}42}$ 断开一条电路；列车出发进入出站信号机内方第一个轨道电路区段，由 $GDJ_{41\text{-}42}$ 断开另一条电路。

作为接车站，办理接车时，BSJ 的失磁条件是：收到请求发车信号，由 $TJJ_{41\text{-}43}$ 断开一条电路；车站值班员同意接车按下 BSA，由 $BSA_{21\text{-}23}$ 断开另一条电路。

在办理接车时，为了防止车站值班员过早地按下 BSA 影响自动回执信号的发送，将 $FDJ_{41\text{-}42}$ 和 $HDJ_{41\text{-}42}$ 接点并联在 $BSA_{21\text{-}23}$ 接点上，从而保证了在发送自动回执信号期间，即使车站值班员过早地按下 BSA，也不会使 BSJ 落下，不影响发送自动回执信号。

在 BSJ 的自闭电路中，KTJ_{42} 与 GDJ_{43} 相连，在两接点上再并联 $XZJ_{41\text{-}42}$。这样连接可使 BSJ 在平时未办理闭塞或已办理闭塞出站信号机开放后，其自闭电路均接通。当列车出发进入进站信号机内方第一个轨道电路区段时，才断开 BSJ 自闭电路。

这种接法避免了发车站在请求发车后(FBD 亮黄灯)办理取消复原时，FBD 闪红灯的现象。如果 KTJ_{43} 与 GDJ_{43} 相连，当发车站 ZKJ 吸起后办理取消复原，若 XZJ 缓放时间不足，会使 BSJ 瞬时落下，造成 FBD 闪红灯。

在 BSJ 电路中加入 $XZJ_{41\text{-}42}$ 接点的作用，是在收到同意接车信号但出站信号机未开放之前，进行站内调车作业车列进入发车轨道电路区段时，GDJ 落下，BSJ 仍保持吸起，不影响闭塞机的工作。

当本站或对方站办理复原时，由于 FUJ 吸起，使 BSJ 吸起并自闭。

(6)复原继电器电路

复原继电器 FUJ 电路的作用是用来使闭塞机复原，FUJ 电路如图 2.23 所示，它的励磁有四种情况。

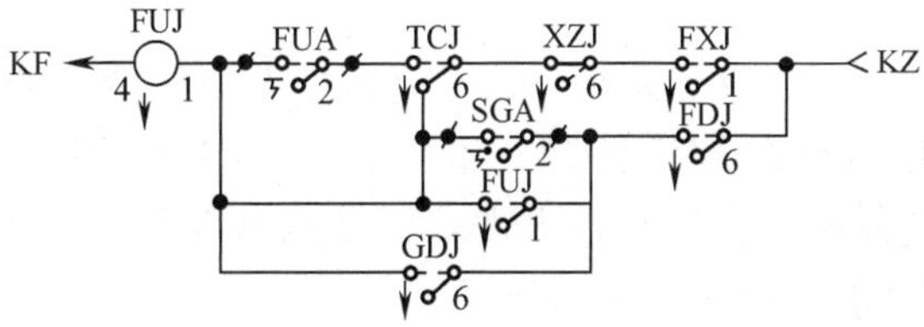

图 2.23　FUJ 电路

①对方站办理复原(取消复原时本站为接车站,到达复原时本站为发车站)时

FUJ 的励磁条件为:

a. 收到对方站发来的负极性脉冲(FXJ↑)。

b. 证实此负极性脉冲是复原信号而不是自动回执信号(XZJ↓)。

电路中 TCJ_{61-63} 接点的作用是为了保证接车站收到列车出发通知信号(TCJ↑)后,区间有列车运行时,即使发车站送来复原信号或外线上有负极性脉冲干扰(FXJ↑),也不能使接车站 FUJ 吸起,以保证列车在区间运行的安全。

②在本站办理到达复原(本站为接车站)或取消复原(本站为发车站)时

FUJ 的励磁条件为:

a. 车站值班员按下 FUA,使 FDJ 吸起(FDJ_{61-62})。

b. 办理到达复原时,GDJ_{61-62} 表示列车出清接车站进站信号机内方第一个轨道电路区段;而在办理取消复原时,GDJ_{61-62} 表示列车在发车站尚未出发。

FUJ 吸起后经 FUJ_{11-12} 自闭。

FDJ 落下后使 FUJ 复原。

③在本站办理事故复原时

车站值班员按下 SGA,FDJ 吸起后,FUJ 即吸起。

FUJ 吸起后经 FUJ_{11-12} 自闭,直到 FDJ 落下后 FUJ 才落下。由于 FDJ 有足够的缓放时间,所以车站值班员在办理复原时,只要按下 SGA 即可,不必过长。

④为中途折返列车复原用的励磁条件

当在路用列车或机外调车需越出进站信号机占用区间时,车站值班员都应按照发车手续办理闭塞,然后开放出站信号机。当路用列车或机外调车进入区间后,两站闭塞机都闭塞,待路用列车或调车车列返回到本站时,由本站值班员确认后,按下 SGA 使 FUJ 吸起,办理事故复原。此时对方站的 TCJ 已吸起,为使对方站的闭塞机复原,需要对方站值班员在听到电铃声时按下 FUA,然后通过 TCJ_{61-62} 和 FUA_{21-22} 使 FUJ 吸起,从而使闭塞机复原。

(7)GDJ 电路

闭塞机中的 GDJ,是现场 GDJ 的复示继电器,其作用是用来监督列车出发和到达,并以此来控制闭塞电路的动作。GDJ 电路如图 2.24 所示。

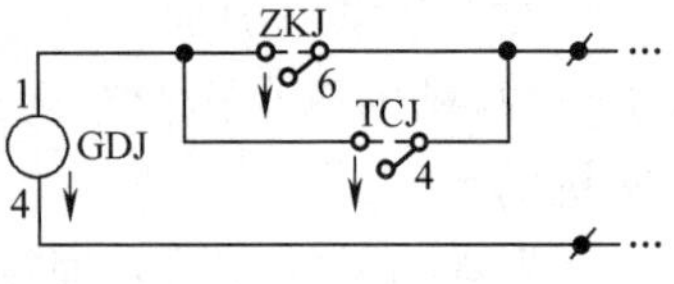

图 2.24 GDJ 电路

对于发车站,在办理请求发车并收到自动回执信号之后,经 ZKJ_{61-62} 接通电路。GDJ 吸起后,用 GDJ_{41-42} 为接通 BSJ 的自闭电路准备条件;用 GDJ_{71-72} 使 FBD 亮黄灯。当列车进入发车站进站信号机内方第一个轨道电路区段时,GDJ 落下,以监督列车出发。

对于接车站,在收到列车出发通知信号之后,经 TCJ_{41-42} 接通电路。此时 GDJ 吸起后,用 GDJ_{11-13} 断开 TJJ 的自闭电路;在 FDJ 和 FUJ 电路中,用 GDJ_{21-22} 和 GDJ_{61-62} 监督列车出清轨道电路区段,以便办理到达复原。当列车进入进站信号机内方第一个轨道电路区段时,GDJ 落下,在 HDJ 电路中,用 GDJ_{51-53} 监督列车的到达。

(8)表示灯电路

表示灯电路的作用是表示闭塞机的各种状态。FBD 和 JBD 电路如图 2.25 所示。

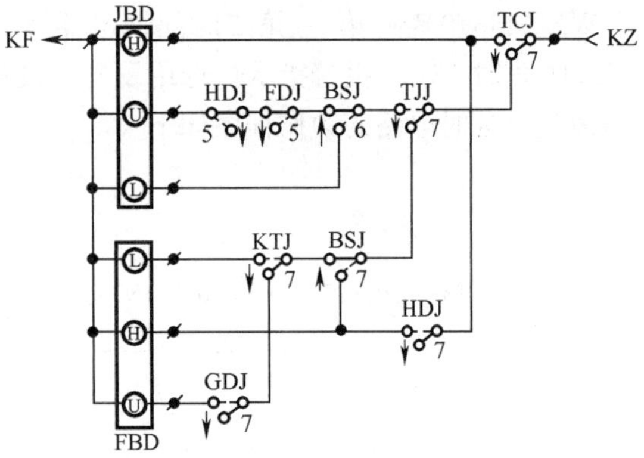

图 2.25　FBD 和 JBD 电路

①FBD 有以下 5 种状态：

a. 定位状态：BSJ↑，无表示。

b. 请求发车：BSJ↑，GDJ↑，亮黄灯。

c. 区间开通：BSJ↑，KTJ↑，亮绿灯。

d. 发车闭塞：BSJ↓，亮红灯。

e. 列车到达：作为接车站时，TCJ↑，HDJ↑，亮红灯。

②JBD 有以下 4 种状态：

a. 定位状态：BSJ↑，无表示。

b. 邻站请求发车：BSJ↑，TJJ↑，亮黄灯。

c. 同意接车：BSJ↓，TJJ↑，亮绿灯。

d. 接车闭塞：TCJ↑，亮红灯。

表示灯电路中每个接点的作用如下：

在办理接车时，必须保证 FBD 灭灯，为此在 FBD 的 3 个点灯电路中都检查了 TCJ 和 TJJ 的后接点。当收到发车站的请求发车信号时，和向发车站发送同意接车信号时，用 TJJ 后接点切断 FBD 的点灯电路；当收到发车站的列车出发通知信号时，用 TCJ 后接点切断 FBD 的点灯电路。为了简化表示灯电路，在列车到达时 JBD 和 FBD 都亮红灯，此时经过 $TCJ_{71\text{-}72}$ 和 $HDJ_{71\text{-}72}$ 接通 FBD 的红灯电路。

在接车站，当收到列车出发通知信号时，TCJ 吸起后使 JBD 亮红灯，表示列车已从对方站出发，而在 JBD 亮黄灯或绿灯时，为了证实列车未出发，须检查 TCJ 的后接点和 TJJ 的前接点。

为了防止接车站值班员在办理接车时过早地按下 BSA，在 JBD 的黄灯电路中加入 $HDJ_{51\text{-}53}$，以保证在发完自动回执信号 JBD 亮黄灯后，当车站值班员看到亮黄灯时再按下 BSA，向对方站发送同意接车信号。

在发车站，为了在办理请求发车后，能随时监督轨道电路的状态，以免影响发车，在 FBD 的黄灯电路中检查 GDJ 的前接点。

6. 64D 型继电半自动闭塞电路的改进

为了在处理故障时使半自动闭塞设备复原，而在 64D 型继电半自动闭塞专设了事故按钮，从电路设计上来看，不检查区间是否有车占用等条件，只要按下事故按钮，闭塞设备就能复原。因此，平时事故按钮应加铅封，必须使用时，由相邻两站的值班员确认区间空闲后，应按严格的检查和登记制度，并根据调度员的命令，由发生故障车站的值班员打开铅封，按压事故按钮，从而使闭塞设备复原。这种操作，只按一次按钮就可使已建立的闭塞复原，若误按了事故按钮，也会使不该取消的闭塞取消掉，显然，这种工作方式是很不安全的。为此，对事故复原电路进行了改进，采用“延时确认、两次办理”的方式。这种办理的方式是：当第一次按压事故按钮后，用音响和红色闪光灯来提醒车站值班员，以引起注意，延时 30 s 后，音响停止，闪光表示仍然亮灯。车站值班员应在 13 s 以内第二次按压事故按钮，这时原半自动闭塞的事故复原电路生效，半自动闭塞设备复原。显然，两次动作要比一次动作的可靠性高得多。

事故复原延时电路如图 2.26 所示。SGA 和事故按钮继电器 SGAJ 仍用原电路的设备。另外增设了第一事故按钮继电器 $SGAJ_1$（JWXC-1700 型）、第二事故按钮继电器 $SGAJ_2$

(JWXC-H340 型)、第一、第二时间继电器 $YSHJ_1$、$YSHJ_2$(JSBXC-850 型),$YSHJ_1$延时 30 s、$YSHJ_2$延时 13 s。报警指示灯选用发光二极管,音响报警器可用语言提示器、蜂鸣器或电铃。事故复原延时电路的动作程序如下:

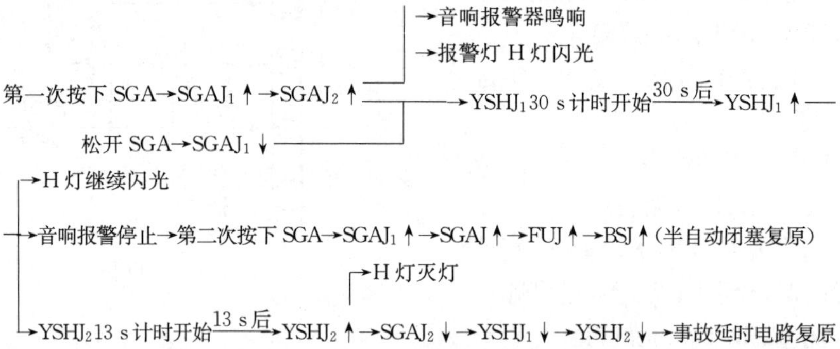

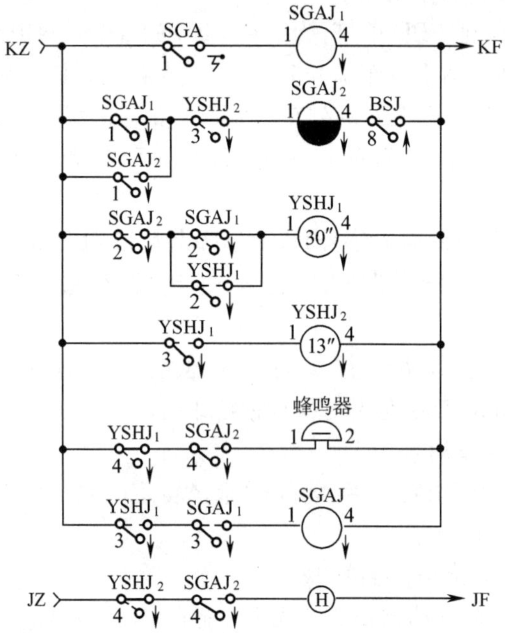

图 2.26　事故复原延时电路

从上述事故复原延时电路动作程序中可知,在设计事故复原延时电路时,未改动原定型电路,只是在 SGAJ 动作之前增加了一些电路环节,从而达到延时、报警、确认的目的。若车站值班员第一次按压 SGA 确属误办,则不会第二次按压 SGA。这样,音响停止 13 s 后闪光灯灭灯,第一次按压 SGA 所预办的延时电路会自动恢复到常态,不会误动事故复原电路,也不影响以后事故复原的正常办理。

如果车站值班员在第一次按压 SGA 后的 30 s 内第二次按压,则重新延时 30 s,故障复原无效。

7. 与继电联锁设备的结合

为使继电半自动闭塞与车站继电联锁设备发生联锁关系,使半自动闭塞电路能反映是否已排列并锁闭好发车进路或接车进路，列车是否出发和到达；车站联锁电路开放出站信号机必须检查已办好区间闭塞手续，区间开通，因此它们必须有结合电路。

现以 6502 电气集中为例，说明 64D 型继电半自动闭塞和电气集中联锁的结合电路。64D 型继电半自动闭塞区段车站控制台面板图(局部)如图 2.27 所示。

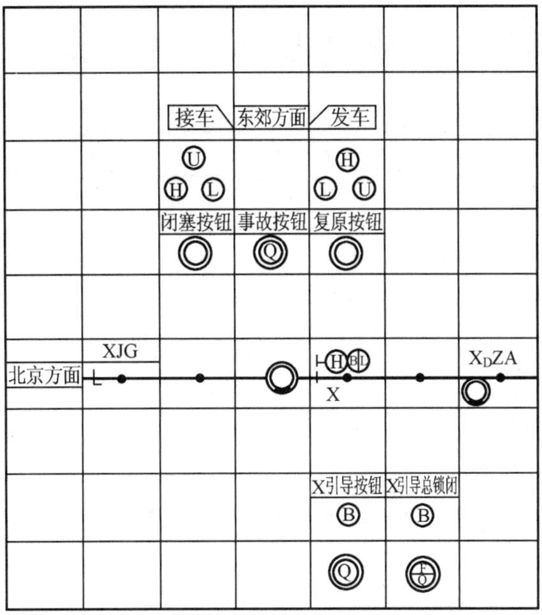

图 2.27　64D 型继电半自动闭塞区段车站控制台面板(局部)

(1)半自动闭塞组合

为了与电气集中相统一，按钮都采用二位自复式。因为电气集中所用的按钮接点是单组接点，故需增设了 BSAJ、FUAJ 和 SGAJ 3 个按钮继电器。为电路结合之用，以及提高电路定型率，还增设了接近电铃继电器 DLJ、接车锁闭继电器 JSBJ、发车锁闭继电器 FSBJ 和作为线路电源的硅整流器 ZG，这些设备连同半自动闭塞原有的 13 个继电器，一般做成定型组合，称为半自动闭塞组合 B_1、B_2，放在组合柜上。若采用改进电路，则增加半自动闭塞组合 B。B_1、B_2、B 组合内的继电器及其类型见表 2.1。

表 2.1　B_1、B_2、B 组合内的继电器及其类型

组合	继　电　器									
B_1	HDJ	BSJ	KTJ	ZDJ	FDJ	GDJ	FUAJ	SGAJ	BSAJ	ZG-42/0.5
	JWXC-1700	JWXC-1700	JWXC-1700	JWXC-1700	JWXC-1700	JWXC-1700	JWXC-1700	JWXC-1700	JWXC-1700	
B_2	ZXJ	FXJ	FUJ	ZKJ	XZJ	TJJ	TCJ	JSBJ	FSBJ	DLJ
	JPXC-1000	JPXC-1000	JWXC-1700	JWXC-1700	JWXC-1700	JWXC-1700	JWXC-1700	JWXC-1700	JWXC-1700	JWXC-1700
B	$SGAJ_1$	$YSHJ_1$	$YSHJ_2$	$SGAJ_2$						
	JWXC-1700	JSBXC-850	JSBXC-850	JWXC-H340						

(2)结合电路

64D 与 6502 电气集中结合电路如图 2.28 所示，它由下列电路组成。

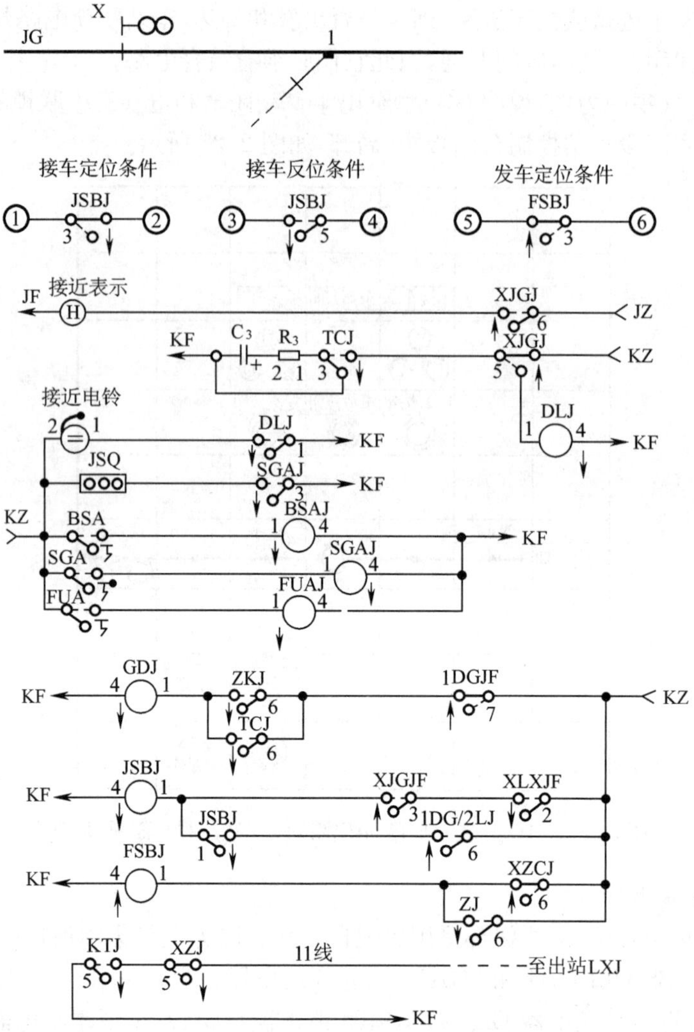

图 2.28　64D 与 6502 电气集中结合电路

①按钮继电器电路

用 BSAJ、FUAJ 和 SGAJ 分别反映 BSA、FUA 和 SGA 的状态。按下某按钮时，相应的按钮继电器吸起，松开后随即落下。

②接车锁闭继电器电路

接车锁闭继电器 JSBJ 平时落下，当进站信号机开放后(列车信号复示继电器 LXJF 吸起)，列车驶入接近区段(接近区段轨道复示继电器 JGJF 落下)时，JSBJ 吸起并自闭。自闭电路中检查了进站信号机内方第一个道岔区段的进路继电器的后接点(图 2.28 中的 1DG/2LJ)，列车经由该区段的进路时，进路继电器 2LJ 落下。列车进站驶过该区段后，2LJ 吸起。当列车出清接车进路的第一个道岔区段，待其解锁 1DG 的 2LJ 励磁后才断开 JSBJ 的自闭电路，从而实现对列车的到达进行“两点检查”。这样，任何一段轨道电路故障或错误动作，都不会造成列车的虚假到达。

③发车锁闭继电器电路

发车锁闭继电器 FSBJ 平时吸起。电路中的 ZCJ 是发车口部位，排列向 1DG 的列车、调车进路时，ZCJ 落下，而在 1DG 道岔区段解锁后，ZCJ 吸起。ZJ 是终端继电器，向 1DG 排列调车进路时吸起，使 FSBJ 不落下，不致影响行车。当办理发车进路时，用 ZCJ 和 ZJ 都落下来说明以该发车口为终端建立并锁闭了发车进路，使 FSBJ 落下，从而断开发车定位条件。直到发车进路解锁，才能再次构成此条件。此联锁条件的作用是控制闭塞机能否取消闭塞，使闭塞机复原。

④接近电铃继电器电路

列车由对方站出发后，通知出发继电器 TCJ 吸起，用其第 3 组前接点接通电容器 C_3 电路，向 C_3 充电。当列车驶入接车站的接近区段时，接近轨道继电器 JGJ 落下，接通电铃继电器 DLJ 电路。由 C_3 向 DLJ 放电，使之瞬间吸起。在 DLJ 吸起时间内，接近电铃鸣响。

(3)结合设计

在 64D 型继电半自动闭塞电路中要进行以下结合设计：

①在 FDJ 电路中的“接车定位条件”处加入“确认列车进站”条件——JSBJ 的第 3 组后接点，当列车到达接车站并出清进站信号机内方的第一个轨道电路区段后，JSBJ 落下，为办理到达复原时 FDJ 的励磁准备好条件。对于电气集中车站，列车进站后，进站信号机自动关闭，列车完全进入股道后，接车进路自动解锁，此时 JSBJ 落下，自动构成接车定位条件。但这只能说明列车已经到达或进入股道，并不能证实到达列车是否完整，所以，还必须由车站值班员确认列车完整后，才能按下 FUA 办理到达复原手续，构成 FDJ 的励磁条件。

②在 HDJ 电路中的“接车反位条件”处加入“接车锁闭”条件——JSBJ 的第 5 组前接点，进站信号机开放后，列车进站进入轨道电路区段，闭塞电路才能构成列车到达状态。在电气集中车站要求对列车的到达进行“两点检查”。当进站信号机开放后列车进入进站信号机的接近区段时，才能构成列车到达的条件，从而实现第一点检查。这样允许接车站在区间闭塞后尚未开放进站信号机之前，进行站内调车。第二点检查是由 HDJ 电路中的轨道继电器 GDJ 第 5 组后接点来完成的，用以证明列车占用过接车进路的第一个轨道电路区段。这样，就检查了列车顺序地驶过了接近区段和进站信号机内方第一个轨道电路区段，若任何一段轨道电路故障或错误动作，都不会造成列车的虚假到达。

③在 XZJ 电路中“发车定位条件”处加入 FSBJ 第 3 组前接点，以便在未建立发车进路前，XZJ 吸起，允许调车和取消闭塞，而出站信号机开放后，XZJ 落下，就不允许调车和取消闭塞。对电气集中联锁的车站来说，因道岔区段全部装设轨道电路，列车是否出发，电路能检查。开放出站信号机后，因故不需要发车，可取消发车进路，当出站信号机关闭后，只要发车进路解锁(FSBJ 吸起)，就说明列车确实没有越过出站信号机。由于取消复原的 FDJ 电路中检查了 XZJ 的吸起，所以用发车进路解锁条件来控制 XZJ 的吸起，实际上就满足了检查列车是否越过出站信号机的要求。

在 XZJ 电路中将 ZDJ_{43} 和 KTJ_{22} 连起来，在出站信号机关闭和进路解锁后，使 XZJ 再次吸起，以便办理取消复原或进行站内调车作业。

④在 GDJ 电路中接入进站信号机内方第一个轨道继电器的前接点，这里因接车和发车用同一个轨道继电器，所以必须选用进站信号机内方的第一个轨道区段。

在 6502 电气集中电路中，要进行以下结合设计：

在出站信号机的 LXJ 电路中接入闭塞条件予以控制，即用半自动闭塞的 KTJ 前接点来控制出站信号机的开放。在 11 线网路(LXJ 电路)的发车口部位，接入 KTJ 的第 5 组前接点和 XZJ 的第 5 组后接点，用前者证明闭塞机开通允许发车，用后者证明确已排除取消闭塞的可能。

8. 与计算机联锁设备的结合

现以 TYJL-Ⅲ为例介绍 64D 型继电半自动闭塞与计算机联锁设备的结合。

(1)AJ 电路

计算机联锁一般采用显示器和鼠标作为控制和显示设备，“闭塞按钮”“事故按钮”“复原按钮”都通过鼠标进行操作，微机闭塞按钮继电器 WBSAJ、微机复原按钮继电器 WFUAJ、微机事故按钮继电器 WSGAJ 由计算机联锁驱动。计算机联锁还驱动微机照查继电器 WZCJ 作为联锁条件的检查。计算机联锁采集 WSGAJ、WZCJ 的前后接点作为回读。计算机联锁的采集驱动电路如图 2.29 所示。

由 WBSAJ、WFUAJ、WSGAJ 分别接通 BSAJ、FUAJ、SGAJ 电路，BSAJ、FUAJ 和 SGAJ 电路如图 2.30 所示。

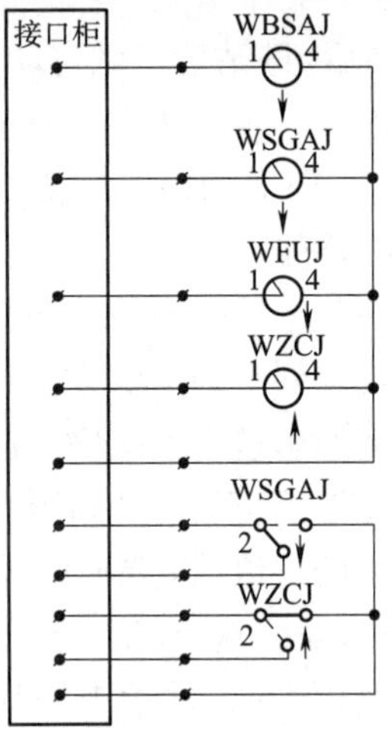

图 2.29　计算机联锁的采集驱动电路

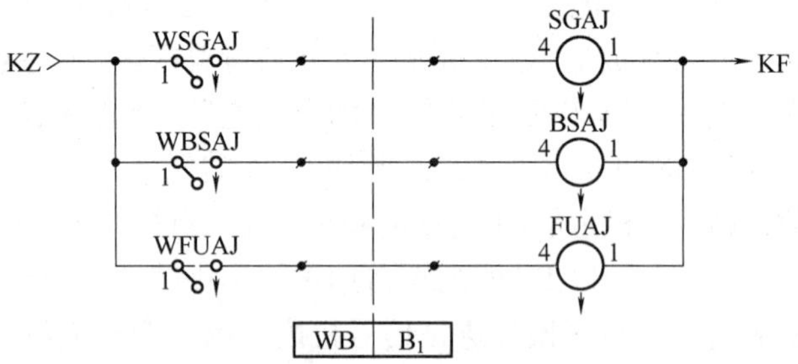

图 2.30　BSAJ、FUAJ 和 SGAJ 电路

(2)JSBJ 电路

JSBJ 电路如图 2.31 所示。JSBJ 的励磁电路由 JGJF 后接点和 LXJ 前接点接通，自闭电路中有锁闭继电器 SJ 后接点。LXJ 和 SJ 由计算机联锁驱动。

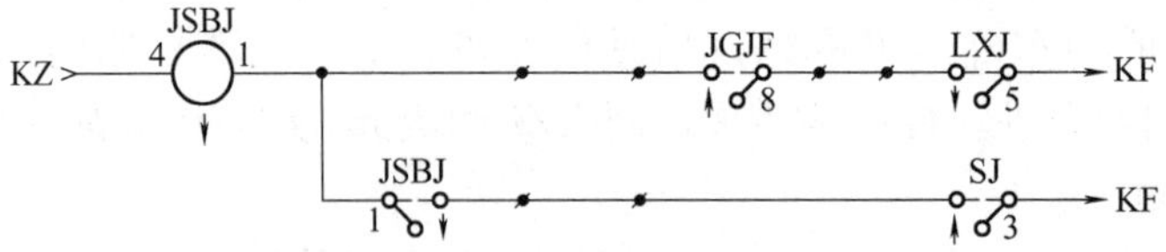

图 2.31　JSBJ 电路

(3)发车锁闭继电器电路

由 WZCJ 的前接点接通 FSBJ 电路。FSBJ 电路如图 2.32 所示。

对于计算机联锁，KTJ 和 XZJ 的前、后接点为计算机联锁采集，作为开放出站信号机的条件，采集 KTJ 和 XZJ 的电路如图 2.33 所示。

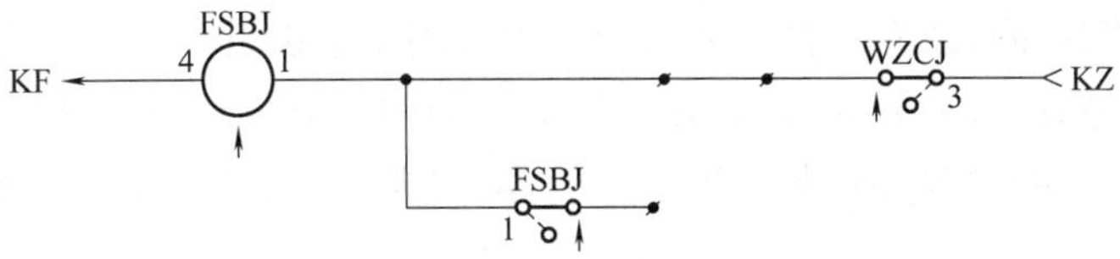

图 2.32 FSBJ 电路

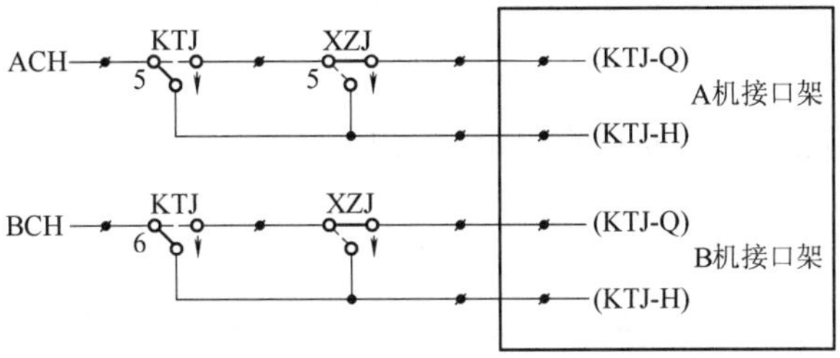

图 2.33 采集 KTJ 和 XZJ 的电路

2.2.3 知识拓展

半自动闭塞存在的主要问题是区间没有空闲检查设备，须由人工确认列车的整列到达，遇有区间遗留车辆、溜逸等情况，再加上事故复原的安全操作得不到保证，使得行车安全程度不高，并影响运输效率，所以必须对半自动闭塞进行技术改造。

对于繁忙单线，应发展单线自动闭塞。对于其他单线，应逐步配套区间空闲检查设备，构成自动站间闭塞。自动站间闭塞不同于自动闭塞，它不划分闭塞分区，而把两站间的线路区间作为整个闭塞区间；又不同于半自动闭塞，它可以监督区间的空闲和占用，可以确认列车整列到达，到达复原是自动完成的。

区间空闲检查设备有计轴设备和长轨道电路两种。

计轴设备是通过设置在区间两端的计轴点，对驶入区间和驶离区间的列车轴数进行记录，并经过传输线将各自的轴数传输到对端进行校核。当两端所记录的轴数一致时，则确认列车完整到达、区间空闲。它具有不受轨道状况、线路状况的影响及抗电气化干扰能力强等优点。它不需安装轨道绝缘和绝缘轨距杆，而控制长度可达 20 km，这是轨道电路无法比拟的，因而安装、使用及维修均较方便。

长轨道电路方式将区间分为 3 个轨道电路区段，两端为原上、下行接近区段轨道电路，中间一段采用 25 Hz 轨道电路。只有这 3 段轨道电路都空闲，才能办理闭塞。列车到达接车站后，只有其全部出清区间，并完成列车进路的两点检查，半自动闭塞设备才能复原。出站信号机开放后，若区间轨道电路发生故障，便自动关闭。25 Hz 长轨道电路发送端的铁磁分频器将 50 Hz 交流电分频为 25 Hz 作为信号源送至轨面，接收端是电子继电器，经其内部的控制电路动作轨道继电器。当区间空闲、线路状态良好时，轨道电路衰耗很小，轨道继电器吸起；当区间被占用时，轨道电路衰耗很大，轨道继电器落下。25 Hz 长轨道电路是目前我国使用的各型轨道电路中在相同钢轨和道砟漏泄条件下，传输距离最长的一种，一般可达 5～6 km。

采用计轴装置检查区间空闲的自动站间闭塞称为计轴自动站间闭塞，采用长轨道电路检查区间空闲的自动站间闭塞称为长轨道电路自动站间闭塞。

在自动站间闭塞区间，原有半自动闭塞可作为备用闭塞设备。区间检查设备正常，区间空闲来办理闭塞时，经操作，自动站间闭塞方式与半自动闭塞方式可以互相转换；区间检查设备故障停用后，经确认区间空闲并具备行车条件后，可按规定作业程序改为半自动闭塞。

典型工作任务3　半自动闭塞阅图练习

2.3.1　工作任务

通过阅图练习，提高对半自动闭塞的阅图能力。

2.3.2　练习步骤

《计算机联锁图册(第三版)》图Ⅰ-18是半自动闭塞电路图，对该图进行阅图练习。

1. 半自动闭塞电路图整体浏览

通过对该图的整体浏览，掌握半自动闭塞电路的整体结构和各部分的组成。

提示：半自动闭塞电路由哪些单元电路组成？每个单元电路又包括哪些继电器电路？

2. 对照电路图写出电路动作程序

对照电路图，分别写出正常办理、取消复原、事故复原情况下的电路动作程序。

提示：正常办理按请求发车、同意发车、列车出发、列车到达、到达复原写出电路动作程序。对于取消复原，分别写出在FBD亮黄灯和亮绿灯情况下的电路动作程序。对于事故复原，分别写出在闭塞机停电后恢复时、当列车到达接车站后因轨道电路故障不能办理到达复原时、装有钥匙路签的车站办理由区间返回原发车站的路用列车时的电路动作程序。

3. 跑通电路

对照以上各电路动作程序，跑通各继电器的电路。

提示：有的继电器只有励磁电路和自闭电路，比较简单，但有的继电器在不同情况下有多条励磁电路，要注意不同情况下的励磁条件，以正确地跑通电路。

ZDJ吸起向闭塞外线发送的有请求发车信号、同意接车信号、出发通知信号，在不同的时候，励磁电路是不同的，即有发送请求发车信号、发送同意接车信号、发送出发通知信号时的3条ZDJ励磁电路。

FDJ吸起向闭塞外线发送的有自动回执信号、到达复原信号、取消复原信号、事故复原信号，在不同的时候，励磁电路是不同的，即有发送自动回执信号、发送到达复原信号、发送取消复原信号、发送事故复原信号时的4条FDJ励磁电路。

HDJ有“自动回执”电路和“到达”电路，分别在自动回执时和到达时构成，要注意它们的区分条件。

FUJ有对方站办理复原时、本站办理到达复原或取消复原时、本站办理事故复原时、中途折返列车复原用时的4条励磁电路。

4. 看懂与计算机联锁的结合电路

对照电路图，看懂计算机联锁对于半自动闭塞的驱动和采集电路，以及在半自动闭塞电路中的结合。

提示:计算机联锁对于半自动闭塞的驱动和采集电路在半自动闭塞电路图的右部,右上方是半自动闭塞的驱动及回采电路,右下方是半自动闭塞的采集电路。半自动闭塞与计算机联锁的结合电路是通过 JSBJ 和 FSBJ 实现的,注意半自动闭塞电路中 JSBJ 和 FSBJ 的作用。计算机联锁与半自动闭塞的结合电路是通过采集 KTJ 和 XZJ 接点实现的。

本项目以 TYJL-Ⅲ型为例介绍 64D 型继电半自动闭塞与计算机联锁的结合,《计算机联锁图册(第三版)》中的计算机联锁是 DS-K5B 型,两者与半自动闭塞的结合略有差别。

5. 半自动闭塞配线图阅图

阅读《计算机联锁图册(第三版)》图Ⅰ-29 中有关半自动闭塞的组合侧面端子配线图。

提示:半自动闭塞的组合侧面端子配线在《计算机联锁图册(第三版)》图Ⅰ-29 中。半自动闭塞组合的侧面端子配线图与计算机联锁组合的侧面端子配线图的阅读方法相同。

典型工作任务 4　微电子半自动闭塞传输设备认知

2.4.1　工作任务

了解微电子半自动闭塞传输设备的组成和基本原理,采集电路、驱动电路和传输设备切换结合电路的原理。

2.4.2　知识链接

微电子半自动闭塞传输设备是利用光纤传输闭塞信号的设备。

1. 设备组成

传输设备用来采集有关闭塞信号的继电器条件并进行编码。每站设两台传输设备($CSJ\text{-}C_1$、$CSJ\text{-}C_2$),互为备用。

驱动盒用来驱动继电器。每站设两台驱动盒(QDH_1、QDH_2),分别驱动有关继电器,共可供 3 个接发车方向使用。

每站通信机械室设一台光端机,用来将电信号转变为光信号。

传输设备与光端机之间用 3 条屏蔽电缆(50JVVP6×2×0.5 型)相连,可为 3 个方向提供通道。

2. 基本原理

传输设备采集与发送闭塞信号有关的继电器接点,根据这些接点编成各种闭塞信号的信息码,传送至光端机将此电信号转变为光信号。光信号通过光缆传送至对方站的光端机,再将光信号转变为电信号,经传输设备译成闭塞信号的信息码,通过驱动盒驱动线路继电器 ZXJ 和 FXJ,对方站即收到闭塞信号。

3. 采集电路

采集电路如图 2.34 所示。将 ZXJ、FXJ、ZDJ、FDJ、BSAJ、FUAJ、SGAJ 前接点分别接入 $CSJ\text{-}C_1$、$CSJ\text{-}C_2$,故障继电器 AGZJ、BGZJ 也分别接入传输设备。

4. 驱动电路

QDH_1电路如图 2.35 所示。QDH_1驱动 AGZJ、BGZJ 和 1ZXJ、1FXJ。QDH_2驱动 2ZXJ、2FXJ 和 3ZXJ、3FXJ,其电路与 QDH_1相类似。

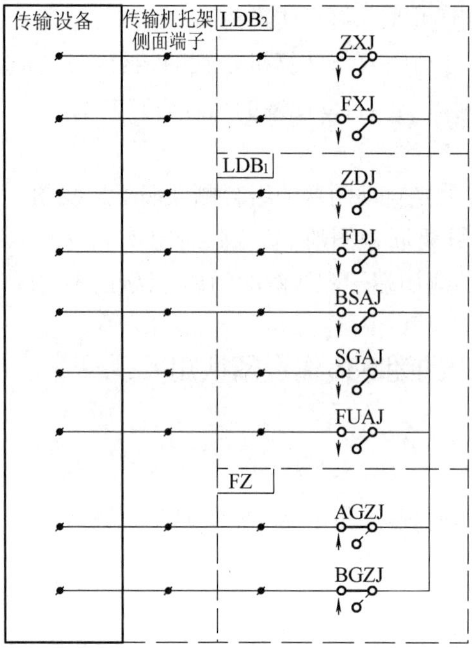

图 2.34　采集电路

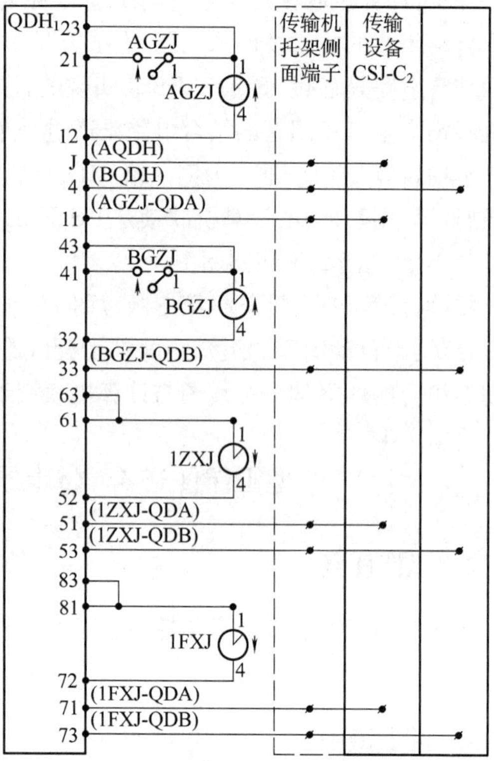

图 2.35　QDH_1 电路

5. 传输设备切换结合电路

传输设备切换结合电路如图 2.36 所示。当 AGZJ 吸起时，说明 CSJ-C_2 正常，由 CSJ-C_2 将 28 V 的 A 电源送至 QDH_1 和 QDH_2。当 AGZJ 落下、BGZJ 吸起时，说明 CSJ-C_2 故障、CSJ-C_1 正常，由 CSJ-C_1 将 28 V 的 B 电源送至 QDH_1 和 QDH_2。

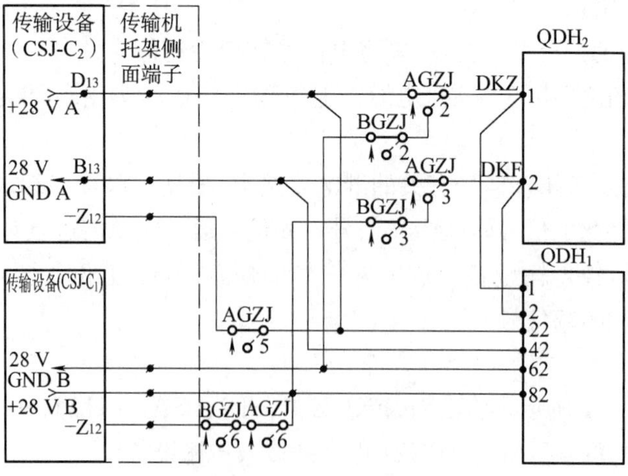

图 2.36　传输设备切换结合电路

典型工作任务5 半自动闭塞设备维护

2.5.1 工作任务

掌握半自动闭塞的维修和故障处理方法。

2.5.2 知识链接

1. 半自动闭塞的维护

半自动闭塞的维护包括日常维修和集中检修。

半自动闭塞的组合柜、信号机、轨道电路、操纵和表示元件、电源都是和车站联锁系统共用的，其日常维修根据《普速铁路信号维护规则　业务管理》规定安排。

半自动闭塞的集中检修包括操纵设备、继电器、半自动闭塞组合电路的集中检修，其检修作业程序如图2.37所示。

图2.37　半自动闭塞检修作业程序

(1)操纵表示设备检修

①表示灯应有足够的亮度，颜色鲜明。灯座不旷动，灯泡插入接触可靠。

②自复式按钮应保证按、拉灵活及自动复原。

③按钮的同类接点应同时接通和断开，接点接触压力、断开间隙、接点接触电阻符合规定。

④所有接线应焊接牢固、不腐蚀、不虚焊、不断股，并应附有套管。

⑤事故按钮应加封良好，并装有计数器，计数器数字清楚，每次检修时应登记。计数器应保证每拉一次动作一个数字。

⑥电铃音响清晰，车站两端的电铃铃声应有区别。接点无火花和烧黑现象。

⑦控制台内应清扫干净，控制台门关闭严密并加封良好。

(2)继电器检修

①继电器外罩完整、清洁，封闭良好，可动部分和导电部分与外罩间均有2 mm以上间隙。

②所有金属零件的防护层，不龟裂、融化、脱落、变色和锈蚀。

③线圈引出线及各部连接线良好，安装牢固，不转动并无较大旷动。

④端子及导电部分的绝缘电阻符合要求。

⑤磁极清洁平整，无杂物。

⑥接点接触可靠，接点压力、间隙、接触电阻、电气特性均符合规定。同类接点同时接触或断开。

(3)半自动闭塞组合电路的检查和试验

①电路元件的检查和测试

电路元件的检查和测试应在装配前进行，项目有：

a. 继电器电气特性试验，检查其工作值、落下值、线圈电阻是否符合要求。

b. 检查继电器、按钮的接点压力、接点电阻是否符合要求。

c. 检查电阻器电阻值是否符合要求。

d. 检查电容器电容量是否符合要求。

e. 测试继电器并联电容器后的缓放时间是否达到要求。

②操纵和表示元件的检查

主要检查它们的完整性和灵活性，项目有：

a. 表示灯安装牢固，色玻璃位置正确，灯泡无烧毁，与灯座接线片接触良好。

b. 按钮安装牢固，按下和拉出灵活并能自动复原。

c. 电铃安装牢固，铃声清晰无噪声。

③配线的检查

a. 插座完整无裂纹，插头、插座接触可靠，安装牢固。

b. 各接线片焊接牢靠，无虚焊和断股现象。

c. 接线的接头应全部焊在接线片的焊锡里，线头不得有很长的裸线。焊后应擦去焊油，应有绝缘套管。

d. 接线应有足够的长度，便于检查和测试，不束缚元件安装和拆卸。

e. 扎线的径路不应影响检查和测试，线条应没有烫伤现象。

④电路的检查

电路检查的目的是检查接线是否完整正确。进行检查前，应按结合设计的要求，接上有关条件。一般检查下述 3 种情况：

a. 检查两点间的接点和接线是否接通

用欧姆表法来检查。断开电源，将万用表置于欧姆挡，分别检查两点间的接点和接线接通情况。这样不仅能检查是否接通，而且能大致检查其间的接触电阻和接线电阻。

b. 检查断线点

将闭塞机供以电源，用电压表进行电压追踪检查。将电压表的一棒接负极，另一棒从正极开始，沿电路检查是否有电压。遇有接点断开的地方，可用人工方法使其接通，然后继续检查，直到查到没有电压的地方，证明该处断线。

c. 检查混线点

查找电路混线或混电较麻烦，可用接点分离法来查找。闭塞电路混线的检查如图 2.38 所示，图中 FUJ_{51} 和 FUJ_{61} 间混线，使 TJJ 吸起并自闭。在查找故障时，先看 TJJ 有几条电路，然后分析哪一条电路混线，再查从哪处混。为此，先断开 $GDJ_{11\text{-}13}$，看 TJJ 是否落下；若 TJJ 不落下，再断开 $FUJ_{51\text{-}53}$，若 TJJ 都不落下，可分析出混线是从励磁电路混入的。这样再分离励磁电路的各接点，当断开 $FUJ_{61\text{-}63}$ 时（此时应同时断开自闭电路）TJJ 落下。可见混线在 HDJ_{61} 到 FUJ_{63} 之间，再进一步查找，即可查到。

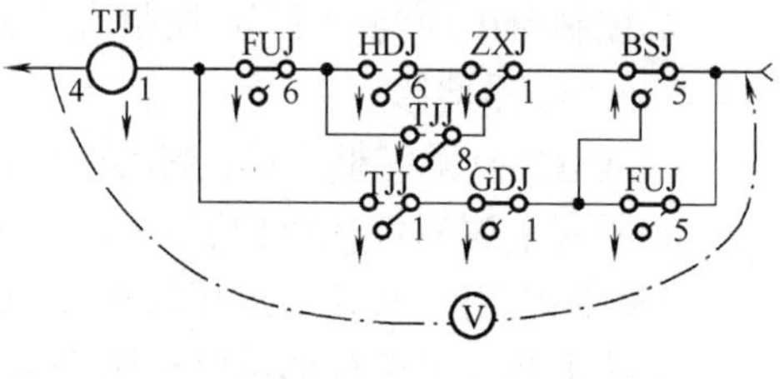

图 2.38　闭塞电路混线的检查

⑤闭塞电路的试验

进行了各项检查后，将操纵和表示元件、闭塞机、站内结合设备的模拟盘连接起来，并在外线端子上接上一组电源和双刀双掷开关 SK，进行单个闭塞机的试验。闭塞机接通电源后，发车表示灯 FBD 亮红灯。试验前先按下 SGA，使闭塞机复原。发车闭塞试验步骤如下：

a. 按一下 BSA，ZDJ 和 XZJ 吸起。

b. 将 SK 扳向下方（每次扳完后都应恢复至中间位置），给闭塞机送一负极性回执信号。

此时 FXJ、XZJ、GDJ 相继吸起，FBD 亮黄灯。

c. 将 SK 扳向上方，给闭塞机送一个正极性的同意接车信号，此时 ZXJ、KTJ 相继吸起，FBD 亮绿灯。

d. 将发车条件和轨道电路条件反位，使 GDJ、BSJ、ZKJ、KTJ 相继落下，FBD 亮红灯。

e. 将发车条件和轨道电路条件恢复定位。

f. 将 SK 扳向下方，向闭塞机送负极性的到达复原信号，此时 FXJ、FUJ、BSJ 相继吸起，FBD 熄灭。至此，闭塞机恢复定位。

接车闭塞试验步骤如下：

a. 将 SK 扳向上方，向闭塞机送正极性的请求发车信号，此时 ZXJ、HDJ 相继吸起，脉冲终了时，ZXJ 落下，在 HDJ 缓放时间里 TJJ 吸起并自闭，JBD 亮黄灯。

b. 按下 BSA，BSJ 落下，JBD 亮绿灯。

c. 将 SK 扳向上方，向闭塞机送正极性的出发通知信号，此时 ZXJ、TCJ、GDJ、TJJ 相继吸起，JBD 亮红灯。

d. 将接车条件和轨道电路条件反位，GDJ 落下，HDJ 吸起，FBD 和 JBD 都亮红灯。

e. 将接车条件和轨道电路条件恢复定位。

f. 按下 FUA 办理到达复原，此时 FDJ、FUJ 吸起，使 BSJ 吸起并自闭，表示灯熄灭，闭塞机恢复定位。

以上是一端闭塞机的试验方法。两台闭塞机连接起来进行试验更为合适，这样可检查两台闭塞机的参数能否满足要求。

以上检查和试验，在现场安装之前必须进行。

2. 半自动闭塞的测试

半自动闭塞的测试包括外线输出、输入电压和环线电阻测试。外线输出、输入电压用直流电压表在试办理闭塞发送脉冲信号时测量。测量环线电阻需要点停止使用半自动闭塞机，将区间一端车站的外线端子环接，在另一端车站用欧姆表，最好用惠斯登电桥测量外线的环线电阻。

3. 半自动闭塞的常见故障

半自动闭塞设备发生故障时，迅速判明情况，积极查找故障，及时修复使用。

(1)半自动闭塞容易发生故障的地点

①表示灯泡断丝，灯座弹片接触不良。

②电源断电或电源电压不足。

③插座断线或接触不良。

④电容器断线或容量不足。

⑤电阻器断线或调整触头接触不良。

⑥继电器弹簧钢丝卡松动，使吸上空气隙增大，工作值提高或不吸起。

⑦继电器接点因火花影响，接点电阻增大。

⑧按钮动程不足，接点接触不良。

⑨电铃内接点因火花影响，接触不良或黏住，使电铃不响。

⑩轨道电路故障或室内外连接有故障，使 GDJ 不能正常动作。

(2)半自动闭塞的常见故障

半自动闭塞常见故障处理流程如图 2.39 所示。

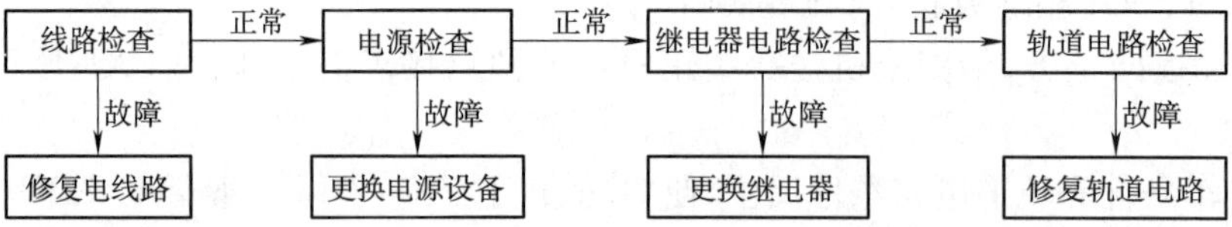

图 2.39 半自动闭塞常见故障处理流程

①线路故障

线路故障有断线、半断线、混线、接错等情况。

断线故障包括:架空线和电缆断线、断路器脱扣、由于线头假焊及接线端子螺栓松动等造成的电路不通。一般可按其所经过的电路进行分段测试或以连线跳接条件来检查。

半断线故障一般发生在线头剪刀点上和导线中有伤痕处或导线与机械磨卡的位置。

混线故障包括电线路互相碰叠、绝缘不良、在导电回路中有两处以上与大地接通等情况。

接错,如闭塞外线接反,可导致线路继电器错误转极。

②电源故障

电源故障有电源无端电压和端电压不足、不稳定、极性接反等情况。

电源无端电压,其原因可能是:整流器故障、连接线断线或松动、电源断路器脱扣等。

电源端电压不足,其原因可能是:接线端子松动、无稳压器时交流电压下降、共用电源串电等。

电源端电压不稳定,其原因多为无稳压器时交流电压波动或端子松动有半接触现象。

③继电器电路故障

继电器电路的常见故障如下:

应励磁而不励磁,系接点接触不良、接点氧化、接点间有灰尘或绝缘物、断线、焊线、假焊、腐蚀、端子松动、电源电压不足、线圈断线等原因所致,可用电压表在带电情况下分段进行查找。

不应励磁时励磁了,多数系混电所致或错误地共用一组接点。

应自闭时不能自闭而产生脉动现象,多系自闭接点错误地用了后接点或继电器时间参数(如缓放时间)不够所引起的。

应励磁时不励磁,又使断路器脱扣,可能是电源被短路或继电器线圈内部短路所致。

应落下时不落下,可能是接点熔断不开或衔铁卡住。

④轨道电路故障

轨道电路无车占用时轨道继电器不励磁,原因可能是:轨道继电器线圈断线、整流器失效、端子松动接触不良、电缆芯线折断、引接线折断或开焊脱落、送电端轨间电压低或无电压(有铁线或其他导体搭连两钢轨、轨距杆绝缘破损致使轨道间短路、导接线折断或接触不良、钢丝绳引接线混线、轨端绝缘破损等)、送电端轨间电压低或无电压(电源、整流器、轨道变压器不良;端子松动、接触不良;限流电阻接触不良或断线、更换整流器或蓄电池时把极性接反;绝缘破损等)。

轨道电路有车占用时,轨道继电器不落下,原因有:轨面上有砂子或污垢、车辆轮缘上有污垢、受电端电压过高。

轨道电路遭雷击后,可能引起轨道继电器、轨道变压器、整流器被击坏、电缆断线等故障。

此外,还有按钮接点接触不良、表示灯泡断丝、接触不良等故障。

4. 半自动闭塞故障实例

(1)因混线造成的故障

接车站通知,某区间不能办理闭塞。到车站值班员调查,确实不能办理且控制台无表示。欲与对方站联系,闭塞电话也不通。闭塞电路与闭塞电话共用外线,而现在同时发生故障,经分析确定先排除电话的故障,而这种故障一般在外线。经查找,发现系通信电线路混线。排除混线后,设备即复原。

(2)因电容器击穿造成的故障

在办理闭塞过程中,开始电铃音响正常,以后逐渐缩短直至不响,闭塞也不能办理,而闭塞电话是正常的。这说明外线没有问题。电铃的作用是了解办理闭塞的情况,更重要的是反映对方站送来的脉冲信号的长短。现在电铃从响到不响,说明对方站信号发生器有故障。而脉冲从长到短,说明继电器是好的,电路也是好的,C_1可能有问题。C_1与 ZDJ、FDJ 并联,控制脉冲的长短,经分析确定C_1被击穿。

(3)因按钮接点接触不良造成的故障

列车到达后不能复原,按下 FUA 后,设备不动作,这说明 FDJ 有故障。FDJ 电路除继电器接点外,还有按钮接点。经检查发现按钮接点接触不良,系按钮弹簧超限且螺栓松动使接点位置有所变动所致。

(4)因轨道引接线钩钉松动造成的故障

因振动使钩钉处松动,接触电阻增加,致使 GDJ 不能吸起,闭塞电路不能复原。

表 2.2 列出了单线继电半自动闭塞可能发生的故障现象及检查步骤和分析方法。

表 2.2　单线继电半自动闭塞故障现象及分析

顺序	故障现象	检查步骤	故障分析
一、发车站请求发车时	1. 闭塞机在定位,区间空闲,双方站都没有办理,闭塞机错误取得显示	1. 检查是否瞬间中断电源。 2. 检查外线是否混入电源	1. 如果 FBD 亮红灯,则是瞬间中断电源。 2. 如果双方 JBD 都亮黄灯,则是外线瞬间混入一正电源,使 TJJ 吸起并自闭而致
	2. 闭塞机在定位,发车站按下 BSA 后,不能办理请求发车	1. 按下 BSA,观察接车站 ZXJ 是否吸起(电铃是否鸣响)。 2. 按下 BSA,观察发车站 ZDJ 是否吸起。 3. 按下 BSA,检查外线端子间是否有电压	1. 接车站 ZXJ 吸起,说明发车站电路正常,检查接车站电路;若 ZXJ 不吸,要检查发车站电路。 2. ZDJ 不吸,检查 ZDJ 电路;ZDJ 吸起,要检查线路继电器电路。 3. 如果外线端子间没有电压,可能是线路电源断线
	3. 发车站请求发车后,接车站 JBD 不亮黄灯	1. 检查接车站 TJJ 是否吸起并自闭。 2. TJJ 未吸起,要检查接车站的 ZXJ 和 HDJ 是否吸起	1. 若 TJJ 已吸起并自闭,要检查表示灯电路是否有电压,灯泡是否烧坏,灯座弹片与灯泡是否接触良好。 2. 若 ZXJ 和 HDJ 吸起,TJJ 不吸起,可能是 HDJ 的缓放时间不够长,电容器 C_2 断线或失效
	4. 发车站请求发车后,收不到回执信号,FBD 不亮黄灯	1. 检查发车站 ZKJ 是否吸起。 2. 若ZKJ 吸起,检查 GDJ 是否吸起	1. 若 ZKJ 不吸起,检查 HDJ 和 FDJ 的缓放时间够不够。若 HDJ 和 FDJ 的缓放时间不够长,都会使回执信号脉冲不够长。 2. GDJ 不吸起,可能是现场轨道电路及室内外连接线的毛病;若 GDJ 吸起,可能是 GDJ 的第 7 组前接点接触不良;若接触良好,可能是 FBD 灯泡接触不良或断丝

续上表

顺序	故障现象	检查步骤	故障分析
一、发车站请求发车时	5. 请求发车后，办理取消复原时，发车站能取消，接车站不能取消	1. 检查接车站 FXJ 是否吸起过短或不吸起。 2. 若 FXJ 吸起，检查接车站的 FUJ 电路	1. FXJ 吸起时间过短，是因为发车站的 FDJ 的缓放时间不够长。 2. FXJ 不吸起，可能是发车站线路电源电压不足或外线断线
	6. 请求发车后，接车站只有电铃鸣响，其他无变化	观察接车站是 ZXJ 吸起还是 FXJ 吸起	1. 若 ZXJ 吸起，则可能是 HDJ 和 TJJ 电路故障。 2. 若 FXJ 吸起，则可能是维修外线时将外线接反了
	7. 当发车站按下 BSA 后，发车站 FBD 亮红灯	检查线路电源是否接地	线路电源如一极（如负极）接地，则按下 BSA，ZDJ 吸起时，造成电源混线，电源处于半短路状态，端电压下降，使 BSJ 保持不住而落下，FBD 亮红灯
二、接车站同意接车时	1. 接车站按下 BSA 同意接车后，JBD 亮绿灯，发车站收不到同意接车信号，FBD 不亮绿灯	1. 检查发车站 KTJ 是否吸起。 2. 若 KTJ 吸起并自闭，检查发车站 ZXJ 是否吸起，FBD 是否良好	1. 若 KTJ 未吸起，在接车按下 BSA 时，观察发车站 ZXJ 是否吸起。若 ZXJ 不吸起或吸起时间很短，可能是接车站 ZDJ 缓放时间不够。 2. 发车站 FBD 灯泡接触不良或断丝
	2. 接车站按下 BSA 同意接车后，JBD 和 FBD 均不变绿灯	检查 BSA 的按下接点是否接触良好	由于接点接触不良，ZDJ 不能吸起，无法向发车站发送同意接车信号，故发车站的 KTJ 无法吸起
三、列车从发车站出发时	1. 列车从发车站出发后，双方站表示灯都不亮红灯	检查发车站轨道电路动作是否可靠，出发列车是否是轻型轨道车	可能是由于轨道电路分路效应不好
	2. 列车从发车站出发后，发车站 FBD 亮红灯，接车站 JBD 不亮红灯	1. 检查发车站 TCJ 是否吸起。 2. 若 TCJ 吸起，应进一步检查接车站 JBD 电路	1. 若 TCJ 未吸起，应人为地由发车站向接车站送正电，观察 ZXJ 和 TCJ 是否吸起。若 TCJ 吸起并自闭，可能是发车站列车出发通知信号不够长，ZKJ 和 ZDJ 缓放时间不够长。 2. JBD 灯泡断丝或接触不良
	3. 列车从发车站出发后，接车站电铃一直鸣响	观察接车站 GDJ 是否吸起	若接车站 GDJ 故障，列车从发车站出发后，接车站 TCJ 吸起，GDJ 不吸起，TJJ 不落下，使电铃一直鸣响
四、列车到达接车站时	列车到达接车站时，接车站 FBD 不亮红灯	1. 观察接车站 HDJ 是否吸起。 2. 若 HDJ 不吸起，应检查接车站轨道电路及室内外的连接线是否良好	1. HDJ 吸起，则是表示灯电路有故障。 2. 闭塞机内的 GDJ 是否与现场 GDJ 动作一致
五、办理到达复原时	1. 列车到达接车站后，JBD 和 FBD 都亮红灯，但不能办理到达复原	1. 按下 FUA，观察接车站 FDJ 是否吸起。 2. 若 FDJ 不吸起，应检查 FDJ 励磁电路。 3. 检查 FUJ 和 BSJ 是否吸起	1. 如 FDJ 吸起，则进一步检查 FUJ 电路。 2. 检查列车是否出电路区段，GDJ 是否吸起

续上表

顺序	故障现象	检查步骤	故障分析
五、办理到达复原时	2. 接车站办理到达复原时，发车站闭塞机不能复原	1. 由接车站送负电，观察 FXJ 是否吸起。 2. 若 FDJ 不吸起，应检查 FDJ 电路。 3. 检查 FUJ 和 BSJ 是否吸起	1. 若 FXJ 不吸起或吸起时间短，可能是接车站线路电源电压低、FDJ 缓放时间不够、外线断线或混线。 2. 如果发车站 FXJ 吸起时间短，FUJ 来不及吸起，一般是接车站 FDJ 缓放时间不够
	3. 接车站办理到达复原后，JBD 又亮黄灯	1. 检查 HDJ 缓放时间是否过长。 2. 检查 FDJ 缓放时间是否不足	1. HDJ 缓放时间大于 FDJ 的缓放时间时，在 FUJ 落下和 HDJ 缓放时间里，TJJ 又重新吸起。 2. 电容器 C_1 断线或失效
六、其他	1. 一方按下 SGA 办理事故复原时，两站间连续地互相传送正极性信号	1. 检查两站间外线是否接反了。 2. 检查线路电源极性是否接反了。 3. 检查线路继电器极性是否接反了	若有检查步骤中任一故障，都使两站间传送的闭塞信号相反。送出的事故复信号，到对方站变成请求发车信号，对方站又送来回执信号；此时本站 ZXJ 吸起，然后又向对方站送回执信号……互相来回传送正极性信号
	2. 一方按下 SGA 办理事故复原时，本站闭塞机复原，对方站 JBD 亮黄灯	1. 检查本站线路电源是否接反了。 2. 检查对方站线路继电器极性是否接反了	若有检查步骤中任一种故障，一方在发送事故复原信号时，到对方站变成请求发车信号，使 TJJ 吸起，JBD 亮黄灯

5. 查找故障的方法

要迅速查找故障，必须学透电路原理，弄清电路动作顺序，熟悉配线，善于分析故障原因，掌握查找故障的正确方法，在实践中积累经验。

(1)查找故障的基本方法

①“问”，问车站值班员，搞清楚发生故障的全部情况。

②“办”，认真进行办理闭塞的试验。

③“听”，仔细听继电器、电话、电铃的动静。

④“看”，注意看表示灯和各种设备的状态。

⑤“想”，详细分析是哪种故障。

⑥“测”，正确使用万用表测出故障位置。

(2)查找故障的步骤

①电源，检查电源有无端电压、端电压大小、是否稳定、极性是否正确。

②电路，检查有无断线、半断线、混线、外线反接的情况。

③接触，检查接点状态及接触是否良好、牢固。

④机械，检查按钮的动作情况。

⑤磁路，检查衔铁是否被卡，永磁螺钉有无脱落。

在发生故障时，应仔细分析，究竟是接车站还是发车站的故障，是闭塞电路内部还是外部结合设备的故障，是闭塞电路内哪一部分电路的故障，这样逐步缩小故障范围。

项目小结

我国单线铁路大量采用 64D 型继电半自动闭塞，它是结合我国铁路运输的实际情况研制的，由继电电路构成。在继电半自动闭塞区段，对作为列车向区间运行的凭证的出站信号机实行严密的控制，确保一个区间同时只允许一列列车运行。64D型继电半自动闭塞设备由半自动闭塞机、半自动闭塞用的轨道电路、操纵和表示设备及闭塞电源、闭塞外线等部分组成。单线继电半自动闭塞要求两个车站的值班员共同办理闭塞手续，其办理手续分为正常办理、取消复原和事故复原。电路动作程序按办理闭塞手续的顺序进行。64D型继电半自动闭塞电路按功能不同设计成独立的单元式电路，由线路继电器电路、信号发送器电路、发车接收器电路、接车接收器电路、BSJ电路、FUJ电路、GDJ电路和表示灯电路等8个单元电路组成。继电半自动闭塞必须与车站联锁设备发生联锁关系，它们之间有结合电路。微电子半自动闭塞传输设备是利用光纤传输闭塞信号的设备，在采用光纤通信的线路广泛应用。半自动闭塞的维护包括日常维护和集中检修。在半自动闭塞发生故障时，务必迅速判明情况，积极查找故障，及时修复使用。

复习思考题

1. 什么叫半自动闭塞？它有哪些优点？
2. 64D型继电半自动闭塞两站间传递几个正极性的闭塞信号？说明发送这些正极性闭塞信号的时机和条件。
3. 64D型继电半自动闭塞有几个闭塞信号是自动发送的？说明是如何实现自动发送的。
4. 简述继电半自动闭塞的设备组成，其中哪些与车站联锁有联系。
5. 简述继电半自动闭塞正常办理的手续。在什么情况下办理取消复原？如何办理？在哪些情况下办理事故复原？如何办理？
6. 简述线路继电器电路的工作原理。
7. 简述信号发送器的工作原理。
8. 发车接收器电路的各继电器的励磁条件和失磁条件是什么？
9. 接车接收器电路的各继电器的励磁条件和失磁条件是什么？
10. BSJ何时失磁？失磁后何时励磁？
11. FUJ在各种复原时如何励磁？
12. GDJ在什么情况下复示现场轨道继电器的状态？
13. 64D型继电半自动闭塞与6502电气集中有哪些联系？与计算机联锁如何结合？
14. 当发车站的发车表示灯及接车站的接车表示灯均点黄灯时，接车站能否办理取消复原？为什么？
15. 当两站的车站值班员同时办理请求发车（同时按下BSA，又同时松开）时，其闭塞机的状态如何？如何恢复？
16. 在接车站同意接车后（JBD点绿灯），发车站办理取消复原时，如何切断同意接车继电器TJJ的自闭电路？
17. 若与FDJ线圈并联的电容器 C_1 断线，当接车站办理到达复原时，会出现什么现象？
18. 若将两站闭塞机的闭塞外线接反，写出此时发车站办理事故复原时的电路动作程序。
19. 若本站的线路电源接反，当本站闭塞机停电恢复时会产生什么现象？
20. 简述微电子半自动闭塞传输设备的组成和基本原理。

项目3　自动站间闭塞认知与维护

项目描述

本项目主要介绍自动站间闭塞系统的概况；以 ZP30CA 型和 JZ_1-H 型为例介绍计轴设备的作用、主要部件的结构和工作原理；计轴设备在区间闭塞中的应用；计轴自动站间闭塞的主要技术条件、系统构成、主要部件的结构和工作原理；自动站间闭塞电路和原 64D 型继电半自动闭塞继电器结合电路的原理；计轴自动站间闭塞的维护。通过学习，掌握自动站间闭塞的电路原理和维护方法。

学习目标

了解自动站间闭塞系统的概况，系统掌握计轴设备的作用、主要部件的结构和工作原理，了解计轴设备在区间闭塞中的应用，掌握自动站间闭塞电路和 64D 型继电半自动闭塞继电器的结合电路的原理，会进行自动站间闭塞维护，具有初步分析电路和排除一般故障的能力。

典型工作任务1　计轴设备认知

3.1.1　工作任务

了解计轴设备的作用、主要部件结构和工作原理。

3.1.2　知识链接

1. 计轴设备

(1)计轴设备的作用

计轴设备是用于计算机车车辆进出轨道区段的轮轴数，分析计算轨道区段是否有车占用的一种技术设备。它具有检查区间占用与空闲的功能，而且不受轨道线路的道床状况等的影响。它采用车轮传感器和计轴器来记录和比较驶入和驶出轨道区段的轴数，作为检查轨道区段的安全设备，其作用和轨道电路等效。

(2)计轴设备的组成

计轴设备由室外设备和室内设备两部分组成。室外设备和室内设备通过传输线路相连接。室外设备有计轴点，包括车轮传感器和电子连接箱，主要用于产生车轴脉冲。室内设备有运算器、继电器、电源等。运算器包括计数、比较、监督、表示等装置，对计轴点产生的车轴脉冲进行计数和确定列车运行方向，比较计轴点入口和出口所记轴数及记录计数结果。电源提供可靠的供电。传输线路用来传递信息。

(3) 计轴设备的主要技术条件

①车轮传感器的安装点应符合下列要求：检测轨道区段长度应大于最大轴距，安装应符合

建筑接近限界的要求，距信号机的安装位置应符合信号机处钢轨绝缘安装位置的要求；用于站间闭塞区间轨道检查的磁头应安装于进站信号机内方 2～3 m 处，并安装在轨枕间的钢轨上且应避开轨距杆等金属部件，两组磁头应安装于同一侧钢轨上，在双线轨道区段，磁头应安装于外侧钢轨上。

②车轮传感器安装须用绝缘材料与钢轨隔离。车轮传感器安装应牢固，磁头齿与底座齿必须对准密合，各部螺栓、螺母上的扭矩应符合规定要求，底座无裂纹，外壳无损伤。

③计轴设备的数据传输通道应采用不加感通信电缆、铝护套计轴综合电缆中的通信四芯组线对或光缆，通道质量应符合有关技术标准。

④计轴设备主机的电缆连接线屏蔽层不得与室外引入电缆屏蔽层接地相连，也不得与机械室内分散接地的信号地线相连。

⑤计轴设备应有可靠电源供电，输入电源断电 30 min 以内，应保证计轴设备正常工作。

⑥计轴设备发生任何故障，作为检查轨道区段空闲与占用状态的轨道继电器应可靠落下，并持续显示占用状态；故障排除后，未经人工办理，不得自动复位。

⑦计轴设备的电源、传输通道、磁头等部位应有雷电防护措施。

(4)车轮传感器

车轮传感器又称磁头，为变耦合式电磁有源传感器，设有发送线圈和接收线圈，利用车轮改变二者之间耦合关系，使电感或互感在车轮通过时发生变化，而产生轮轴信号。

设 K_1 和 K_2 两组磁头，每组磁头又由一个发送磁头(T_X)和一个接收磁头(R_X)组成。发送磁头的信号来自电子连接盒发送的 30 kHz 和 29 kHz 的信号电压。由于电磁感应作用，在接收磁头中感应出交流信号。

发送磁头和接收磁头由绕在铁氧体磁芯上的线圈和一并联电容组成，磁头工作原理如图 3.1所示，图中可见，发送线圈 S 和接收线圈 E 所产生的磁通环绕过钢轨后形成两个磁通 Φ_1、Φ_2，它们以不同的路径、相反的方向穿过接收线圈 E。在无车轮经过传感器时，此时磁通 Φ_1 远大于 Φ_2，在接收线圈内感应出一定的交流电压信号。当车轮经过传感器，由于车轮的屏蔽作用，Φ_1 减小，而 Φ_2 增大，使 $\Phi_2 > \Phi_1$，在接收线圈内感应的交流电压相位与发送电压相反，这个载有轮轴信息的信号，经整形、检波后产生一个轴脉冲。

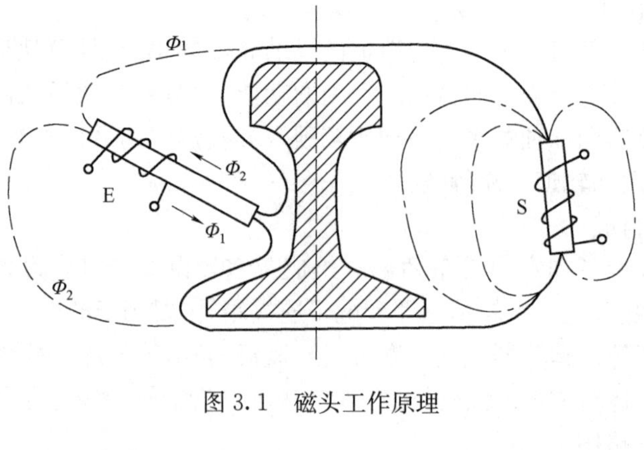

图 3.1 磁头工作原理

传感器轴脉冲形成过程的波形如图 3.2 所示。轴脉冲形成后，计轴过程完全由软件来完成。由于两条钢轨上的磁头 K_1 和 K_2 是交错设置的，两磁头产生的轴脉冲在时间上先后不同，可以判别是进入或是驶出车轮轮轴。当车轮轮轴从第一计轴点进入区段，在 K_2 处就会产生一个下降沿的"入"脉冲，说明进入一个车轮轮轴[图 3.2(f)]。如果车轮轮轴从第一计轴点离开，就会产生一个上升沿的"出"脉冲，说明驶出一个车轮轮轴[图 3.2(g)]。

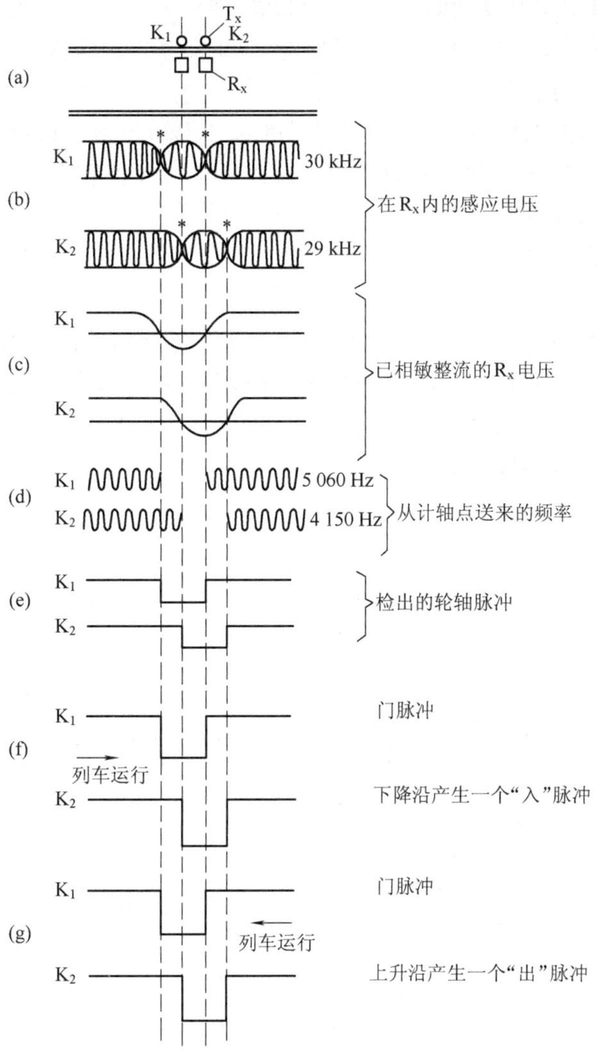

图 3.2　传感器轴脉冲形成过程的波形

设在电子连接盒中的车轮电子检测器的功能是向发送传感器提供 30 kHz 和 29 kHz 的信号电压，并将接收传感器中感应的信号电压进行解调，转换成便于远距离传输的数字信号，送往车站信号机械室进行计轴。

(5)计轴设备的基本工作原理

计轴设备利用车轮传感器、计数器来记录和比较驶入和驶出轨道区段的轴数，以此确定轨道区段的占用或空闲，其工作原理是：当列车出发，车轮进入轨道传感器作用区时，发车站计算机中运算器开始计轴，轮对经过传感器磁头时，向计算机中运算器传送轴脉冲，计算机中运算器开始计数，判定运行方向，确定对轴数是累加计数还是递减计数。系统规定，凡进入防护区段的轮轴数进行加轴运算，凡离去防护区段的轮轴数进行减轴运算。列车进入区间，计轴器对轮轴进行计数，并发出区间占用信息，区间轨道继电器落下，列车全部通过车轴计轴点时，停止计数，并经传输线向对方站发送本站所计的发车轴数。当列车到达接车站计轴点时，由于列车是驶离区间，计轴器进行减轴运算，同时接车站在列车全部通过后，将所计轴数，再传递给发车站，然后两站的计算机中运算器同时对驶入区间和驶离区间的轮轴数进行比较运算，两站一致时，发出区间空闲信息表示，区间轨道继电器吸起，这时计算机中运算器控制闭塞设备自动复原，否则区间仍将处于占用状态。

目前，我国铁路使用的计轴设备有从德国引进的 AzL90-3 型、ZP30CA 型、AzS(M)350 型计轴设备和国产的 JZ_1-H 型微机计轴设备等。现以 ZP30CA 型和 JZ_1-H 型为例予以介绍。

2. ZP30CA 型计轴设备

ZP30CA 型计轴设备主要用于自动站间闭塞。

(1)计轴设备的组成

ZP30CA 型计轴设备的组成如图 3.3 所示。室外设备有车轮传感器(或称磁头)K_1、K_2和电子连接盒；室内设备有轴数显示器、检测盒、继电器等。室外设备和室内设备通过传输线路相连接。计轴器到信号楼采用计轴专用电缆(12 芯)连接，型号为 PJTA23 型。信号机械室到通信机械室采用屏蔽双绞线连接，并在通信机械室接入。

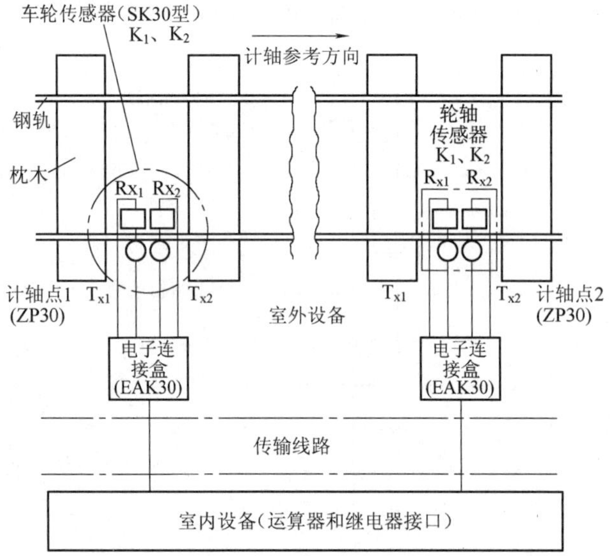

图 3.3　ZP30CA 型计轴设备的组成

(2)计轴设备的部件

①车轮传感器

采用 SK30 型车轮传感器。SK30 型包括 SK_1和 SK_2两组磁头，每组磁头又由一个发送磁头(T_X)和一个接收磁头(R_X)组成。SK30 型的两组磁头安装在同一侧钢轨上，发送磁头安装在钢轨外侧，接收磁头安装在钢轨内侧，用三个止退固定螺栓螺母固定在轨腰上，安装孔的位置取决于钢轨的高度。发送磁头为仰角可调型。每个 T_x/R_x 磁头都备有 4.0 m 的外加护套电缆与电子连接盒相接，整个 SK30 型传感器与钢轨绝缘。

②计轴运算处理器

计轴运算处理器又称电子连接盒。EAK30 电子连接盒内装有测轴点所用的电子电路印制板，由2块发送接收板(SE-A)、2块CPU板(ZPR)、1块调制解调器板(MOD)和1块电源板(SV)及接线端子等组成。电子连接盒各接一对T_x/R_x磁头，分别向两个T_x线圈发送调频电源，并接收及处理来自相应R_x线圈的信息，输入直流轮轴脉冲。

EAK30电子连接盒可以直接处理和计算进、出车轮轮轴数，经调制解调器传送到室内设备的结合电路。

③轴数显示器

轴数显示器是计轴检测设备的一部分，放置在信号机械室内，其主要作用为监视计轴设备的工作状态，显示进入区间的列车轴数。轴数显示器的不同显示状态可以反映当前区间不同的状况：

a. 区间空闲

当计轴区间空闲时，轴数显示器的显示为“0000”。

b. 区间占用

当计轴区间有车占用时，轴数显示器显示为相应的轴数，例如：计轴区间有一列车，其轴数为192轴，则显示为“0192”。

c. 区间负轴

当计轴区间出现负轴时，轴数显示器将由稳定显示变为闪动显示并在轴数前加“—”符号，例如：计轴区间负轴数为2轴，则显示为闪动的“—002”。

d. 列车进入区间

当列车正在进入计轴区间时，轴数显示器显示的计轴数逐渐递增，直到列车完全进入为止，显示轴数稳定在实际列车轴数上。

e. 列车离开区间

当列车离开计轴区间时，计轴轴数显示器显示轴数逐渐递减，直到列车完全离开，显示轴数显示“0000”。

f. 计轴器设备故障

当计轴器出现故障无法正常工作时，计轴轴数显示器关闭。

④计轴检测盒

计轴检测盒每一计轴区间设一个，它是计轴设备的一部分，安装在信号机械室内，其主要作用是监测计轴闭塞设备的运行状态，指示设备工作状态，给出各种故障提示，为维修人员提供区间是否占用，设备是否故障及故障类型等信息，以便及时进行故障处理，保障计轴闭塞设备可靠地工作。

目前，尚不能提供一个总的故障信息，因此无法在控制台上进行故障表示，需要维修人员加强巡视。计轴检测盒设以下表示灯：

a. 区间占用表示灯

当计轴区间有车占用时，该灯点亮，反之则关闭。

b. 负轴故障表示灯

当计轴区间由于某种原因，驶出区间的轴数大于驶入区间的轴数时，该灯点亮。

c. 接收故障表示灯

计轴器或计轴检测盒由于通信故障接收信息不连续达到3 s以上，轨道继电器落下，该灯点亮，通信故障消除，计轴设备可以自动恢复原有工作，该灯自动关闭。

d. 本站复零表示灯

当本站计轴器初次接通电源或运行中断后又重新接通等原因，该灯点亮，计轴设备要重新运行后该灯才能熄灭。

e. 本站设备故障表示灯

本站计轴器在磁头发生故障不能记录轴数时，该灯点亮，计轴器自检不正常时，该灯也点亮。

f. 计轴检测盒工作表示灯

计轴检测盒正常工作时，该灯点亮。

g. 载波检测(CD)表示灯

该灯随着计轴通信线路中信号的有无点亮或关闭。计轴设备与系统的结合采用了安全型继电器电路。为实现对后续列车的防护及系统"故障—安全"的需要，对原计轴设备新开发了计出功能，并增加了轨道监督电路。

(3)计轴设备的安装

ZP30CA 型计轴器的安装如图 3.4 所示。

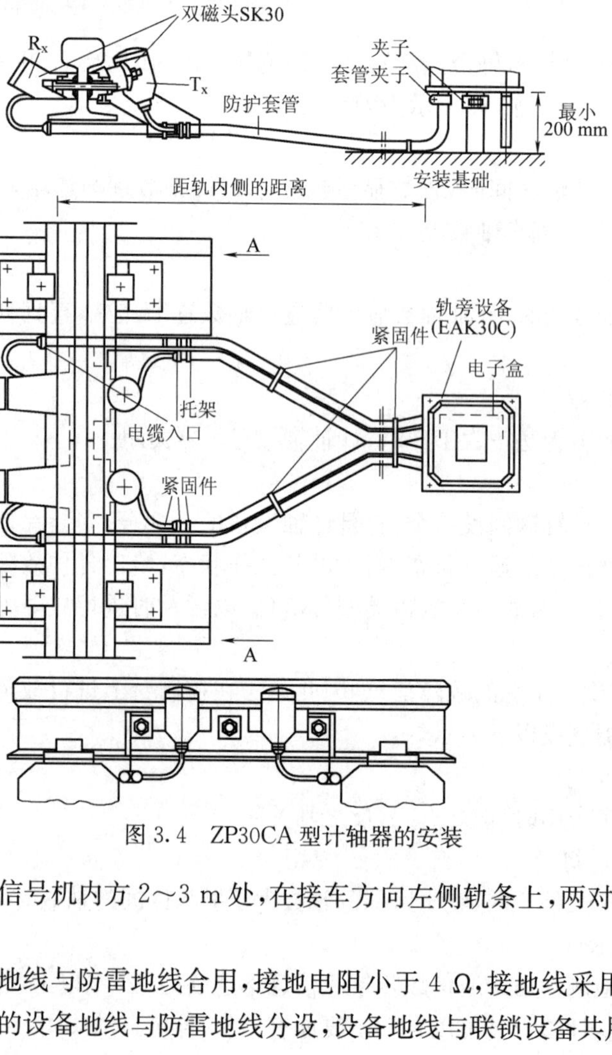

图 3.4　ZP30CA 型计轴器的安装

磁头安装在进站信号机内方 2～3 m 处，在接车方向左侧轨条上，两对磁头安装在同一侧钢轨上。

室外设备的设备地线与防雷地线合用，接地电阻小于 4 Ω，接地线采用 25 mm^2 多股铜芯塑料软线。室内设备的设备地线与防雷地线分设，设备地线与联锁设备共用，防雷接地电阻小于 4 Ω，接地线采用 4 mm^2 多股铜芯塑料软线。

3. JZ_1-H 型微机计轴设备

JZ_1-H 型微机计轴设备的特点是：各闭塞区段之间相对独立，每个闭塞区段由一个计轴主机进行控制，不会因某个计轴主机的故障而影响其他区段。同时，各计轴主机均设有轴数显示以显示区段轴数及区段故障状态。各区段均可单独复零。

系统结构和单元板采用欧洲标准结构，分为室内和室外两部分。室外设一个 JCH 型车轮电子检测器和 CC32K 型车轮传感器，室内设一计轴主机柜或计轴主机箱（附 UPS 箱）。各功能模块接插在母板上，结构简单、维修方便。JZ_1-H 型微机计轴设备系统如图 3.5 所示。

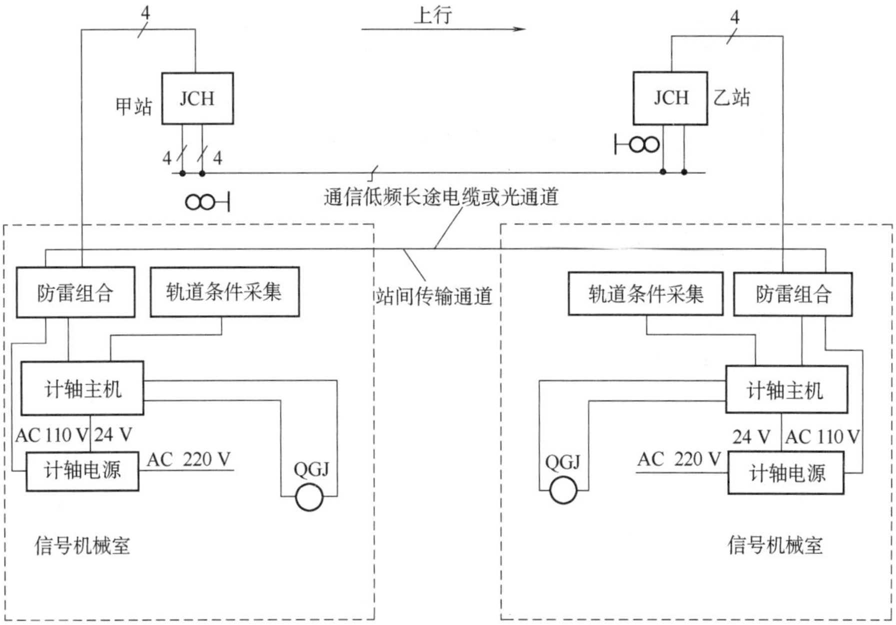

图 3.5 JZ_1-H 型微机计轴设备系统

(1)室内设备

室内设备包括计轴主机、计轴电源、防雷组合、控制台显示盒（选用）。室内设备有机柜式和组合柜式两种形式，机柜式把计轴主机、防雷组合和 UPS 等放置在机柜中成为一个整体；组合柜式用托盘把计轴主机和 UPS 分别放置，防雷在计轴主机中。

①计轴主机

计轴主机包括：接收板（CJB）1 块、主机板（CPU）2 块、通道板（TD）或光通道板（GTD）1 块、显示板（XS）1 块、母板（MB）1 块、轨道条件采集板（TCJ）1 块、防雷模块组合 3 个、防雷变压器组合 2 个。

计轴主机内的传感器接收板收到室外传来的轴信息，经处理后送到主机板进行计数，主机给出区间占用信息。同时轨道继电器落下，并把信息传给区间另一端。当列车完全驶离区间或折返时，经区间两端主机的计算机判断比较，确认两端数据信息无误及区间无车，则给出区间空闲指示，同时吸合轨道继电器，并将区间的轴数在显示盘上显示出来。

传感器接收板 CJB 接收并处理轴信息。它接收室外 JCH 传来的数字信号，通过滤波、整流、比较处理成高或低电平信号（室外信号接收正常，传输线路无中断且无车占用时，给出高电平信息，相应面板 L 亮灯，传感器 1 对应 L_1，传感器 2 对应 L_2，反之给出低电平信息，相应面板指示灯灭灯)。由 AC/DC 板向 CJB 提供 DC 24 V，板上的电源模块将其转化为所需工作电压 DC±12 V。CJB 面板如图 3.6 所示。M_1 和 M_2 分别用于测量经 CJB 整流后的直流电平信号，其值均对应于 GND 测量，大小随室外 JCH 至室内的通道电平信号变化，参考值应大于 DC 3 V。J_1、J_2 为用于判别有无轮对信号的门限值，可通过条件面板相应电位器改变其值，一般其对地电压在 DC 1.5～3.0 V，出厂值为 DC 2.6 V。更换单盘时，相同型号单盘原则上可互换，但所换单盘 CJB 盘中的 SK_3 短路设置需和换下单盘一致。

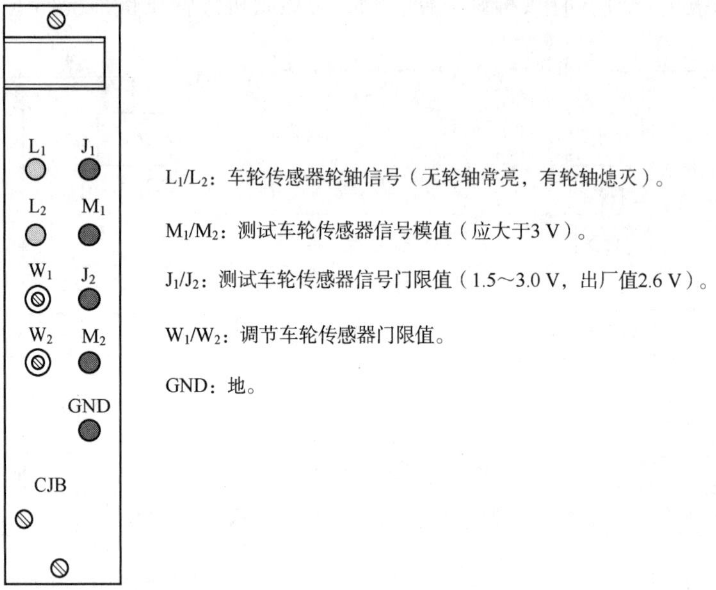

图 3.6 CJB 面板示意

主机板(CPU)进行计数，给出闭塞分区占用或空闲信息。主机板采用二取二结构，两块 CPU 实时采集 CJB 板给出的轴脉冲信息，并对其进行计算判别，同时通过 GDTD 盘与区间另一端的两 CPU 进行信息交换，并进行轴数比较。当检测到区间两端轴数不等或有故障信息时，主机给出区段占用状态信息，相应区间轨道继电器落下。当列车完全驶离区间或折返时，经区间两端主机的计算机判断比较，确认两端数据信息无误及区间无车，则给出区间空闲指示，相应区间轨道继电器励磁吸合。同时，可利用外部轨道条件实现“±1”干扰轴的冗余功能。由 AC/DC 模块向 CPU 提供 DC 24 V，板上的电源模块将其转化为所需工作电压 DC 5 V。CPU 的通信比特率为 300 bit/s。CPU 的工作状态可通过面板指示灯予以表示，CPU 面板如图 3.7 所示。CPU 初始上电时，在保证室外信息正常的情况下，需对其进行正常复位后才能工作。每次复位需由车站值班员确认区段空闲后进行，需在 13 s 内同时对区间两端运算单元进行复位操作。在区间两端的设备未建立正常的通信或未进行同时有效的复位情况下，设备不能正确反映区段的空闲与占用状态。设备因外界干扰原因导致区段无车占用或设备故障修复后，应对其进行有效复位。

通道板(TD)用于站间信息传输，为 2 线全双工通信，适用于站间电缆传输通道。TD 电源供给由 AC/DC 板向 TD 提供 DC 24 V，板上的电源模块将其转化为所需工作电压 DC 5 V。TD

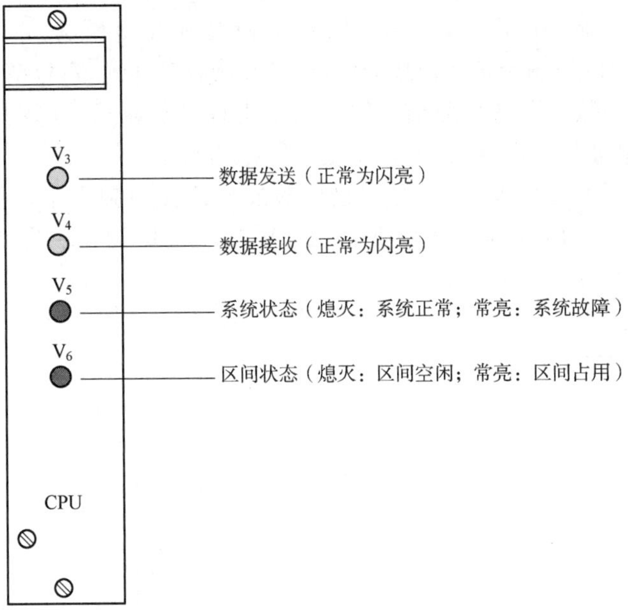

图 3.7　CPU 面板示意

比特率为 300 bit/s。TD 面板如图 3.8 所示。更换通道方式时，必须在停用状态下进行，电位器 W 可调节发送电平。更换通道板时，换上的通道板上 S_4 设置需与换下的单盘设置一致。

光通道板(GTD)用于站间信息传输，适用于站间 2 芯光纤传输通道。由 AC/DC 板向 GTD 提供 DC 24 V，板上的电源模块将其转化为所需工作电压 DC 5 V。GTD 比特率 300 bit/s。GTD 面板如图 3.9 所示。更换通道方式时，必须在停用状态下进行。电位器 W 可调节发送电平。

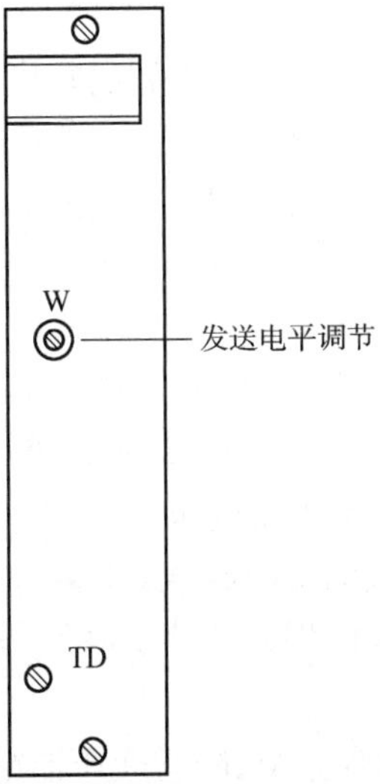

图 3.8　TD 面板示意

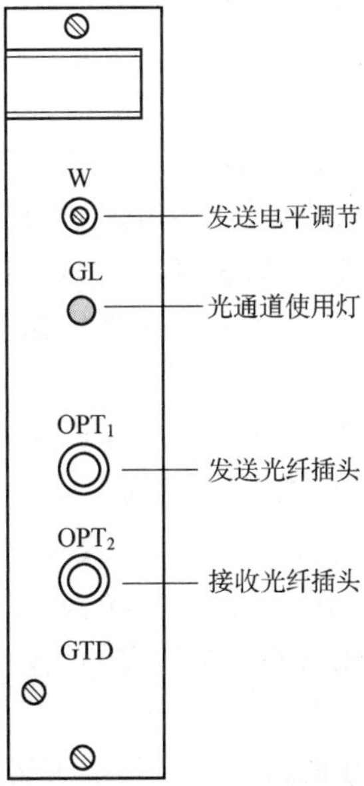

图 3.9　GTD 面板示意

GTD(F)用于站间信息传输,适用于站间单芯光纤传输通道,此板置于通道两端站的发送端,电源供给和比特率均与GTD相同。GTD(F)面板如图3.10所示。

显示板(XS)显示区段剩余轴数及故障信息。XS接收TD或GTD解调后的CPU编码信息,并将区间两端的轴数信息及故障信息解码后采用数码管显示,可显示区段轴数及故障状态。显示轴数采用十进制方式,从上往下依次为千位、百位、十位、个位。当区间两端设备没有正常复位时,其显示无实际意义。XS可通过面板的复位孔单独复位,而不影响系统的安全性。XS电源供给由AC/DC板向XS提供DC 24 V,板上的电源模块将其转化为所需工作电压DC 5 V。XS面板如图3.11所示。

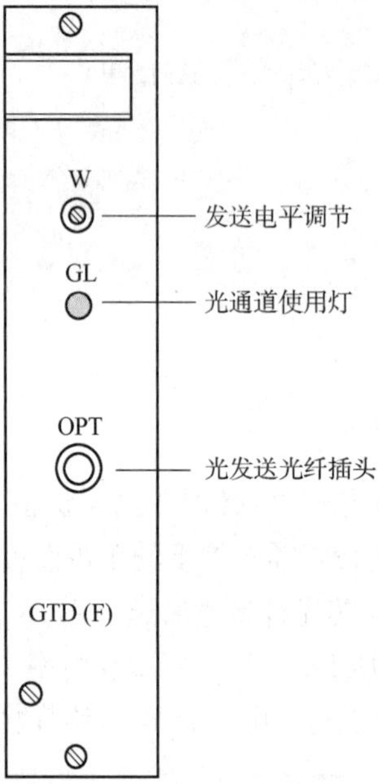

图3.10　GTD(F)面板示意

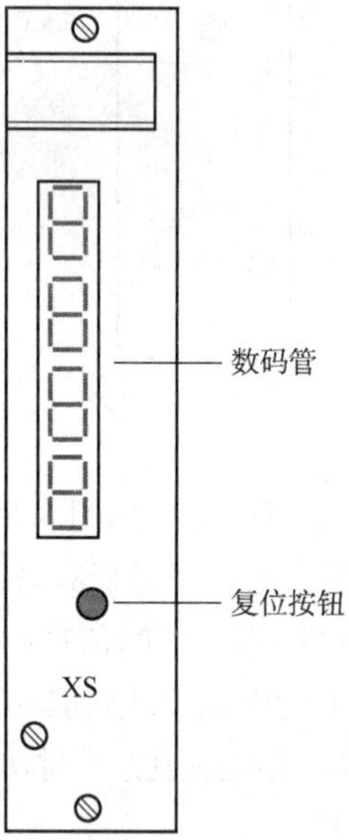

图3.11　XS面板示意

条件采集板TCJ,主要用于对复位条件的采集和隔离,即将采集到的复位继电器接点信息通过光电隔离转换成高低信号,通过母板对CPU进行复位操作。采集到复位接点信息时相应面板的FY灯或TJ灯亮灯。由AC/DC板向TCJ提供DC 24 V,板上的电源模块将其转化为所需工作电压DC 5 V。TCJ面板如图3.12所示。

②计轴电源

计轴电源包括UPS(APC-SRT1000UXICH型)1台、AC/DC板1块。室内主机的电源提供由UPS和电源板AC/DC完成,每一个运算单元由1个AC/DC板供电,每个电路板均有自己独立的电源转换电路,将24 V直流电压转换成各自工作所需电压。

AC/DC板的主要功能是将输入AC 220 V电压转换为DC 24 V,供室内计轴主机各电路板。每个运算单元需要一个独立的AC/DC板。AC/DC面板如图3.13所示。

③防雷组合

防雷组合用于防雷。一个车站每端需要防雷模块组合3个、防雷变压器组合2个。

④室内电缆

室内供电电缆:信号电源屏与主机柜之间采用2芯电缆XV型$2\times2.5\ mm^2$。远供电源电缆：分线柜与主机柜之间采用 2 芯电缆 XV 型 2×2.5 mm^2。其他配线电缆：分线柜与主机柜间、组合柜与主机柜间的连线均采用二芯屏蔽双绞线（RVVP 型 2×0.5 mm^2），屏蔽层要求单端接屏蔽地。

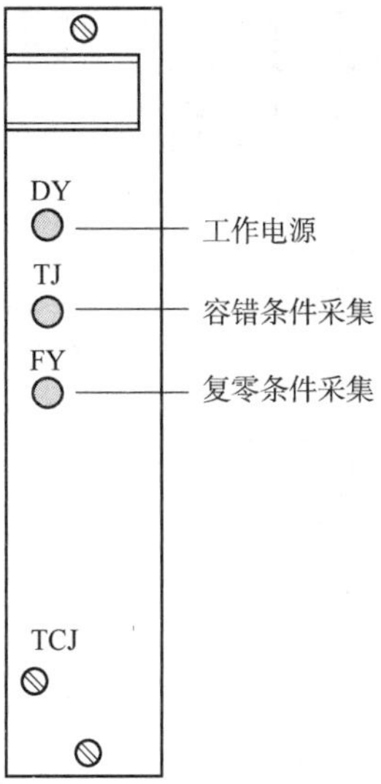

图 3.12　TCJ 面板示意

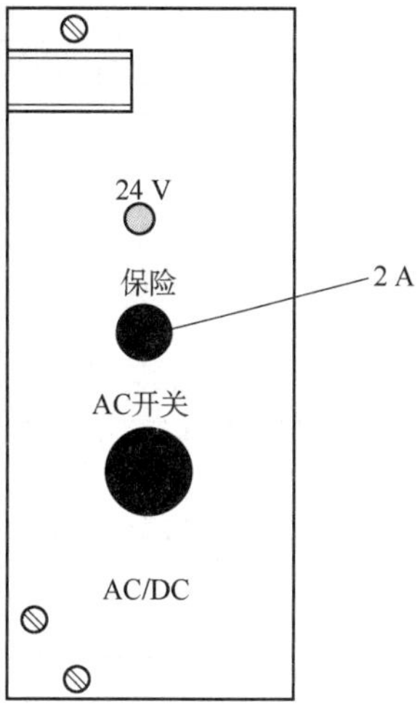

图 3.13　AC/DC 面板示意

（2）室外设备

室外设备有车轮传感器、车轮电子检测器。

①车轮传感器

每个检测点包含 2 对 CC32K 型车轮传感器。

②车轮电子检测器

每个检测点有 1 个 JCH 型车轮电子检测器。JCH 型机笼内有传接板（CG）2 块、通道板（TD）1 块和电源板（DY）1 块。

JCH 机笼内负责通信传输的通道盘分为 TD（提供 1 路通道信号）和 TDF（提供 2 路通道信号）两种。TD 盘和 TDF 盘内均设有三挡增益调节电路可供选择（通过跳点或拨位开关调节），以满足不同传输距离的要求。TDF 盘内的 2 路通道信号可以分别设置增益电平，互不影响。此项设置在设备出厂前已调整完毕，在现场更换单盘时需注意将新换单盘调整到与更换下来的单盘设置一致。

车轮电子检测器的功能是向发送传感器提供 30 kHz 和 29 kHz 的信号电压，并将接收传感器中感应的信号电压进行解调，转换成便于远距离传输的数字信号，送往车站信号机械室进行计轴。

室外设备供电由室内不间断电源（UPS）提供交流 220 V 或 110 V，交流 220 V 需经室外 XB 箱中电源变压器转换为 110 V 左右的交流电压，送于室外设备电源板，电源板 DY 经 AC/DC 转换后，给出 24 V 直流电源，为各电路板提供工作电源。

（3）接地

自动站间闭塞接地如图 3.14 所示。室内设备的机壳地接屏蔽地线，防雷地接防雷地线。室外设备的车轮电子检测器外壳接防雷地线。室外 XB 箱至室内传输电缆屏蔽层应保证接地良好且不得与电力线路靠近和并排敷设。屏蔽地线与防雷地线分设，接地电阻小于或等于 4 Ω。接地线采用不小于 4 mm^2 的多股铜芯塑料线，地线均由工程施工完成。当采用综合地时要求接地电阻小于或等于 1 Ω。

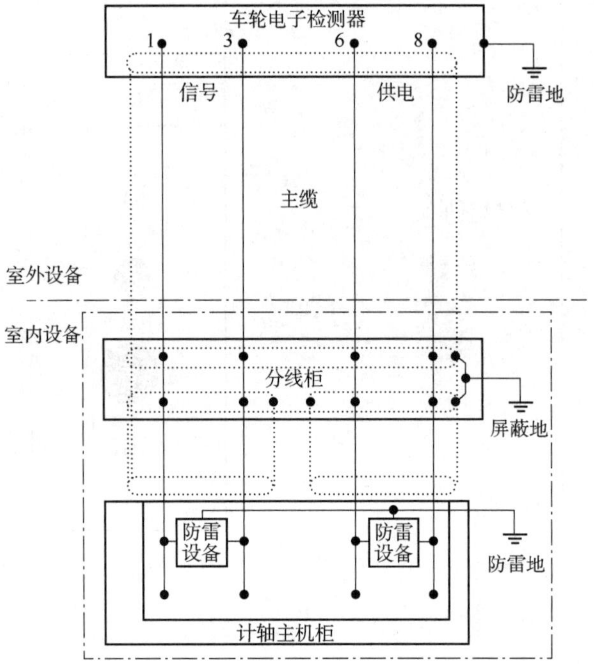

图 3.14　自动站间闭塞接地示意

(4)计轴点传输通道

室内分线柜与室外 XB 箱间、室外 XB 箱与检测盒间采用计轴专用电缆(如 PJZL23 型)或符合特性的电缆，用以传输轴数信息并为检测点供电。每个检测点需要 4 芯，其中 1 路通道信号 2 芯(JCH 用 2 路通道信号时需用 4 芯)，电源 2 芯。多个检测点电源线可共用 2 芯(共用检测点的个数需要计算电缆压降，到每个检测点时电压不能低于 AC 160 V，每个检测点功耗为 10 W)，以上不含备用。

采用计轴专用电缆，通道信号采用通信四线组，电源采用信号四线组，金属护层 1 800 V、芯线间 1 000 V，持续时间 2 min，应无击穿或闪络现象。

车轮传感器和车轮电子检测器之间通过双层屏蔽的电缆连接，此电缆的长度统一为 4.2 m (特殊要求除外)，出厂前已经安装到传感器上。

(5)站间传输通道

应采用专用通道，可采用 2 芯电缆或单芯光纤。

(6)与其他设备的接口

①轨道继电器条件(输出)

每个检测区段设有一个区段轨道继电器输出条件，当区段占用或设备故障时，相应轨道继电器均落下；当区段空闲时，相应区段轨道继电器均吸起。

②区段复零继电器条件(输入)

每个区段均需设置相应的复零继电器，其前接点作为设备区段复零的依据，每个区段单独复零。由于磁头损坏、计轴设备故障等特殊原因，导致计轴设备不能正常工作，轨道继电器落下，故障修复后必须进行复位操作。

③外部轨道条件采集

可充分利用半自动闭塞轨道条件（WG 和 JG），进行"1"干扰轴冗余，并采用高频车轮传感器传感技术，有效改善低频信号传输干扰问题。外部轨道条件采集如图 3.15 所示。

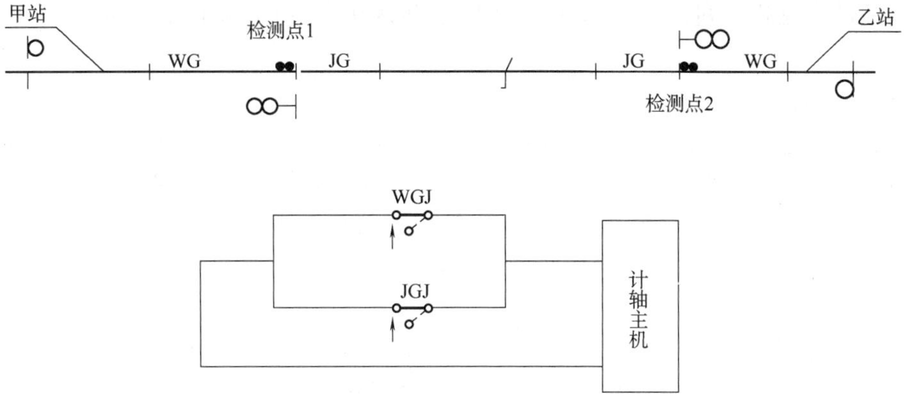

图 3.15　外部轨道条件采集

(7)复零方式

每个区段都设有相应的复零按钮和复零继电器，用以对区段进行复零操作。计轴主机对相应的复零条件进行采集，实现区段复零。控制台复零条件采集如图 3.16 所示。

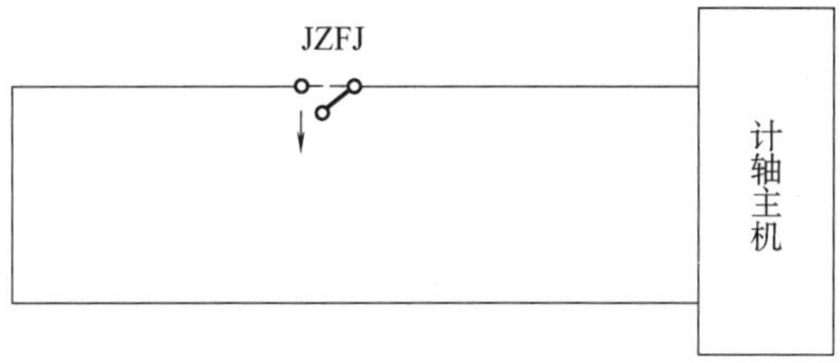

图 3.16　控制台复零条件采集示意

设备采用预复位方式时，在车站值班员确认区段空闲的情况下，按下相应区段复零按钮，仍需在区间走行一列车，系统确认无误后，方可使各闭塞分区复零（各 QGJ 吸起）。

4. 计轴设备在区间闭塞中的应用

计轴设备在区间闭塞中与其他设备结合，可以构成监督区间状态的半自动闭塞、自动站间闭塞、自动闭塞。

(1)监督区间状态的半自动闭塞

在单线区间采用 64D 型继电半自动闭塞时，可以与其相结合，监督区间有车占用或空闲状态，实现 64D 闭塞设备自动复原。在两分界点（车站）之间，各设一对计轴器，通过闭塞外线相联系。当发车站办理完闭塞手续后，列车出发，当车轮轮轴通过轮轴传感器时，计轴设备就计算出进入区间的车轮轮轴数，并向接车站传送进入区间的车轮轮轴数。列车到达接车站，经过轮轴传感器时，计轴设备就计算出驶出区间、进入接车站的轴数。如果进入和驶出区间的车轮轮轴数相等，设备就发出区间"空闲"信息，使接、发车站的 64D 型继电半自动闭塞机自动复原。采用计轴器监督区间状态可以防止发生错误办理时造成危及行车安全的事故。

(2)自动站间闭塞

自动站间闭塞也是在现有64D型继电半自动闭塞的基础上增加计轴设备构成两站间的自动闭塞。当发车站办理发车进路时,区间自动构成闭塞状态,并切断对方站的发车进路条件。出站信号机开放,应连续检查闭塞正确及区间空闲,列车出发后,解除闭塞前,两站防护区间的出站信号机均不能开放。当列车到达接车站后,经检查区间空闲后,自动解除闭塞。

(3)自动闭塞

计轴器与其他设备结合也可以构成单线定点自动闭塞和双线自动闭塞。在每个闭塞分区设置计轴点。计轴运算器轮流查询室外设备,从每个区段的室外设备中取得计轴数据,并对数据进行运算,确定计轴区段的状态,当确定区段无车后控制轨道继电器吸起,防护该区段的通过信号机显示黄色灯光,如果前方区段也是无车状态,该区段的通过信号机显示绿色灯光。

典型工作任务2　计轴自动站间闭塞认知

3.2.1　工作任务

掌握计轴自动站间闭塞主要技术条件、系统构成、电路和工作原理。

3.2.2　知识链接

1. 计轴自动站间闭塞主要技术条件

(1)办理闭塞、取消闭塞及事故复原应在检查区间空闲后。

(2)列车进入计轴自动站间闭塞区间的凭证是出站信号机开放。

(3)发车站办理发车进路时,区间应自动构成闭塞状态。

(4)出站信号机开放,必须连续检查闭塞正确及区间空闲。

(5)列车出发后、闭塞解除前,两站防护该区间的出站信号机均不能再次重复开放。

(6)列车到达接车站,经检查区间空闲后,闭塞应自动解除。

(7)区间闭塞后、发车进路解锁前,不能解除闭塞;取消发车进路、发车进路解锁后,闭塞应随之自动解除。

(8)计轴设备工作正常、区间空闲且未办理闭塞时,破铅封操纵闭塞方式转换按钮,计轴自动站间闭塞方式与半自动闭塞方式可直接相互转换,同一区间的闭塞方式应一致。

(9)计轴设备应连续对主机自身状态与执行环节状态是否一致进行监测。当出现不一致时,应处于"区间占用"状态,并使对方站也处于"区间占用"状态。

(10)计轴设备故障后,可按规定的作业程序办理,停用计轴设备,改按原半自动闭塞方式行车。

(11)计轴系统发生任何故障,作为检查区间空闲与占用状态的区间轨道继电器应可靠落下,并持续显示"占用"状态。故障排除后,必须办理预复零(即断通电一次),并采用其他闭塞方式经过走行一列列车,计轴器计入与计出的轴数相同,确保区间空闲后,计轴设备方可自动复零。

(12)计轴设备正常工作时,控制台上应给出区间空闲或占用表示;设备故障后,应给出计轴故障和区间占用表示及音响报警。

(13)计轴设备应有可靠电源供电,交流停电后,应能连续供电 30 min 以上且控制台上仍能给出区间空闲与占用表示。

(14)计轴设备检修或停电后复原,应由双方车站值班人员确认区间空闲后,同时办理预复零,方能使设备复原。

(15)计轴信息的传输通道应采用专用通道且应满足数据传输通道的要求。

(16)计轴设备应连续监测站间通道是否良好,当通道发生故障后,两站设备均应处于“区间占用”状态。

(17)计轴自动站间闭塞系统应具有良好的电磁兼容性和防雷设施。

(18)计轴自动站间闭塞系统与结合电路设计必须符合“故障—安全”要求。

2. 计轴自动站间闭塞系统

(1)系统构成

目前使用的计轴自动站间闭塞系统是在现有 64D 型继电半自动闭塞设备的基础上增加了计轴设备、计轴专用电源、轴数显示器、计轴检测盒、滤波器、计轴综合电缆、计轴器与原 64D 型继电半自动闭塞结合电路及防雷设备等构成的。

下面以 ZP30CA 型计轴器构成的计轴自动站间闭塞为例,说明其系统构成。系统采用 ZP30CA 型计轴器作为区间空闲与占用状态的检查设备,每个区间安装两套,分别设在两站进站信号机内方 2～3 m 处。该计轴设备采用直流供电,站间数据通信与继电半自动共线传输方式,其系统构成如图 3.17 所示。

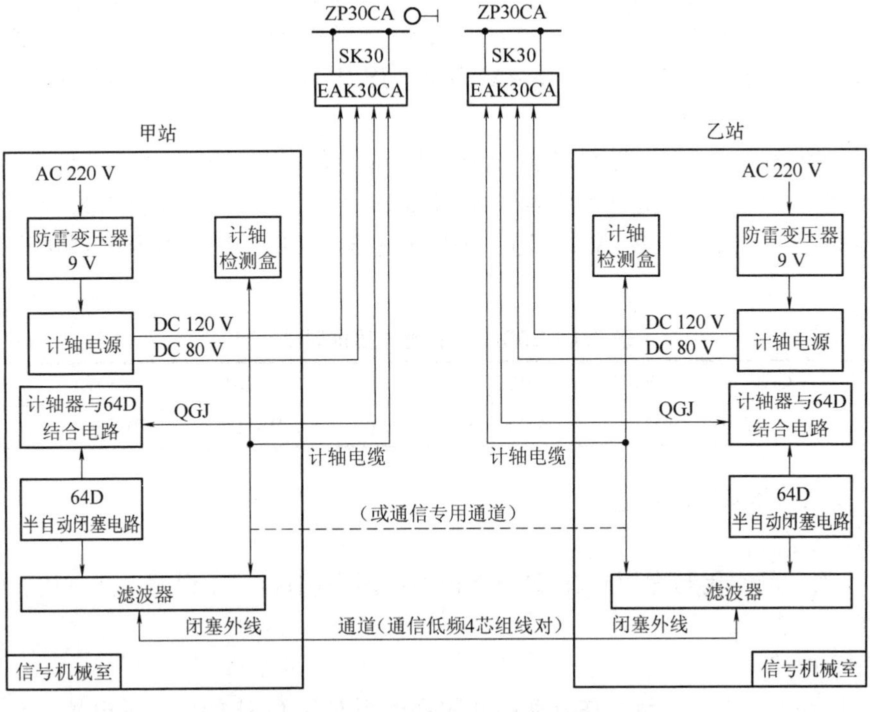

图 3.17　计轴自动站间闭塞系统构成

(2)车站控制台上的计轴控制按钮和表示灯

①闭塞切换按钮 BSQA

BSQA 为二位非自复式带铅封按钮，用于闭塞方式的切换。当计轴设备正常工作时，该按钮处于拉出位置，区间按自动站间闭塞方式行车；当需停用计轴设备时，需车站值班员破铅封按下该按钮，系统恢复为 64D 半自动闭塞行车。

②计轴复零按钮 JFLA

JFLA 为自复式带铅封按钮，用于计轴复零。

③闭塞状态表示灯 ZBSD 和 RBSD

站间闭塞表示灯 ZBSD(绿色)点亮表示为自动站间闭塞；人工闭塞表示灯 RBSD(黄色)点亮表示为半自动闭塞。

④计轴复零表示灯 JFLD

当按下计轴复零按钮后，该表示灯 JFLD(白色)点亮 13 s 后自动关闭，表示计轴设备复零一次。

⑤区间状态表示灯

"B"表示区间空闲；"H"表示区间占用。当计轴设备正常工作时，在信号电源停电 30 min 内，控制台上能给出区间状态表示。

按计轴自动站间闭塞办理时，原 64D 型继电半自动闭塞表示灯及基本意义不变。

3. 继电集中联锁车站的自动站间闭塞电路

计轴设备与系统的结合采用了继电器电路。计轴设备与原 64D 型继电半自动闭塞的结合电路每个区间的两端站各设一套，主要由区间轨道继电器(QGJ)、区间轨道辅助继电器(QGFJ)、闭塞自动办理继电器(BZBJ)、站间闭塞继电器(ZBSJ)、人工闭塞按钮继电器(RBSAJ)、人工闭塞继电器(RBSJ)、路票列车记录继电器(LJLJ)、同意接车复示继电器(TJJF)等组成，以及与 BSAJ、FUAJ、SGAJ、FSBJ、JSBJ、GDJ、FDJ、FUJ 电路的结合。

(1)组合运用

对每个接发车方向设一套与半自动闭塞联系电路，每套电路由三个组合组成，其中 LDB_1、LDB_2 组合即原 64D 型继电半自动闭塞的 B_1、B_2 组合，LDB_3 为新增组合，安放 QGJ、QGFJ、BZBJ、ZBSJ、RBSAJ、RSAJ、LJLJ、TJJF 继电器。LDB_3 组合内继电器排列和类型见表 3.1。

表 3.1 LDB_3 组合内继电器排列和类型

RBSAJ	QGJ	QGFJ	BZBJ	ZBSJ	RBSJ	LJLJ	TJJF
JWXC-1700	JWXC-1700	JWXC-1700	JWXC-1700	JWXC-1700	JWXC-H340	JWXC-H340	JWXC-1700

(2)自动站间闭塞继电器电路

①QGJ 电路

QGJ 反映区间空闲与占用状态，QGJ↑说明区间空闲；QGJ↓说明区间占用。QGJ 由计轴设备驱动。

②QGFJ 电路

QGFJ 电路如图 3.18 所示，在自动站间闭塞运行时为 QGJ 的复示继电器。在半自动闭塞运行时，RBSJ 吸起，短路 QGJ 的第 2 组前接点，使 QGFJ 保持吸起，不再检查区间空闲。为保证在闭塞方式的切换过程中电路的可靠动作，QGFJ 设有 R_1、C_1 组成的缓放电路。

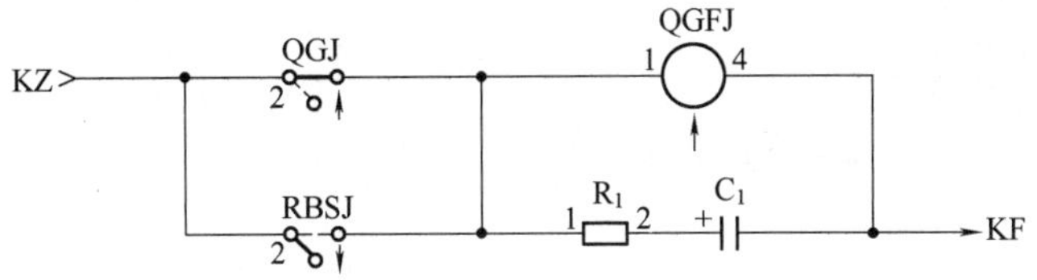

图 3.18　QGFJ 电路

③RBSAJ 电路

RBSAJ 电路如图 3.19 所示。

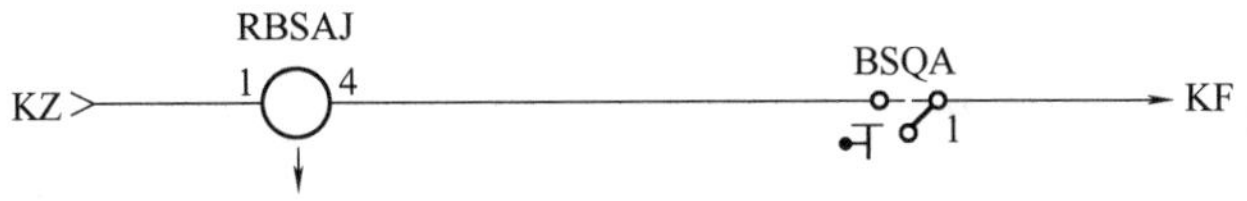

图 3.19　RBSAJ 电路

RBSAJ 平时落下。按下 BSQA 时，RBSAJ 吸起；拉出 BSQA，RBSAJ 落下。

④ZBSJ 电路

ZBSJ 电路如图 3.20 所示。

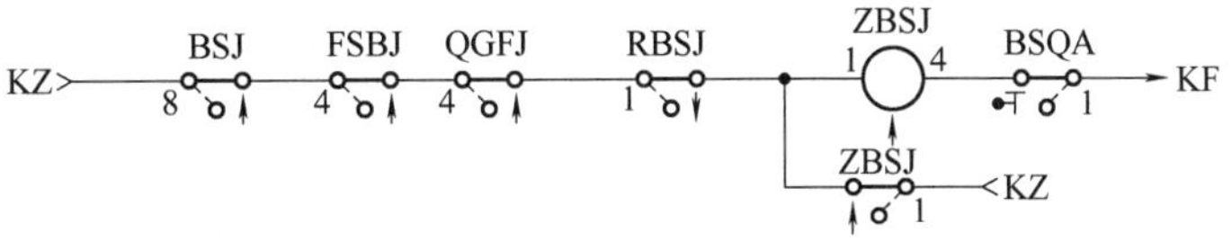

图 3.20　ZBSJ 电路

ZBSJ 平时吸起，反映处于站间闭塞状态。在未按下 BSQA，未办理闭塞 BSJ↑，未办理发车进路 FSBJ↑，区间空闲 QGFJ↑的情况下，ZBSJ 吸起，励磁电路为 KZ—$BSJ_{81\text{-}82}$—$FSBJ_{41\text{-}42}$—$QGFJ_{41\text{-}42}$—$RBSJ_{11\text{-}13}$—$ZBSJ_{1\text{-}4}$—$BSQA_{13\text{-}11}$—KF。电路中检查了 RBSJ 在落下状态。ZBSJ 吸起后由第 1 组前接点构成自闭电路。按下 BSQA 时，ZBSJ 落下，此时即使拉出 BSQA，因 RBSJ 吸起，ZBSJ 也不会吸起。

⑤RBSJ 电路

RBSJ 电路如图 3.21 所示。RBSJ 平时落下，反映处于半自动闭塞状态。在未办理闭塞 BSJ↑，未办理发车进路 FSBJ↑，区间空闲 QGFJ↑的条件下，可通过闭塞切换按钮进行两种闭塞方式的切换。

按下 BSQA 后，RBSAJ 吸起，使 RBSJ 吸起，励磁电路为 KZ—$BSJ_{81\text{-}82}$—$FSBJ_{41\text{-}42}$—$QGFJ_{41\text{-}42}$—$LJLJ_{73\text{-}71}$—$RBSAJ_{13\text{-}11}$—$RBSJ_{1\text{-}4}$—KF。RBSJ 吸起后由第 1 组前接点构成自闭电路。拉出 BSQA，RBSAJ 落下，断开 RBSJ 自闭电路。

当计轴设备故障（QGJ↓）时，使用一次电话闭塞法，方可按半自动闭塞运行，此时，要使 RBSJ 励磁吸起，须满足如下条件：

在发车站，路票列车发出并收到邻站发回列车到达信号，即 LJLJ↑、FXJ↑→RBSJ↑，励磁电路为 KZ—$ZBSJ_{61\text{-}63}$—$FDJ_{71\text{-}73}$—$FXJ_{61\text{-}62}$—$JSBJ_{73\text{-}71}$—$FSBJ_{52\text{-}51}$—$TJJF_{53\text{-}51}$—$LJLJ_{72\text{-}71}$—$RBSAJ_{12\text{-}11}$—$RBSJ_{1\text{-}4}$—KF。

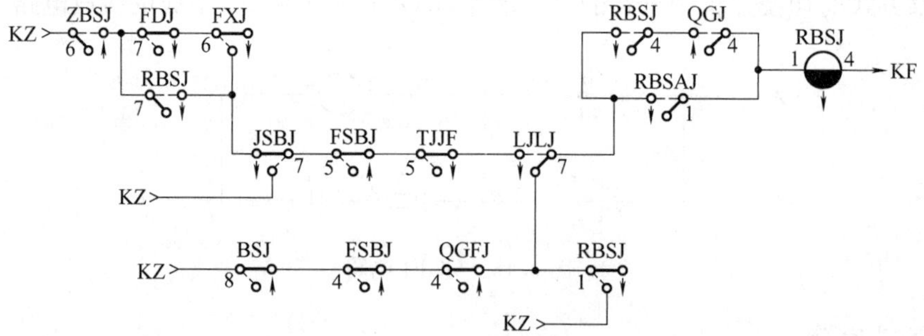

图 3.21　RBSJ 电路

RBSJ↑后，经 QGJ$_{41-43}$、RBSJ$_{41-42}$ 自闭，LJLJ↓后经 RBSJ$_{11-12}$ 自闭。

在接车站，开放进站或引导信号 JSBJ↑后，确认路票列车到达，并办理到达复原，TJJF↓，LJLJ↑→RBSJ↑，励磁电路为 KZ—JSBJ$_{72-71}$—FSBJ$_{51-52}$—TJJF$_{51-53}$—LJLJ$_{72-71}$—RBSAJ$_{12-11}$—RBSJ$_{1-4}$—KF。

LJLJ↓后 RBSJ 经 RBSJ$_{11-12}$ 构成自闭电路。

⑥LJLJ 电路

LJLJ 用以记录路票列车的出发及到达。LJLJ 电路如图 3.22 所示。

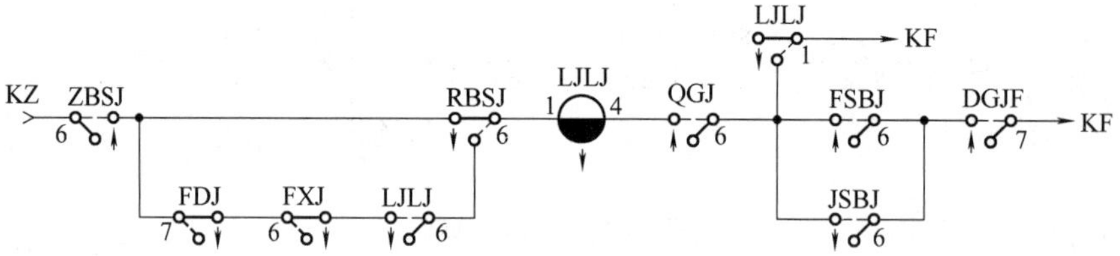

图 3.22　LJLJ 电路

当计轴设备故障（QGJ↓）时，ZBSJ↓，RBSJ 仍↓，列车出发前，双方站车站值班员确认区间空闲后，各自破铅封按下闭塞切换按钮，停用计轴设备，经用一次电话闭塞法确保区间空闲后，使 LJLJ 吸起并自闭。LJLJ 吸起后，使 RBSJ 吸起，此后按半自动闭塞方式运行。

对于发车站，列车出发时，使 LJLJ↑，励磁电路为 KZ—ZBSJ$_{61-63}$—RBSJ$_{63-61}$—LJLJ$_{1-4}$—QGJ$_{61-63}$—FSBJ$_{61-63}$（须开放调车信号，使 FSBJ↓）—DGJF$_{73-71}$—KF。

LJLJ 吸起后构成自闭电路。LJLJ 吸起检验路票列车进入区间。待列车到达邻站并收到复原信号，FXJ↑后，才能使 RBSJ↑→LJLJ↓，并使 QGFJ↑→FUJ↑→BSJ↑，人工办理闭塞复原。

对于接车站，排列列车进路时 JSBJ↑，列车进站 DGJF↓，使 LJLJ↑，励磁电路为 KZ—ZBSJ$_{61-63}$—RBSJ$_{63-61}$—LJLJ$_{1-4}$—QFJ$_{61-63}$—JSBJ$_{61-63}$—DGJF$_{73-71}$—KF。

LJLJ 吸起后由自身第 1 组前接点构成自闭电路，并使 RBSJ 吸起。RBSJ 吸起后，LJLJ 由自身的 1、6 两组前接点构成自闭电路。

列车进站、进路解锁后，JBSJ↓，RBSJ 由自身第 7 组前接点继续保持吸起。车站值班员确认列车完整到达后，按下 FUA，使 FUAJ↑→FDJ↑→ FUJ↑→BSJ↑，人工办理闭塞复原。

此后，两站 RBSJ 均吸起，LJLJ 均落下，便能按半自动闭塞运行。在计轴设备恢复后，拉出闭塞切换按钮，ZBSJ↑，LJLJ 电路被断开。

⑦BZBJ 电路

在不改变原半自动闭塞电路基本结构前提下，用该继电器完成原由人工办理的请求发车和同意接车手续，实现闭塞的自动办理。BZBJ 电路如图 3.23 所示。

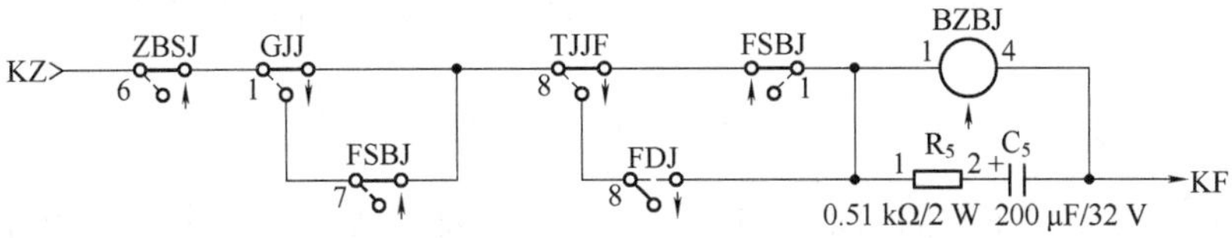

图 3.23　BZBJ 电路

BZBJ 平时吸起，励磁电路为 KZ—$ZBSJ_{61\text{-}62}$—$GJJ_{11\text{-}13}$—$TJJF_{81\text{-}83}$—$FSBJ_{12\text{-}11}$—$BZBJ_{1\text{-}4}$—KF。

对于发车站，办理发车进路时，由于发车口的 GJJ↑，使 BZBJ↓，在 FSBJ↓后利用 BZBJ 的缓放接通 BSAJ 电路，自动发送请求发车信号。发车进路解锁后，BZBJ 复原。

电路中 $FSBJ_{11\text{-}12}$ 的作用是：为取消已排列好的发车进路，办理过程中，在 FSBJ 尚未吸起前，6502 电气集中电路中的 GJJ 由吸起状态落下后又一度吸起，可使 BZBJ 错误吸起，加 $FSBJ_{11\text{-}12}$ 在这时切断了 BZBJ 电路。

对于接车站，收到对方站请求发车信号后，TJJF↑、FDJ↑，使 BZBJ 继续吸起。发完自动回执信号 FDJ↓后，利用 BZBJ 的缓放接通 BSAJ 电路，自动发送同意接车信号。TJJF↓后，BZBJ 复原。

⑧TJJF 电路

因接点不够用，设同意接车继电器 TJJ 的复示继电器 TJJF。

⑨ZBSD 和 RBSD 电路

ZBSD 和 RBSD 电路如图 3.24 所示。ZBSJ↑，点亮 ZBSD。

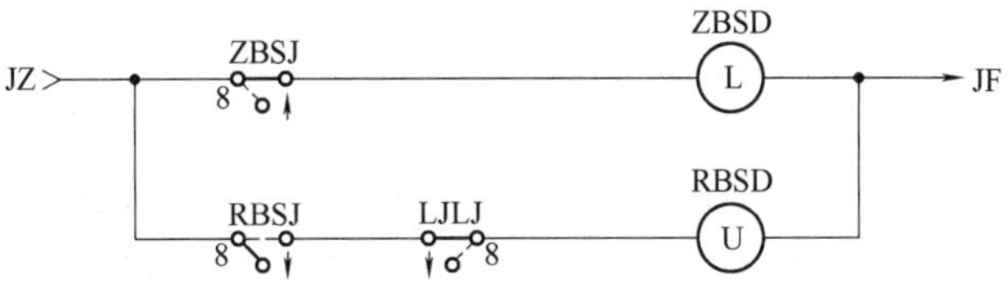

图 3.24　ZBSD 和 RBSD 电路

在 LJLJ↓的情况下，RBSJ↑，点亮 RBSD；LJLJ↑时 RBSD 灭灯。

(3)和原 64D 型继电半自动闭塞继电器的结合电路

①BSAJ 电路

BSAJ 电路如图 3.25 所示。在 ZBSJ↑处于站间闭塞状态时，BSAJ 与 BZBJ 协同完成自动办理手续。

在发车站，排列发车进路后进站口的 GJJ↑，发车进路锁闭后 FSBJ↓，切断了 BZBJ 电路，在 BZBJ 缓放期内，使得 BSAJ 吸起，励磁电路为 KZ—$ZBSJ_{61\text{-}62}$—$GJJ_{11\text{-}12}$—$FSBJ_{71\text{-}73}$—$BZBJ_{71\text{-}72}$—$BSAJ_{1\text{-}4}$—$QGFJ_{72\text{-}71}$—$LJLJ_{13\text{-}11}$— KF。BSAJ 吸起，即自动向对方站发请求发车信号。

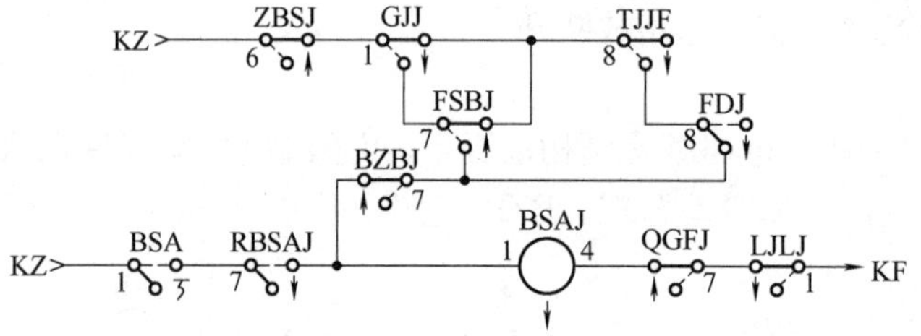

图 3.25 BSAJ 电路

在接车站，当接到发车站的请求脉冲后，TJJ↑并自动完成回执脉冲信号，待 FDJ↓切断了 BZBJ 电路，在其缓放期内，使 BSAJ 吸起，励磁电路为 KZ—$ZBSJ_{61-62}$—GJJ_{11-13}—$TJJF_{81-82}$—FDJ_{81-83}—$BZBJ_{71-72}$—$BSAJ_{1-4}$—$QGFJ_{72-71}$—$LJLJ_{13-11}$— KF。

电路中用 $QGFJ_{72-71}$ 检查了区间空闲，用 $LJLJ_{13-11}$ 检查了没有列车运行的记录。在 RBSAJ↑处于站间闭塞状态，BSAJ 电路仍通过 BSA 接通。

②FUAJ 电路

FUAJ 电路如图 3.26 所示。

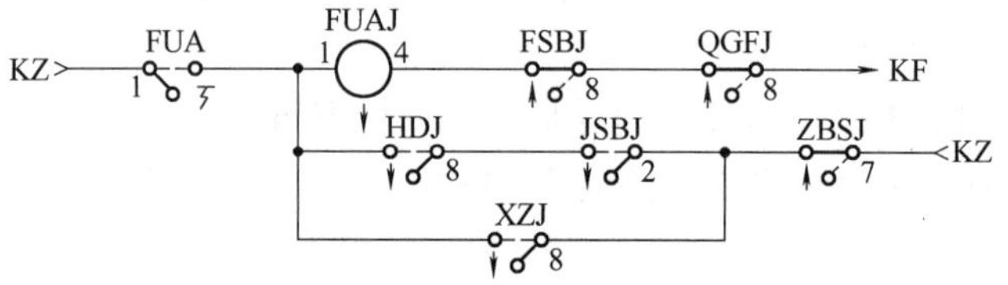

图 3.26 FUAJ 电路

在 ZBSJ↑处于站间闭塞状态，自动办理到达复原，待进站列车出清区间时自动完成，即 JSBJ↑(缓放)、HDJ↑、QGFJ↑→FUAJ↑，励磁电路为 KZ—$ZBSJ_{71-72}$—$JSBJ_{21-22}$—HDJ_{81-82}—$FUAJ_{1-4}$—$FSBJ_{82-81}$—$QGFJ_{82-81}$—KF。

电路中用 $JSBJ_{21-22}$ 证明接车进路锁闭，用 HDJ_{81-82} 证明列车到达，用 $QGFJ_{82-81}$ 证明区间空闲。电路中的 $FSBJ_{82-81}$、$QGFJ_{82-81}$ 还可防止列车在“出发危险区段”运行时错办事故复原。

在取消发车进路的同时自动完成取消复原，即 FSBJ↑→XZJ↑→FUAJ↑。电路中 $FSBJ_{82-81}$ 保证在发车进路锁闭的情况下不能取消复原。办理人工复原，必须在 FSBJ↑、QGFJ↑条件下通过按下 FUA 进行。

③SGAJ 电路

SGAJ 电路如图 3.27 所示。

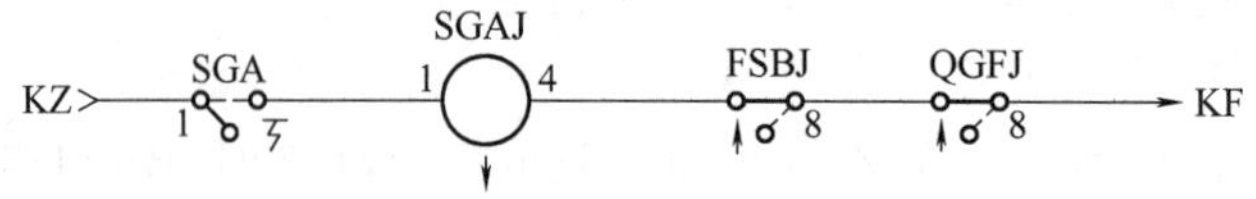

图 3.27 SGAJ 电路

SGAJ 电路中用 $FSBJ_{82-81}$ 保证在发车进路锁闭的情况下不能办理事故复原，用 $QGFJ_{82-81}$ 保证在站间闭塞状态下且区间有车占用的情况下不能办理事故复原，这在很大程度上提高了事故复原的安全性。

④JSBJ 电路

JSBJ 电路如图 3.28 所示。

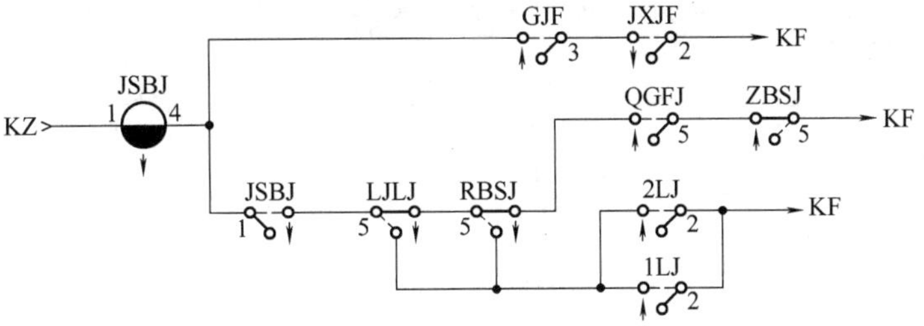

图 3.28 JSBJ 电路

在站间闭塞状态下，为提高区间通过能力，JSBJ 自闭电路中将进站信号机内方第一个区段的进路继电器后接点改为 QGFJ 后接点，当列车出清区间 QGFJ↑后就使 JSBJ↓，自动解除区间闭塞。

⑤GDJ 电路

GDJ 电路如图 3.29 所示。

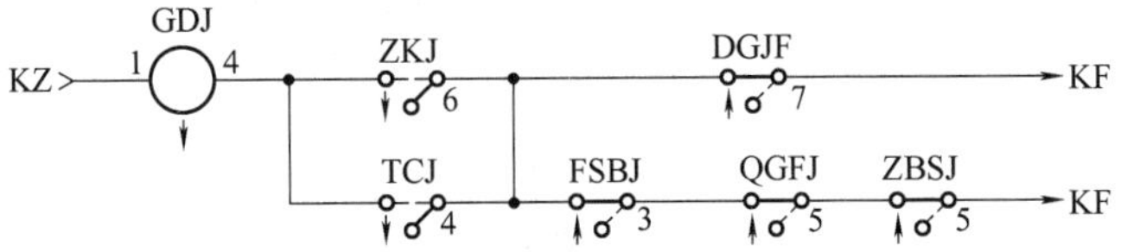

图 3.29 GDJ 电路

在站间闭塞状态下，为提高区间通过能力，使列车出清区间后自动解除区间闭塞，增加一条经 QGFJ 前接点构成的励磁电路，使 GDJ 提前吸起。

⑥FSBJ 电路

FSBJ 电路如图 3.30 所示。

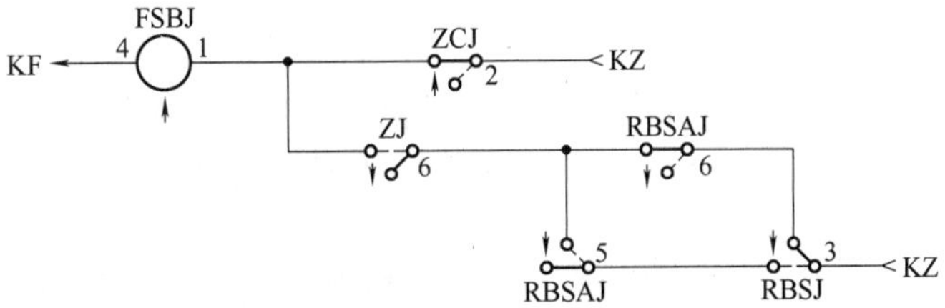

图 3.30 FSBJ 电路

路票列车按电话闭塞法发车时，必须排列调车进路，开放调车信号，列车按调车信号行车，以确保站内联锁关系正确。在这种情况下，RBSAJ↑→RBSJ↑，FSBJ↓，当列车压入进站信号机内方轨道电路时，使 LJLJ↑，验证路票列车进入区间。

⑦FDJ 电路

FDJ 电路如图 3.31 所示。

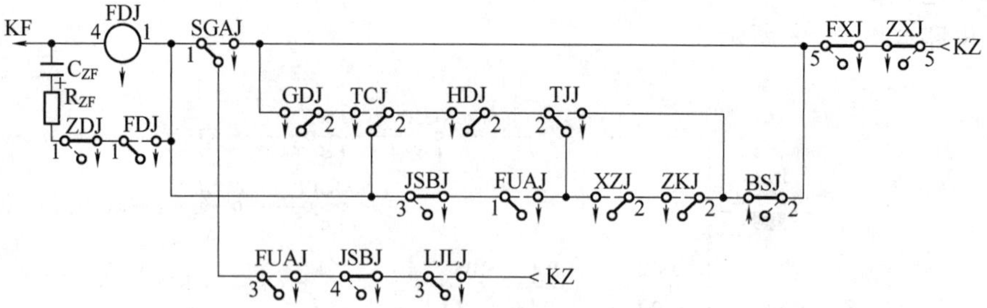

图 3.31　FDJ 电路

路票列车进站，车站值班员确认列车完整到达后，按下 FUA，使 FUAJ↑→FDJ↑，励磁电路为 KZ—$\mathrm{LJLJ}_{32\text{-}31}$—$\mathrm{JSBJ}_{43\text{-}41}$—$\mathrm{FUAJ}_{32\text{-}31}$—$\mathrm{SGAJ}_{13\text{-}11}$—$\mathrm{FDJ}_{1\text{-}4}$—KF。

⑧FUJ 电路

FUJ 电路如图 3.32 所示。

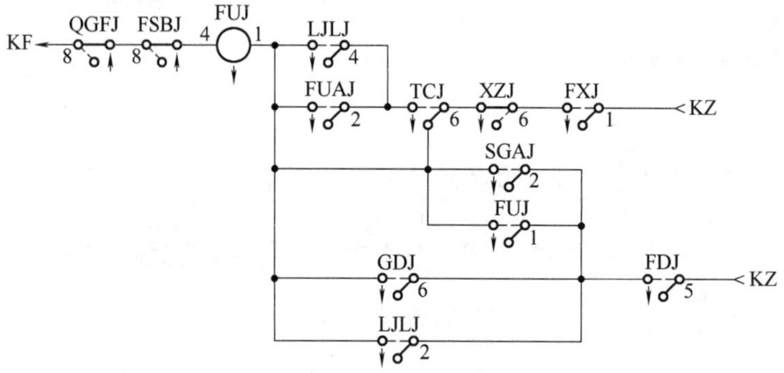

图 3.32　FUJ 电路

在 FUJ 电路中增加经 LJLJ 前接点的支路，是为了在路票列车进站后，办理人工复原，FDJ↑→FUJ↑，使电路复原。

(4)计轴自动站间闭塞电路的动作过程

①请求发车

发车站车站值班员办理发车进路时，进站口的 GJJ↑，仍接通 BZBJ 电路，发车进路锁闭后，JSBJ↓，BZBJ 缓放，接通 BSAJ 电路，自动发送请求发车信号。

②同意接车

接车站收到请求发车信号，TJJ↑、HDJ↑、FDJ↑，发送自动回执信号。继续接通 BZBJ 电路，FDJ↓后，BZBJ 缓放，接通 BSAJ 电路，自动发送同意接车信号。发车站收到同意接车信号后，区间开通，出站信号机开放。

③区间闭塞

列车从发车站出发，区间闭塞。列车进入计轴点时，计轴设备开始计数，并判定运行方向。计入第一轴时，计轴设备停止向 QGJ 发送脉冲，QGJ↓，同时向接车站发送占用信息，接车站的 QGJ↓。

列车通过发车站计轴点后，等待3 s，由计算机将所计轴数及计入状态等进行编码，形成两组串行码，向接车站发送。

接车站收到起始位后，将串行码按位寄存，并将两组数据进行比较，如两组数据不相同，则等待对方重发；如核对正确，就编制应答码向发车站发送。

发车站收到应答码后，对收、发的码进行校核。如相同，则停止发送；如不相同或收不到应答码，则重新向接车站发码。如果四次往返收、发出错或收不到应答码，就发出故障报警。

当接车站接收数正确，发车站接收应答也正确停止再发后，两站同时显示驶入区间的列车轴数。

④列车到达

接车站车站值班员办理接车进路，开放进站信号机。列车进站，经过接车站计轴点，计轴设备开始计数，并判定运行方向。

⑤到达复原

列车全部通过接车站计轴点后，接车站的计轴设备将所计轴数及计轴状态等进行编码，发往发车站。计轴设备将两站所计轴数进行比较，如轴数相等，表示列车完整到达。此时，两站计轴设备送出脉冲，使各自的QGJ↑，表示区间空闲。接车站FUAJ↑，使两站闭塞设备复原。两站计轴设备所计轴数不相等，由于QGJ↓，断开FUAJ电路，闭塞设备不能复原。

计轴设备故障时，车站值班员确认区间空闲后，按下闭塞切换按钮，断开计轴条件，按半自动闭塞方式行车。

4. 计算机联锁车站的自动站间闭塞电路

计算机联锁车站的自动站间闭塞电路设计包括驱动采集电路、自动站间闭塞继电器电路和64D型继电半自动闭塞的结合电路。

(1)驱动采集电路

驱动电路如图3.33所示，计算机联锁驱动$BSAJ_1$、$SGAJ_1$、$FUAJ_1$、ZCJ、SJ、股道检查继电器GJJ、计轴复零按钮继电器JFLAJ、闭塞取消按钮继电器BSQAJ。

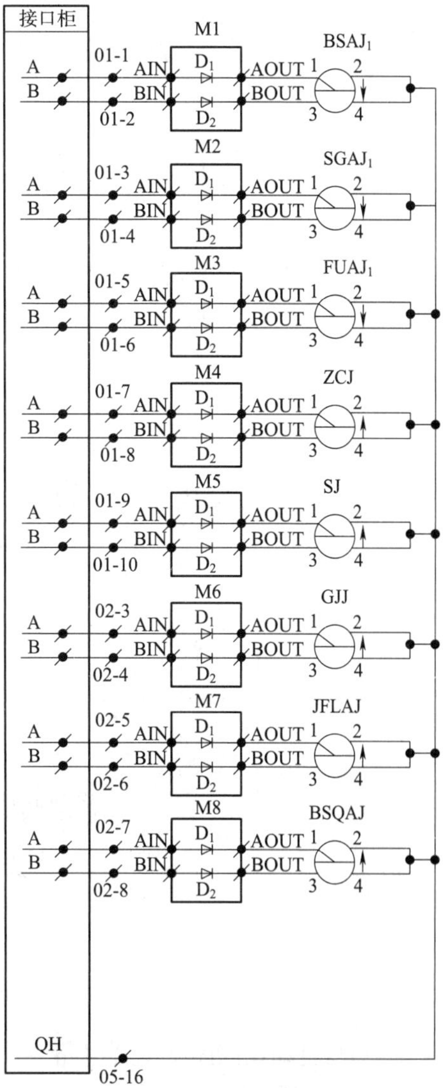

图3.33 驱动电路

采集电路如图3.34所示，计算机联锁回采$SGAJ_1$、ZCJ、SJ的前、后接点和GJJ前接点。计算机联锁采集JDHJ、JDUJ、JDLJ、FDHJ、FDUJ、FDLJ前接点，作为半自动闭塞表示条件；采集KTJ、XZJ前、后接点，作为开放出站信号机的条件；采集BJJ、JFLJ、ZBSJ、RBSAJ、QGFJ前接点，作为自动站间闭塞条件。

驱动采集电路的设计同前述接口电路的设计。

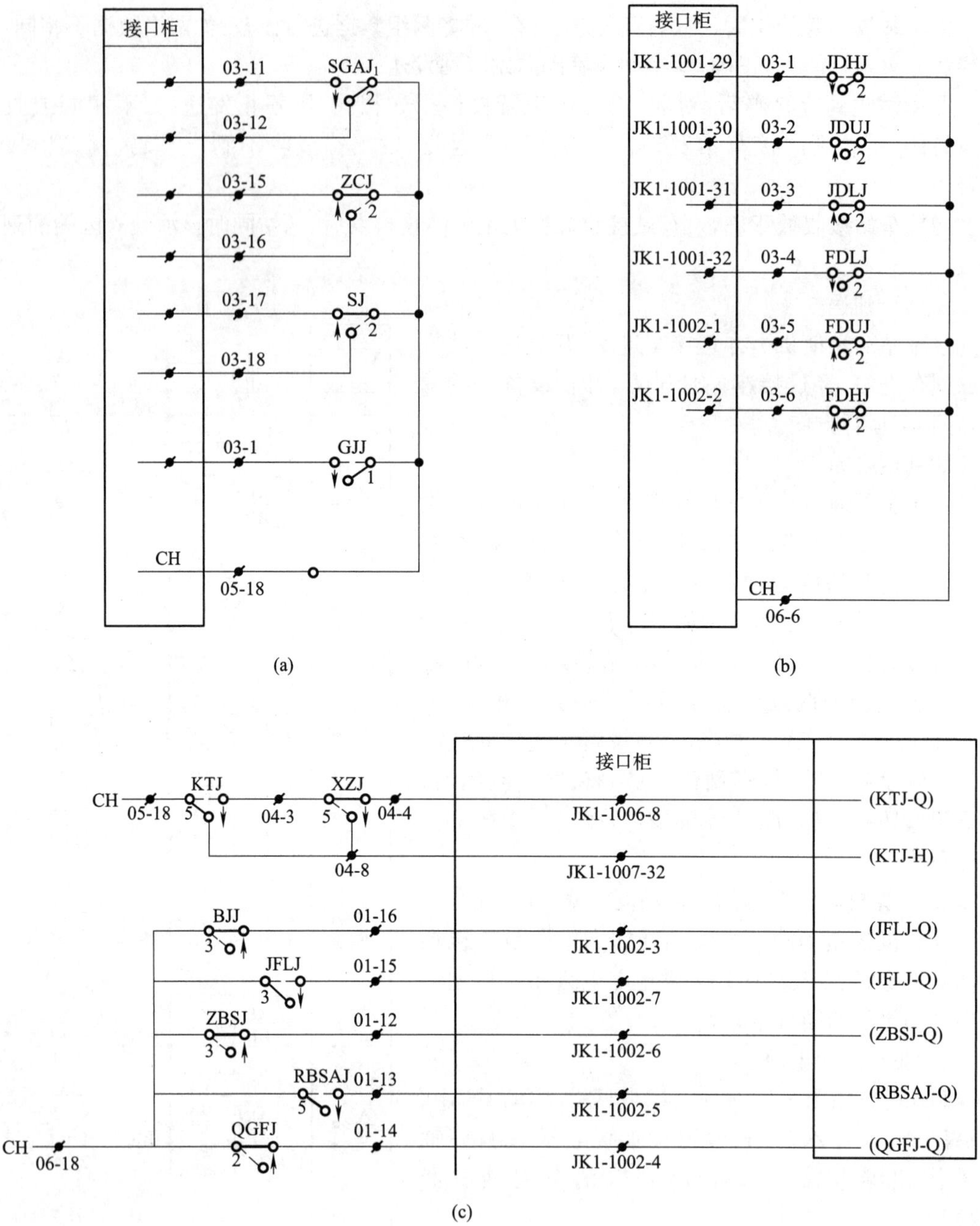

图 3.34　采集电路

(2)与自动站间闭塞结合电路

①BSAJ 电路

BSAJ 电路如图 3.35 所示。电路中用到 GJJ 和 FSBJ 条件。

在 ZBSJ↑处于站间闭塞状态,BSAJ 与 BZBJ 协同完成自动办理手续。

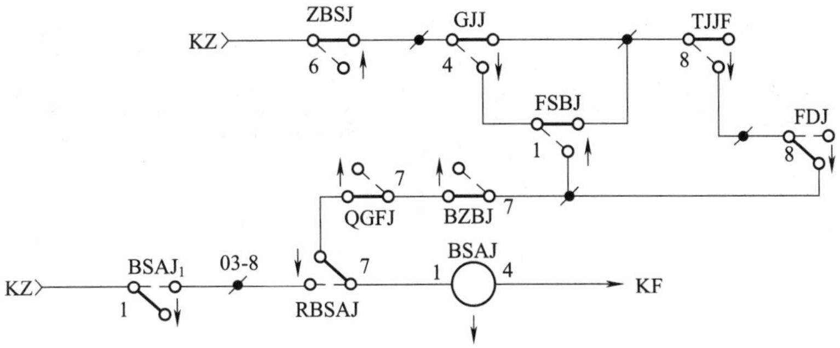

图 3.35 BSAJ 电路

在发车站，排列发车进路后进站口的 GJJ↑，发车进路锁闭后 FSBJ↓，切断了 BZBJ 电路，在 BZBJ 在缓放期内，使得 BSAJ 吸起。BSAJ 吸起，即自动向对方站发请求发车信号。

在接车站，当接到发车站的请求脉冲后，TJJ↑并自动完成回执脉冲信号，待 FDJ↓切断了 BZBJ 电路，在其缓放期内，使 BSAJ 吸起。

电路中用 $QGFJ_{72\text{-}71}$ 检查了区间空闲。

②FUAJ 电路

FUAJ 电路如图 3.36 所示。

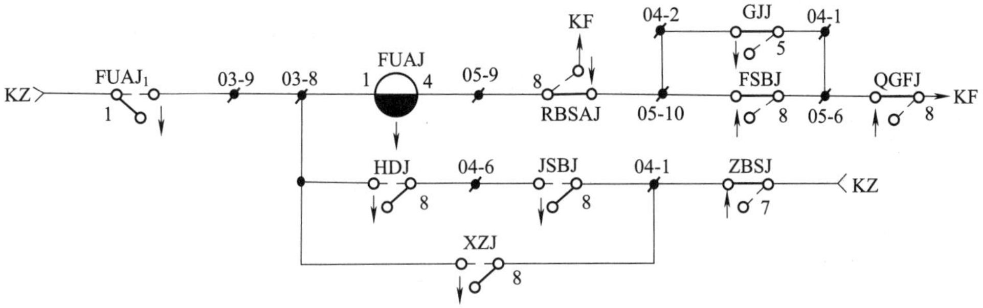

图 3.36 FUAJ 电路

在 ZBSJ↑处于站间闭塞状态，自动办理到达复原，待进站列车出清区间时自动完成，即 JSBJ↑(缓放)，HDJ↑，QGFJ↑→FUAJ↑。

电路中用 $JSBJ_{81\text{-}82}$ 证明接车进路锁闭，用 $HDJ_{81\text{-}82}$ 证明列车到达，用 $QGFJ_{82\text{-}81}$ 证明区间空闲。电路中的 $FSBJ_{82\text{-}81}$、$QGFJ_{82\text{-}81}$ 还可防止列车在“出发危险区段”运行时错办事故复原。

自动取消复原，在取消发车进路的同时自动完成，即 FSBJ↑→XZJ↑→FUAJ↑。电路中 $FSBJ_{82\text{-}81}$ 保证在发车进路锁闭的情况下不能取消复原。

办理人工复原，必须在 FSBJ↑、QGFJ↑条件下通过按下 FUA 进行。

③SGAJ 电路

SGAJ 电路如图 3.37 所示。

SGAJ 电路中用 $FSBJ_{82\text{-}81}$ 保证在发车进路锁闭的情况下不能办理事故复原，用 $QGFJ_{82\text{-}81}$ 保证在站间闭塞状态下区间有车占用的情况下不能办理事故复原，这在很大程度上提高了事故复原的安全性。

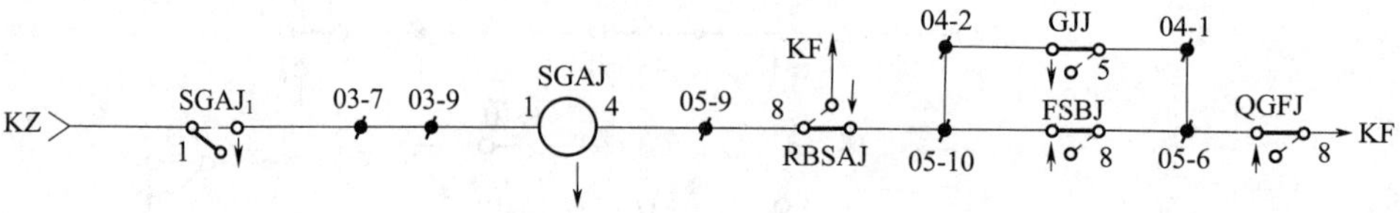

图 3.37 SGAJ 电路

④JSBJ 电路

JSBJ 电路如图 3.38 所示。

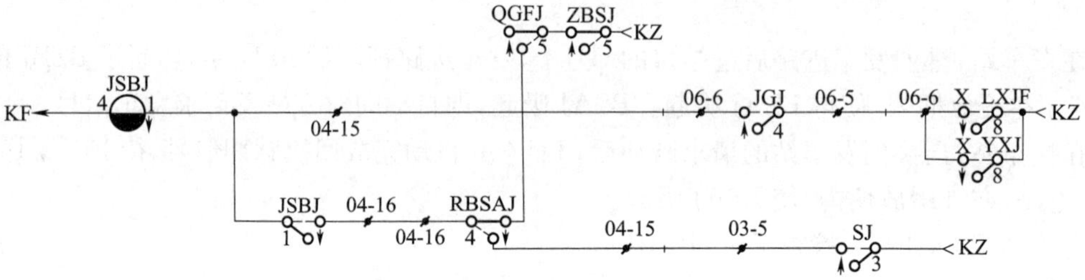

图 3.38 JSBJ 电路

在列车接近,进站信号机开放(包括引导接车)后,JSBJ 吸起。

在站间闭塞状态下,JSBJ 通过 QGFJ 后接点自闭,当列车出清区间 QGFJ ↑ 后就使 JSBJ ↓,自动解除区间闭塞。在人工闭塞状态下,JSBJ 通过 SJ 后接点自闭。

⑤FSBJ 电路

FSBJ 电路如图 3.39 所示。FSBJ 平时吸起。办理进路,ZCJ 落下使 FSBJ 落下。

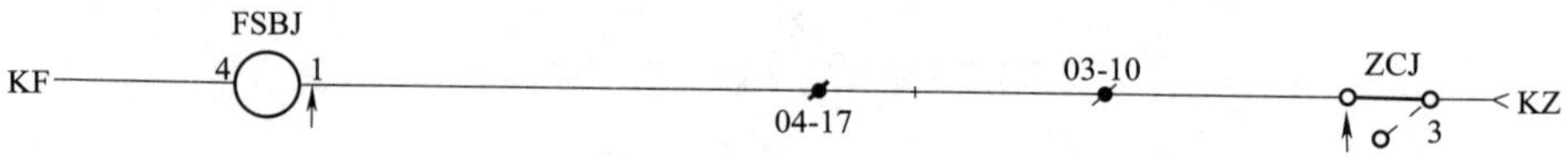

图 3.39 FSBJ 电路

⑥GDJ 电路

GDJ 电路如图 3.40 所示。

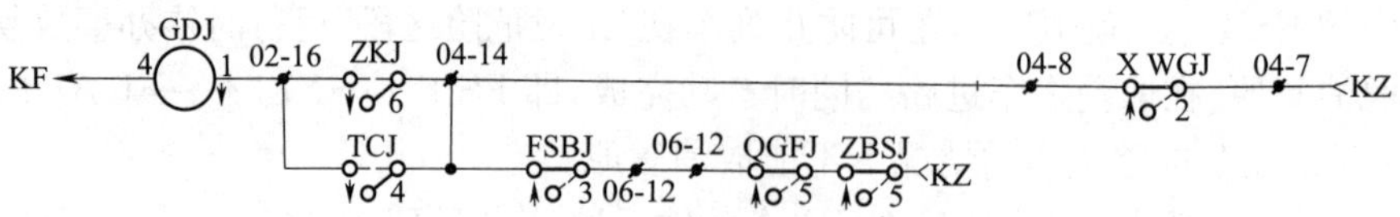

图 3.40 GDJ 电路

在站间闭塞状态下,为提高区间通过能力,使列车出清区间后自动解除区间闭塞,增加一条经 QGFJ 前接点构成的励磁电路,使 GDJ 提前吸起。

⑦FUJ 电路

FUJ 电路如图 3.41 所示。

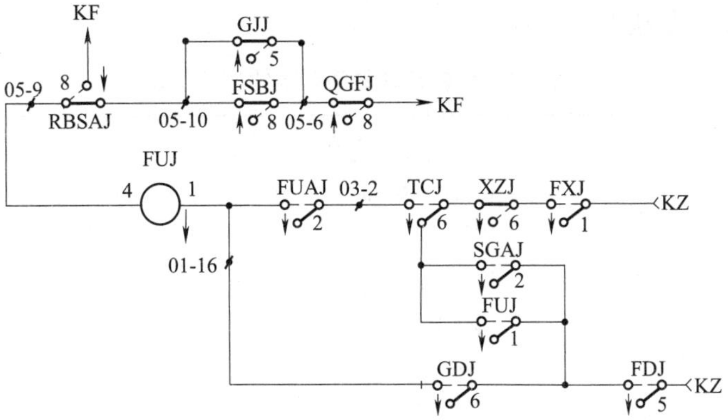

图 3.41　FUJ 电路

在站间闭塞状态下，待进站列车出清区间时，QGFJ↑→FUAJ↑，使得两站 FUJ↑，自动办理到达复原。电路中要检查 GJJ 和 FSBJ 的条件。

5. 计轴自动站间闭塞的使用

(1)自动站间闭塞首次使用

两站值班员确认区间空闲，同时(先后时差可在 13 s 内)按下计轴复零按钮，此时车站控制台上 JFLD 亮白灯，区间表示灯亮红灯。打开计轴器电源，计轴设备经自检后处于工作状态，计轴轴数显示器点亮并显示“0000”。两站间按半自动闭塞方式发第一列列车后，区间占用表示灯灭灯，区间空闲表示灯点亮。然后，两站值班员根据列车的运行情况分别拉出对应的闭塞切换按钮，进入站间闭塞方式，此时，车站控制台上人工闭塞黄灯灭，自动站间闭塞绿灯亮，计轴设备投入正常使用。此后，区间按自动站间闭塞方式行车。计轴设备在正常使用过程中，闭塞切换按钮应在铅封状态。

(2)自动站间闭塞正常操作

计轴设备正常使用且发车站车站值班员根据行车计划办理发车进路时，自动构成站间闭塞，列车凭出站信号显示出站后，出站信号机自动关闭，待列车出清区间完整到达接车站后，闭塞设备自动复原。

本站值班员确认车站控制台上对应的区间占用表示灯关闭，区间空闲表示灯点亮，表明区间处于空闲状态，计轴轴数显示器点亮并显示“0000”，对方站没办理闭塞时，可根据计划直接排列发车进路，开放出站信号机，列车以出站信号机的绿色灯光作为进入区间的行车凭证，邻站开放进站信号机准备接车。当列车到达邻站，其尾部全部越过进站信号机附近的计轴磁头后，闭塞自动复原。

(3)站间闭塞制式转换

当因某种原因需停止使用计轴设备时，车站值班员应请示列车调度员，并根据停止使用计轴自动站间闭塞的调度命令，在双方站值班员共同确认区间空闲的前提下，破铅封按下闭塞切换按钮，这时，车站控制台上相应的人工闭塞黄灯亮，自动站间闭塞绿灯灭，车站值班员可按 64D 型继电半自动闭塞或电话闭塞方式办理。

(4)计轴设备故障复原

由于某些外界干扰等原因,会出现实际区间空闲但仍有轴数的故障,使相应区间始终处于“占用”状态,无法正常使用的情况。出现这种故障后可按自动站间闭塞首次使用进行办理。计轴自动站间闭塞的办理手续见表3.2。

表3.2 计轴自动站间闭塞的办理手续

<table>
<tr><th colspan="3">办理手续</th><th>甲站(发车站)</th><th>乙站(接车站)</th></tr>
<tr><td rowspan="6">正常办理</td><td>1</td><td>电话联系</td><td>确认区间空闲,站间闭塞表示灯ZBSD亮绿灯</td><td>确认区间空闲,站间闭塞表示灯ZBSD亮绿灯</td></tr>
<tr><td>2</td><td>请求发车</td><td>车站值班员排列发车进路,发车表示灯FBD亮黄灯</td><td>接车表示灯JBD亮黄灯</td></tr>
<tr><td>3</td><td>同意接车</td><td>FBD改亮绿灯,出站信号开放,自动完成请求闭塞手续</td><td>自动同意接车,JBD改亮绿灯,自动完成同意接车手续</td></tr>
<tr><td>4</td><td>列车出发</td><td>列车出发压入道岔区段,出站信号关闭,压入半自动轨道区段,FBD改亮红灯,区间闭塞</td><td>接车表示灯JBD改亮红灯,区间闭塞</td></tr>
<tr><td>5</td><td>列车在区间运行</td><td>列车驶入区间,电铃短时鸣响,区间占用红灯亮,出清区间空闲白灯亮</td><td>同左列,列车驶入乙站接近轨道区段,接近通知电铃短时鸣响</td></tr>
<tr><td>6</td><td>列车到达乙站</td><td>FBD红灯熄灭,闭塞自动复原</td><td>开放进站或引导信号,列车进入信号机内方,进站信号机关闭;JBD和FBD亮红灯;列车尾部驶入进站信号机内方,区间空闲白灯亮,闭塞双红灯熄灭,闭塞自动复原</td></tr>
<tr><td>取消复原</td><td colspan="4">甲站取得发车权后如需取消闭塞,先以电话联系,然后由甲站办理取消发车手续,待发车进路解锁后,闭塞随之自动取消复原</td></tr>
<tr><td>维修计轴设备</td><td colspan="4">信号工区维修计轴设备时,需停用计轴设备,改用半自动闭塞,经列车调度员同意,车站值班员先电话联系,确认区间空闲、未办理闭塞、未排列发车进路,两站同时破铅封按下BSQA,此时,RBSD亮黄灯,区间即转为半自动闭塞运行方式</td></tr>
<tr><td rowspan="3">故障复原</td><td>1</td><td>甲站取得发车权后一度停电恢复</td><td>FBD亮红灯,出站信号自动关闭,两站先电话联系,甲站办理取消发车进路手续,待闭塞电铃鸣响后,两站闭塞复原</td><td>电铃短时鸣响,两站电话联系后,由未停电站按压SGA复原</td></tr>
<tr><td>2</td><td>区间空闲,一站或两站同时停电恢复</td><td colspan="2">FBD亮红灯,两站电话联系,经确认区间空闲、未排列发车进路,由接车站破铅封按压SGA,两站闭塞复原</td></tr>
<tr><td>3</td><td>区间计轴设备故障后修复,需由半自动闭塞制恢复站间闭塞制运行</td><td colspan="2">计轴设备修复且区间正常通过一列车后,区间轨道继电器吸起,此时,两站对应区间占用灯灭,区间空闲灯点亮,轴数显示器显示“0000”,两站车站值班员同时拉出闭塞切换按钮,控制台上站间闭塞灯亮绿灯,人工闭塞黄灯灭灯,恢复站间闭塞制运行</td></tr>
</table>

续上表

办理手续		甲站(发车站)	乙站(接车站)
区间计轴设备故障转为半自动闭塞	区间空闲	电铃短时鸣响,两站电话联系,确认区间空闲后,双方破铅封按下计轴复零按钮(时差可在 13 s),使计轴设备复零,再由两站车站值班员同时破铅封按压闭塞切换按钮,此时,ZBSD 灭灯,由任意站按电话闭塞法使用路票开行一趟列车;甲站必须开放调车信号机,列车出发后进路自动解锁,列车到达乙站闭塞电铃鸣响,RBSD 亮黄灯,闭塞复原,区间按半自动闭塞制运行	同左列,按半自动闭塞手续接车,经确认列车完全到达后,车站值班员按压 FUA,RBSD 亮黄灯,闭塞复原,区间按半自动闭塞运行

典型工作任务 3 计轴自动站间闭塞维护

3.3.1 工作任务

了解计轴设备的维护和常见故障处理方法。

3.3.2 知识链接

1. 计轴自动站间闭塞

计轴自动站间闭塞维护包括计轴设备维护和计轴自动站间闭塞电路维护,其中计轴自动站间闭塞电路维护与继电半自动闭塞电路维护大体相同。计轴器的维修工作内容、周期见表 3.3。

表 3.3 计轴器维修工作内容、周期

修　　程	工作内容	周　　期
日常养护	(1)检查机械装置螺栓有无松动、裂缝及损伤。 (2)检查距轨面距离是否超限。 (3)检查磁头状态	每日不少于 2 次
集中检修	(1)同“日常维护”工作内容。 (2)电子盒检查、调整、清扫	每 2～3 月 1 次
	油饰	2 年 1 次

为保证设备可靠运行,需定时对室内、室外设备进行维护,并做好记录。

ZP30CA 型计轴设备检修作业程序如图 3.42 所示,其检修作业内容及质量标准见表 3.4。

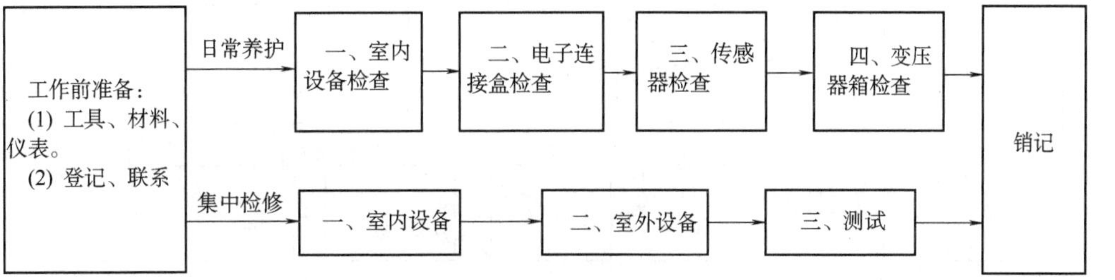

图 3.42 ZP30CA 型计轴设备检修作业程序

表 3.4 ZP30CA 型计轴设备检修作业内容及质量标准

修程	工作步骤	工作内容及质量标准	周期
日常维护	一、室内设备检查	(1)检测盒各指示灯显示正常。 (2)计轴显示器显示正常。 (3)电源指示灯显示正常。 (4)UPS 各指示灯显示正常。 (5)各元件紧固、清扫	每季 1 次
	二、电子连接盒检查	(1)电子连接盒安装底座地线连接紧固。 (2)电子连接盒外罩无破损、基础牢固、安装螺栓紧固。 (3)电子连接盒外罩、电缆引入孔密封良好	
	三、传感器检查	(1)传感器无裂纹,安装螺栓紧固、注油。 (2)传感器防护罩无破损、安装螺栓紧固、注油。 (3)传感器数据线固定支架无破损,数据线固定良好	
	四、变压器箱检查	(1)设备加锁完好,标记清楚。 (2)安装基础完好	
集中检修	一、室内设备	(1)接通 UPS 输入 AC 220 V 电源,UPS 能正常充电。 (2)复零正常。 (3)抗干扰功能试验正常	每年 1 次
	二、室外设备	(1)EAK MOD 板发送电平开关焊接(接触)良好。 (2)传感器参考电压调整。 (3)电子连接盒电缆线、地址码调整线、EAK 与复零抗干扰板连接线连接牢固。 (4)电源防雷、通道防雷、隔离变压器、整流变压器工作正常。 (5)设备地线连接紧固	
	三、测试	(1)计轴电缆对地绝缘测试,阻值大于 100 MΩ;通道环阻测试,阻值大于 100 MΩ。 (2)主干电缆与分支电缆屏蔽层连接检测。 (3)计轴电缆屏蔽地线测试、设备地线测试,地线值小于或等于 1 Ω。 (4)电子连接盒机笼与外罩绝缘测试(万用表测试),阻值大于 1 MΩ。 (5)Ⅰ级测试。	
		(6)通道实回线测试,电缆线间绝缘大于 100 MΩ,电缆线间环阻根据实际长度计算(23 Ω/km),电缆对地绝缘大于 100 MΩ。 (7)光缆通道测试,接收电平大于−10 dB,杂音电平小于 20 mV	按需测试

JZ_1-H 型计轴设备检修作业程序如图 3.43 所示,检修作业内容及质量标准见表 3.5。

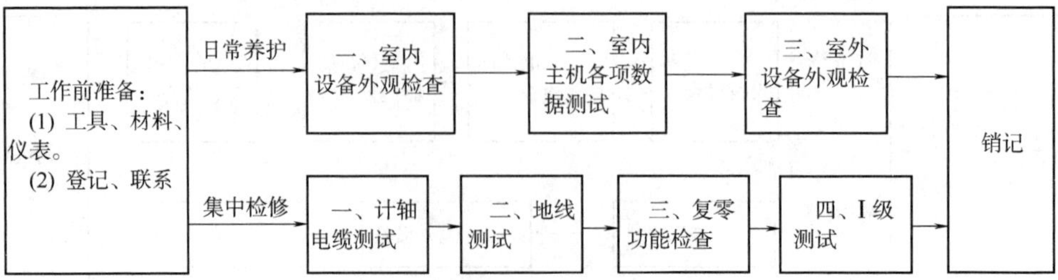

图 3.43 JZ_1-H 型计轴设备检修作业程序

表3.5 JZ_1-H型计轴设备检修作业内容及质量标准

修程	工作步骤	检修内容及质量标准	周期
日常养护	一、室内设备外观检查	(1)主机各表示灯显示正常。 (2)诊断机各项测试功能正常,各表示灯显示正确。 (3)主机、控制台(站间)轴显示器显示正常。 (4)各元件紧固、清扫	每月1次
	二、室内主机各项数据测试	(1)静态模值大于或等于DC 3 V。 (2)门槛值DC 2.6 V(出厂时已设置)。 (3)EAK返回信号大于AC 500 mV。 (4)主机24 V工作电源,DC (24±0.5) V	每月1次
	三、室外设备外观检查	(1)电子连接盒电缆线、传感器数据线连接紧固。 (2)电子连接盒外罩、电缆引入孔密封良好。 (3)电子连接盒安装底座地线连接紧固。 (4)电子连接盒外罩无破损、基础牢固、安装螺栓紧固。 (5)传感器无裂纹,安装螺栓紧固、注油。 (6)传感器数据线固定支架无破损,数据线固定良好	每月1次
集中检修	一、计轴电缆测试	(1)贯通计轴电缆对地、线间绝缘测试,阻值大于100 MΩ。 (2)贯通计轴电缆环阻测试	按需测试
	二、地线测试	(1)计轴电缆屏蔽地线、设备地线测试,阻值小于或等于1 Ω。 (2)电子连接盒机笼与外罩绝缘测试(万用表测试),阻值大于1 MΩ	每年1次
	三、复零功能试验	复零功能正常	每年1次
	四、Ⅰ级测试	完成测试项目并记录	每年1次

2. 常见故障诊断

现以JZ_1-H型计轴设备为例介绍常见故障的诊断方法。

(1)室外设备常见故障诊断

①电源板DY表示灯灭。检查远供AC 110 V电源是否正常(车轮电子检测JCH端子6、8),不正常更换DY板。

②传接板CG_1/CG_2表示灯均灭灯。检查电源开关是否闭合;检查磁头位置是否调整好;旋转CG面板电位器,调整漂移指标(TD盘相应PYX对应于不压模时的GMX);不能恢复正常,更换CG。

③传接板CG_1/CG_2红灯亮。检查相应发送电压(磁头1对应端子19、20,磁头2对应端子21、22)。如发送电压不正常,查相应发送磁头是否线断,更换CG盘、更换发送磁头;如发送电压正常,调整接收磁头,如无法正常调整,更换CG盘、更换接收磁头。

④通道板TD(TDF)JCH信号电压不正常(小于DC 500 mV),更换TD(TDF),但必须对照单盘的SK_1、SK_2、SK_3、SK_4的封点要相同。

(2)室内设备常见故障诊断

①CPU V_3绿灯灭。CPU V_3为数据发送表示灯,CJB接收正常,复位后闪亮则正常,否则为CPU故障或复位按钮粘连。当CJB上L_1、L_2亮绿灯后,按压复零按钮,未出现V_3灯闪亮,则本CPU故障,需更换CPU。

②CPU V_4绿灯灭。CPU V_4为数据接收表示灯，闪亮则正常，否则为接收故障，站间通道断线或CPU、TD故障。当CJB上L_1、L_2亮绿灯后，按压复零按钮，未出现V_4灯闪亮，则本CPU、TD故障，需更换CPU、TD。

③CPU V_5故障表示灯常亮。CPU V_5为系统故障表示灯，系统正常时熄灭，系统故障时常亮(过车过程中偶有此显示为正常)。此时应对其进行复位处理，如仍常亮则更换CPU。

④CJB L_1、L_2表示灯同时灭灯。CJB L_1、L_2绿灯表示有无轮轴信号，正常时常亮，有车轴通过传感器时，闪亮则正常，否则车轮传感器参数调整不正常或CJB故障。

无车轴通过时应常亮，若无车通过时熄灭则车轮传感器信号不正常或室外检测点至室内的线路断(L_1对应车轮传感器信号1，L_2对应车轮传感器信号2)。此时应检查远供电源AC 220 V或AC 110 V电压是否正常；检查JCH信号线是否断线、信号电压是否正常、XB箱内有无断线；检查JCH中电源盘是否正常；更换JCH中或TDF；更换室内CJB。

⑤CJB L_1灭灯、L_2亮灯。说明磁头1信号故障，应检查磁头是否调整好或磁头是否有断线，更换第一个CG。

⑥CJB L_1亮灯、L_2灭灯。说明磁头2信号故障，应检查磁头是否调整好或磁头是否有断线，更换第二个CG。

⑦XS数码管区间轴数正常时显示区间轴数，若显示混乱，则说明主机或XS盘没有正确复位或XS盘工作不正常。区间无车时显示为“0000”；本站车轮传感器故障时显示为“EE00”；邻站车轮传感器故障时显示为“00EE”；通道故障时显示为“EEEE”；正在过车时偶有此显示为正常。

项目小结

使用的自动站间闭塞系统多为计轴自动站间闭塞系统。它是在现有64D型继电半自动闭塞设备的基础上增加计轴设备、与原64D型继电半自动闭塞结合电路等构成的。

计轴设备是计轴自动站间闭塞系统的关键，它用于完成计算列车进出区段的轮轴数，分析计算区段是否有车占用，具有检查区间占用与空闲的功能，而且不受轨道线路的道床状况等的影响。它采用车轮传感器和计轴器来记录和比较驶入和驶出轨道区段的轴数。

计轴设备由室内设备和室外设备两部分组成。室外设备包括车轮传感器和电子连接箱，主要用于产生车轴脉冲。室内设备有运算器、继电器、电源等，主要用于对车轴脉冲计数，判断区间是否享用。室外设备和室内设备通过传输线路相连接。

计轴设备与系统的结合采用了安全型继电器电路。计轴设备与原64D型继电半自动闭塞的结合电路每个区间的两端站各设一套。在使用计轴设备时，可构成自动站间闭塞，办理闭塞和到达复原是自动完成的。当因某种原因需停止使用计轴设备时，可通过人工切换，按64D型继电半自动闭塞行车。

计轴自动站间闭塞维护包括计轴设备维护和计轴自动站间闭塞电路维护。计轴设备维护主要是对车轮传感器、电子连接箱和计轴主机的维护，计轴自动站间闭塞电路维护与继电半自动闭塞电路维护大体相同。

复习思考题

1. 简述计轴设备的作用、组成和基本工作原理。

2. 简述车轮传感器的结构。它是如何进行计轴的？

3. 简述 ZP30CA 型计轴设备的组成及各部件的作用。

4. 简述 JZ_1-H 型计轴设备的组成及各部件的作用。

5. 计轴设备在区间闭塞中有哪些应用？

6. 有了计轴设备后，还需要 64D 型继电半自动闭塞的改进电路吗？为什么？

7. 计轴自动站间闭塞由哪些部分组成？各起什么作用？

8. 计轴自动站间闭塞增加了哪些继电器？各起什么作用？在什么情况下励磁和失磁？

9. 计轴自动站间闭塞对 64D 型继电半自动闭塞的哪些电路进行了改动？为什么要做这些改动？

10. 写出路票列车出发和到达时的电路动作程序。

11. 如何使用计轴自动站间闭塞？与使用半自动闭塞有何不同？

12. 如何进行自动站间闭塞和半自动闭塞的转换？

13. 计轴设备故障时如何处理？设备复原后又应如何处理？

14. 如何进行计轴设备的维护？

15. 计轴设备有哪些常见故障？如何处理？

项目 4 ZPW-2000 系列自动闭塞认知与维护

项目描述

本项目主要介绍 ZPW-2000 系列自动闭塞技术条件、特点，ZPW-2000A 型自动闭塞系统构成和工作原理，ZPW-2000 构成的双线双向四显示自动闭塞电路原理，ZPW-2000 系列自动闭塞的维护。ZPW-2000A 型自动闭塞是本课程的重点。通过学习，掌握 ZPW-2000A 型自动闭塞的电路原理和维护方法。

学习目标

系统掌握 ZPW-2000 系列自动闭塞的功能、设备组成、电路工作原理，以及自动闭塞与车站联锁的结合电路，能够阅读自动闭塞电路图，进行自动闭塞维护，具有初步分析电路和排除一般故障的能力。

典型工作任务 1 ZPW-2000 系列自动闭塞认知

4.1.1 工作任务

了解 ZPW-2000 系列自动闭塞的技术条件和特点。

4.1.2 知识链接

ZPW-2000 系列自动闭塞是在引进、消化、吸收 UM 系列自动闭塞的基础上发展起来的，它充分吸收 UM71 的技术优势，并实现了重大技术改进和创新。它克服了 UM71 在传输安全性和传输长度上存在的问题，在轨道电路传输安全上，解决了轨道电路全路断轨检查、调谐区“死区”长度、调谐单元断线检查、拍频干扰防护等技术难题，延长了轨道电路的传输长度。采用单片微机和数字信号处理技术，提高了抗干扰能力。

1. UM 系列自动闭塞概况

(1)UM 系列自动闭塞

UM 系列自动闭塞包括 UM71 自动闭塞、UM2000 自动闭塞，是法国高速铁路采用的自动闭塞，它建立在无绝缘轨道电路的基础上。

法国高速铁路(TGV)从东南新干线开始，地面采用 UM71(通用调制 71)型无绝缘轨道电路，是为防止交流电气化牵引区段牵引电流谐波干扰而研制的一种移频轨道电路；机车采用 TVM300(轨道与机车信号传输—300)型带速度监督的机车信号，两者简称“U-T”系统。其以移频无绝缘轨道电路为基础，不设地面信号机，以速差式机车信号作为主体信号，具有速度监督功能。

UM系列自动闭塞的发送器、接收器集中设置在车站，与轨道电路通过传输电缆并经匹配变压器匹配连接。

钢轨中的传输载频采用1 700 Hz、2 000 Hz、2 300 Hz、2 600 Hz四个频率，经实测为谐波干扰最小的频段，其配置方式为：载频1 700 Hz、2 300 Hz，用于下行线；2 000 Hz、2 600 Hz，用于上行线。轨道电路传输信息采用移频的调制方式，频偏为±11 Hz，可抗电气化干扰，也不存在半边侵入的问题。轨道电路可传输18个信息，能满足多显示机车信号和超速防护等多信息量的要求。调制频率由10.3～29 Hz，按1.1 Hz等差数列递增。地面和车上均能准确接收，应变时间不大于2 s。

为提高可靠性，采用了双重系统，一套工作，另一套热备用，自动转换。设备稳定可靠、故障率低。

法国在修建北方线时采用UM2000轨道电路，它是在UM71模拟轨道电路基础上研制出的数字编码轨道电路。UM2000轨道电路与UM71模拟轨道电路不同，它将单频信息改为27位数字编码，其中有效信息21位，信息量达到2^{21}，大大增加了信息的传输量，能满足分段连续速度模式曲线列控的需要。站内各区段均采用UM2000轨道电路式，构成了车站、区间轨道电路同一制式，UM2000轨道电路和UM2000点式环线同时向安装有TVM430控车设备的各种列车连续提供列车自动防护（ATP）信息，构成了具有分级连续模式速控曲线的列控系统，实现了列控联锁一体化。

（2）UM系列自动闭塞的技术优势

UM71型自动闭塞具有一系列明显的技术优势，诸如：

①实现了轨道电路的无绝缘化

由于采用谐振式电气绝缘，两相邻轨道电路具有极高的转移系数，使它们界限分明，有效防止了越区传输。以电气绝缘节取代了机械绝缘节，满足了电气化牵引和无缝线路对无绝缘的要求。

②频率选择合理，抗干扰能力强

选择较高的载频频率，远离50 Hz牵引电流的谐波，因而谐波干扰量小；频偏较小，调制系数小，信号能量集中在中心载频附近，对邻线和相邻区段的干扰有较强的抑制能力。

③具有良好的轨道电路传输性能

由于轨道电路加装补偿电容器后趋于阻性，就大幅度抵消了钢轨电感对信号传输的影响，改善了轨道电路信息的传输条件，减小了送、受电端钢轨中的电流比，改善了接收器和机车信号设备的工作条件。当道床电阻从标准值至“∞”间变化时，对接收端信号变化幅度影响小，系统工作较为稳定。

④可实现电气分离式断轨检查

主轨道电路具有断轨检查功能，进一步提高了安全性。

⑤对电气化区段适应能力强

能充分满足1 000 A牵引电流、100 A钢轨不平衡电流条件下正常工作的要求。钢轨对地产生不平衡电位时，对轨道电路的影响较小。

⑥可实现双方向运行

不需另外增加设备便可实现正方向和反方向的自动闭塞方式。

⑦可取消地面信号机

能给机车信号提供连续、可靠的信息，为机车信号作为行车凭证创造了条件，从而可取消地面信号机。

⑧可实现轨道电路的一次调整

根据不同情况的轨道电路，调整发送器、接收器的不同电平，可准确地实现轨道电路的一次调整，遇晴、雨天不用再调整。

(3)UM 系列自动闭塞应用概况

UM 系列自动闭塞不仅用于法国高速铁路，而且推广到不少国家。

UM71 自动闭塞在我国首先于 1992 年用于京广线郑武段，后推广至京广全线、广深线、京山线、沈山线。UM71 自动闭塞线路正向仍设地面色灯信号机，显示按绿、绿黄、黄、红、红(防护区)设置，通称四显示。提醒区出口信号机按绿灯设置，反向不设地面信号机，只在闭塞分区分界点处设置停车标志。UM71 自动闭塞在我国已经到了大修期，逐渐改建为 ZPW-2000 系列自动闭塞。

我国于 2002 年引进了 UM2000 轨道电路，安装在秦沈客运专线上。秦沈客运专线全长 406 km，除山海关—秦皇岛地区和沈阳枢纽仍采用 UM71 轨道电路外，共有 371 km 采用了 UM2000 轨道电路。这种列控联锁一体化的信号系统曾经在秦沈客运专线上发挥作用，但其与我国高速铁路的列控系统不一致，已于 2010 年改建为 ZPW-2000A 轨道电路。

2. UM71 自动闭塞存在的问题

在 UM71 自动闭塞的使用过程中，也发现其存在以下不足之处：

(1)安全方面的问题

①调谐区无断轨检查功能。两轨道电路之间的 26 m 调谐区，在不利条件下，任意点断轨均无法检查。

②在不利条件下，26 m 调谐区分路“死区”长 20 m。只得规定，调谐区内禁止轻型车和小车停车。

③调谐单元断线得不到检查。若本区段轨道电路发送端谐振单元断线，由于“零阻抗”的丧失，则相邻区段接收的信号向本区段扩散传输，使断线得不到检查。同样，本区段轨道电路接收端谐振单元断线，也造成相邻区段发送的信号向本区段扩散，使断线得不到检查。

④接收设备对 7～34 Hz 范围内非 18 种标准低频信号以外的频率无防护能力。

⑤对拍频信号，接收设备采用的斜率鉴频方式无防护能力。

(2)传输方面需改进之处

①谐振单元的参数与调谐区 26 m 长的 60 kg/m 钢轨的参数失配。

②在 1.0 Ω·km 道床电阻条件下，电缆与钢轨匹配连接也处于失配状态。

③对于钢轨电感的补偿，补偿电容器的选择不能满足 1.0 Ω·km 道床电阻的要求。

④轨道电路传输长度被限制在 7.5 km，不能满足站间距离 10 km 的要求且必须采用 ϕ1.13 mm 线径的电缆，为特殊制造，造价高。

⑤调谐单元、空芯线圈至钢轨的引接线采用截面 70 mm^2、长 3 m 和 1.25 m 的铜线，不利于养路作业，易造成损坏和丢失。

⑥对存在电气绝缘节—机械绝缘节的轨道电路(如邻接车站的接近、离去区段)采用简单的调谐单元、空芯线圈并联方式，恶化了特性，降低了轨道电路的传输长度。

这样，对于电气绝缘节—电气绝缘节(JES—JES)，在道床电阻1.0～∞ Ω·km时轨道电路传输长度900 m；1.2～∞ Ω·km时为1 100 m；1.5～∞ Ω·km时为1 500 m。对于电气绝缘节—机械绝缘节(JES—BA//SVA)则分别为800 m、900 m和1 050 m。由于轨道电路传输长度不够长，就加大了自动闭塞的工程投资。

此外，UM71自动闭塞采用分立元件和小规模集成电路，在技术上已不先进。

为此，在进行UM71自动闭塞国产化，消化吸收国外先进技术的基础上，充分发挥它的技术优势，克服它的不足，采用计算机和数字信号处理技术，对其进行改进并予以提高，就构成了具有自主知识产权的无绝缘移频自动闭塞WG-21A型和ZPW-2000系列自动闭塞。

3. ZPW-2000系列无绝缘轨道电路技术条件

(1)一般规定

①ZPW-2000系列无绝缘轨道电路，满足以机车信号为行车凭证的自动闭塞系统要求，适用于电气化牵引区段和非电气化牵引区段的区间及车站轨道电路区段，也可用于机械绝缘节轨道电路区段。电气化牵引区段工作环境：轨道回流小于或等于1 000 A；不平衡系数小于或等于10%。

②ZPW-2000系列无绝缘轨道电路采用调谐式电气绝缘节，沿钢轨按规定距离敷设补偿电容器，进行传输补偿。

③ZPW-2000系列无绝缘轨道电路采用标准载频为：1 700 Hz、2 000 Hz、2 300 Hz、2 600 Hz，每个载频有-1、-2两种。载频中心频率见表4.1。

表4.1　载频中心频率

载频类型	中心频率/Hz	载频类型	中心频率/Hz
1700-1(F_1)	1 701.4	2300-1(F_1)	2 301.4
1700-2(F_2)	1 698.7	2300-2(F_2)	2 298.7
2000-1(F_1)	2 001.4	2600-1(F_1)	2 601.4
2000-2(F_2)	1 998.7	2600-2(F_2)	2 598.7

传输的低频调制信号频率为：$10.3+n\times1.1$ Hz，$n=0\sim17$，从10.3～29 Hz，每隔1.1 Hz一个，呈等差数列，共18个，即10.3 Hz、11.4 Hz、12.5 Hz、13.6 Hz、14.7 Hz、15.8 Hz、16.9 Hz、18 Hz、19.1 Hz、20.2 Hz、21.3 Hz、22.4 Hz、23.5 Hz、24.6 Hz、25.7 Hz、26.8 Hz、27.9 Hz、29 Hz。低频频率信息码见表4.2。

表4.2　低频频率信息码

编号	频率/Hz	信息码	闭塞分区说明	速度说明
F_{18}	10.3	L3	准许列车按规定速度运行，表示运行前方5个闭塞分区空闲	列车运行速度小于或等于200 km/h，自动闭塞区段列车超速防护系统用
F_{17}	11.4	L	准许列车按规定速度运行	—
F_{16}	12.5	L2	准许列车按规定速度运行，表示运行前方4个闭塞分区空闲	列车运行速度小于或等于200 km/h，自动闭塞区段列车超速防护系统用
F_{15}	13.6	LU	准许列车按规定速度注意运行	—
F_{14}	14.7	U2	要求列车减速到规定的速度等级越过接近的地面信号机，并预告次一架地面信号机显示两个黄色灯光	—

续上表

编号	频率/Hz	信息码	闭塞分区说明	速度说明
F_{13}	15.8	LU2	要求列车减速到规定的速度等级越过接近的地面信号机，并预告次一架信号机显示一个黄色灯光	列车运行速度小于或等于 160 km/h，列车制动到停车需 3 个闭塞分区
F_{12}	16.9	U	要求列车减速到规定的速度等级越过接近的地面信号机	—
F_{11}	18	UU	要求列车限速运行，表示列车接近的地面信号机开放经道岔侧向位置进路	—
F_{10}	19.1	UUS	要求列车限速运行，表示列车接近的地面信号机开放经 18 号及以上道岔侧向位置进路，且次一架信号机开放经道岔直向或 18 号及以上道岔侧向位置进路或表示列车接近设有分歧道岔线路所的地面信号机开放经 18 号及以上道岔侧向位置进路	—
F_9	20.2	U2S	要求列车减速到规定的速度等级越过接近的地面信号机，并预告次一架地面信号机显示一个黄色闪光和一个黄色灯光	—
F_8	21.3	L5	准许列车按规定速度运行，表示运行前方 7 个及以上闭塞分区空闲	200 km/h 动车组在客运专线上运行所需
F_7	22.4	U3	要求列车减速到规定的速度等级越过接近的地面信号机，表示接近的地面信号机显示一个黄色灯光，并预告次一架信号机为进站或接车进路信号机且显示一个红色灯光	仅适用于双红灯防护的自动闭塞区段第三接近区段用
F_6	23.5	L4	准许列车按规定速度运行，表示运行前方 6 个闭塞分区空闲	200 km/h 动车组在客运专线上运行所需
F_5	24.6	HB	—	—
F_4	25.7	未定义	—	载频切换，用于站内轨道电路电码化
F_3	26.8	HU	要求及时采取停车措施	—
F_2	27.9	未定义	—	反向站间闭塞，站内轨道电路电码化检测
F_1	29	H	要求列车采取紧急停车措施	仅适用于双红灯防护的自动闭塞区段

④两相邻平行线路 ZPW-2000 系列无绝缘轨道电路采用相同载频时，必须具备可靠的邻线干扰防护能力。

⑤ZPW-2000 系列无绝缘轨道电路必须满足双线双方向运行要求。

⑥ZPW-2000 系列无绝缘轨道电路发送器输出电压，波动±3%时，该轨道电路接收器必须实现一次调整。

⑦ZPW-2000 系列无绝缘轨道电路必须工作可靠并符合“故障—安全”原则。出现故障后，不能造成地面信号和机车信号显示升级。

⑧ZPW-2000 系列无绝缘轨道电路采用计算机技术，通过硬、软件措施实现轨道电路系统的安全性。

⑨ZPW-2000 系列无绝缘轨道电路（单套设备）平均故障间隔时间（MTBF）大于或等于 4.38×10^4 h/区段。

⑩ZPW-2000 系列无绝缘轨道电路计算机软件的安全性完善度等级应为 4 级。

⑪ZPW-2000 系列无绝缘轨道电路电子设备有关电源、外部接口及电磁兼容等环境条件和使用条件的设计应采用与安全性完善度等级相适应的设计方法。

⑫ZPW-2000系列无绝缘轨道电路硬件和软件结构应实现模块化、标准化、系列化和软件工程化管理。

⑬ZPW-2000系列无绝缘轨道电路应能向其他系统提供数据。

⑭ZPW-2000系列无绝缘轨道电路与其他系统通信时，应采用统一、专用的安全通信协议。

⑮ZPW-2000系列无绝缘轨道电路应具备自检和在线监测联网功能。

⑯ZPW-2000系列无绝缘轨道电路的同序列号设备必须具备互换性。

⑰ZPW-2000系列无绝缘轨道电路必须具备实现数字化升级的条件。

(2)基本功能

①调整状态

在标准传输条件下(电缆长度10 km)，最低道床电阻不小于表4.3所列值，轨道电路必须满足一次调整，轨道电路接收器输入电压不小于240 mV，轨道电路设计长度为表4.3规定值，该设计长度已有8%的余量。当实际道床电阻低于0.4 Ω·km时，可适当缩短轨道电路设计长度，特殊处理。

表4.3适用于轨道电路两端均采用电气绝缘节或一端为电气绝缘节、一端为机械绝缘节或两端均采用机械绝缘节的配置情况。

表4.3　轨道电路设计长度

载频/Hz	道床电阻值/(Ω·km)					
	1.5	1.2	1.0	0.8	0.6	0.4
1 700	1 900	1 750	1 500	1 050	850	600
2 000	1 900	1 750	1 500	1 050	800	550
2 300	1 800	1 650	1 500	1 050	800	550
2 600	1 800	1 650	1 460	1 050	800	550

②分路状态

a. 在最不利条件下，用0.15 Ω分路电阻在轨道电路任一处轨面分路时(电气绝缘节区域内除外)，轨道电路接收器输入电压不大于140 mV。

b. ZPW-2000系列无绝缘轨道电路电气绝缘节区域内分路“死区”长度不大于5 m。

c. 在最不利条件下，轨道电路任一处轨面机车信号短路电流不小于表4.4规定值。

表4.4　机车信号短路电流

载频/Hz	1 700	2 000	2 300	2 600
机车信号短路电流/A	0.5	0.5	0.5	0.45

d. 断轨检查。当ZPW-2000系列无绝缘轨道电路钢轨出现电气断离时，轨道电路接收器得到可靠占用检查。

(3)室外设备

①ZPW-2000系列无绝缘轨道电路设置钢轨补偿电容器，沿钢轨按均匀间隔原则设置。根据轨道电路载频选用补偿电容值或采用一种补偿电容值，通过不同间距，实现对轨道电路各种载频信号的补偿。补偿电容电容值不多于4种，补偿电容器间距不小于50 m。

②ZPW-2000 系列无绝缘轨道电路设置空芯线圈，根据轨道电路载频设置极阻抗、零阻抗调谐单元，并采用专用引接线构成电气绝缘节。该电气绝缘节长度不大于 30 m，电气绝缘节隔离系数不小于 10。必要时，可设置第二级零阻抗器件，进一步防护轨道电路载频信号向其他区段的纵向串音。

③补偿电容器、调谐单元、空芯线圈等器材的安装，应满足大型自动化养路机械施工要求。

④ZPW-2000 系列无绝缘轨道电路宜采用铁路内屏蔽数字信号电缆，以实现多区段同频电缆敷设方式，也可采取轨道区段一个信号点一根电缆的敷设方式。在实际电缆长度基础上，增加电缆模拟盘补充长度，以补足规定长度。当电缆长度超过 10 km，但不大于 15 km 时，进行特殊处理或设置中继站。

电缆芯线使用必须遵守以下原则：

a. 相同频率的发送线对和接收线对不能使用同一根电缆。

b. 相同频率的发送线对或接收线对不能使用同一四芯组。

(4)ZPW-2000 系列无绝缘轨道电路电子设备

①ZPW-2000 系列无绝缘轨道电路接收器和发送器的可靠度指标：平均故障间隔时间(MTBF)大于或等于 15×10^4 h。

②ZPW-2000 系列无绝缘轨道电路接收器和发送器要求最高的安全性完善度等级，其安全度指标要求平均危险侧输出间隔时间大于或等于 10^{11} h。

③ZPW-2000 系列无绝缘轨道电路接收器和发送器应考虑热插拔设计。接插件应接触可靠、易于插拔、结构坚实、不发生机械变形，并应具有防错插措施。接插件插拔次数应保证在 500 次以上。

(5)供电及电源设备

ZPW-2000 系列无绝缘轨道电路接收器和发送器采用 24 V 或 48 V 直流稳压电源，不间断供电。

(6)电磁兼容与雷电防护

①ZPW-2000 系列无绝缘轨道电路雷电防护措施应符合相关规定。

②ZPW-2000 系列无绝缘轨道电路使用的内屏蔽数字信号电缆，在电缆始、终端，内、外屏蔽层必须良好连接，并可靠接地。当接地断线时，不能造成地面信号和机车信号显示升级。

③ZPW-2000 系列无绝缘轨道电路信号楼内布线应采用电磁兼容和防雷设计，发送和接收线对必须单独使用屏蔽扭绞线对。

④室外贯通地线和室内接地网接地电阻值不大于 1 Ω 或执行相关规定。对于重雷害地区，地线设置还应采取特殊措施。

4. ZPW-2000 系列自动闭塞的特点

(1)在解决调谐区断轨检查后，实现了对轨道电路全程断轨的检查，大幅度减少了调谐区“死区”长度(20 m 减小到 5 m 以内)，实现了对调谐单元的断线检查和对拍频信号干扰的防护，大大提高了传输的安全性。

(2)利用新开发的轨道电路计算软件实现了轨道电路参数的优化，大大提高了轨道电路的传输长度，将 1.0 Ω · km 道床电阻的轨道电路传输长度提高了 44%(从 900 m 提高到 1 300 m)，将电气—机械绝缘节的轨道电路长度提高了 62.5%(从 800 m 提高到 1 300 m)，改善了低道床电阻轨道电路工作的适应性。

(3)用SPT型国产铁路信号数字电缆取代法国的ZCO_3型电缆,线径由1.13 mm降至1.0 mm,减少了备用芯组,加大了传输距离(从7.5 km提高到10 km),使系统的性能价格比大幅度提高,显著降低了工程造价。调谐区设备的70 mm^2铜引接线用钢包铜线取代,方便了维修。

(4)用单片微机和数字信号处理芯片代替晶体管分立元件和小规模集成电路,提高了发送移频信号频率的精度和接收移频信号的抗干扰能力。

(5)系统中发送器采用"$n+1$"冗余,接收器采用成对双机并联运用,提高了系统可靠性,大幅度提高了单一电子设备故障不影响系统正常工作的"系统无故障工作时间"。

5. ZPW-2000系列轨道电路

ZPW-2000系列轨道电路分为继电编码的ZPW-2000系列轨道电路和列控中心编码的ZPW-2000系列轨道电路。编码指的是低频信息编码。继电编码是由与列车运行有关的继电器的接点构成的低频信息网络,用于普速铁路。通信编码是由列控中心的计算机对于低频信息进行编码,用于高速铁路。

ZPW-2000系列轨道电路有ZPW-2000A、ZPW-2000R、ZPW-2000H、ZPW-2000G等型号。其中运用最广泛的是ZPW-2000A型。ZPW-2000R、ZPW-2000H运用较少。ZPW-2000G仅用于站内轨道电路电码化。

ZPW-2000R的特点是:电气绝缘节按调谐单元、匹配单元、平衡线圈、匹配单元、调谐单元五点布置;将发送器的功放部分分出,单独组成区间功放器;另有区间检测单元、温控单元、点灯电源单元、移频采集器、通道采集器、发送采集器、采集中继器。

典型工作任务2 ZPW-2000A型自动闭塞认知

4.2.1 工作任务

掌握ZPW-2000A型自动闭塞的构成,谐振式无绝缘轨道电路工作原理,室外设备和室内设备各部件的作用、结构和工作原理,了解ZPW-2000A型自动闭塞的传输安全性和传输长度。

4.2.2 知识链接

1. ZPW-2000A型自动闭塞系统构成

ZPW-2000A型无绝缘自动闭塞系统有电气—电气绝缘节(JES—JES)和电气—机械绝缘节(JES—BA//SVA′)两种结构,两者电气性能相同。现以后者为例予以介绍,ZPW-2000A型自动闭塞系统构成如图4.1所示。

发送器采用"$n+1$"冗余方式(以后要逐渐改为"1+1"冗余方式),接收器采用"0.5+0.5"冗余方式,以保证接收系统的高可靠运用。

ZPW-2000A型无绝缘轨道电路将轨道电路分为主轨道电路和调谐区短小轨道电路两个部分,并将短小轨道电路视为列车运行前方主轨道电路的所属"延续段"。

发送器同时向线路两侧主轨道电路、小轨道电路发送信号。接收器除接收本主轨道电路频率信号外,还同时接收相邻区段小轨道电路的频率信号。接收器采用DSP数字信息处理技术,将接收到的两种频率信号进行快速傅里叶变换(FFT),获得两种信号能量谱的分布。

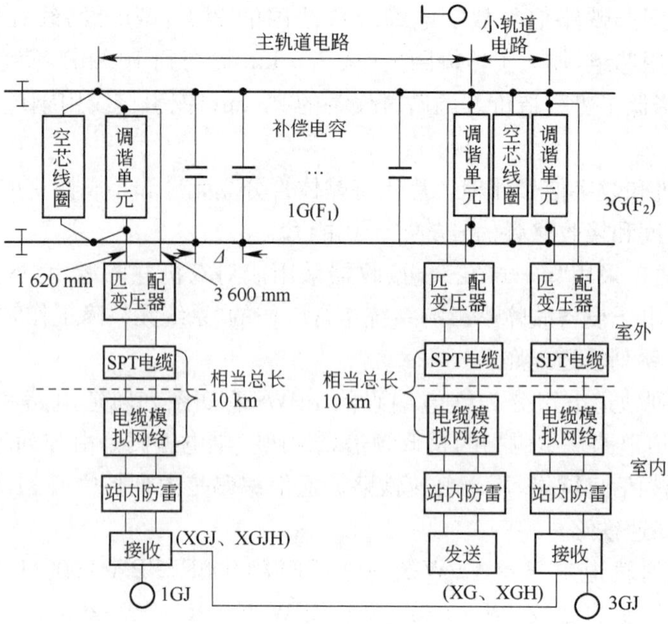

图 4.1　ZPW-2000A 型自动闭塞系统构成

上述"延续段"信号由运行前方相邻轨道电路接收器处理，并将处理结果形成小轨道电路轨道继电器执行条件(XG、XGH)送本轨道电路接收器，作为 GJ 励磁的必要检查条件(XGJ、XGJH)之一，ZPW-2000A 型接收器如图 4.2 所示。

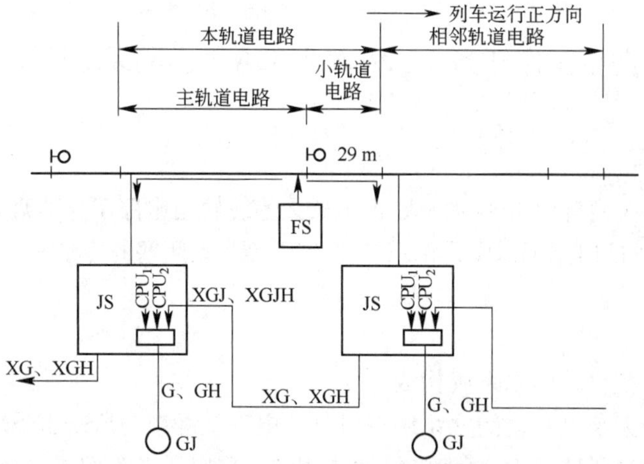

图 4.2　ZPW-2000A 型接收器示意

这样，接收器用于接收主轨道电路信号，并在检查所属小轨道电路状态(XGJ、XGJH)条件下，动作本轨道电路的 GJ。另外，接收器还同时接收邻段所属小轨道电路信号，向相邻区段提供小轨道电路状态(XG、XGH)条件。

2. 谐振式无绝缘轨道电路的构成和原理

谐振式无绝缘轨道电路由设于室内的发送器、接收器、轨道继电器和设于室外的调谐单元(BA)、空芯线圈(SVA)、匹配变压器及若干补偿电容器组成，谐振式无绝缘轨道电路原理如图 4.3 所示。

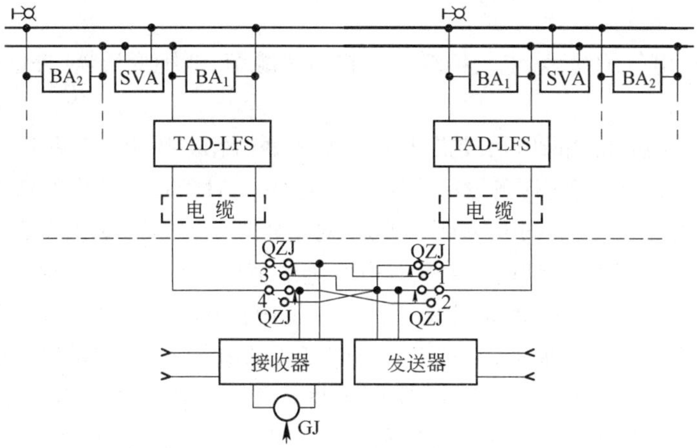

图 4.3　谐振式无绝缘轨道电路原理

两个调谐单元 BA_1 与 BA_2 间距离 29 m，空芯线圈 SVA 位于 BA_1、BA_2 的中间。BA_1、BA_2、SVA 及 29 m 长的钢轨构成电气调谐区。电气调谐区又称电气绝缘节，取消了机械绝缘节，实现了相邻轨道电路的隔离。

电气绝缘节原理如图 4.4 所示。调谐单元 BA 是电气绝缘节的主要部件，相邻轨道电路的载频不同，BA 的型号也不同。BA_1 型由 L_1、C_1 构成，BA_2 型由 L_2、C_2、C_3 构成。图中，BA_1 的本区段是 1G，相邻区段是 3G，而 BA_2 的本区段是 3G，相邻区段是 1G。

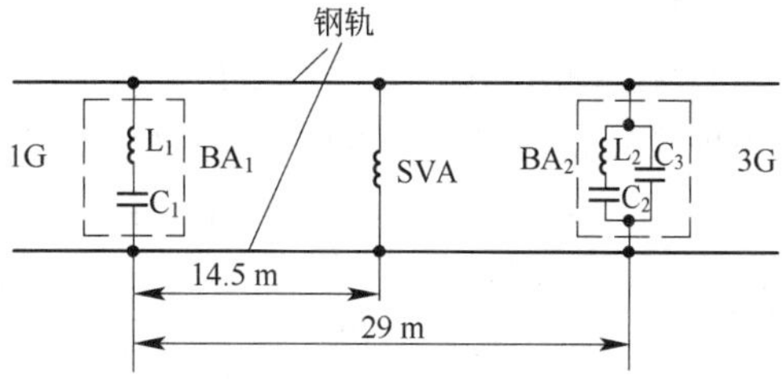

图 4.4　电气绝缘节原理

电气绝缘节的绝缘原理是利用谐振来实现的。当载频确定后，选择 BA_1 及 BA_2 的参数，使本区段的调谐单元对相邻区段的频率呈串联谐振，只有百分之几 Ω 的阻抗(称为“0 阻抗”)，移频信号被短路，而对本区段的频率呈容抗，与 29 m 钢轨的电感和 SVA 的电感配合产生并联谐振，有 2～2.5 Ω 的阻抗(称为“极阻抗”)，移频信号被接收。这样，某种载频的移频信号只能限制在本区段传送，而不能向相邻区段传送，没有机械绝缘节就像有绝缘节一样，构成了电气隔离。

在图 4.4 中，通过选择 BA_1 和 BA_2 的参数，使 BA_1 对相邻区段 3G 的移频信号呈串联谐振，使 3G 的移频信号在 BA_1 处被短路。对 3G 的移频信号，BA_1 不能接收，而且阻止其向左传送。同时，BA_1 对本区段 1G 的移频信号呈容性，与 29 m 长的钢轨和 SVA 的电感相配合，产生并联谐振，使 1G 的移频信号能向左传送或被接收。同理，BA_2 对相邻区段 1G 的移频信号呈串联谐振，1G 的移频信号在 BA_2 处被短路，不能接收，也不能向右传送；BA_2 在 29 m 长的钢轨和 SVA 的电感配合下，对本区段 3G 的移频信号产生并联谐振，能向右传送或被接收。

电气调谐区长 29 m，是轨道电路的“死区段”，在“死区段”内失去对车辆占用的检查。这个“死区段”对列车的正常运行没有妨碍，也不影响机车信号的连续显示，只是短于 29 m 的轨道车或最外轴距短于 29 m 的单机正好停在调谐区内才会造成失去检查的情况。因此，规定调谐区内禁止轻型车辆和小车停留。

电气调谐区之所以确定为 29 m，是与轨道电路的载频和频偏的选择、调谐单元元件参数的选择及钢轨材质参数等因素有关的，成为谐振式无绝缘的“固有问题”。

3. 室外设备

室外设备包括电气绝缘节、电气绝缘节—机械绝缘节、匹配变压器、补偿电容器。

(1)电气绝缘节

电气绝缘节(调谐区)由调谐单元、空芯线圈及 29 m 钢轨组成,用于实现两轨道电路的电气隔离。

电气绝缘节长 29 m,其两端各设一个调谐单元 BA,对于较低频率的轨道电路(1 700 Hz、2 000 Hz)端设置由 L_1、C_1组成的 F_1型调谐单元;对于较高频率的轨道电路(2 300 Hz、2 600 Hz)端设置由 L_2、C_2、C_3组成的 F_2型调谐单元。电气绝缘节中间设置空芯线圈。

调谐区按长 29 m 设计,以获得调谐单元与轨道电路的匹配连接。若调谐区长度选择较长,则 L_1加大,线圈电阻随之加大,不利于对相邻区段的电气隔离;调谐区长度选择较小,对 F_1言,使并联谐振阻抗降低,从而加大了 F_1信号在调谐区的衰耗。C_2选择较小、L_2较大,不利于相邻区段信号的电气隔离;C_2选择较大、L_2较小,虽利于电气隔离,但是 L_2减小,又使得对 F_2的并联谐振阻抗降低,增大了信号的衰耗。另外,C_3容量随着 C_2增大而增大(C_3较 C_2容量大 3 倍左右),体积过大,增加了制造上的困难。故 C_2、L_2、C_3三元件要兼顾轨道电路隔离,结合本区段信号衰耗及元件制造等因素,综合考虑确定。

①调谐单元

调谐单元 BA 是由电感线圈和电容器组成的二端网络。它有 F_1型和 F_2型。F_1型,又称 BA_1型,由 L_1、C_1两个元件构成,分别用于上、下行频率较低的载频(1 700 Hz 和 2 000 Hz)。F_2型,又称 BA_2型,由 L_2、C_2、C_3三个元件构成,分别用于上、下行线频率较高的载频(2 300 Hz 和 2 600 Hz)。各种型号调谐单元的电感、电容元件参数不同,调谐单元的电感、电容元件参数见表 4.5。

表 4.5 调谐单元的电感、电容元件参数

类型	频率/Hz	$L_1(L_2)/\mu H$	$C_1(C_2)/\mu F$		$C_3/\mu F$	
			$C'_1(C'_2)$	$C''_1(C''_2)$	C'_3	C''_3
F_1	1 700	33.5	124	用 0.47～6.8 调整	—	—
	2 000	34.6	81.6	用 0.47～5.1 调整	—	—
F_2	2 300	88	90.9	用 0.47～5.6 调整	127×2	用 0.47～12 调整
	2 600	90	60.4	用 0.47～3.9 调整	101×2	用 0.47～10 调整

调谐单元 BA 设于一个白色聚酯盒内,盒的尺寸为 355 mm×270 mm×88 mm,安装在轨道旁的基础上。为防止热胀冷缩造成元件参数漂移及外力损伤,BA 内部器件被塑胶密封。BA 通过带绝缘护套的多芯铜线与两根钢轨相连,多芯铜线至两侧钢轨长分别为 3 m 和 1.25 m。为提高可靠性,通常采用两根铜线,一根焊在轨底上,另一根用塞钉连接在轨腰上。

②空芯线圈

空芯线圈 SVA 由直径 1.53 mm 的 19 股铜线绕成,无铁芯,带有中间抽头。单圈可通过 100 A 电流,全圈可通过 200 A 电流。

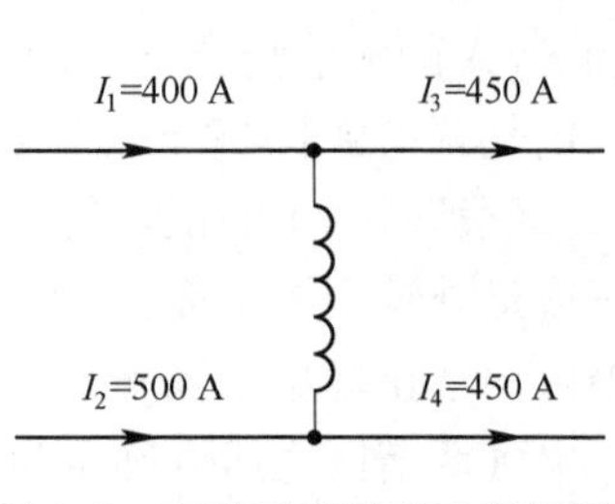

图 4.5 牵引回流得到平衡的原理

SVA 主要用来平衡两根钢轨间的不平衡牵引回流。SVA 对钢轨中的 50 Hz 牵引回流及其奇次谐波呈 10 mΩ 左右的电抗,可视为一条短路线,两根钢轨间存在的不平衡回流经 SVA 短路后,将不复存在。牵引回流得到平衡的原理如图4.5所示，设I_1、I_2有100 A不平衡电流，由于空芯线圈的短路作用，则$I_3=I_4=(I_1+I_2)/2=450$ A，这就对牵引回流起到平衡作用，减小了工频及其谐波对轨道电路的干扰。

由于空芯线圈没有铁芯，不存在较大电流下磁路饱和的问题，使平衡效果更好。

SVA设在电气调谐区中间，还有以下作用：

a. 参与和改善调谐区的工作

在电气调谐区内，SVA的感抗值在1 700～2 600 Hz范围内，为0.35～0.54 Ω，与29 m长的钢轨的电感值一起参与对本区段频率呈并联谐振，而不是简单的分路电抗。由于SVA的存在，为谐振回路提供了一个合适的品质因数Q值，保证了调谐区的稳定工作。

b. 保证维修安全

在实际使用中，每隔一定距离，上、下行线路间的两个SVA中间抽头连在一起并接地，即进行等电位连接，两SVA中间抽头进行等电位连接如图4.6所示。这样，可平衡上、下行线路间的不平衡牵引回流，还可保证维修人员的安全。

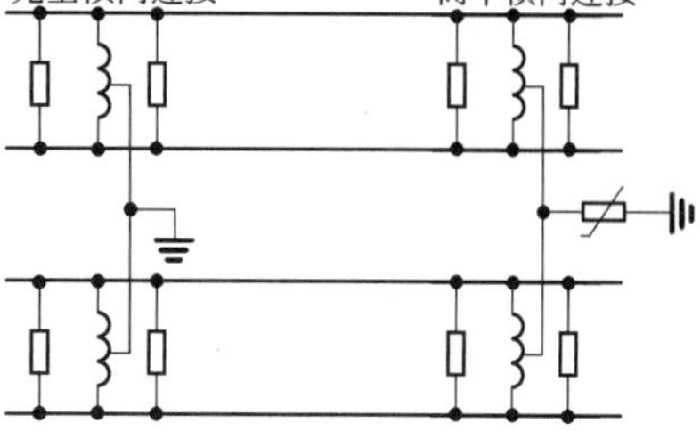

图4.6 两SVA中间抽头进行等电位连接

简单横向连接是两轨道间的等电位连接时，不直接接地(通过防雷元件接地)。完全横向连接是两轨道间的等电位连接，并通过SVA中心点直接接入地线。无横向连接的SVA中心点，则经过防雷元件接地。要求如下：

(a)轨道接地必须通过完全横向连接实现。

(b)两个完全横向连接的距离不得小于1 500 m，即中间必须包含不少于两个轨道电路区段。

(c)两个完全横向连接的距离大于或等于2 000 m时，两者之间增加一个简单横向连接，简单横向连接之间的距离不得低于1 000 m。

(d)如果两轨道电路终端不能通过绝缘节方式完成横向连接时，可以通过增设一个空扼流变压器完成，空扼流变压器的阻抗不得小于17 Ω(轨道电路载频下)。新增空扼流变压器距机械或电气绝缘节距离大于或等于50 m，距离补偿电容器大于或等于10 m。

(e)如果两线路的电气绝缘节之间的距离超过100 m，就必须增加一个空扼流变压器完成横向连接。

(f)三线区间，一条横向连接线禁止连接两段同一频率的轨道电路，该特殊情况亦可通过载频类型合理设置加以避免，不再增加空扼流。

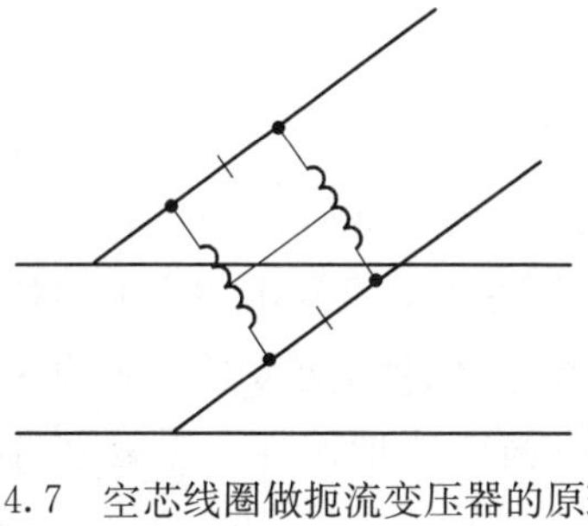
图4.7 空芯线圈做扼流变压器的原理

连接横向连接线材料为70 mm²带绝缘护套的多股铜线，线长小于105 m。连接位置：在电气绝缘节终端，连接空芯线圈中心点；在机械绝缘节终端，连接扼流变压器中心点；在区间线路增设的空扼流变压器中心点。

c. 作扼流变压器用

在道岔弯股绝缘两侧各安装一个空芯线圈，将两线圈的中间抽头连接可作为扼流变压器使用，空芯线圈做扼流变压器的原理如图4.7所示。

SVA 设在一个白色聚酯盒内，盒的尺寸同 BA，其参数为：电感值(33.5±1) μH；电阻值(18.5±5.5) mΩ；对 50 Hz 交流感抗为 10.5 mΩ。

SVA 通过螺栓固定在轨道旁的基础上，与钢轨的连接同 BA。

③机械绝缘节空芯线圈

在进、出站口处设有机械绝缘节，为取得与电气绝缘节同样的电气性能，空芯线圈参数也根据传输通道参数和载频频率设计，命名为 SVA′(分为 1 700 Hz、2 000 Hz、2 300 Hz、2 700 Hz 四种)。

机械绝缘节空芯线圈技术指标见表 4.6。

表 4.6　机械绝缘节空芯线圈技术指标

序号	项　　目	指标及范围		备　　注
		R/mΩ	L/mΩ	
1	ZPW・XKJ-17	29.60±2.96	28.60±0.29	测试频率：1 700 Hz
2	ZPW・XKJ-20	33.58±3.36	28.44±0.29	测试频率：2 000 Hz
3	ZPW・XKJ-23	33.75±3.38	28.32±0.29	测试频率：2 300 Hz
4	ZPW・XKJ-26	35.70±3.57	28.25±0.29	测试频率：2 600 Hz

注：钢包铜引接线数值已减除。

(2)匹配变压器

匹配变压器按传输通道参数和载频频率进行设计，以实现轨道与 SPT 型铁路数字信号电缆的匹配连接，获得最佳的传输效果。匹配变压器电路如图 4.8 所示。V_1、V_2 经调谐单元端子接至轨道，E_1、E_2 经 SPT 电缆接至室内。

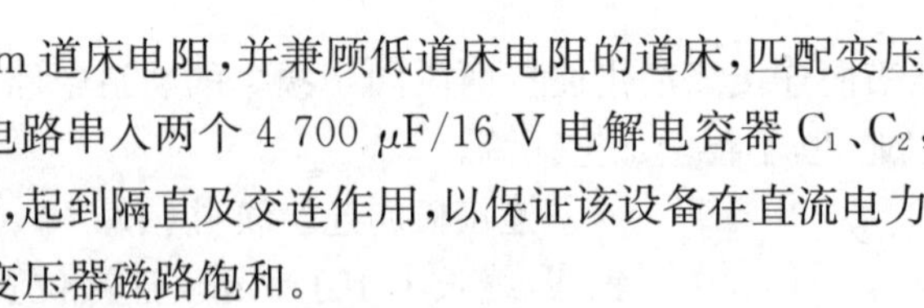

图 4.8　匹配变压器电路

考虑到 1.0 Ω・km 道床电阻，并兼顾低道床电阻的道床，匹配变压器变比选为 9∶1。

在变压器轨道侧电路串入两个 4 700 μF/16 V 电解电容器 C_1、C_2，该两电容按相反极性串接，构成无极性联结，起到隔直及交连作用，以保证该设备在直流电力牵引区段运用中，不致因直流成分造成匹配变压器磁路饱和。

电感线圈 L_1(10 mH)用作 SPT 电缆表现出的容性的补偿。在与匹配变压器相对应处轨道被列车分路时，它可作为一个阻抗(1 700 Hz 时为 106.8 Ω)。该电感线圈由设在同一线圈骨架两个槽上的单独线圈组成，以便在两条电缆芯线的每一条芯线上呈现出同样的阻抗。该电感线圈由富有弹性的物质灌封，以防止振动和撞击造成电感损坏，使电感量降低或丧失而引起接收器电平的增高。F 为压敏电阻，是匹配变压器的雷电横向防护元件。压敏电阻选择交流 75 V 防护等级，其典型型号及特性见表 4.7。

表 4.7　压敏电阻典型型号特征

项　　目	V20-C/175	DEHNguard75	SLP-V75
标称放电电流 I_n/kA	15	10	15
最大连续工作电压 U_c/V	AC 75	AC 75	AC 75
限制电压 U_1/V	≤400	≤450	≤400

(3)补偿电容器

补偿电容器根据传输通道参数和传输特性优选，并兼顾低道床电阻的传输。

①补偿电容器的作用

a. 保证轨道电路传输距离。由于60 kg/m 1 435 mm轨距的钢轨电感为1.3 μH/m，同时每米约有几pF电容，对于1 700～2 300 Hz的移频信号，钢轨相当于一个感性负载，呈现较高的感抗值(1.4 mH/m)，使信号衰减较快，影响了轨道电路的传输长度。该值大大高于道砟电阻时，对轨道电路信号的传输产生较大的影响。为了抵消钢轨的感性，保证轨道电路的传输距离和机车信号的可靠工作，采取分段加补偿电容的方法，减弱电感的影响。

b. 保证接收端信号的有效信干比。由于轨道电路加补偿电容后趋于阻性，改善了轨道电路信号传输性能，加大了轨道入口端短路电流，减小了送受电端钢轨电流比，从而保证了轨道电路入口端信干比，改善了接收器和机车信号的工作。

c. 实现了对断轨状态的检查。

d. 保证了钢轨同侧两端接地条件下，轨道电路分路及断轨检查性能。

因此，加装补偿电容器是保证轨道电路有较高技术性能的有效和必要的措施。

②补偿电容器的补偿原理

补偿电容器补偿原理可理解为将每补偿段钢轨电感L与电容C视为串联谐振，补偿电容器的补偿原理如图4.9所示。

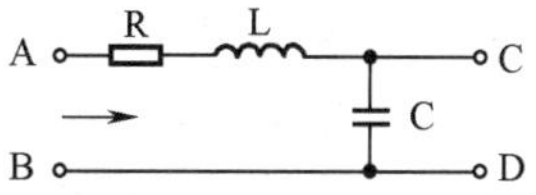

图4.9　补偿电容器的补偿原理

这样，在补偿段入口端(A、B)取得一个趋于电阻性负载R，在出口端 (C、D)取得一个较高的输出电平。

我国轨道电路道床电阻标准为1.0 Ω·km，而且存在着低道床电阻的情况，一般认为补偿电容电容量与载频频率、道床电阻、电容器设置方式和设置密度、轨道电路传输作用要求等有关。

一般载频频率低，补偿电容电容量大；最小道床电阻低，补偿电容电容量大；轨道电路只考虑加大机车信号入口电流，不考虑列车分路状态时，补偿电容电容量大。

为保证轨道电路调整、分路及机车信号同时满足一定要求时，补偿电容电容量应有一个优选范围。

补偿电容器设置密度加大，有利于改善列车分路，减少轨道电路中列车分路电流的波动范围，有利于延长轨道电路传输长度；过密设置又增加了成本，带来维修的不便，要适当考虑。

③补偿电容器的设置方式

补偿电容器的设置方式在区间宜采用“等间距法”。先确定本区段轨道电路补偿长度$L_{补}$，$L_{补}$为无绝缘轨道电路两端调谐单元间的距离，即电气绝缘节中空芯线圈中心到另一电气绝缘节中空芯线圈中心的距离，或者从机械绝缘节到电气绝缘节中空芯线圈的距离，并非轨道电路长度。$L_{补}=L$(轨道电路长度)−29 m(电气绝缘节到电气绝缘节)或$L_{补}=L$(轨道电路长度)−14.5 m

(电气绝缘节到机械绝缘节)。然后按根据优选设计确定的补偿电容器总量 N 等分,其步长(等间距长度)$\Delta=L_{补}/n$。轨道电路两端按半步长($\Delta/2$),中间按全步长(Δ)设置电容,补偿电容器的设置如图 4.10 所示。安装允许误差±0.5 m。补偿电容器的配置,其容量根据轨道电路频率的不同而不同,其数量按照轨道电路的长度来确定,以获得最佳传输效果。

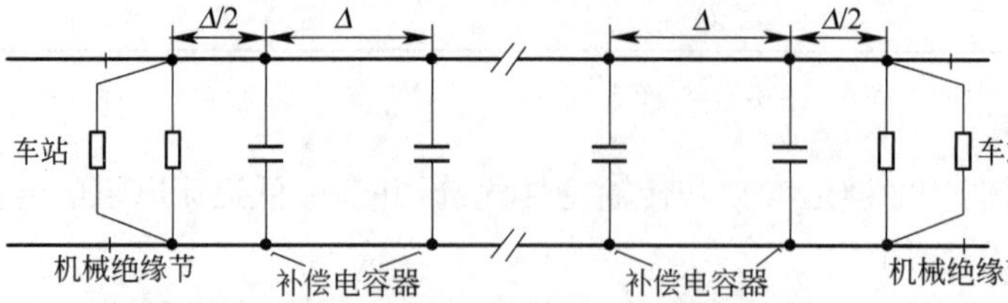

图 4.10　补偿电容器的设置

补偿电容器电容量:1 700 Hz　55(1±5%) μF(轨道电路长度 250～1 450 m)。
40(1±5%) μF(轨道电路长度 1 451～1 500 m)。
2 000 Hz　50(1±5%) μF(轨道电路长度 250～1 400 m)。
33(1±5%) μF(轨道电路长度 1 401～1 500 m)。
2 300 Hz　46(1±5%) μF(轨道电路长度 250～1 350 m)。
30(1±5%) μF(轨道电路长度 1 351～1 500 m)。
2 600 Hz　40(1±5%) μF(轨道电路长度 250～1 350 m)。
28(1±5%) μF(轨道电路长度 1 351～1 500 m)。

对于站内轨道电路电码化区段,按每 100 m 设一个补偿电容器(不足 100 m 按 100 m 计算),安装间距按电码化区段实际长度除以补偿电容器数量。

电容器采用电缆线焊接在电容器内部,轴向分两头引出,把电缆用环氧树脂灌封。电缆引线的连接方式有两种,一种是两端用锡焊接塞钉,塞钉镀锡;另一种是压接线鼻子,然后用专用销钉与钢轨连接。电容器的外壳材料为黑色 ABS 塑料。

综上,根据载频频率、最低道床电阻数值、轨道电路传输状态的要求,电容器容量、数量、设置方法得当,将大大改善轨道电路的传输性能,延长轨道电路传输长度。

(4)电缆

传输电缆采用国产内屏蔽铁路信号数字电缆 SPT,ϕ1.0 mm,总长度按 10 km 考虑。

SPT 铁路信号数字电缆可实现 1 MHz(模拟信号)、2 Mbit/s(数字信号)及额定电压交流 750 V 或直流 1 100 V 及以下铁路信号系统中有关设备和控制装置之间的联结,传输系统控制信息及电能。可在铁路电气化和非电气化区段使用。

该电缆不适用于:自动闭塞系统轨道电路相同频率的发送线对和接收线对使用同一电缆,自动闭塞系统轨道电路相同频率的发送线对或接收线对使用同一屏蔽四线组。

(5)BA、SVA、SVA′引接线

采用 3 600 mm、1 600 mm 钢包铜线,用于调谐单元、空芯线圈、机械绝缘节空芯线圈等设备与钢轨间的连接。

4. 室内设备

室内设备包括发送器、接收器、衰耗器和电缆模拟网络等。发送器、接收器、衰耗器安装在移频柜上,电缆模拟网络等安装在综合柜上。

(1)移频柜

区间移频柜供区间自动闭塞用,一个区间移频柜含10套ZPW-2000型自动闭塞设备,纵向5个组合,每个组合可装两个轨道电路的设备,包括发送器、接收器、衰耗器各两台及发送、接收断路器、3×18柱端子各两个。发送断路器为10 A,接收断路器为5 A。每个组合内接收器按对构成双机并用。移频柜布置(从配线侧看)如图4.11所示。

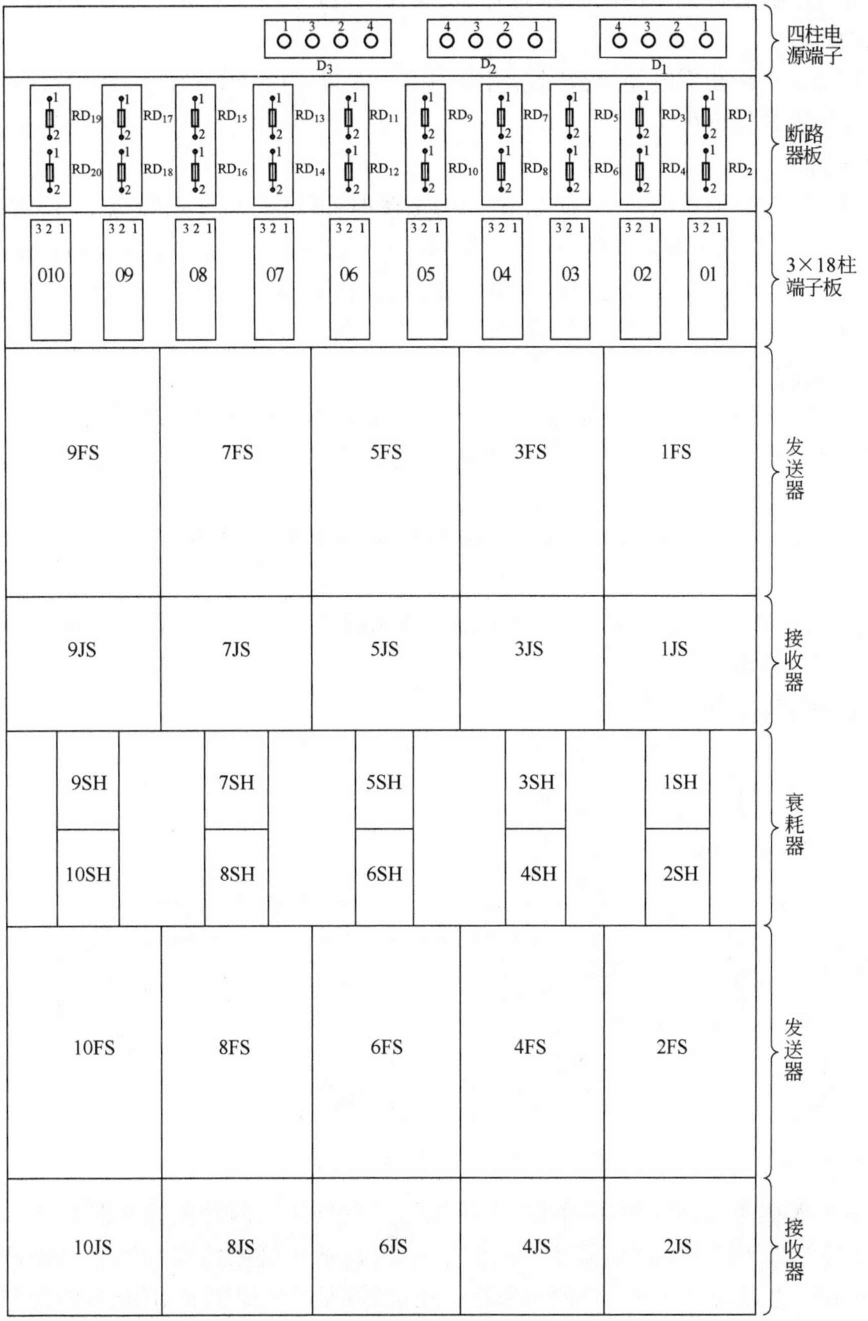

图4.11 移频柜布置(从配线侧看)

(2)综合柜

综合柜用来安装站防雷和电缆模拟网络信号隔离变压器、各种防雷组合单元(如灯丝防雷组合单元等)、站内隔离器托架。

综合柜最多可放 9 层 ZPW·XML_1 组匣,每层组匣可放 8 台 ZPW·PML_1 电缆模拟网络盘。

无绝缘防雷电缆模拟网络组匣也可直接安装在组合柜上,每个组匣可装 8 台 ZPW·PML_1 电缆模拟网络盘。

综合柜与无绝缘防雷电缆模拟网络组匣均用于放置室内防雷及电缆模拟网络设备,运用中根据实际情况选用即可。

(3)发送器

发送器采用载频通用型,"$n+1$"冗余方式,故障时,通过 FBJ 接点转至"+1"发送器,其结构基本同国产 18 信息移频自动闭塞(ZP·Y_1-18 型)发送盘。仅对激励放大器作变动,将原分立元件组成的射极输出器改为运算放大器组成的射极输出器,从而解决了射极负载为变压器时直流工作点难以调整、在温度变化时易影响工作稳定性的问题。

①发送器的作用

a. 用来产生高精度、高稳定性的移频信号。发送器有 18 种低频,载频频率有 8 种。

b. 产生足够功率的输出信号。发送器额定输出功率 70 W(400 Ω 负载)、最大输出功率 105 W。

c. 调整轨道电路。可根据轨道电路的具体情况,通过输出端子的不同连接,获得 10 种不同的发送电平。

d. 对移频信号进行自检测。发送器故障时给出报警及"$n+1$"冗余运用的转换条件。

②发送器的基本原理

发送器的原理如图 4.12 所示。

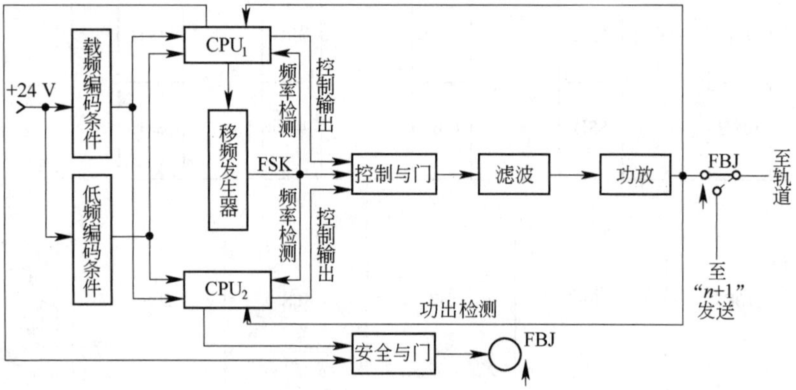

图 4.12　发送器的原理

同一载频编码条件、低频编码条件,以反码形式分别送入两套微处理器 CPU_1、CPU_2 中,其中 CPU_1 控制移频发生器产生低频控制信号为 F_C 的移频键控信号 FSK。移频信号分别送至 CPU_1、CPU_2 进行频率检测。检测结果符合规定后,即产生控制输出信号,经控制与门使移频信号送至滤波环节,实现方波—正弦波变换。功放输出的移频信号,送至两个 CPU 进行功出电压检测。两个 CPU 对 FSK 信号的低频、载频和幅度特征检测符合要求后,打开安全与门,使发送报警继电器 FBJ 励磁,并使经过功放的移频信号输出至轨道。当发送输出端短路时,经检测使“控制与门”有 10 s 的关闭(装死或称休眠保护)。

③发送器的主要环节

a. 微处理器和可编程逻辑器件

发送器采用双 CPU、双软件、双套检测电路、闭环检查。CPU 采用 80C196,其中 CPU_1 控制产生移频信号。CPU_1、CPU_2 还担负着移频输出信号的低频、载频及幅度特征的检测等功能。

FPGA 为现场可编程门阵列,由它构成移频发生器,并行 I/O 扩展接口、频率计数器等。

(a)低频和载频编码条件的读取

低频和载频编码条件读取电路如图 4.13 所示。对于 18 种低频,分别设置读取电路,共 18 个;对于载频,则按 4 种频率和 1、2 型设置,共 8 个。由编码继电器接点接入编码条件电源(+24 V)。

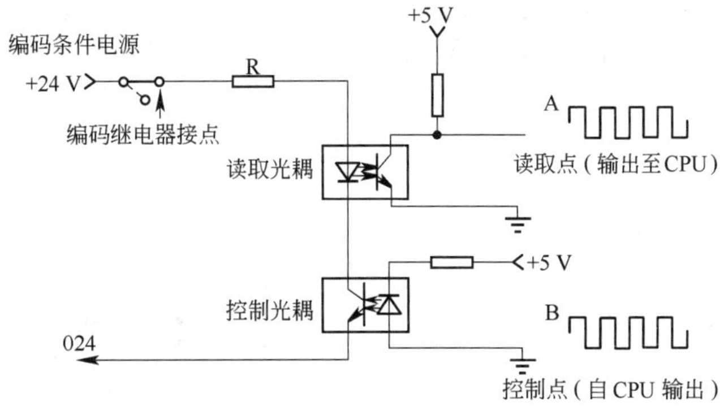

图 4.13 低频和载频编码条件读取电路

低频和载频编码条件读取时,为消除配线干扰,采用+24 V 电源及电阻 R 构成“功率型”电路。

考虑“故障—安全”的原则,将 24 V 直流电源变换成交流,呈动态检测方式,并将外部编码控制电路与 CPU 等数字电路有效隔离,电路中设置了读取光耦、控制光耦。由 B 点送入方波信号,当+24 V 编码条件电源沟通时,即可从读取光耦受光器 A 点获得与 B 点相位相同的方波信号,送至 CPU,实现编码条件的读取。

控制光耦与读取光耦的设置,实现了对电路元件故障的动态检查。任一光耦的发光源,受光器发生短线或击穿等故障时,读取光耦 A 点都得不到动态的交流信号,以此实现“故障—安全”。另外,采用光电耦合器也实现了外部编码控制电路与 CPU 数字电路的隔离。

(b)移频信号的产生

低频、载频编码条件通过并行 I/O 接口分别送到两个 CPU 后,首先判断该条件是否有且仅有一路。满足条件后,CPU_1 通过查表得到该编码条件所对应的上、下边频数值,控制移频发生器,产生相应移频键控(FSK)信号,并由 CPU_1 进行自检,由 CPU_2 进行互检,条件不满足,将由两个 CPU 构成故障报警。

为保证“故障—安全”,CPU_1、CPU_2 及用于移频发生器的可编程逻辑器件分别采用各自独立的时钟源。

经检测后，两 CPU 各产生一个控制信号，经过控制与门，将 FSK 信号送至方波—正弦波变换器。

b. 方波—正弦波变换器

该变换器是由可编程低通滤波器 260 集成芯片构成，适当选取其截止频率，对 1 700 Hz、2 600 Hz三次及以上谐波的有效衰减，获得良好的正弦波波形，这样移频信号的失真度小、幅度差小，以充分利用信号能量，达到最佳的信号传输效果。

c. 激励放大器

为满足“故障—安全”的要求，激励放大器采用射极输出器。为提高输入阻抗，提高射极输出器信号的直线性，减少波形失真，免除静态工作点的调整及电源电压对放大器工作状态的影响，激励放大器采用运算放大器。激励放大器电路如图 4.14 所示。

d. 功率放大器

从“故障—安全”及提高功出电压稳定性考虑，功率放大器采用射极输出器，为共集电极乙类推挽放大器。功率放大器简化电路如图 4.15 所示。移频信号经过 B_5 输入至功率放大器，VT_{30}、VT_{18} 分别对输入信号的正、负半周进行放大。功率放大器电路如图 4.16 所示。

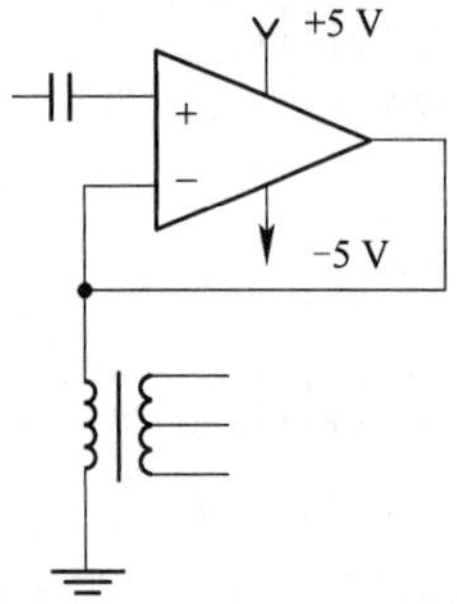

图 4.14　激励放大器电路

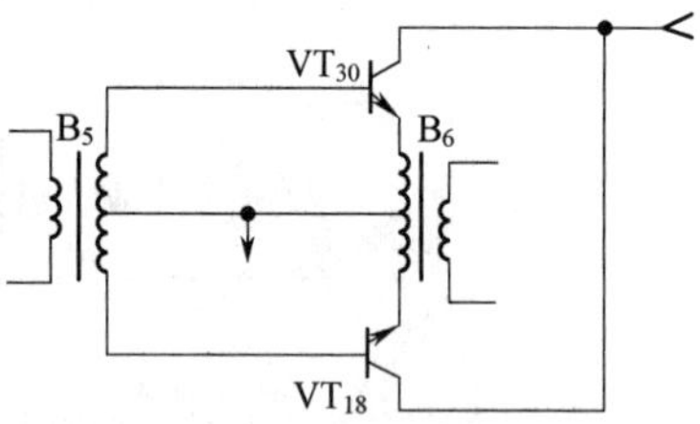

图 4.15　功率放大器简化电路

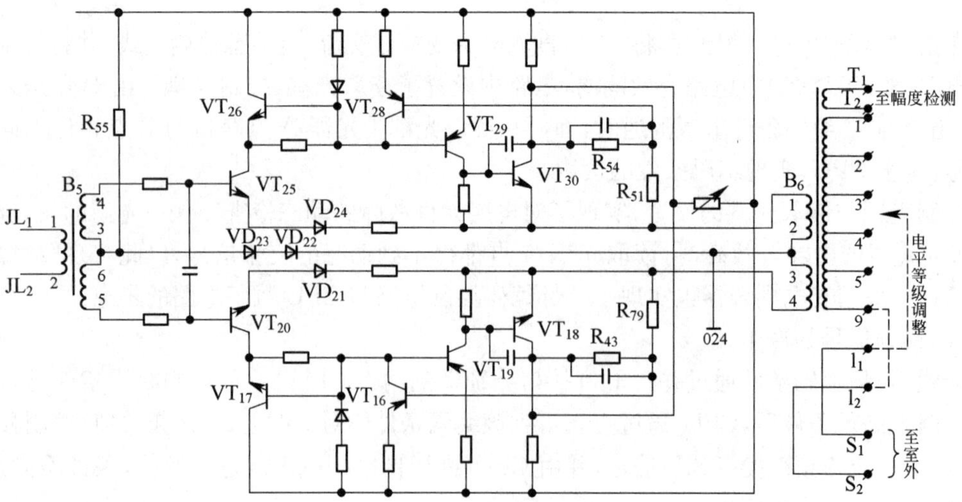

图 4.16　功率放大器电路

在电路设计中,考虑了以下情况:

(a)鉴于输出功率较大,直接由 B_5 通过功率管推动 B_6,这需要 B_5 有较大的输出功率,增加了前级电路负荷。为此,在构成功率放大器过程中,VT_{30}(VT_{18})选用达林顿大功率三极管,并由 VT_{25}、VT_{29} 与 VT_{30}(VT_{20}、VT_{19} 与 VT_{18})构成多级复合放大。这样,大大减轻了前级的负荷。

(b)二极管 VD_{24}(VD_{21})用于 VT_{25}(VT_{20})反向过压的保护。

(c)VT_{26}(VT_{17})也构成过电流保护。当 VT_{25}(VT_{20})的 I_c 过高时,VT_{26}(VT_{17})将导通,构成对后级的"箝位"控制。

(d)VT_{28}(VT_{16})用于 VT_{30}(VT_{18})输入过流的保护。当过流时,通过 R_{54}、R_{51}(R_{43}、R_{79})分压使 VT_{28}(VT_{16})导通,使 VT_{29}(VT_{19})截止。

为了解决 eb"死区"所造成的交越失真,由 R_{55} 和二极管 VD_{23}、VD_{22} 给定的偏压,使 VT_{25}(VT_{20})的 eb 结处于放大状态。

e. 安全与门电路

数字电路中,往往采用相互独立的两路非"故障—安全"数字电路,该电路由统一外控条件控制,每路数字电路对信息执行结果判断符合要求后,各自送出一组连续方波动态信号以保证"故障—安全"。另外专门设计一个有两个分立元件构成的具有"故障—安全"保证的安全与门,对两组连续方波动态信号进行检查。安全与门在确认两组动态信号同时存在条件下,方可驱动执行继电器。两数字电路间的联系为数字交换或自检、互检及闭环检查等。发送器安全与门电路如图 4.17 所示。

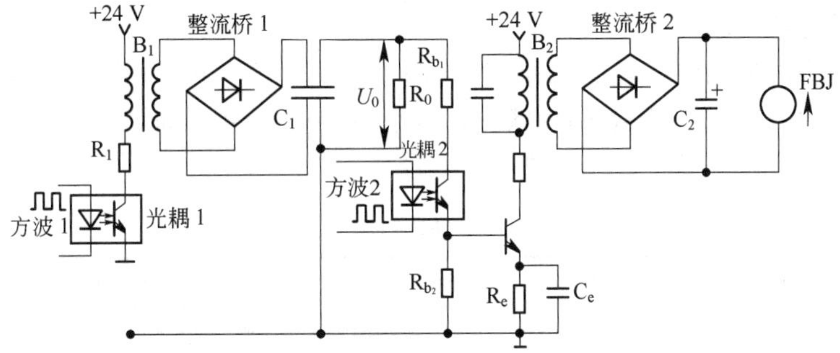

图 4.17 发送器安全与门电路

方波 1、方波 2 分别表示由 CPU_1、CPU_2 单独送出的方波动态信号。光耦 1、光耦 2 用于模拟电路与数字电路间的隔离。

变压器 B_1 将方波 1 信号变化读出,经整流桥 1 整流及电容器 C_1 滤波,在负载 R_0 上产生一个独立的直流电源 U_0。该独立电源反映了方波 1 的存在,并作为执行电路开关三极管的基极偏置电源。方波 2 信号通过光耦 2 控制开关三极管偏置电路。

在方波 1、方波 2 同时存在的条件下,通过变压器 B_2、整流桥 2 整流及电容器滤波使 FBJ 励磁。

可以看出,FBJ 吸起反映方波 1 和方波 2 的同时存在。电路中,R_1 用于限流。C_1 采用四端头,是为检查电容器断线,防止独立电源 U_0 出现较大的交流纹波。R_{b1} 为上偏置电阻,R_{b2} 为漏泄电阻,保证无方波 2 信号时,三极管的可靠关闭。R_e 作为光耦 2 长期固定导通时的恒流保护，同时用作 FBJ 电压的调整。C_e为交流旁路电容。采用 B_1、B_2变压器耦合提取交流信号都为了保证电路的“故障—安全”。

发生故障时，一般表现为固定的高电平或低电平。为此，可把动态方波信号作为正常工作信号。两 CPU 正常工作时分别产生方波信号，通过安全与门，产生一个直流信号，驱动 FBJ。如果没有任何一路方波信号，就不会产生直流信号，FBJ 落下，断开移频信号的输出。安全与门原理如图 4.18 所示。

f. 表示灯电路

发送器设有工作表示灯和故障表示灯。工作表示灯设在衰耗盘内，图 4.19 为其电路图。工作表示灯与 FBJ 线圈条件相并联，R 用作限流，N 为工作指示灯，光耦提供发送报警接点。

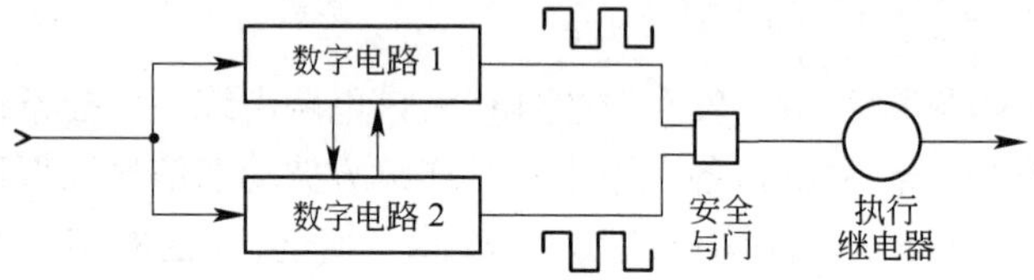

图 4.18　安全与门原理

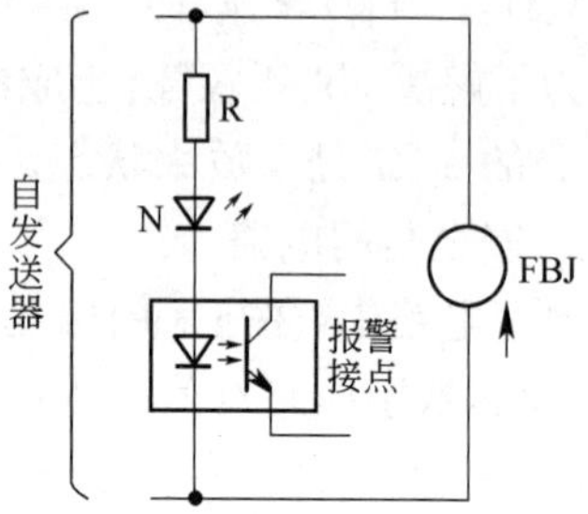

图 4.19　工作表示灯电路

发送工作正常时，工作表示灯亮，报警接点通。发送故障时，工作表示灯灭，报警接点切断车站移频报警继电器 YBJ 电路。

为便于检修所对复杂数字电路的维修，盒内针对每一套 CPU 设置了一个指导维修人员查找设备故障的故障表示灯，用其闪动状况，表示它可能出现的故障点。发送器故障表示灯见表 4.8。

表 4.8　发送器故障表示灯

闪动次数	含　义	可能的故障点
1	低频编码条件故障	低频编码条件线断线或混线。 相应的光耦被击穿或断线。 相应的稳压管二极管被烧断或击穿
2	功出电压检测故障	负载短路。 功放电路故障。 滤波电路故障。 其他故障引起
3	低频频率检测故障	JT_3、JT_4 或 N_{16}故障。 J_1 断线
4	上边频检测故障	JT_3、JT_4 或 N_{16}故障。 J_1 断线
5	下边频检测故障	JT_3、JT_4 或 N_{16}故障。 J_1 断线

续上表

闪动次数	含　义	可能的故障点
6	型号选择条件故障	型号选择条件线断线或混线。 相应的光耦击穿或断线。 相应的稳压管二极管被烧断或击穿
7	载频编码条件故障	载频编码条件线断线或混线。 相应的光耦被击穿或断线

④发送器的插座板端子及外线连接

发送器插座板如图4.20所示。发送器插座板上的端子代号及说明见表4.9。发送器外线连接如图4.21所示。发送器发送电平级电压见表4.10。

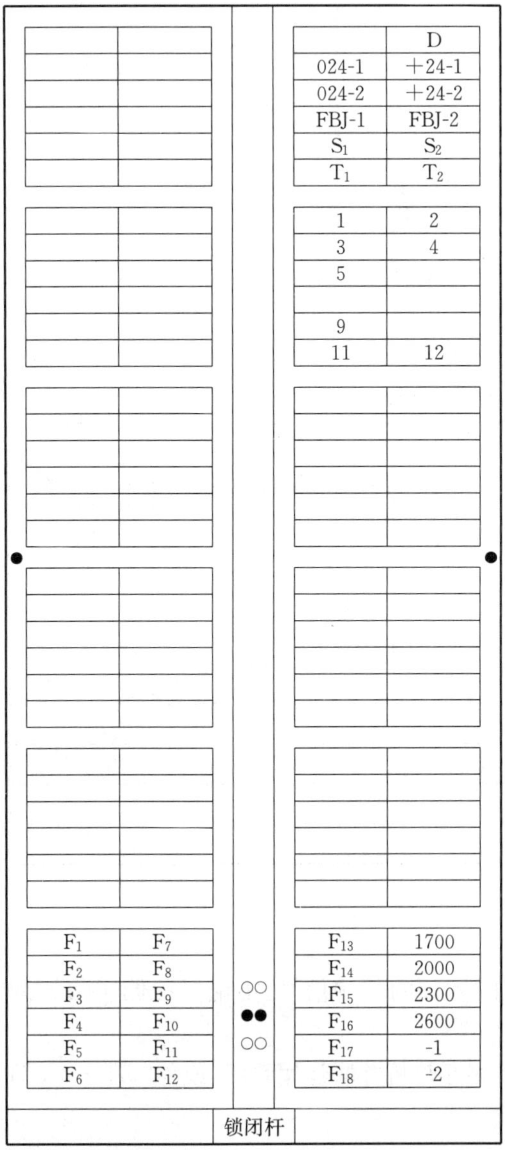

●为鉴别销位置。

图4-20　发送器插座板

表4.9　发送器插座板上的端子代号及说明

序号	代　号	用　途
1	D	地线
2	+24-1	+24 V电源外引入线
3	024-2	载频编码用+24 V电源(+1FS除外)
4	024-1	024电源外引入线
5	024-2	备用
6	1700	1 700 Hz载频
7	2000	2 000 Hz载频
8	2300	2 300 Hz载频
9	2600	2 600 Hz载频
10	-1	1型载频选择
11	-2	2型载频选择
12	F_1～F_{18}	29～10.3 Hz低频编码选择线
13	1～5、9、11、12	功放输出电平调整端子
14	S_1、S_2	功放输出端子
15	T_1、T_2	测试端子
16	FBJ-1、FBJ-2	外接FBJ(发送报警继电器端子)

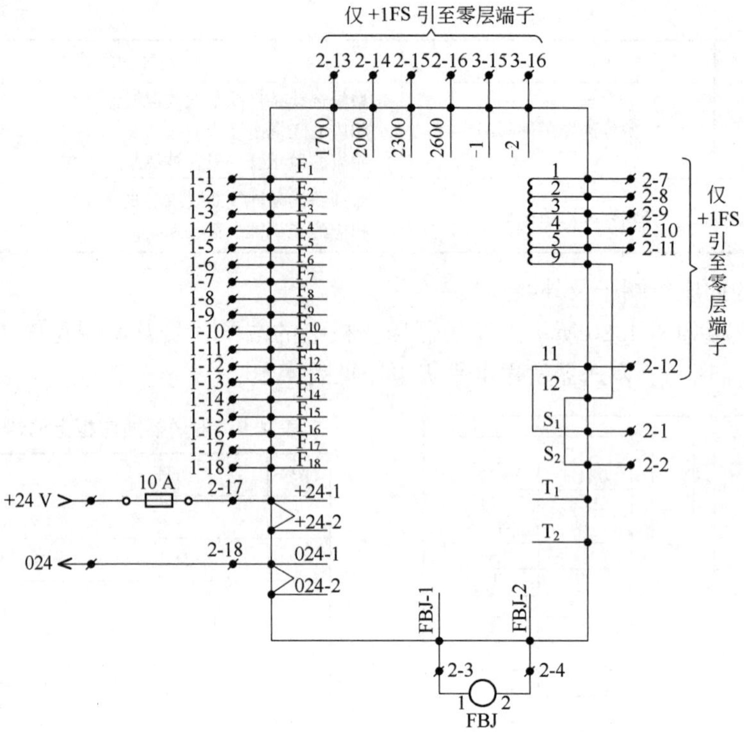

图 4.21 发送器外线连接示意

表 4.10 发送器发送电平级电压

电平级	连接端子	电压/V	备 注
1	1-11 9-12	170	常用级，站内轨道电路电码化固定用 1 级
2	2-11 9-12	156	常用级
3	3-11 9-12	135	常用级
4	4-11 9-12	110	常用级
5	5-11 9-12	77	常用级
6	1-11 4-12	62	
7	3-11 5-12	58	
8	2-11 4-12	46	
9	1-11 3-12	35	
10	4-11 5-12	33	

注：区间常用 1～5 电平级；站内电码化固定用 1 级。

(4)接收器

接收器为无选频方式，接收到对应本闭塞分区的载频的移频信号，不论何种低频信号调制，都使轨道继电器吸起，相当于一个电子继电器。

接收器双机并联运用设计，与另一台接收器构成相互热机并联运用系统(或称“0.5＋0.5”)以保证接收器的高可靠运用。

①接收器的作用

接收器用来接收主轨道电路和相邻区段发送器在调谐区构成的信号。

a. 用于对主轨道电路移频信号的解调，并配合与送电端相连接小轨道电路的检查条件，动作 GJ。

b. 实现对与受电端相连接小轨道电路移频信号的解调，给出小轨道电路执行条件，送至相邻轨道电路接收器。

c. 检查轨道电路完好，减少分路“死区”长度，还用接收门限控制实现对 BA 断线的检查。

在轨道电路调整状态下：主轨道接收电压不小于 240 mV；主轨道继电器电压不小于 20 V（1 700 Ω 负载，无并机接入状态下）；小轨道接收电压不小于 33.3 mV；小轨道继电器或执行条件电压不小于 20 V（1 700 Ω 负载，无并机接入状态下）。

②接送器的成对双机并联运用

接收器由本接收“主机”及另一接收“并机”两部分组成，构成成对双机并联运用，双机并联运用原理如图 4.22 所示。

A 主机输入接至 A 主机且并连接至 B 并机；B 主机输入接至 B 主机且并连接至 A 并机。A 主机输出与 B 并机输出并联，动作 A 主机相应执行对象（AGJ）；B 主机输出与 A 并机输出并联，动作 B 主机相应执行对象（BGJ）。

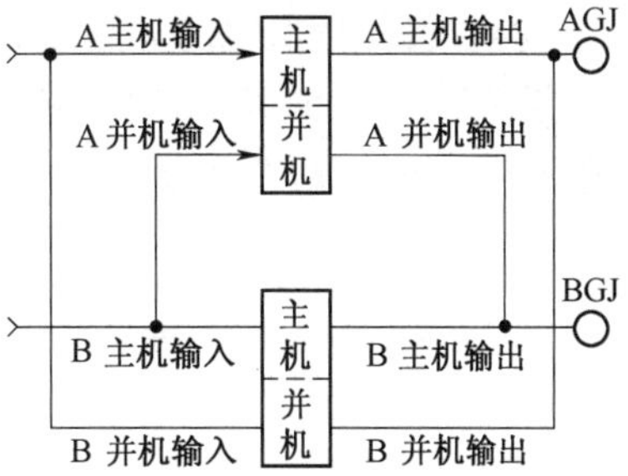

图 4.22 双机并联运用原理

③接收器的基本原理

接收器采用 DSP 进行解调，增加了调谐区轨道电路的输入、调整、采集、执行环节，接收器原理如图 4.23 所示。

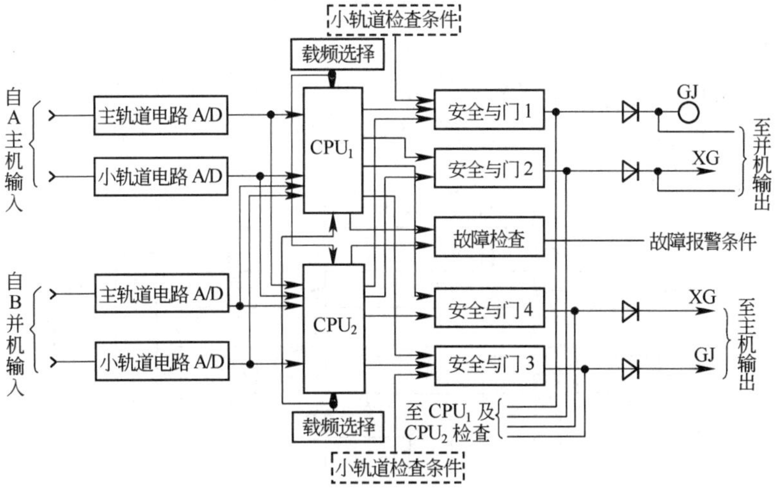

图 4.23 接收器原理

主轨道电路 A/D、小轨道电路 A/D 为模数转换器，将主机、并机输入的模拟信号转换成计算机能处理的数字信号。CPU_1、CPU_2完成主机、并机载频判定、信号采样、信息判决和输出驱动等功能。安全与门 1～安全与门 4 将两路 CPU 输出的动态信号变成驱动继电器（或执行条件）的直流输出。载频选择电路根据要求，利用外部的接点，设定主机、并机载频信号，由 CPU 进行判决，确定接收盒的接收频率。

接收器根据外部所确定载频条件，送至两 CPU，通过各自识别，并通信、比较确认一致，视为正常，不一致时，视为故障并报警。外部送进来的信号，分别经过主机、并机两路模数转换器转换成数字信号。两套 CPU 对外部 4 路信号进行单独的运算、判决处理。表明接收信号符合幅度、载频、低频要求时，就输出 3 kHz 的方波，驱动安全与门。安全与门收到两路方波后，就转换成直流电压带动继电器。如果双 CPU 的结果不一致，安全与门输出不能构成且同时报警。电路中增加了安全与门的反馈检查，如果 CPU 有动态输出，那么安全与门就应该有直流输出，否则就认为安全与门故障，接收器也报警。如果接收器收到的信号电压过低，就认为是列车分路。

④接收器的主要环节

a. 载频读取电路

接收载频读取电路如图 4.24 所示，它与发送器低频、载频读取电路类似，载频通过相应端子接通 24 V 电源确定，通过光电耦合器将静态的直流信号转换成动态的交流信号，由双 CPU 进行识别和处理，并实现外界电路与数字电路的隔离。

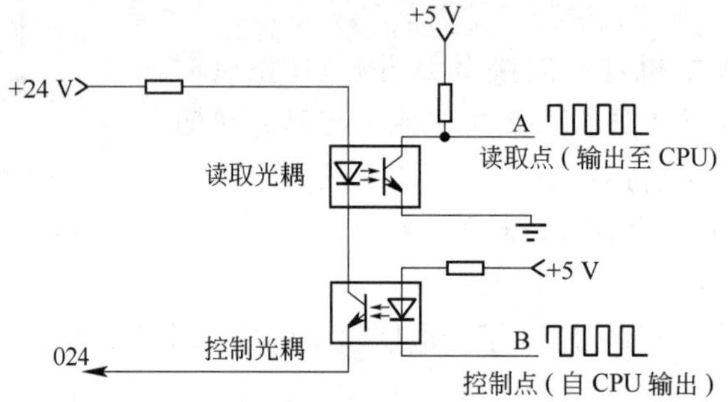

图 4.24　接收载频读取电路

b. 微处理器电路

微处理器电路如图 4.25 所示，微处理器电路采用双 CPU、双软件。两套软件、硬件对信号单独处理，将结果相互校核，实现"故障—安全"。CPU 采用数字信号处理器 DSP(TMS320C32 型)。

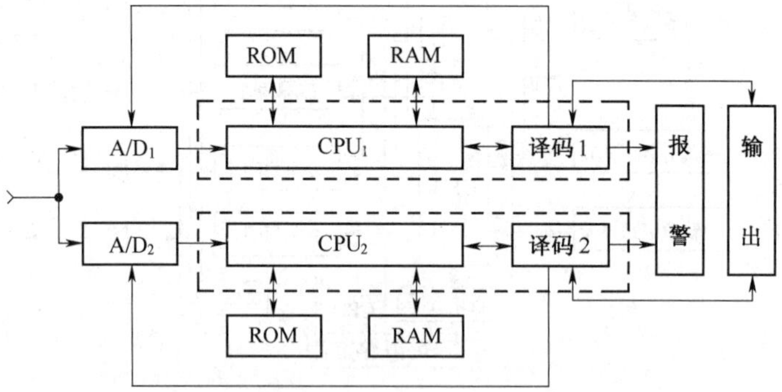

图 4.25　微处理器电路

数字信号处理(digital signal processer，DSP)器是数字信号处理的硬件部分，它把算术逻辑单元、乘法器、控制器和数据存储器(只读存储器 ROM、随机存储器 RAM、寄存器)集成在一个芯片，既具有一般 CPU 的运算和控制能力，又具有实现数字信号处理所需要的运算能力和速度，其每秒钟能完成一千万次加法或乘法运算，除运算 FFT(快速傅里叶变换)外，还能作数字滤波等数字信号处理。另外，它还具有普通微机的特性，能提供一整套完整的输入、输出、逻辑运算及其他控制功能指令。数字信号处理常用数字滤波和 FFT(fast fourier transform)

两种处理方法。

数字滤波不同于传统的模拟滤波，它实际上是一种运算或一种数字处理系统。将所需滤波的实际信号由模数转换按一定采样频率变成数字信号，输入数字信号处理器，按一定的算法进行运算，滤除各种干扰，提取所需要的信号，从而完成滤波功能。

FFT即快速傅里叶变换算法，是在离散傅里叶变换(DFT)基础上出现的快速算法。DFT是数字信号处理中最基础、最重要的运算，可用作频谱分析、解调等。但计算量相当可观，所需时间过长，难以"实时"实现。其实其中包含大量重复运算，如运用FFT，则可大幅度降低乘法计算量或将乘法变成加法来运算或采取其他方法加快运算速度，满足"实时"的要求。

CPU完成信号的采样、运算判决和控制功能，该CPU每秒钟能完成一千万次浮点加法、减法或乘法运算。数据存储器(RAM)用于存放采集的数据和运算的结果。数据存储器供电后可以对其进行读/写处理，断电后其内部数据就消失不保存。程序存储器(EPROM)是程序的载体，CPU执行的指令和运算需要的常数存储在其中。ROM中的信息通过编程写入，断电后数据仍能保持。如果需要擦除其中的信息，可通过紫外线照射擦除，可反复使用。译码器完成CPU与EPROM、RAM、A/D及输入/输出接口(I/O)等之间的逻辑关系。输出电路根据CPU对输入信号分析的结果，经过通信相互校核后，输出动作相应的继电器。

报警电路如图4.26所示，CPU定时对RAM、EPROM和CPU中的存储器进行检查，也对载频电路和安全与门电路进行检查，根据检查的结果和双CPU进行通信相互校核的结果，决定给出相应告警条件。

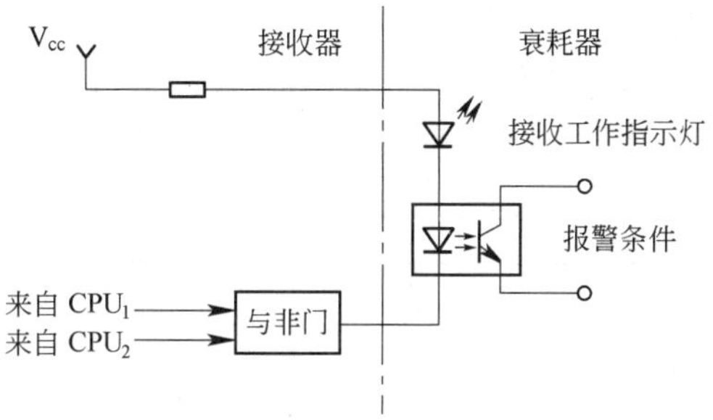

图4.26 报警电路

来自两个CPU的信号，经过一个与非门后，控制报警电路。如果正常，CPU就输出一个高电平，与非门输出一个低电平，这时衰耗器接收工作表示灯点亮，光耦导通，给外部提供一个导通的条件，构成总移频报警电路。如果发现故障，CPU就输出低电平，与非门输出高电平，工作表示灯灭，光耦断开，构成报警电路。

辅助电路主要有时钟电路、通信时钟电路等。时钟是CPU工作的动力，其大小也反映了CPU的工作速度，现在CPU时钟电路采用的是40 MHz的晶振。通信时钟电路是双CPU通信时的外部时钟，该时钟通过对CPU的输出频率分频后，再提供给CPU通信用。通信时钟约200 kHz。

上电复位及"看门狗"的电路主要由微处理监督定时器MAX705和与非门组成。刚开机时，CPU需要一个几百毫秒的低电位使CPU能进行复位。正常工作后，为了保证程序按照设计的流程循环运行，在程序的运行过程中，定时给MAX705一个信号，使其保持高电平输出。如果程序的运行出了问题或接收器出现了"死机"，MAX705没有收到CPU的定时信号，就输出一个低电平，使CPU重新复位，使其重新开始执行。

c. 安全与门电路

安全与门电路有 4 个，分别带动主机轨道继电器、并机轨道继电器及提供主机小轨道继电器、并机小轨道继电器的执行条件，其电路原理与发送器安全与门电路类似，接收器安全与门电路如图 4.27 所示。

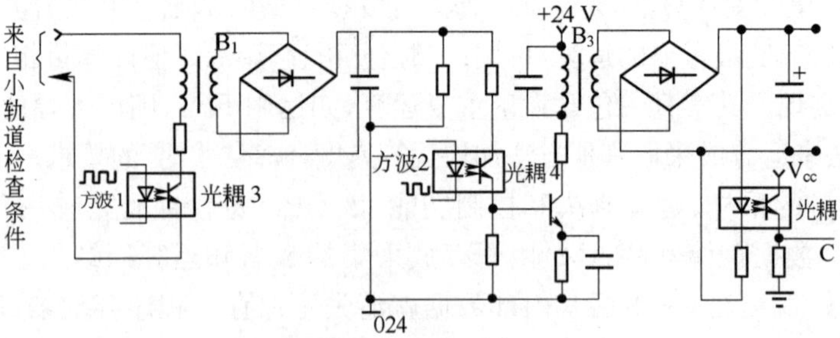

图 4.27 接收器安全与门电路

光耦 5 用于对安全与门电路故障的检测。当方波 1、方波 2 存在，安全与门没有输出时，从 C 点电位回送至 CPU 电路，构成报警。

d. 表示灯电路

表示灯包括工作表示灯和故障表示灯。

工作表示灯接在接收器报警电路中，安装在衰耗器上。接收器工作正常时，工作表示灯点亮；故障时，工作表示灯熄灭。

为便于检修所对复杂数字电路的维修，接收器内针对每一套 CPU 设置了一个指导维修人员查找设备故障的“故障表示灯”，用其闪动状况表示它可能出现故障点。接收器故障表示见表 4.11。

表 4.11 接收器故障表示

闪动次数/N	含 义	可能的故障点
1	CPU 故障	RAM 故障。 CPU 内部 RAM 故障
2	主机载频故障	载频输入条件没有或有两个及以上。 相应的光耦被击穿
3	备机载频故障	载频输入条件没有或有两个及以上。 相应的光耦被击穿
4	通信故障	CPLD 故障或另一 CPU 故障
5	安全与门 1 故障	安全与 1 输出电路故障
6	安全与门 2 故障	安全与 2 输出电路故障
7	安全与门 3 故障	安全与 3 输出电路故障
8	安全与门 4 故障	安全与 4 输出电路故障
9	EPROM 故障	—

⑤接收器插接板端子及外线连接

接收器插接板如图 4.28 所示。接收器插接板上端子代号及说明见表 4.12。接收器外线连接如图 4.29 所示。

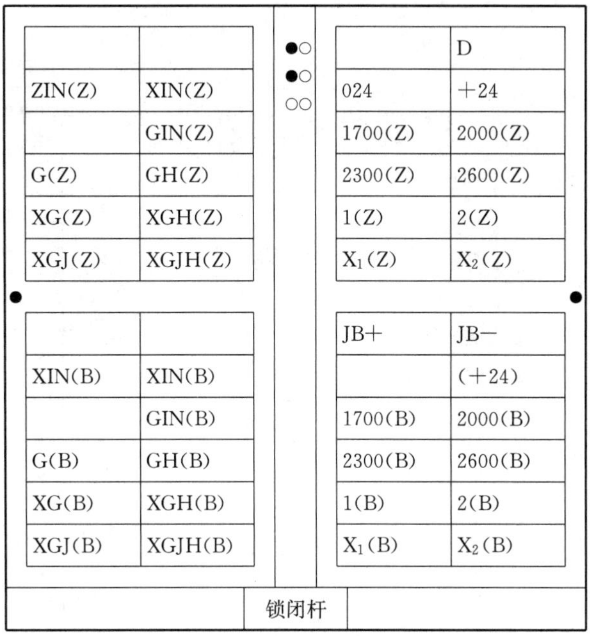

●为鉴别销位置。

图 4.28　接收器插接板

表 4.12　接收器插接板上端子代号及说明

序号	代号	用　　途	序号	代号	用　　途
1	D	地线	21	XGJH(Z)	主机小轨道检查回线
2	+24	+24 V 电源	22	1700(B)	并机 1 700 Hz 载频
3	(+24)	+24 V 电源(由设备内给出，用于载频及类型选择)	23	2000(B)	并机 2 000 Hz 载频
4	024	024 V 电源	24	2300(B)	并机 2 300 Hz 载频
5	1700(Z)	主机 1 700 Hz 载频	25	2600(B)	并机 2 600 Hz 载频
6	2000(Z)	主机 2 000 Hz 载频	26	1(B)	并机 1 型载频选择
7	2300(Z)	主机 2 300 Hz 载频	27	2(B)	并机 2 型载频选择
8	2600(Z)	主机 2 600 Hz 载频	28	X_1(B)	并机小轨道 1 型载频选择
9	1(Z)	主机 1 型载频选择	29	X_2(B)	并机小轨道 2 型载频选择
10	2(Z)	主机 2 型载频选择	30	ZIN(B)	并机轨道信号输入
11	X1(Z)	主机小轨道 1 型载频选择	31	XIN(B)	并机邻区段小轨道信号输入
12	X2(Z)	主机小轨道 2 型载频选择	32	GIN(B)	并机轨道信号输入共用回线
13	ZIN(Z)	主机轨道信号输入	33	G(B)	并机轨道继电器输出线
14	XIN(Z)	主机邻区段小轨道信号输入	34	GH(B)	并机轨道继电器回线
15	GIN(Z)	主机轨道信号输入共用回线	35	XG(B)	并机小轨道继电器(或执行条件)输出线
16	G(Z)	主机轨道继电器输出线	36	XGH(B)	并机小轨道继电器(或执行条件)回线
17	GH(Z)	主机轨道继电器回线	37	XGJ(B)	并机小轨道检查输入
18	XG(Z)	主机小轨道继电器(或执行条件)输出线	38	XGJH(B)	并机小轨道检查回线
19	XGH(Z)	主机小轨道继电器(或执行条件)回线	39	JB+	接收故障报警条件“+”
20	XGJ(Z)	主机小轨道检查输入	40	JB−	接收故障报警条件“−”

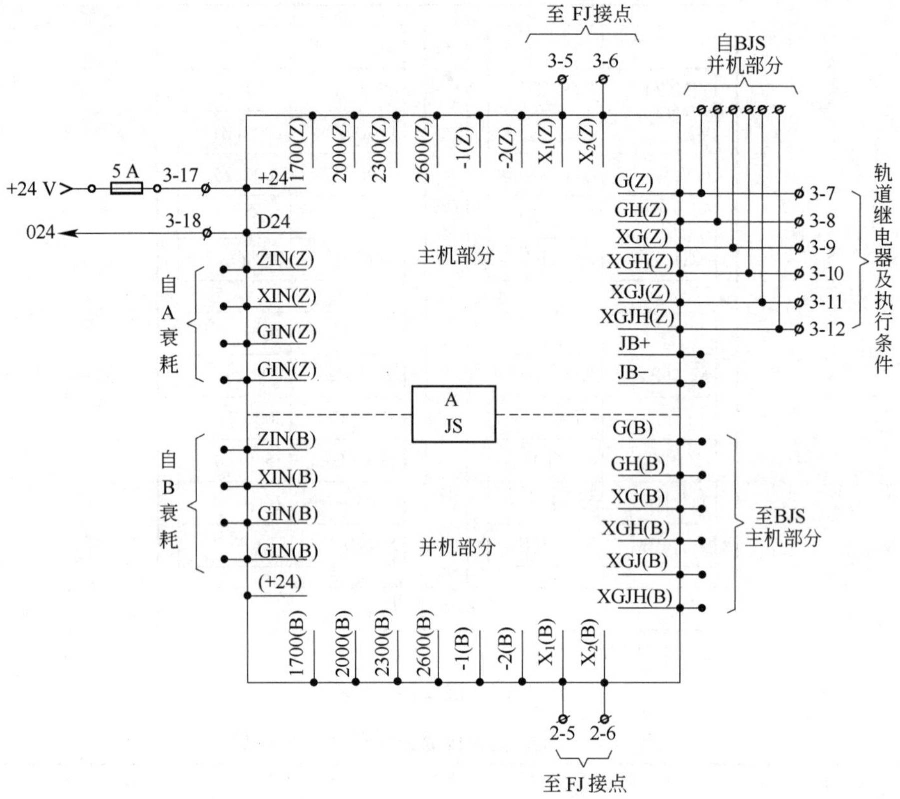

图 4.29 接收器外线连接示意

(5)衰耗器

衰耗器在使用中有两种类型，ZPW·PS 型与 ZPW·PS_1型。无论是 ZPW·PS 型还是 ZPW·PS_1型，其作用、原理都基本一样，两者仅在测试塞孔引出方面有差异。

①衰耗器的作用

a. 用作对主轨道电路的接收端输入电平调整。

b. 对小轨道电路的调整(含正、反方向)。

c. 给出有关发送、接收用电源电压、发送功出电压的测试插孔。

d. 给出发送、接收故障报警和轨道占用指示灯等。

e. 提供监测条件。

②衰耗器的电路原理

衰耗器的电路包括轨道输入电路、小轨道电路输入电路和表示灯电路，ZPW·PS 型衰耗器电路如图 4.30 所示。

a. 轨道输入电路

主轨道信号自 C_1、C_2输入变压器 B_1，B_1变压器阻抗约为 36～55 Ω(1 700～2 600 Hz)，以稳定接收器输入阻抗，该阻抗选择较低，以利于抗干扰。

变压器 B_1匝比为 116∶(1～146)。次级通过变压器抽头连接，可构成 1～146 共 146 级变化，按调整表调整接收电平。

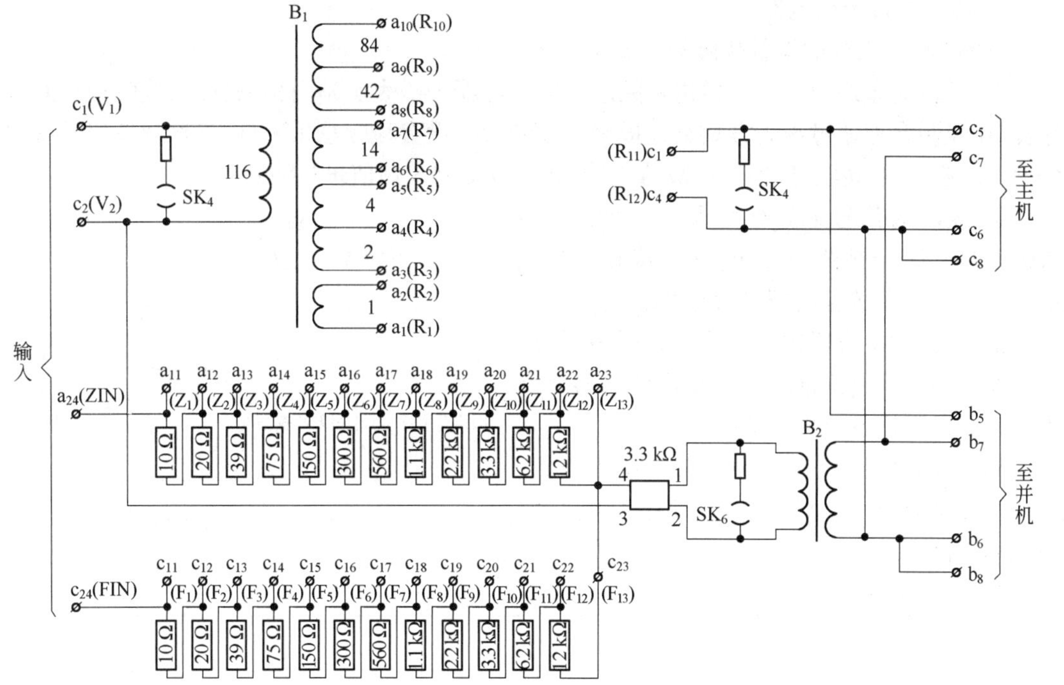

图 4.30　ZPW · PS 型衰耗器电路

b. 小轨道电路输入电路

根据方向电路变化，接收端将接至不同的两端短小轨道电路，故短小轨道电路的调整按正、反两方向进行。正方向调整用 a_{11} ～ a_{23} 端子，反方向调整用 c_{11} ～ c_{23} 端子，负载阻抗为 3.3 kΩ。

为提高 A/D 模数转换器的采样精度，短小轨道电路信号经过 1∶3 升压变压器 B_2 输出至接收器。

c. 表示灯电路

发送工作灯通过发送器 FBJ 条件构成，并通过光耦 1 接通发送报警条件（BJ-1、BJ-2）。正常时光耦 1 输入端的发光二极管导通，发送工作灯点亮，并通过光耦 1 输出端（BJ-1、BJ-2）控制移频总报警继电器 YBJ。故障时光耦 1 无输出，发送工作灯灭灯。

接收工作灯通过输入接收器 JB＋、JB－条件构成，并通过光耦 2 接通接收报警条件（BJ-2、BJ-3）。正常时光耦 2 输入端的发光二极管导通，接收工作灯点亮。同时也通过光耦 2 输出端（BJ-3、BJ-2）控制移频总报警继电器 YBJ。故障时光耦 2 无输出，接收工作灯灭灯。

轨道占用灯通过输入接收器 G、GH 条件构成，轨道空闲时光耦 4 导通，其输出端发光二极管被短路轨道占用灯灭灯。轨道占用时，通过光耦 4 的受光器关闭，使轨道占用灯点灯。在 ZPW · PS_1 型衰耗盘中，轨道电路空闲显示绿灯，占用显示红灯。

“＋1 发送”只有发送没有接收设备时仅接入 BJ-1、BJ-2 条件。在车站接收设置总数为奇数、单独设置并机备用时，仅接入 BJ-2、BJ-3 条件。

d. 移频总报警继电器

ZPW-2000 系统的设备故障报警分为三级：

第一级：对车站值班员。通过移频总报警继电器失磁表示站内移频发送、接收设备有故障存在，在控制台上通过声光方式给以报警。控制台上设有移频总报警灯，当移频总报警继电器（YBJ）失磁时，点亮红灯，并通过故障电铃鸣响，以提醒车站值班员注意。

第二级：对信号工区维修人员。通过每段轨道电路所属衰耗器的发送工作、接收工作指示灯状态表示发送、接收器是否故障。

第三级：对检修所维修人员。通过发送器、接收器内部故障定位指示灯闪动次数向检修所维修人员提示设备故障的范围。

YBJ 控制电路仅在移频柜第一位置设置。YBJ 电路如图 4.31 所示，移频总报警电路如图 4.32 所示。

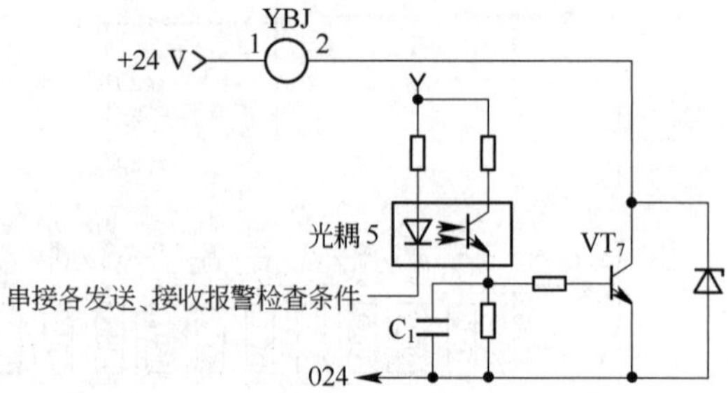

图 4.31　YBJ 电路

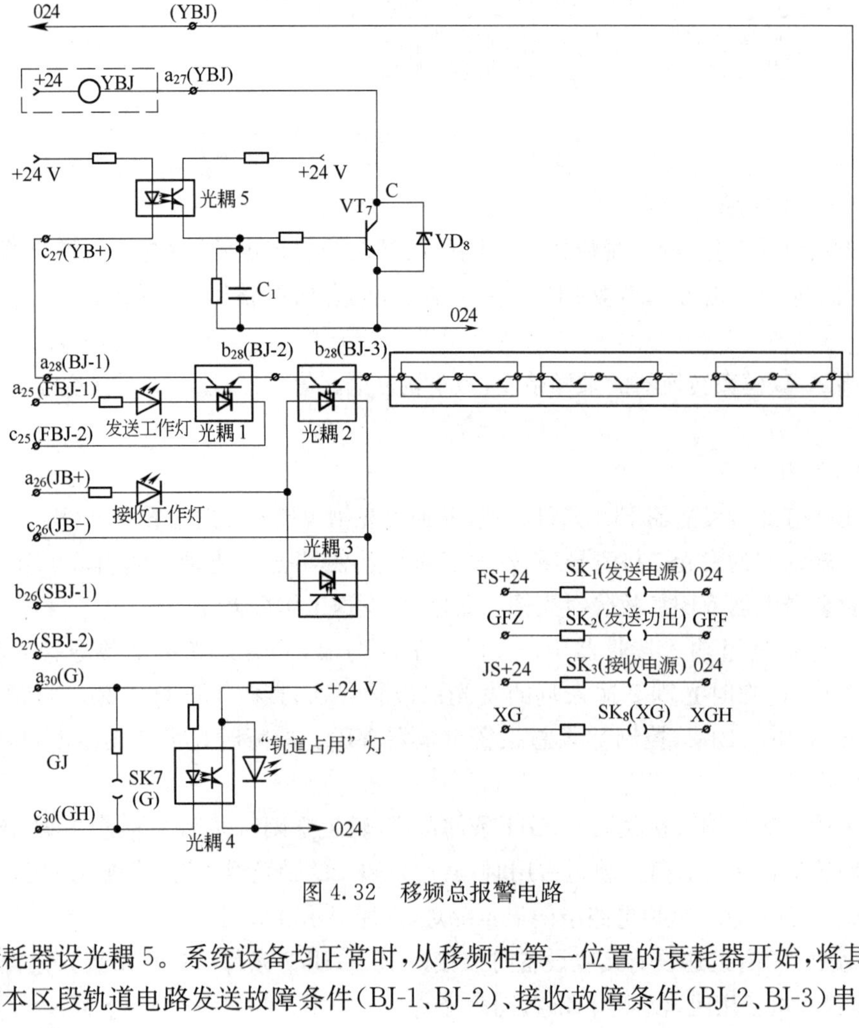

图 4.32　移频总报警电路

在衰耗器设光耦 5。系统设备均正常时，从移频柜第一位置的衰耗器开始，将其内光耦 5 输入端与本区段轨道电路发送故障条件（BJ-1、BJ-2）、接收故障条件（BJ-2、BJ-3）串接然后再将其他区段轨道电路接收工作、发送工作报警条件依次串接，使光耦 5 受光器导通控制三极管 VT_7 导通，并使 YBJ 励磁。其中，接收、发送设备任一故障则 YBJ 落下报警。

"＋1 发送"只有发送仅接入 BJ-1、BJ-2 条件。在车站接收器总数为奇数、单独设置并机备用时，仅接入 BJ-2、BJ-3 条件。

电容 C_1 起到缓放作用，防止各报警条件瞬间中断，造成 YBJ 跳动。

③衰耗器面板布置

衰耗器面板布置如图 4.33 所示。衰耗器面板上有表示灯和测试塞孔。表示灯有发送工作灯（绿色）、接收工作灯（绿色）、轨道占用灯（红色）。测试塞孔有：

SK1"发送电源"：接 FS＋24 V、024 V。

SK2"发送功出"：接发送器功出。

SK3"接收电源"：接 JS＋24 V、024 V。

SK4"接收输入"：接输入端子。

SK5"主轨道输出"：经 B_1 变压器电平调整后输出至主轨道主机、并机。

SK6"小轨道输出"：经调整电阻调整后，通过 B_2 变压器送至小轨道主机、并机。

SK7"GJ"：主轨道 GJ 电压。

SK8"XG"：小轨道执行条件电压。

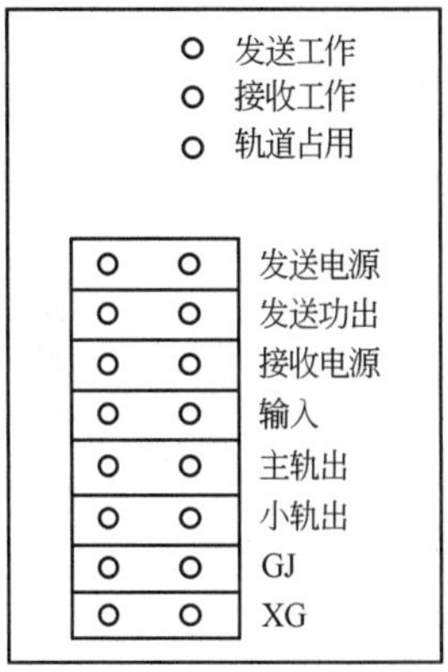

图 4.33　衰耗盘面板布置

④衰耗器端子连接

衰耗器端子及用途说明见表 4.13。衰耗器外线连接如图 4.34 所示。

表 4.13　衰耗器端子及用途说明

序号	端子号	用　　途
1	c1　　V1	轨道信号输入
2	c2　　V2	轨道信号输入回线
3	a24　　XZIN	正向小轨道信号输入
4	c24　　XFIN	反向小轨道信号输入
5	a1～a10、c3、c4	主轨道电平调整
6	a11～a23	正向小轨道电平调整
7	c11～c23	反向小轨道电平调整
8	c5　　ZIN(Z)	主机主轨道信号输出
9	c7　　XIN(Z)	主机小轨道信号输出
10	c6、c8　　QIN(Z)	主机主轨道、小轨道信号输出共用回线

(6)站防雷和电缆模拟网络

站防雷和电缆模拟网络包括站内防雷组合及电缆模拟网络，其原理如图 4.35 所示。无绝缘防雷电缆模拟网络组匣直接安装在组合柜上，每个组匣可装 8 台 ZPW・PML_1 网络盘。

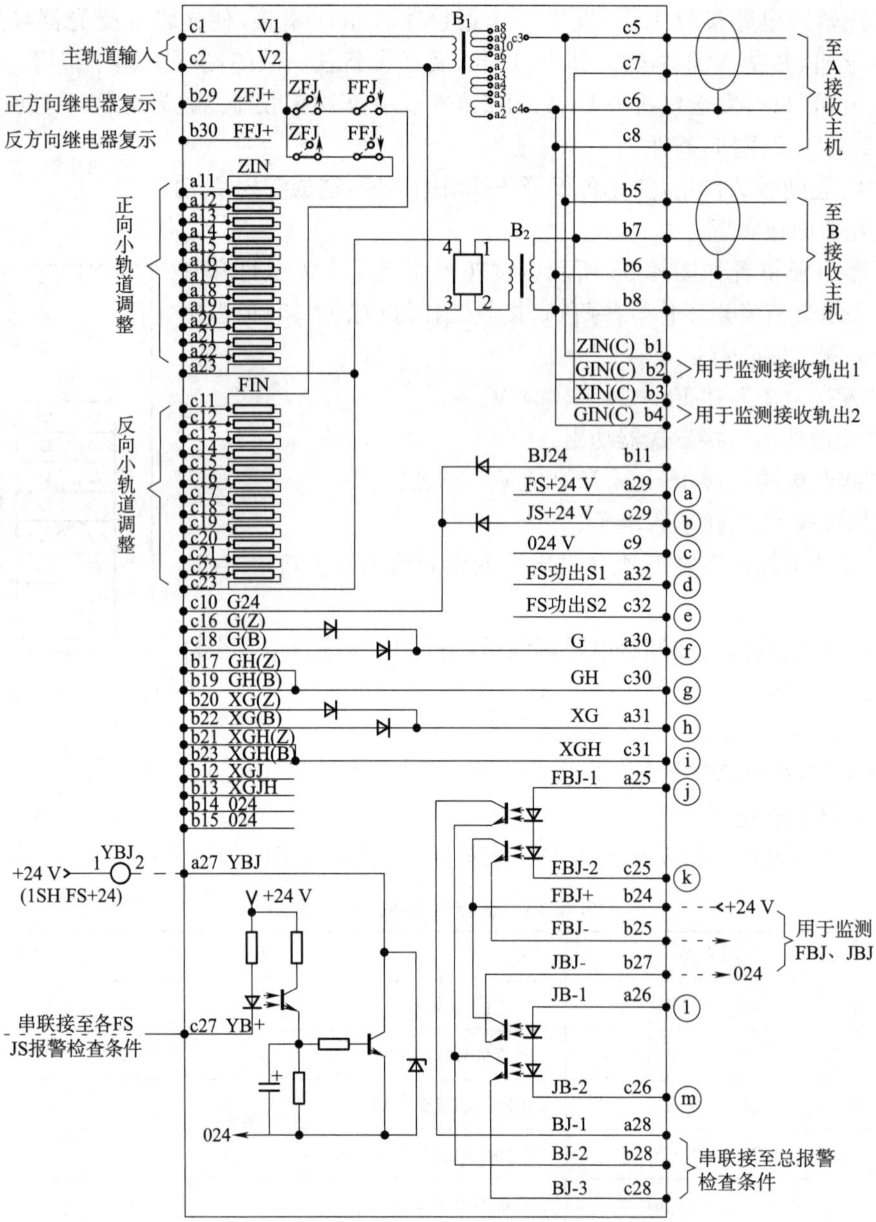

图 4.34 衰耗器外线连接

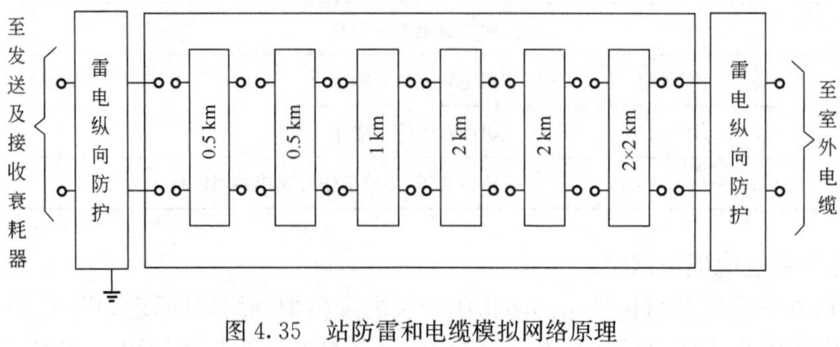

图 4.35 站防雷和电缆模拟网络原理

①电缆模拟网络

电缆模拟网络的作用是调整区间轨道电路传输的特性，可视为室外电缆的一个延续，补偿实际SPT数字信号电缆，使补偿电缆和实际电缆总距离为10 km，以便于轨道电路在不同列车运行方向时的调整，保证传输电路工作的稳定性。它直接接在室外电缆的入口处，送、受电端成对使用，设有横、纵向防雷组合，防止电缆上感应的强电损坏室内设备。电缆模拟网络电路原理如图4.36所示。

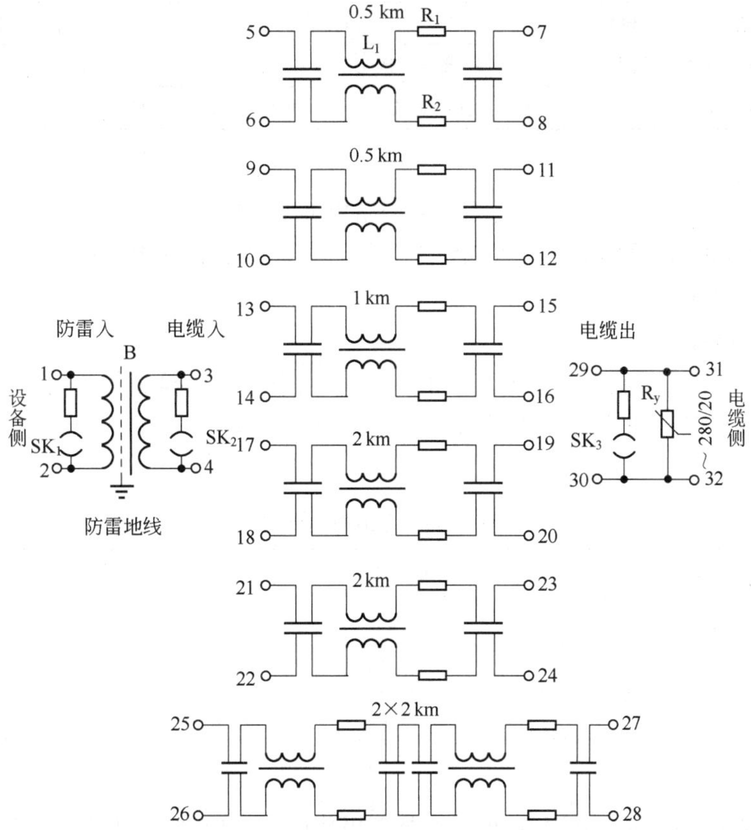

图4.36 电缆模拟网络电路原理图

电缆模拟网络由室外移至室内，按0.5 km、0.5 km、1 km、2 km、2 km、2×2 km六节对称π型网络设计，以便串接构成0～10 km按0.5 km间隔任意设置补偿模拟电缆值。模拟网络值按以下数值设置：R：23.5 Ω/km；L：0.75 mH/km；C：29 nF/km。R、L按共模电路设计，考虑“故障—安全”，C采用四端引线。

为判断和区分区间故障的范围，送、受电的模拟网络上设3个测试孔，分别是：

设备测试孔SK_1——在室内设备的连接侧，用于送端时连接发送器，其值等于发送器功出电压；用于受端时连接衰耗器，其值根据区间点的远近不同比分线柜电压有不同程度的降低，等于衰耗器的轨入电压。

防雷测试孔SK_2——在室内设备与模拟网络的连接的低转移系数防雷变压器Ⅱ次侧，其值与设备测孔值相近。

电缆测试孔SK_3——在室外电缆的连接端，用于送端时是经模拟网络的衰耗后送上分线柜的电压，用于受端时为室外电缆送回室内的电压值，因此，其值等同于分线柜的送、受电端电缆端子的电压值。

站防雷和电缆模拟网络测试插孔见表 4.14。

表 4.14　站防雷和电缆模拟网络测试插孔

测试插孔	电压值	
	发送	接收
SK_1"设备"防雷变压器室内侧	与发送功出同	数百毫伏
SK_2"防雷"防雷变压器室外侧	高于发送功出	高于 SK_1 电压值
SK_3 电缆与电缆连接侧	经模拟网络衰减，低于功出电压	未经模拟网络衰减，高于 SK_2 电压值

②站防雷电路

站防雷电路用作对通过传输电缆引入室内雷电冲击的防护（横向、纵向），以保护模拟网络及室内发送、接收设备，采用横向与纵向雷电防护。纵向为低转移系数的防雷变压器，横向为带劣化显示的压敏电阻。

a. 横向雷电防护

采用 AC 280 V 左右防护等级压敏电阻。压敏电阻应具有模块化、阻燃、有劣化指示、可带电插拔及可靠性较高的特点，其典型型号为：V20-C/1 280 或 DEHNguard 275，压敏电阻特性见表 4.15。

表 4.15　压敏电阻特性

项目	V20-C/1 280	DEHNguard 275
标准放电电流 I_n/kA	20	20
最大连续工作电压 U_C/V	AC 280	AC 280
限制电压 U_1/kV(20 kA)	1.4	1.5

b. 纵向雷电防护

对于线对地间的纵向雷电信号，可采用加三极放电管保护、加低转移系数防雷变压器防护和室外加站间贯通地线防护三种方式。

采用低转移系数防雷变压器，该变压器的室外侧 A 与室内侧 C 相互"环抱"缠绕，中间有加厚隔离层 B，以减小线圈间耦合电容 C_B。线圈 C 被非封口的金属铂 D 包裹，加大 C 与 D 之间的耦合电容 C_D，并将 D 接至地线 E，防雷变压器对纵向雷电信号的等效电路如图 4.37 所示。防雷变压器结构如图 4.38 所示。

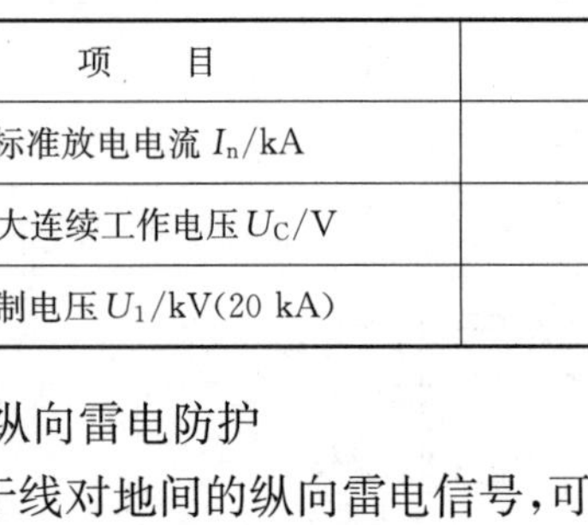

图 4.37　防雷变压器对纵向雷电信号的等效电路

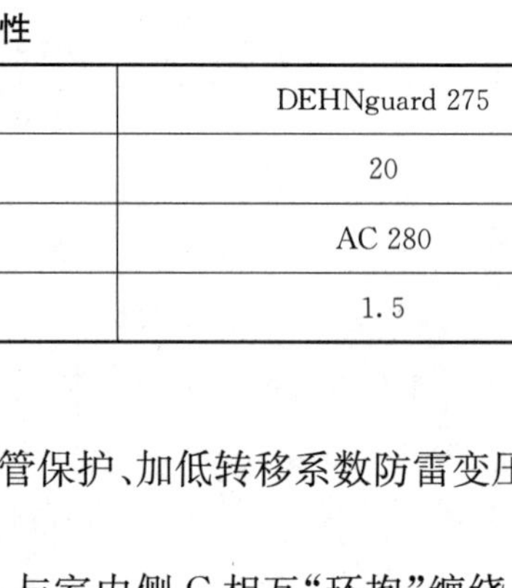

图 4.38　防雷变压器结构

$$U_{出}=U_{入}\times\frac{C_B}{C_B+C_D}，若 C_B=\frac{1}{200}C_D，则 U_{出}=\frac{1}{200}U_{入}。$$

在钢轨线路旁没有设置贯通地线的条件下，该防雷变压器有显著的纵向防雷作用。

由于该变压器的防雷原理是尽量减小轨道侧与室内侧线圈间耦合电容的数值，所以轨道侧线对与室内侧线对间要尽量远离。

室外加站间贯通地线防护的方式防雷效果最佳，贯通地线作为钢轨对地不平衡的良好泄流线，在双线区段上下行线路为完全横向连接时，可将SVA中心线直接接地；简单横向连接时，可通过防雷元件接地。此时室内电缆模拟网络不再考虑纵向防护。

5. ZPW-2000A型自动闭塞的传输安全性

(1)调谐区断轨检查

将调谐区做成一段29 m长的轨道电路，正常工作时接收端电流属于并联谐振电流的一部分。在规定道床电阻条件下，钢轨断轨时，该电流大幅度下降，使GJ落下；在1 Ω·km道床电阻条件下，若不设短轨道电路，29 m内无断轨检查。在最不利条件下，断轨时接收残压仅为GJ落下值的1/508，有断轨检查保证。

(2)轨道电路全程断轨检查

主轨道电路在最不利条件下，具有断轨检查保证且有足够余量(断轨时接收器残压约为可靠落下值的50%以下)。

主轨道电路在较长长度下具有断轨检查功能，补偿电容器起到关键作用。不设补偿电容器时，UM71载频频率满足断轨检查的长度仅约700 m。

ZPW-2000A型轨道电路在钢轨同侧两端接地条件下，仍具有断轨检查及0.15 Ω分路检查的功能。

在解决了调谐区断轨检查后，实现了轨道电路的全程断轨检查。

(3)减小调谐区0.15 Ω分路“死区”长度

由于接收端阻抗较低，造成一段0.15 Ω分路“死区”。该“死区”长度与接收端工作电压值的设定有关。当工作值储备系数$=\frac{工作值-灵敏度}{灵敏度}\times100\%$为40%(即灵敏度为71.4 mV，工作值100 mV)时，分路“死区”长度小于5 m；当为30%时，约3 m。

0.15 Ω分路对相邻主轨道电路的提前分路是，0.15 Ω分路逐渐接近接收端时，除逐渐加剧降低主轨道电路接收端的总阻抗外，也使相邻主轨道电路的接收电流被分流，造成主轨道电路接收端信号下降，直至主轨道电路继电器落下。在最不利条件下，0.15 Ω分路使相邻主轨道电路的GJ落下的分路点距BA 2～3 m。

系统中，调谐区为两主轨道电路构成的电气绝缘节，0.15 Ω分路时只要使调谐区本身的轨道继电器、两相邻主轨道电路的轨道继电器三者中有一个失磁，即表示对0.15 Ω有分路，故0.15 Ω分路“死区”长度应为对本频率信号的分路“死区”长度与对相邻轨道电路提前分路长度之差。

在∞ Ω·km条件下，若不设短轨道电路，29 m内0.15 Ω分路“死区”长度为21.5 m(距送端4 m，受端3.5 m)；设短轨道电路时，分路“死区”长度为5 m。

(4)调谐单元断线检查

利用调谐单元BA断线对本区段频率的信号绝缘节阻抗降低，对相邻频率的信号绝缘节阻抗升高的原理,用调谐区轨道电路工作门限值即可实现对 BA 断线的检查。送端 BA 断线,接收端电压降低约 50%;受端 BA 断线,接收端电压升高约 500%~700%,接收器设置接收门限对此进行检测。

(5)钢轨对地不平衡对传输安全的影响及防护

钢轨对地不平衡指轨道电路钢轨同侧两端接地或与其他金属物(送、受电端引接线、金属箱盒外壳、待更换钢轨等)相通形成第三轨的情况。

由于无绝缘轨道电路两运用钢轨有电容补偿,已近于呈阻性传输状态,“第三轨”的出现与两运用钢轨无补偿作用,对移频信号均呈感性,对轨道电路的传输、调整、分路、断轨检查、机车信号入口电流等均无显著影响。

6. ZPW-2000A 型无绝缘轨道电路传输长度

在相同条件下,UM71 为 0.8~1.1 km,而 ZPW-2000A 为 1.3~1.5 km 且电气—电气绝缘节和电气—机械绝缘节具有同样的传输长度,ZPW-2000A 型轨道电路传输长度见表 4.16。

表 4.16　ZPW-2000A 型轨道电路传输长度

载　频	1.0 Ω·km	0.6 Ω·km	0.5 Ω·km	0.4 Ω·km	0.3 Ω·km
1 700 Hz	1 500 m	824 m	674 m	574 m	424 m
2 000 Hz	1 500 m	824 m	674 m	574 m	424 m
2 300 Hz	1 500 m	824 m	624 m	524 m	424 m
2 600 Hz	1 460 m	774 m	624 m	524 m	424 m

注:轨道电路长度有 3 种情况:电气绝缘节—电气绝缘节,为空芯线圈—空芯线圈之间;电气绝缘节—机械绝缘节,为空芯线圈—机械绝缘节空芯线圈之间;机械绝缘节—机械绝缘节,为机械绝缘节空芯线圈—机械绝缘节空芯线圈之间。这三种轨道电路的传输长度是一致的。

轨道电路传输长度延长的原因有:

(1)通过“GA-1”型计算软件对各有关参数的分析和综合优选。

(2)分析并修正了 UM71 的 BA 与钢轨特性参数上的失配。

(3)补偿电容电容量优化及改善分路的新型配置。

(4)用 BA//SVA′代替 BA//SVA,与 JES—JES 等效。

(5)采用 DSP 解调,大大提高抗电气化干扰能力和“分路残压+干扰”的防误动能力。

(6)优化了传输电缆与轨道电路的匹配设计。

7. 阻容缓放盒

ZPW-2000A 轨道电路在区间正反向运行转换时,为防止接收器因二离去区段及二接近区段“小轨条件”不能及时构成,造成区间红光带,为此增设阻容缓放盒。

(1)二接近与二离去小轨输出延时

以离去区段为例,区间自动闭塞分区示意如图 4.39 所示。

正方向运行时,三接近区段 AG 无小轨信号接收。

改为反方向运行时,AG、BG、CG 分别为一离去区段、二离去区段、三离去区段,各区段设备动作时间如图 4.40 所示。

在图 4.41 中,(a)初始方向为正方向,正方向继电器 ZFJ 吸起;(b)改为反方向运行,反方向继电器 FFJ 吸起;(c)A 区间小轨道继电器 AXG 执行条件经 2.3~2.8 s 构成;(d)BGJ 在改

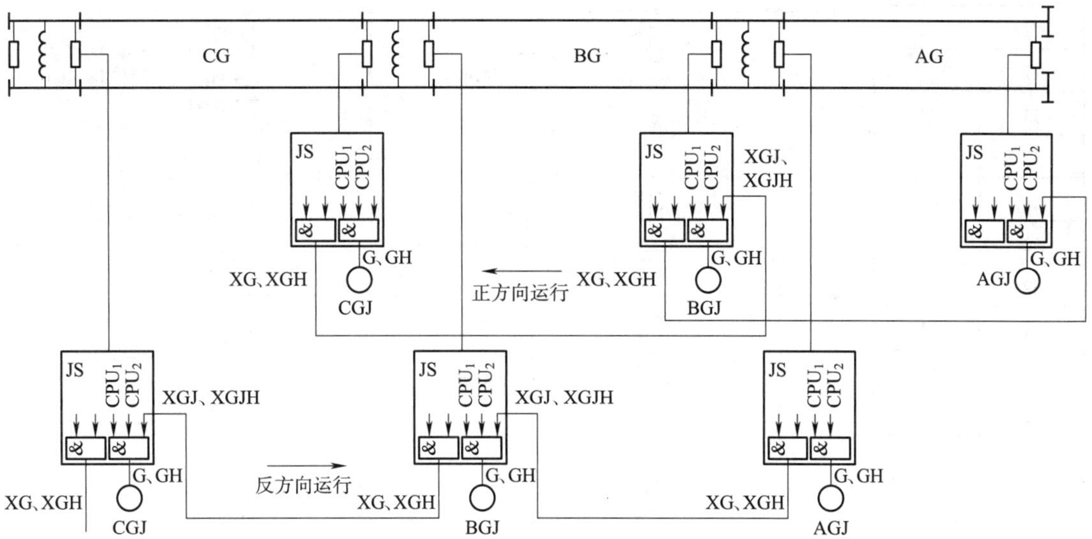

图 4.39 区间自动闭塞分区示意

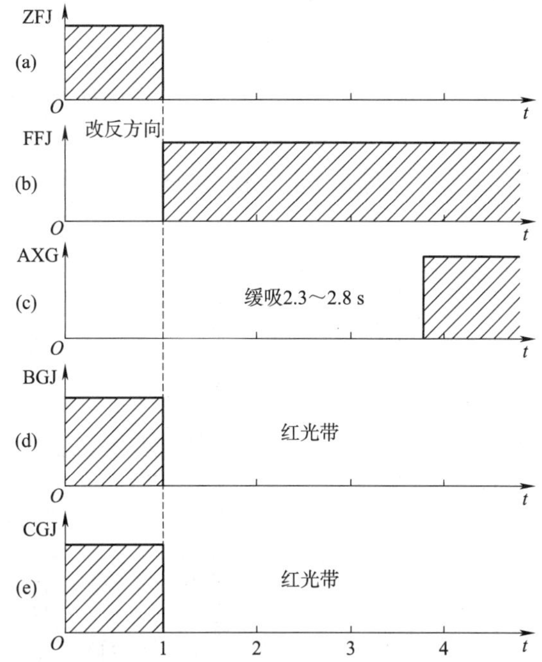

图 4.40 反方向运行时各区段设备动作时间

变方向时，因无 AXG 条件失磁，形成本区段红光带；(e)BGJ 落下，构成其后 CGJ、DGJ……顺序失磁。

由于 AXG 和 BGJ 工作的时间差，构成 BGJ 失磁，形成红光带，并导致 BGJ 后区间继电器的顺序失磁，为此需延长 BGJ 的落下时间，消除该时间差。

(2)阻容缓放盒原理

缓放盒电路原理如图 4.41 所示。

72	82
71	81
73	83
52	62
51	61
53	63
32	42
31	41
33	43
12	22
11	21
13	23
3	4
1	2

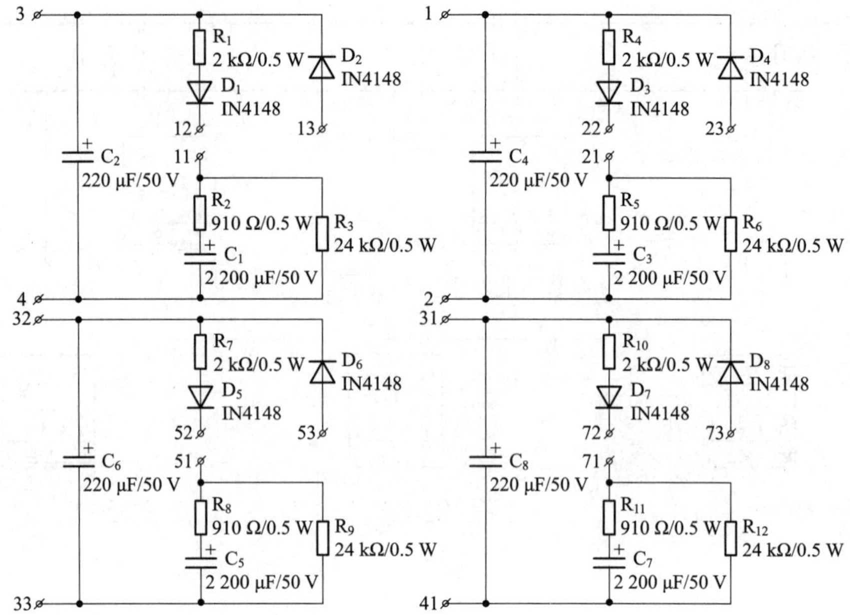

图 4.41　缓放盒电路原理

一般车站设一台阻容缓放盒，其引接线端子编号为无极型 AX，分别用于上、下行“二离去”及“二接近”，共四个单元电路。

阻容缓放盒连接电路用于上行一离去接收电路，如图 4.42 所示。

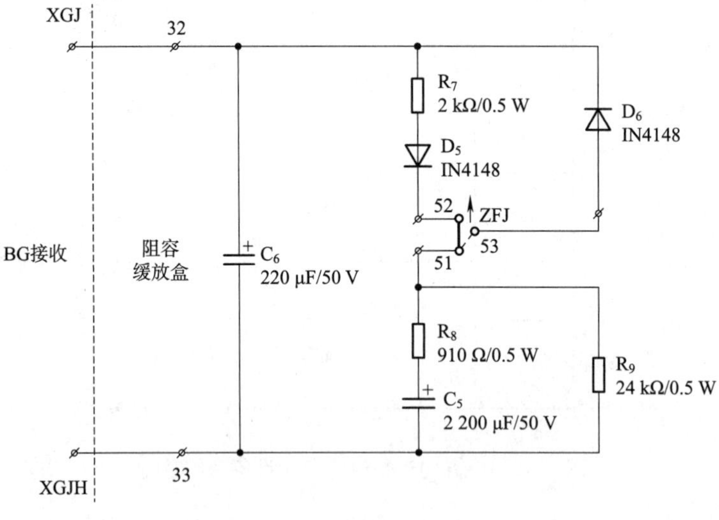

图 4.42　阻容缓放盒连接

将 51、52、53 端子接入相应的 ZFJ 接点；将 32、33 分别接入 BG 接收的 XGJ、XGJH；正方向运行时，AG 的 XG、XGH 电压通过 R_7、D_5、ZFJ(52、51)、R_8 向 C_5 充电，约 24 V；改为反方向运行时，C_5 经 R_8、ZFJ(51、53)、D_6 向 BG 接收的 XGJ、XGJH 放电，约 3 s，以确保消除 AXG 和 BGJ 工作的时间差。

阻容缓放盒应用示意如图4.43所示。四个单元电路分别用于下行二接近区段A2G、上行二离去区段B2G、上行二接近区段C2G、下行二离去区段D2G。

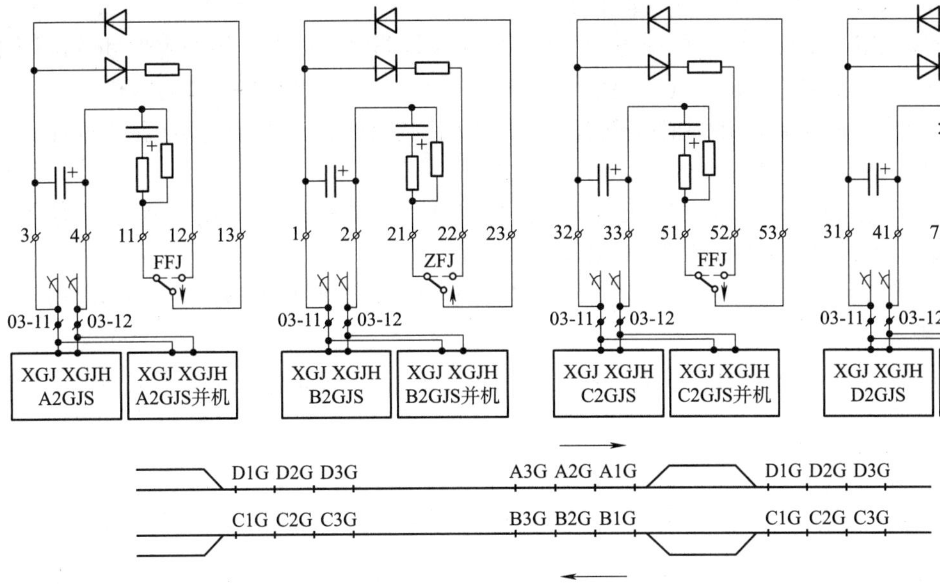

图4.43　阻容缓放盒应用示意

典型工作任务3　ZPW-2000R型自动闭塞认知

4.3.1　工作任务

了解ZPW-2000R型自动闭塞的构成和技术特点。

4.3.2　知识链接

ZPW-2000R型多信息无绝缘移频自动闭塞系统采用了DSP技术，实现信号的检测、编码、调制与解调；采用五点布局的调谐区设计方案和死区检查浮动门限的算法，使系统调谐区检查的问题得到较好的解决。

1. 系统特点

ZPW-2000R型移频自动闭塞系统具有以下特点：

(1)运用DSP数字信号处理技术，对接收的主轨道和调谐区信号进行高精度的幅度运算，以实现调谐区死区检查(就防护信号机而言，其内方死区长度不大于5 m，全程无死区)、轨道电路全程断轨检查、BA断线检查。

运用DSP技术对频率信号的高精度分辨能力，实现载频频率交错设计(F_1、F_2型)的方法，提高系统的安全性。

运用DSP频域分析的方法解决电气化谐波拍频干扰、使接收设备错误动作的问题。

运用DSP技术实现有选频接收的解调方式，对非18个低频之外的低频信息有防护能力，提高接收设备的安全性。

(2)电气绝缘节平衡线圈、调谐单元和匹配单元按五点布置。

(3)提高系统抗电气化干扰的能力，信干比为 1∶1，并保证系统在信干比小于 1∶1 时不出现升级显示，大于 1∶1 时设备应可靠工作。

(4)在道床电阻 1.0 Ω·km，送、受电缆长度 10 km 时，调整补偿电容器的容值和等间距距离，可使"电气—电气绝缘""机械—电气绝缘""机械—机械绝缘"区段的传输距离均达到 1 500 m。

(5)信号机内方的主轨道和调谐区构成一个完整的闭塞分区，由本架信号机防护(任一点分路信号机红灯防护 5 m 死区除外)。

(6)系统有完备的主设备，输入输出端口信息传输到采集单元，并与上位机通信，为使用维护机进行故障处理，提供关键的完整的数据分析。

(7)系统满足列车双向追踪运行的技术要求(自闭方向电路、联锁电路均为继电方式)。

2. 系统构成

ZPW-2000R 型移频自动闭塞系统设备由室内设备和室外设备两大部分组成，如图 4.44 所示。

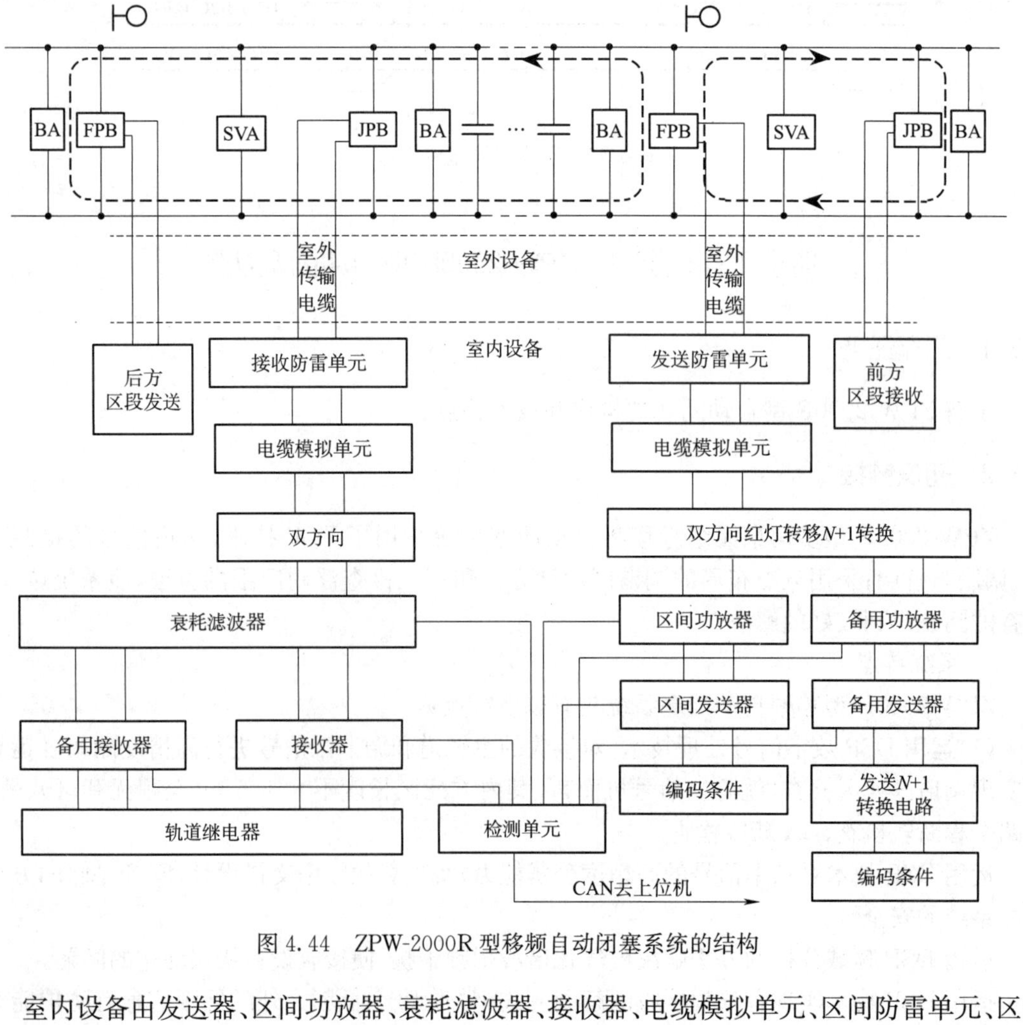

图 4.44 ZPW-2000R 型移频自动闭塞系统的结构

室内设备由发送器、区间功放器、衰耗滤波器、接收器、电缆模拟单元、区间防雷单元、区间检测单元、温控单元和点灯电源单元等组成，它们分别安装在区间移频柜和组合柜上。由

“+1”发送器、继电转换电路构成发送“$n+1$”方式，当发送设备（发送器、功放器）发生故障时，通过发送报警继电器落下，完成“$n+1$”转换备机自动投入使用（最大容量为“11+1”）。接收器采用双机并用工作方式，即“1+1”方式。当其中一个接收器发生故障时，通过接收报警继电器落下，实现故障报警。另一个接收器仍在工作，设备不停用。

室外设备由轨道匹配单元（BP）、调谐单元（BA）、电气平衡线圈（D-SVA）、机械平衡线圈（J-SVA）及补偿电容器等组成。电气绝缘节平衡线圈、调谐单元和匹配单元按五点布置。

室内设备与室外设备通过SPT数字电缆相联系。

系统执行电路、结合电路采用继电电路，改变运行方向电路采用定型电路。

闭塞分区轨道电路的构成方式可以有“电气—电气”绝缘节结构、“电气—机械”绝缘节结构和“机械—机械”绝缘节结构三种形式。

3. 室内器材

(1)发送器

发送器的用途是产生低频信号、载频信号、足够功率的移频信号，向区间轨道电路发送，并对轨道电路予以调整，其电路构成原理如图4.45所示。

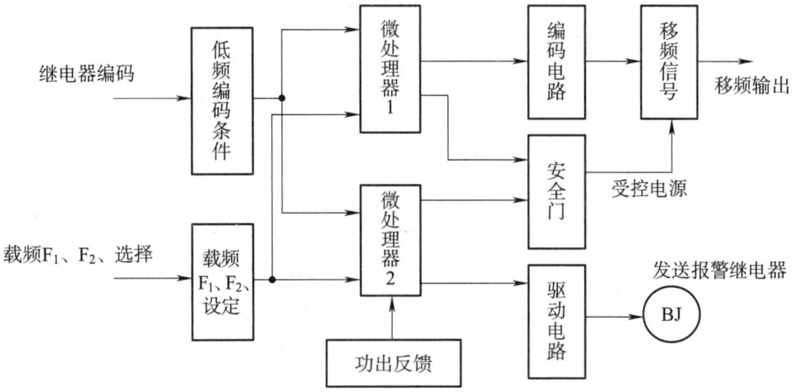

图4.45 发送器电路构成原理

发送器硬件结构由两套CPU最小系统、载频、低频读入电路、检测报警电路、功放电路组成。两套CPU最小系统，采用双CPU二取二的“故障—安全”硬件结构。

载频、低频读入电路将四种载频、F_1、F_2、低频状态实现动态化后送入双CPU接口电路。

主CPU采用8052，接收外部编码信息；根据外部编码信息对低频、载频编码器进行编码，输出移频信号；校核低频频率；输出安全门信息，当低频频率变化超出±3‰时，主CPU将关闭安全门并报警；设置软件看门狗。

副CPU采用F206，接收外部编码信息；采集移频合成频谱；采集移频功放电压幅度；FFT变换，校核各频点位置；提供故障报警信息：当载频频率变化超出中心值±0.5 Hz时，副CPU关闭安全门并报警。对功放电路输出的电压进行检测，当功出电压低于下限值时，副CPU读不到检测信号而报警；输出安全门脉冲；设置软件看门狗。

发送器采用双CPU、双软件、二取二校核仲裁结构；RAM、ROM中的各种信息数据均采用三段以上存、取、并三取二仲裁；各软件模块均采用出、入口信息编码，用于校对各软件模块运行的正确性；各种信息交换均采用动态刷新及数据编码方式；CPU自检或软件各模块程序跑飞，由软件看门狗关闭系统，由硬件复位才能重新启动。

发送器根据低频控制条件、载频、F_1、F_2状态，主 CPU 控制编码电路产生移频信号，一路给功放电路，另一路给副 CPU 进行校核。副 CPU 将 D/A 输出的移频信号进行数据采集、DSP 数字处理、FFT 频域分析译码，将得出的低频、载频信息与读入的低频、载频信息进行校核，并对信号频谱的载频和低频的频率精度进行检测。主 CPU 对输出的低频信息进行频率检测。当主 CPU 和副 CPU 检测通过后，主 CPU 和副 CPU 共同输出安全门脉冲产生受控电源，给功放电路的前级供电。主 CPU 产生的移频信号经区间功放器输出，同时使发送报警继电器吸起。当双 CPU 校核不一致时，安全与门无信号使受控电源无输出。功放前级无电源而使功出无输出，同时使发送报警继电器落下报警。

发送器与区间功放器配合使用。

区间发送器四种载频通用，连接相应端子，可得到所需低频、载频构成条件。

(2)接收器

接收器用于接收轨面上传输的主轨道和调谐区移频信息，并进行解调译码，输出控制信息，实现调谐区的及主轨道占用检查和调谐区的辅助检查，动作执行继电器，控制区间信号显示，减少分路死区长度，还用接收门限控制实现对 BA 断线的检查。

接收器为有选频接收，可输出 GJ 继电器驱动条件，其电路构成原理如图 4.46 所示。

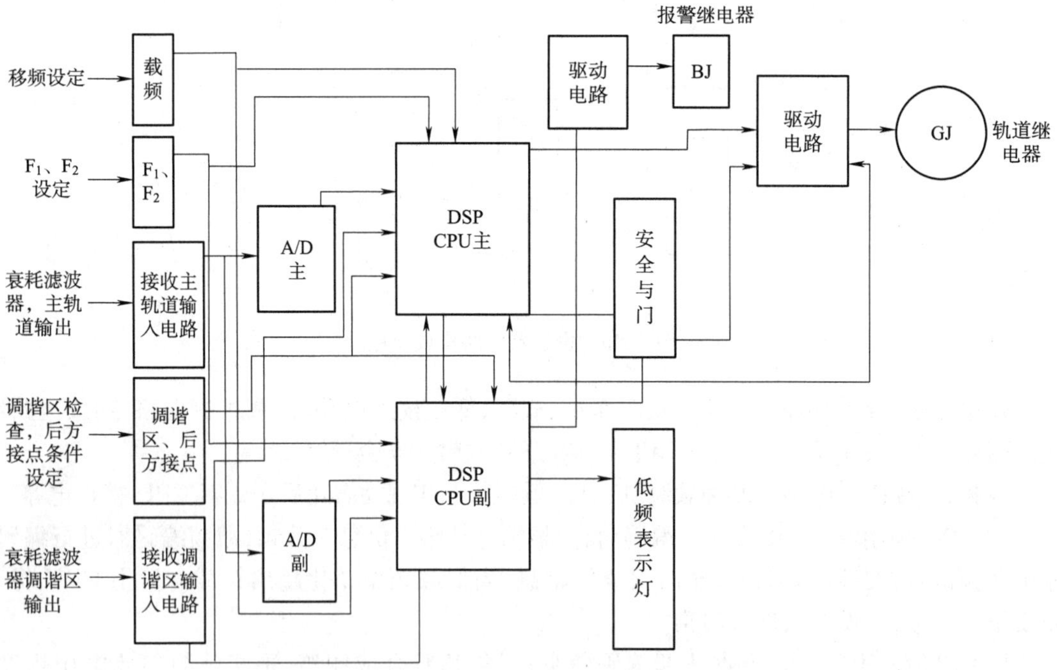

图 4.46 接收器电路构成原理

接收器硬件结构由两套 CPU 最小系统、两路输入电路、安全与门电路、载频读入电路、检测报警电路、执行电路组成。两套 CPU 组成二取二的“故障—安全”硬件结构。

主轨道信号和调谐区的信号分别通过两路接收阻抗变换电路和隔离电路送入双 CPU 系统的 A/D(双路输入)输入端。每个 CPU 外接一片双路 14 位 A/D 模数转换芯片，同时对接收的主轨道和调谐区移频信号进行数据采集、DSP数字处理、FFT频域分析。

载频读入电路将四种载频、F_1、F_2状态实现动态化后送入双CPU接口电路。

执行电路是动态电路，CPU从执行电路输出端取回动态的自检信号，当执行电路发生故障时，CPU取不到自检信号会报警。

接收器软件完成：数据采集、数字滤波、FFT变换；移频主信号译码、频谱分析，调谐区信号幅度计算；电气化谐波干扰的防护；同载频不同类型的带内干扰的防护；各种干扰信干比计算；信号门限计算；故障检测、报警处理；CPU自检、RAM及接口自检；信息动态化处理；双CPU信息校对；软件看门狗。

接收器采用双CPU、双软件、二取二校核仲裁结构。主CPU负责信号继电器控制、报警处理，同时解出低频信息与副CPU低频信息校对，副CPU负责解调信息并低频输出。同时解调出继电器状态，并与主CPU输出的信号继电器状态校对。CPU对外输出信号全部由软件动态化处理，不会由于外部元件故障，导致错误结果输出。CPU与RAM的数据交换均采用动态刷新或编码方式，在RAM或ROM存入的数据均有三段以上，存取以三取二为仲裁原则。CPU软件条件转移指令两次校核，为了保证软件运算结果的正确性，防止软件跑飞，在软件模块均有入口编码和出口编码。如果软件跑飞编码无效，系统看门狗软件将关闭系统，并由硬件系统复位重启。

衰耗滤波器输出的主轨道信号经过接收器主轨道输入电路，调谐区信号经过接收器调谐区输入电路，分别进行放大隔离后，送给两套模数转换器A/D，将模拟信号变为数字信号送至两个数字信号处理器主CPU和副CPU。经过双CPU的译码校核处理一致后，双CPU共同控制安全与门输出受控12 V直流电源，输出控制信号，给继电器驱动电路供电，动作轨道继电器。当双CPU译码结果不一致或某个CPU有故障时，安全与门无受控电源输出，执行电路无输出，同时内部报警继电器的落下实现报警。

(3)区间功放器

区间功放器的用途是将发送器输出的移频信号放大后，向区间轨道电路发送移频信号。区间功放器四种载频通用，功率输出分1挡、2挡、3挡、4挡、5挡。负载电阻为400 Ω最大输出功率70 W。

区间功放器电路构成原理如图4.47所示。

区间发送器输出的移频信号送至区间功放器，经输入电路送功率放大电路放大输出。同时，功出检测电路完成功放电压的采样反馈及检测输出。

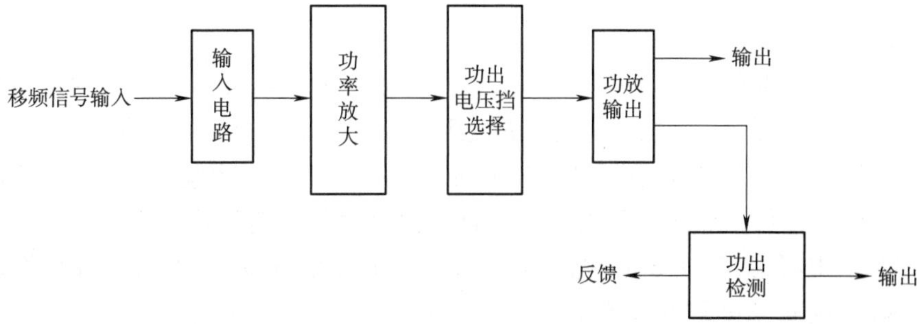

图4.47　区间功放器电路构成原理

(4)衰耗滤波器

衰耗滤波器用于主轨道电路调整、调谐区轨道电路的调整,以及为接收器分离输出主轨道移频信号和调谐区相邻区段的移频信号。

衰耗滤波器电路主要由输入变压器和衰耗器、射极输出器及K型4阶带通滤波器等四套电路构成,如图4.48所示。

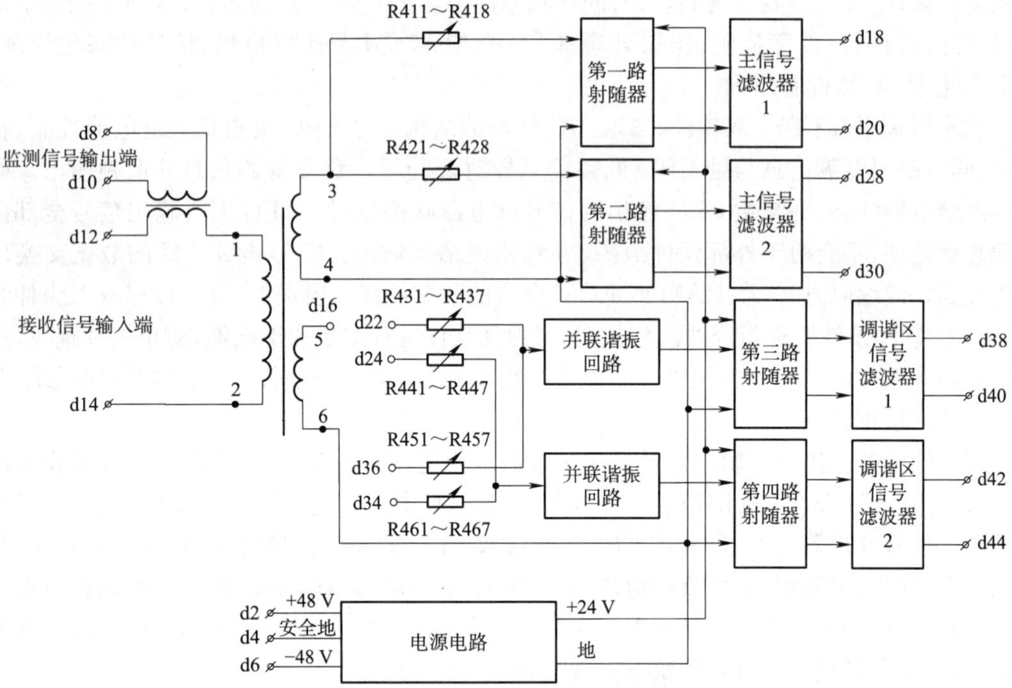

图4.48 衰耗滤波器电路原理方框

经主轨道传输的本区段信号和经调谐区反向传输的相邻区段信号(即调谐区信号)同时输入衰耗滤波器,两种频率信号经输入变压器次级3-4端输出并加到第一路、第二路主轨道信号衰耗器输入端,同时,两种频率信号再经输入变压器次级5-6端输出并加到第三路、第四路调谐区信号衰耗器输入端。四路信号经衰耗器衰减、滤波器滤波后,两路主轨道信号滤波器滤出本区段频率信号,分别送入第一路、第二路接收器主轨道信号输入端;两路调谐区信号滤波器滤出调谐区信号,分别送入第一路、第二路接收器调谐区信号输入端。

(5)电缆模拟单元

电缆模拟单元内部包含0.25 km、0.5 km、1 km、2 km、3 km、4 km六节模拟电缆网络,模拟电缆补偿原则为实际电缆加模拟电缆长度之和为10 km。根据实际电缆长度确定模拟电缆长度,将相应长度的模拟电缆串接进去。补偿精度为0.25 km。电缆模拟单元电路组成是由电感、电容、电阻等元件组成的"Π"型网络。其中,数字信号电缆等效电感为0.75 mH/km,电容为29 μF/km,电阻为47 Ω/km。电容采用的是四端电容,可防止由于断线故障造成非安全侧的输出,满足"故障—安全"的要求。

(6)区间防雷单元

ZPW·DLQ型区间防雷单元由一台区间防雷变压器(BLQ-2000R型)和一个区间防雷

器(SLP-275VB 型)组成。

区间防雷变压器设于发送(或接收)设备与电缆模拟单元之间。对于侵入电缆线对地间的纵向雷电过电压进行防护，隔离雷电的冲击电压，防止雷电冲击电压进入电子设备，其冲击电压转移系数不大于 1/500。

区间防雷器设于室内电缆模拟单元与室外电缆之间，其作用是对侵入两电缆线间的雷电过电压进行横向防护。防雷器具有劣化显示，具有遥信触点，可实现远程监测。

区间防雷变压器和区间防雷器都配套安装在区间防雷组合中。各防雷单元的防雷地线要求分别接到组合柜上的地线总线上，其接地电阻必须保证在 1 Ω 以下。

(7)区间检测单元

区间检测单元用于采集区间移频组合内接收器、区间发送器、区间功放器等单元设备的电压、电流、频率及工作状态等资料，并与信号集中监测等进行数据通信，其原理如图 4.49 所示。

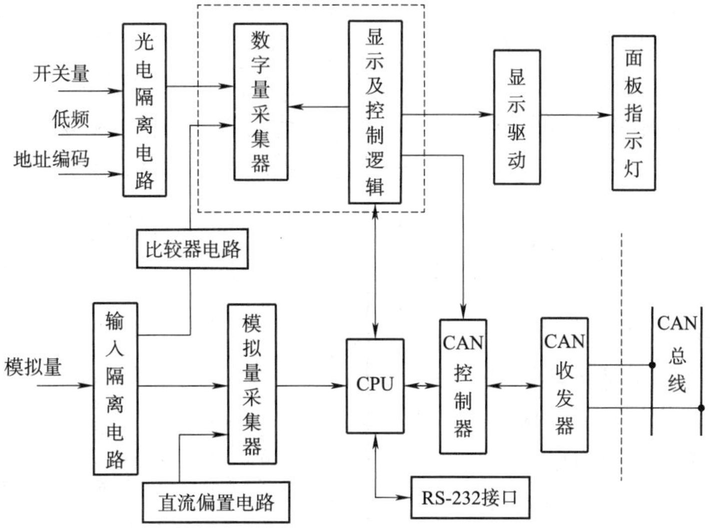

图 4.49　区间检测单元原理

模拟量数据经输入隔离电路隔离降压后，与直流偏置电压叠加送至模拟量采集器，其中功出电压数据还送至比较器电路，开关量、低频及地址编码资料经光电隔离后送至数字量采集器，比较器电路输出也送至数字量采集器。CPU 读取各采集器资料，经计算后保存至 RAM。当主控节点(主机)要求其发送信息时，区间检测单元就将主机要求的信息发送到控制器局域网 CAN 总线上。

(8)温控单元

温控单元是移频组合中各电子设备的温度控制单元，通过对温控单元的温度设定，并控制散热单元风扇的转动来调节机箱中的温度，保证各电子设备不会因为温度过高而导致组件的损坏等问题。

通过传感器对机箱内环境温度的测量输出，经放大比较电路处理使温度表头指示当前温度，并和温度设定旋钮所设定的温度进行比较。当实际温度超过设定温度时，通过放大电路使继电器启动，驱动风扇转动，让温度降到设定值以下。

(9)点灯电源单元

点灯电源单元由一台 BGD_1-100 型电源隔离变压器构成。BGD_1-100 型电源隔离变压器适用于集中式四显示自动闭塞点灯电路电源隔离,用于消除因长信号电缆存在较大的分布电容对交流旁路引起干扰信号显示的影响。现场使用时有多路 BX_1-34 型变压器并联,遇故障时不能迅速判断,而将本变压器设置于各点灯电路,使之互相隔离,以利于维修人员迅速判断故障,及早排除。

点灯电源单元安装在点灯电源组合中。在电源隔离变压器上装有面板和引出端子,可根据实际使用情况,在变压器引出头上调整电压的高低。

4. 区间移频柜

(1)区间移频柜

区间移频柜用于安装区间移频自动闭塞设备,一个区间移频柜可安装 5 个区间移频组合,每个区间移频组合可容纳两个信号点的电子单元设备,这样一个区间移频柜就可供 10 个信号点用。根据一个车站所管辖的信号点数量,即可决定它所需区间移频柜的数量。区间移频柜正面布置如图 4.50 所示。最大外形尺寸为 880 mm×2 400 mm×700 mm。有 ZPW-2000R 型和 ZPW_2-2000R 型两种区间移频柜。两者差别仅在于,ZPW-2000R 型每个组合有一个温控单元和一个散热单元,而 ZPW_2-2000R 型每柜共享一个温控单元和两个散热单元。

(2)区间移频组合

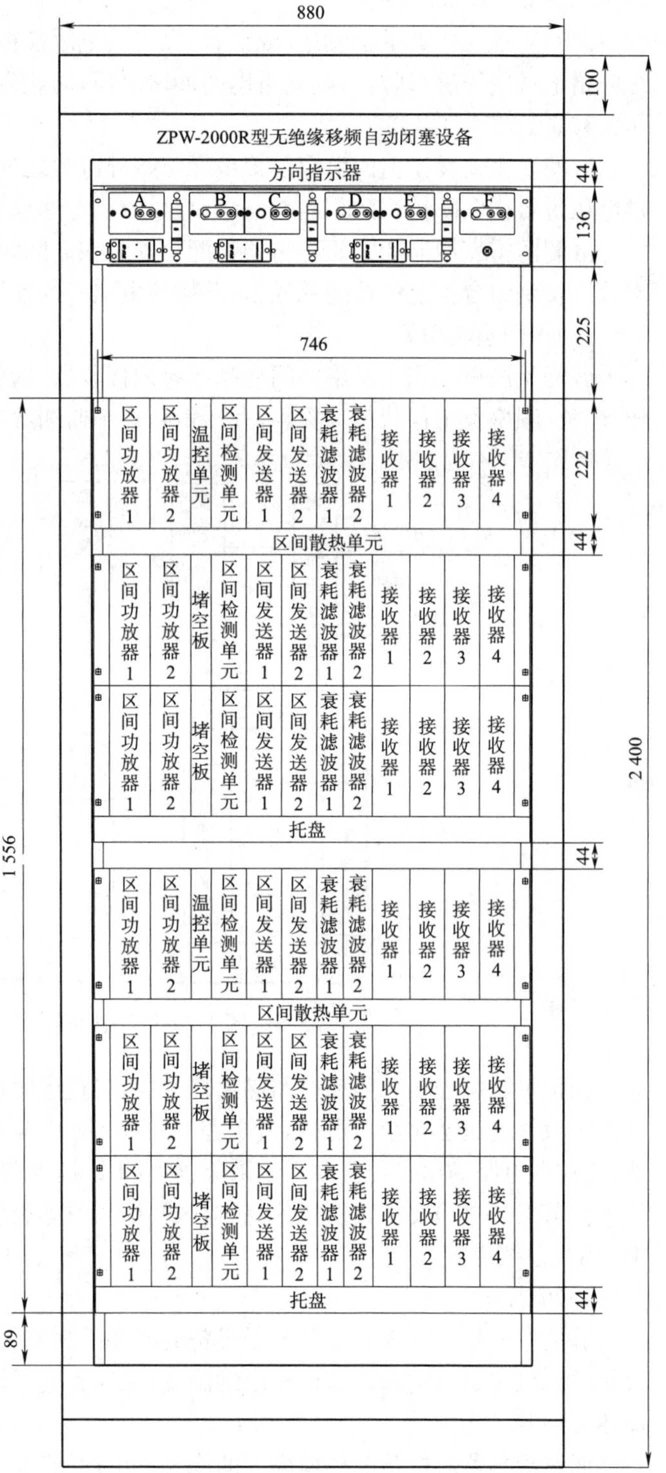

图 4.50 区间移频柜正面布置(单位:mm)

ZPW·UPQ1 型区间移频组合用于安装区间发送器、区间功放器、接收器、衰耗滤波器及区间检测单元、温控单元等电子单元设备。所有单元设备均采用正面插装方式安装于组合中。一个区间移频组合可容纳两个信号点的电子单元设备。区间发送器、区间功放器采用“$n+1$”冗余方式；接收器采用“1+1”冗余方式。设备布置如图 4.51 所示。

5. 组合柜

组合柜用于安装区间电缆组合、区间防雷组合、点灯单元组合，其正面布置如图 4.52 所示。

图 4.51　区间移频组合设备布置

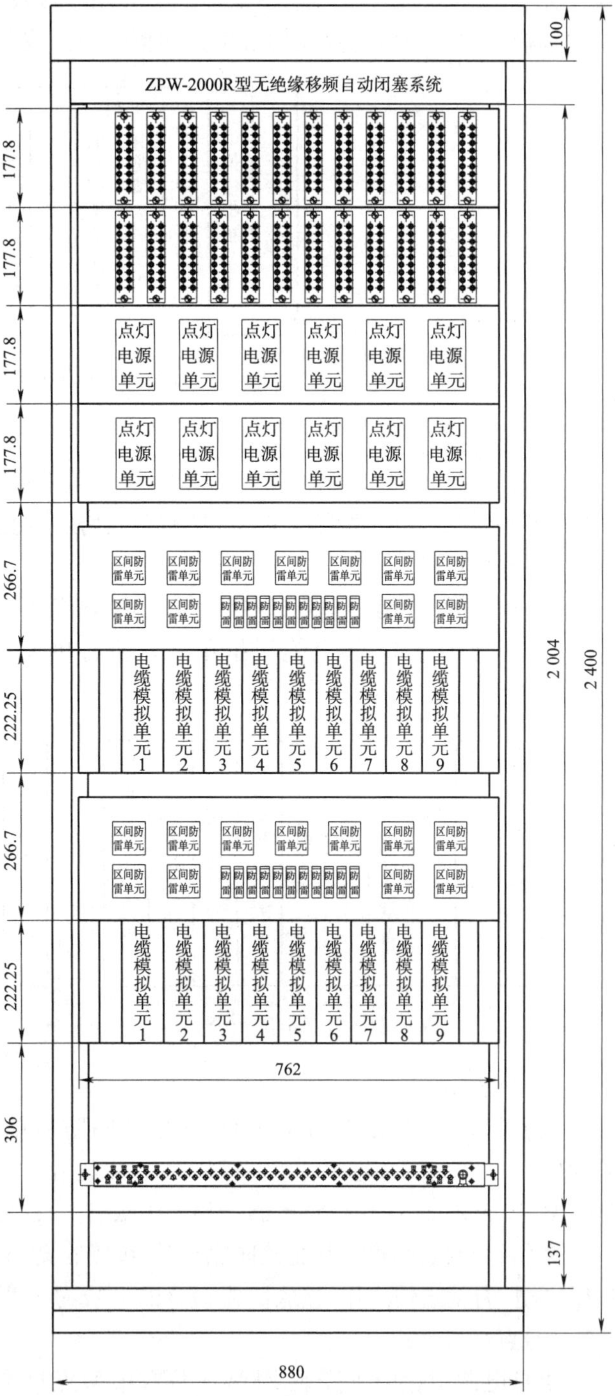

图 4.52　组合柜正面布置(单位:mm)

(1)区间电缆组合

电缆组合有区间电缆组合、发送电缆组合、接收电缆组合三种。

①区间电缆组合

ZPW·UDQ 型区间电缆组合用于安装 ZPW·DML 型电缆模拟单元。使用时,电缆模拟单元 1～4 用于发送,电缆模拟单元 5～8 用于接收。每个组合最多可安装 8 个 ZPW·DML 型电缆模拟单元。所有单元均采用正面插装方式安装于组合中,如图 4.53 所示。

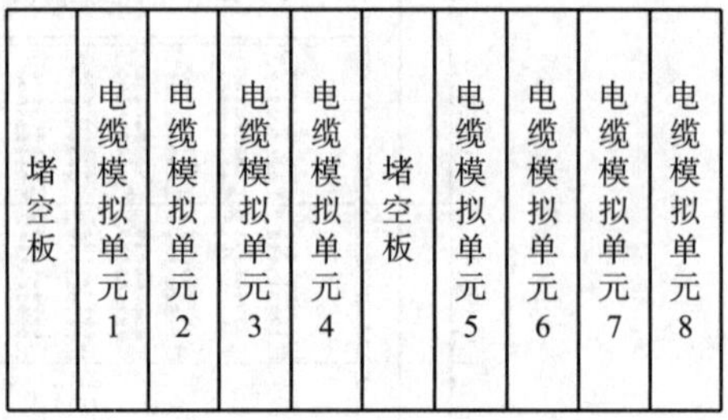

图 4.53　区间电缆组合

②发送电缆组合

发送电缆组合用于安装 ZPW·DML 型电缆模拟单元,均用于发送。每个组合最多可安装 9 个 ZPW·DML 型电缆模拟单元。所有单元均采用正面插装方式安装于组合中,如图 4.54 所示。

③接收电缆组合

接收电缆组合用于安装 ZPW·DML 型电缆模拟单元,均用于接收。每个组合最多可安装 9 个 ZPW·DML 型电缆模拟单元。所有单元均采用正面插装方式安装于组合中,如图 4.55 所示。

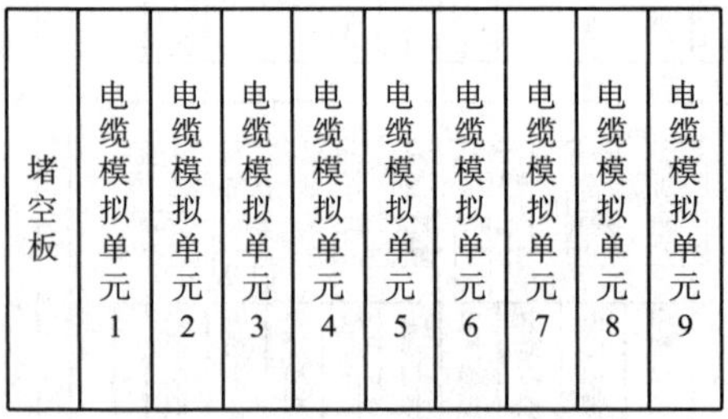

图 4.54　发送电缆组合

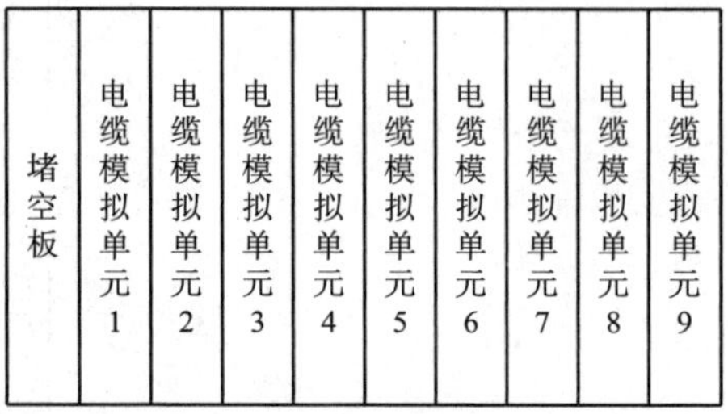

图 4.55　接收电缆组合

(2)防雷组合

防雷组合用于安装 ZPW·DLQ 型区间防雷单元器材。每个组合中最多可安装 11 套 ZPW·DLQ 型区间防雷单元。ZPW·DLQ 型区间防雷单元由区间防雷变压器(BLQ-2000R)和 SLP-275VB 型防雷器(FLQ)组成。

防雷组合按用途分为发送防雷组合和接收防雷组合。发送防雷组合的型号为 ZPW·ULF1 型,为发送信道用;接收防雷组合的型号为 ZPW·ULJ1 型,为接收信道用。

(3)点灯单元组合

点灯电源组合用于安装 ZPW·DYD1 型点灯电源单元。每个组合中最多可安装 6 套 ZPW·DYD1 型点灯电源单元。

6. 室外设备

(1)轨道匹配单元

轨道匹配单元(BP)用于轨道电路与SPT铁路数字信号电缆的匹配连接,主要由变压器T_1、电感线圈L_1和电容器C_1、C_2组成,电路结构如图4.56所示。

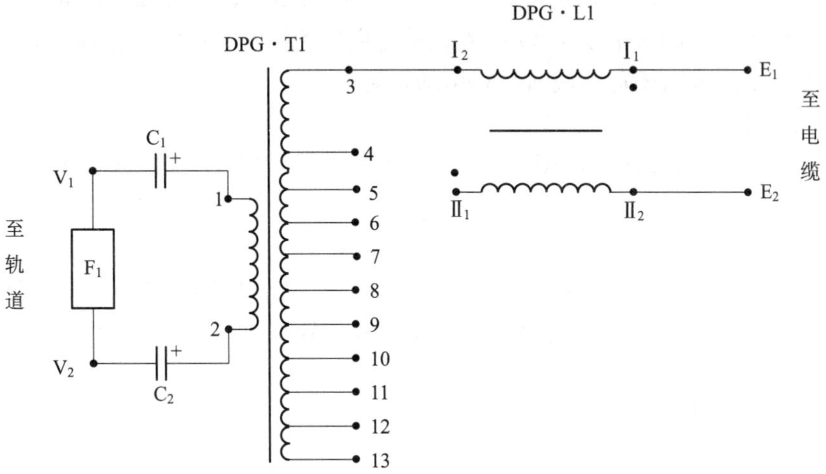

图4.56 轨道匹配单元电路结构

C_1、C_2为4 700 μF/50 V电解电容器,两个电容器按相反极性串联,构成无极性,起到隔直及交连作用。

变压器DPG·T1为多抽头变压器,变比从9∶1~18∶1按照轨道电路调整表使用,实现轨道电路特性阻抗与电缆阻抗的匹配连接。

电感线圈DPG·L1为10 mH,用于电缆表现出容性的补偿。同时,与匹配变压器相对应处轨道被列车分路时,它可作为一个限流阻抗(1 700 Hz时约为106.8 Ω),减小发送端短路电流。该电感线圈由设在同一线圈骨架两个槽上的单独线圈组成,以便在两条电缆线的每一条线上表现出相同的阻抗。

F_1为SLP-075BVB型防雷器,用于防护侵入两条钢轨间的横向雷电波及过电压,以此保护轨道匹配单元和调谐区内的其他设备。防雷器具有劣化显示。

轨道匹配单元E_1、E_2端连接电缆至室内。

(2)电气绝缘节及调谐单元

电气绝缘节由调谐单元、电气平衡线圈及30 m钢轨组成,用于实现两相邻轨道电路间的电气隔离。

调谐区长30 m,尽量选取长钢轨,不具备条件时,允许有一个轨缝,但两轨缝之间要连接良好,接触电阻要小于50 μΩ。

调谐单元工作原理同ZPW-2000A型移频自动闭塞系统。

调谐单元共有四种型号,分别为ZPW·T-1700型、ZPW·T-2000型、ZPW·T-2300型和ZPW·T-2600型。ZPW·T-1700型和ZPW·T-2000型为BA_1型;ZPW·T-2300型和ZPW·T-2600型为BA_2型。

(3)电气平衡线圈

电气平衡线圈(D-SVA)用于平衡牵引电流回流及调谐区纵向防雷接地,实现上、下行线路间的等效电位连接,改善电气绝缘节的 Q 值,保证调谐区工作稳定性。

(4)机械绝缘节平衡线圈(J-SVA)

机械绝缘节平衡线圈(J-SVA)用于等效 30 m 调谐区的综合阻抗值,沟通牵引电流回流。机械绝缘节平衡线圈与调谐单元相并联,可获得与电气绝缘节相同的阻抗效果。

机械绝缘节平衡线圈设置于进站口和出站口处。

(5)钢包铜引接线

为加大调谐区设备与钢轨间的距离,便于工务维修等,加长了引接线长度,保证调谐区器材距最近钢轨大于 1.5 m。

(6)补偿电容器

在 ZPW-2000R 移频自动闭塞系统中,主轨道第一个补偿电容距调谐区 BA 距离为 50 m。补偿电容器容量、数量均按信道具体参数及轨道电路传输要求确定,按等间距布置。补偿电容器的容量为:

1 700 Hz 40×(1±5%)μF;

2 000 Hz 33×(1±5%)μF;

2 300 Hz 30×(1±5%)μF;

2 600 Hz 28×(1±5%)μF。

接收器调谐区信号的工作值应在 750～850 mV 之间(还要有 1.5 倍的余量),其中,接收通道的滤波器和 10 km 电缆对信号有约 10 dB 的衰减,为此在滤波器输出口的调谐区信号电压要大于 1.4 V,在传输电缆的入口调谐区信号电压要大于 2.0 V,FPB 和 JPB 的变比最小是 9∶1,在 FPB 和 JPB 轨面处的调谐区信号电压要大于 0.25 V,调谐区的最小谐振电流大于 4.2 A。要使接收 FPB 和 JPB 轨面电压大于 0.25 V,FPB 和 JPB 的并联端阻抗就要大于 60 mΩ,BA 的零阻抗约 35 mΩ,必需取 2 m 钢轨的 30 mΩ 阻抗来提高 FPB 和 JPB 的并联阻抗,为此接收 FPB 和 JPB 要和 BA 分开放置,使调谐区由三点变为五点布局,如图 4.57 所示。

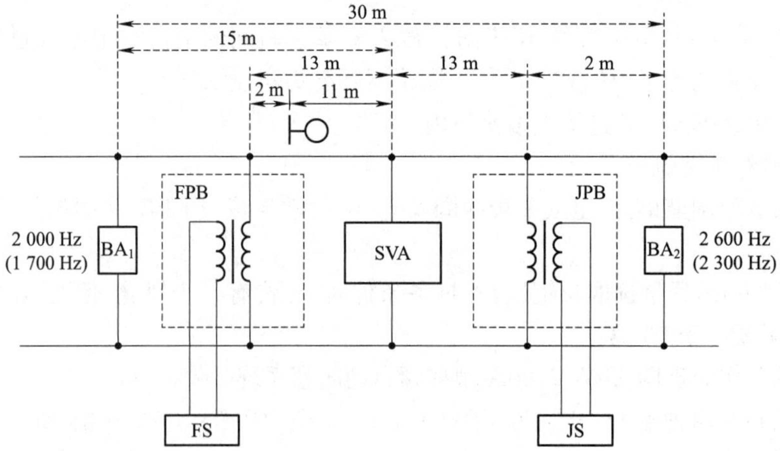

图 4.57　ZPW-2000R 电气绝缘节结构

典型工作任务4 ZPW-2000S型自动闭塞认知

4.4.1 工作任务

了解ZPW-2000S型自动闭塞的构成和技术特点。

4.4.2 知识链接

ZPW-2000S型自动闭塞系统充分消化吸收UM2000型自动闭塞的技术优势，并结合我国铁路运输要求进行了适应性设计，适用于通信编码方式及继电编码方式的应用。

1. 系统结构

ZPW-2000S型自动闭塞系统由室内设备和室外设备两大部分组成。其中，室内设备由发送器、接收器、方向切换板、模拟网络、通信接口设备等组成。室外设备由匹配单元、调谐单元、空芯线圈、机械绝缘节调谐单元、机械绝缘节空芯线圈、辅助调谐单元、补偿电容器等组成。

(1)通信编码方式系统结构

通信编码方式，区间ZPW-2000S型自动闭塞系统结构如图4.58所示，机柜配置如图4.59所示。

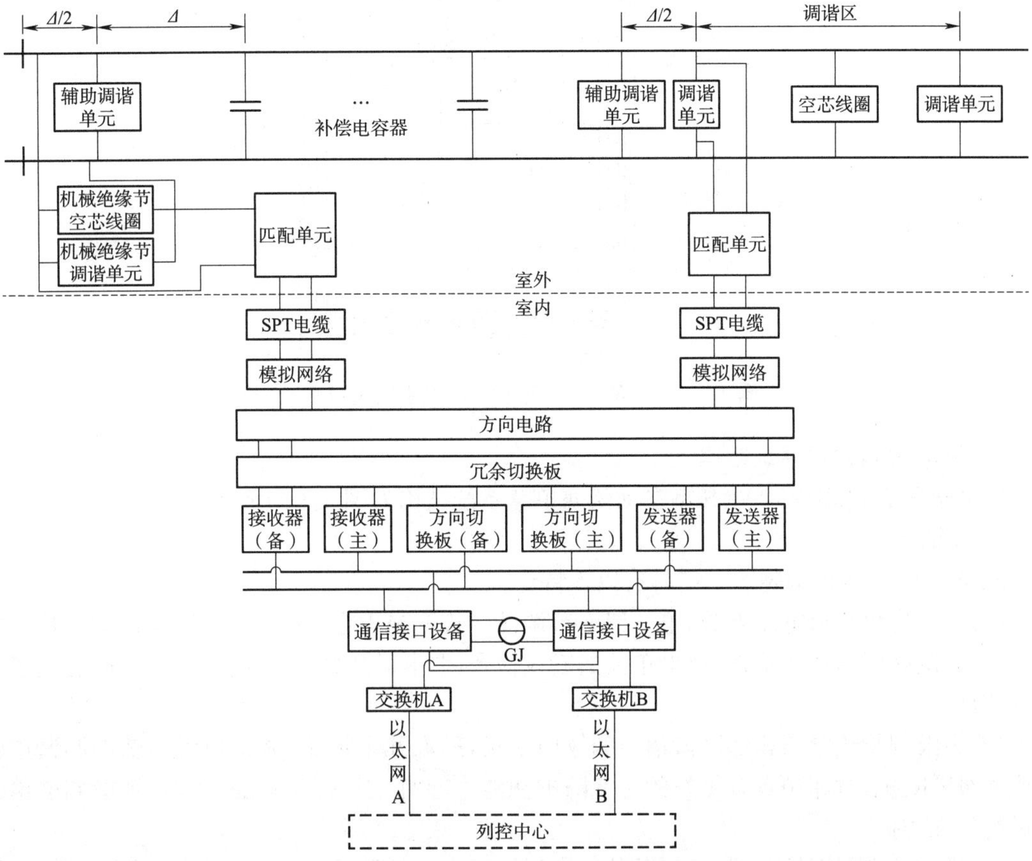

图4.58 区间ZPW-2000S型自动闭塞系统结构

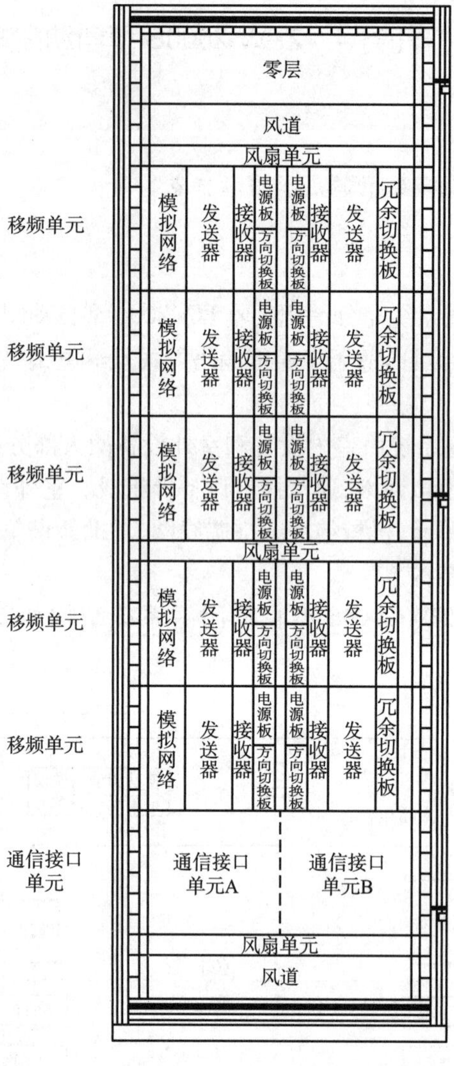

图 4.59　ZPW-2000S 型自动闭塞系统机柜配置

(2)继电编码方式系统结构

继电编码方式 ZPW-2000S 型自动闭塞单套系统结构如图 4.60 所示。

2. 系统特点

ZPW-2000S 型自动闭塞系统具有以下特点：

(1)通过优化轨道电路参数，电气绝缘节调谐区长度减小为 19.2 m，同时采用动态检测技术，实现对调谐区的断轨检查、调谐单元的断线检查，调谐区死区长度不大于 1.5 m，提高了传输安全性。

(2)为限制轨道电路相邻区段信号的纵向干扰，采取冗余措施，调谐单元与辅助调谐单元构成两级零阻抗，对邻频具有更好的串音防护功能。同时，当调谐单元断线时，辅助调谐单元能进行加强防护。

(3)增加发送器至接收器的内部回路，实现对室内外回路检查和校核的闭环检测控制，提高系统抗干扰能力。当出现非安全因素(如接收器收到的信息与发送器发出的信息不一致)

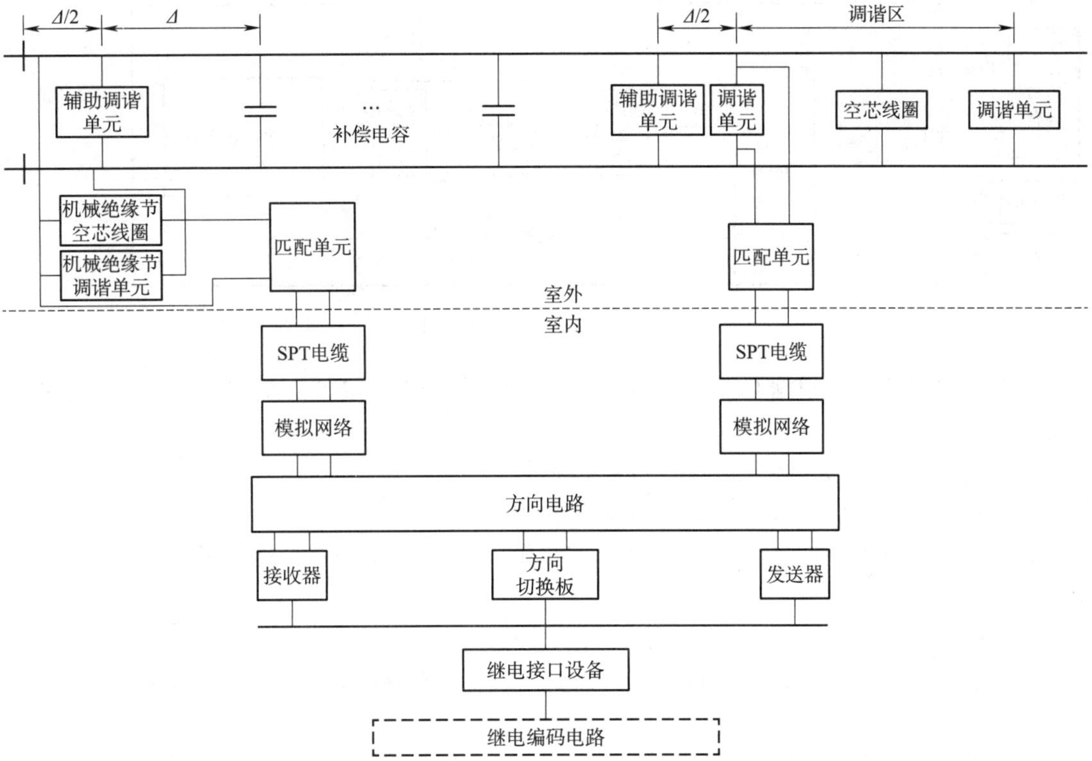

图 4.60 继电编码方式 ZPW-2000S 型自动闭塞单套系统结构

时，切断发送器安全电源。

(4)接收器采用窄带数字解调方式，防护电气化谐波干扰接收设备错误动作。

(5)优化补偿电容器配置，统一为一种补偿电容器，不同载频采用不同的补偿间距，减少补偿电容器种类。

(6)发送器、接收器采用整体"1+1"冗余，在单一设备故障情况下，提高系统可靠性。

(7)设备高集成化，室内设备采用模块化设计，组匣安装方式。其中，发送器与功放集成、接收器与衰耗集成、设备内置方向继电器。室内设备种类少、占地空间小。

(8)系统配置维护终端，具备站场及设备状态显示、数据及曲线查询、故障报警、历史数据回放、与集中监测通信等功能，方便设备维护。

3. 室内设备

(1)发送器

发送器工作原理如图 4.61 所示。

发送器硬件电路主要有 CPU 处理电路、移频信号发生电路、滤波电路、运放激励电路、功放电路、电流检测电路等部分。

CPU 处理电路通过 RS-422 串行总线接收通信接口设备下发的命令，进行通信校核；通信校核正确后，将载频命令与采集的外部载频条件进行比较；载频比较一致后，根据载频、低频控制命令，通过查表产生载频、低频控制字并通过并行总线发送给移频信号发生器，同时向滤波电路发送配置信息。任意校核不通过，CPU 均会停止向移频信号发生器发送载频、低频控制字。

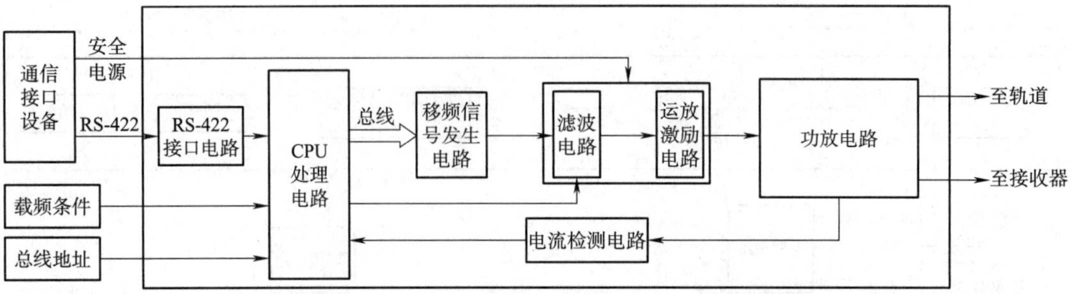

图 4.61　发送器工作原理

移频信号发生电路根据 CPU 提供的载频、低频控制字输出 FSK 移频信号，同时向滤波电路输出参考时钟。

滤波电路将 FSK 方波信号平滑为正弦波信号。

运放激励电路为提高输入阻抗，采用射极输出。

通信接口设备向滤波电路、运放激励电路提供条件电源，关掉该条件电源可以关断发送器输出。

功放电路完成功率放大功能，可输出 9 挡电压，最大功率达 70 W。

电流检测电路监测发送器功出电流，当电流超过设置的阈值 0.6 A 时，发送器停止对外输出。

(2)接收器

接收器采用双电子结构，两路相互独立，由处理器电路、钢轨移频信号处理电路、发送器信号处理电路、串行通信电路、安全与门电路、载频及地址编码信息采集电路组成。接收器工作原理如图 4.62 所示。

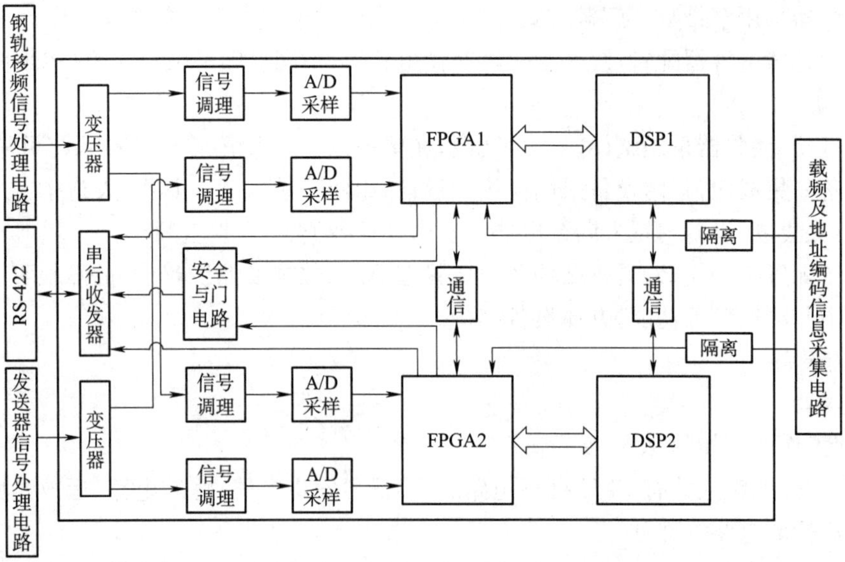

图 4.62　接收器工作原理

处理器电路采用双 DSP 结构，处理结果进行比较，一致后输出。DSP 实现总体任务调度、钢轨移频信号及发送器信号的解调处理、通信数据组包、接收器自检等功能。

钢轨移频信号处理电路使钢轨移频信号通过变压器分别送往通道 1、通道 2，进行信号滤波后由 FPGA 进行不间断 A/D 采集，PPGA 将采集数据定时发往 DSP。

发送器信号处理电路的作用同钢轨移频信号处理电路一样。

串行通信电路的作用是：进行接收器与通信接口设备通信，采用应答方式，通道 1、通道 2 的 FPGA 同时接收串口数据，并转发给 DSP；DSP 将组包好的数据通过 FPGA 回复给通信接口设备。串行收发器由安全与门控制，双通道表决不一致时，关闭安全与门，实现关闭通信。

安全与门电路控制串行收发器，采用“固有故障—安全”设计，输入两路动态脉冲控制，输出 24 V 直流，给串行收发器提供工作电源。任一路动态脉冲消失后，安全与门无 24 V 输出，串行收发器停止工作。

载频及地址编码信息采集电路采集载频，确定接收器的工作频率；采集地址编码信息，进行通信数据校核。

(3)方向切换板

方向切换板通过串行通信连接，从通信接口设备接收运行方向控制命令；执行方向切换功能，输出方向继电器的控制信号，实现轨道电路方向切换；实现运行方向的安全回读，并向通信接口设备上传轨道电路的方向状态。

(4)模拟网络

通过将不同长度的室外电缆补偿至同一长度，方便轨道电路的调整和改变运行方向，按 0.5 km、0.5 km、1 km、2 km、2 km、4 km 设计。

(5)通信接口设备

通信接口设备实现轨道电路与列控中心的通信功能，同时实现轨道电路与维护终端的通信功能。与列控中心、轨道电路及维护终端的通信连接如图 4.63 所示。

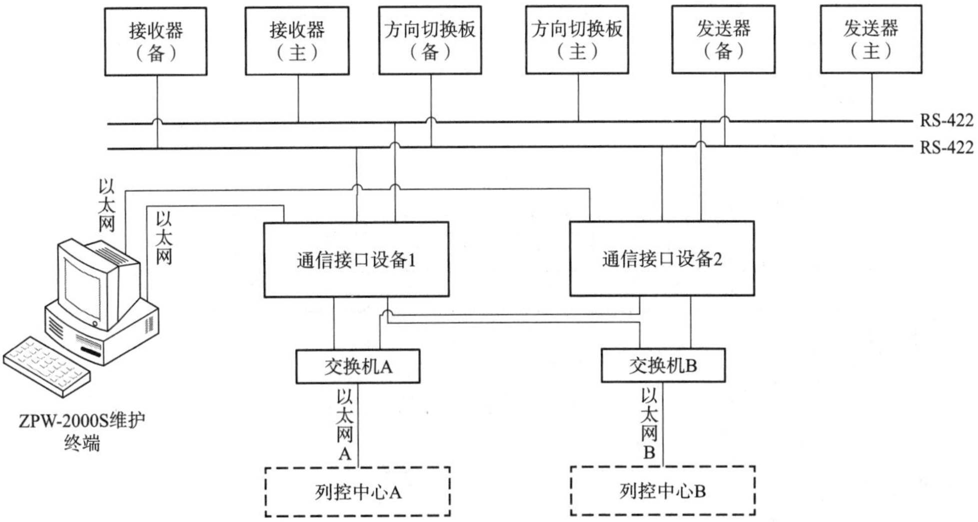

图 4.63　与列控中心、轨道电路及维护终端的通信连接

通信接口设备通过以太网与列控中心进行通信，通过 RS-422 串行总线与轨道电路发送器、接收器、方向切换板进行通信，通过以太网与维护终端进行通信。

通信接口设备实现的功能：①接收列控中心的编码及方向信息，并将区段状态及设备状态信息上传给列控中心。②向发送器、接收器、方向切换板发送编码及方向信息，并接收上传的状态信息。③根据发送器、接收器的运行状态控制切换继电器，实现发送器、接收器的主、备冗余切换。④向发送器提供 24 V 安全电源，当轨道电路设备故障(如发送器、接收器、通信接口设备)时，关闭安全电源，切断移频信号输出。⑤根据轨道的占用、空闲状态控制轨道继电器落下或者吸起。⑥将轨道电路设备状态及通信接口设备自身状态发送给轨道电路维护终端。

通信接口设备双机热备冗余，支持与 5 个轨道电路通信。

(6)监测维护系统

监测维护系统具备站场及设备状态显示、数据及曲线查询、故障报警、历史数据回放、与信号集中监测系统通信等功能。监测维护系统结构如图 4.64 所示。

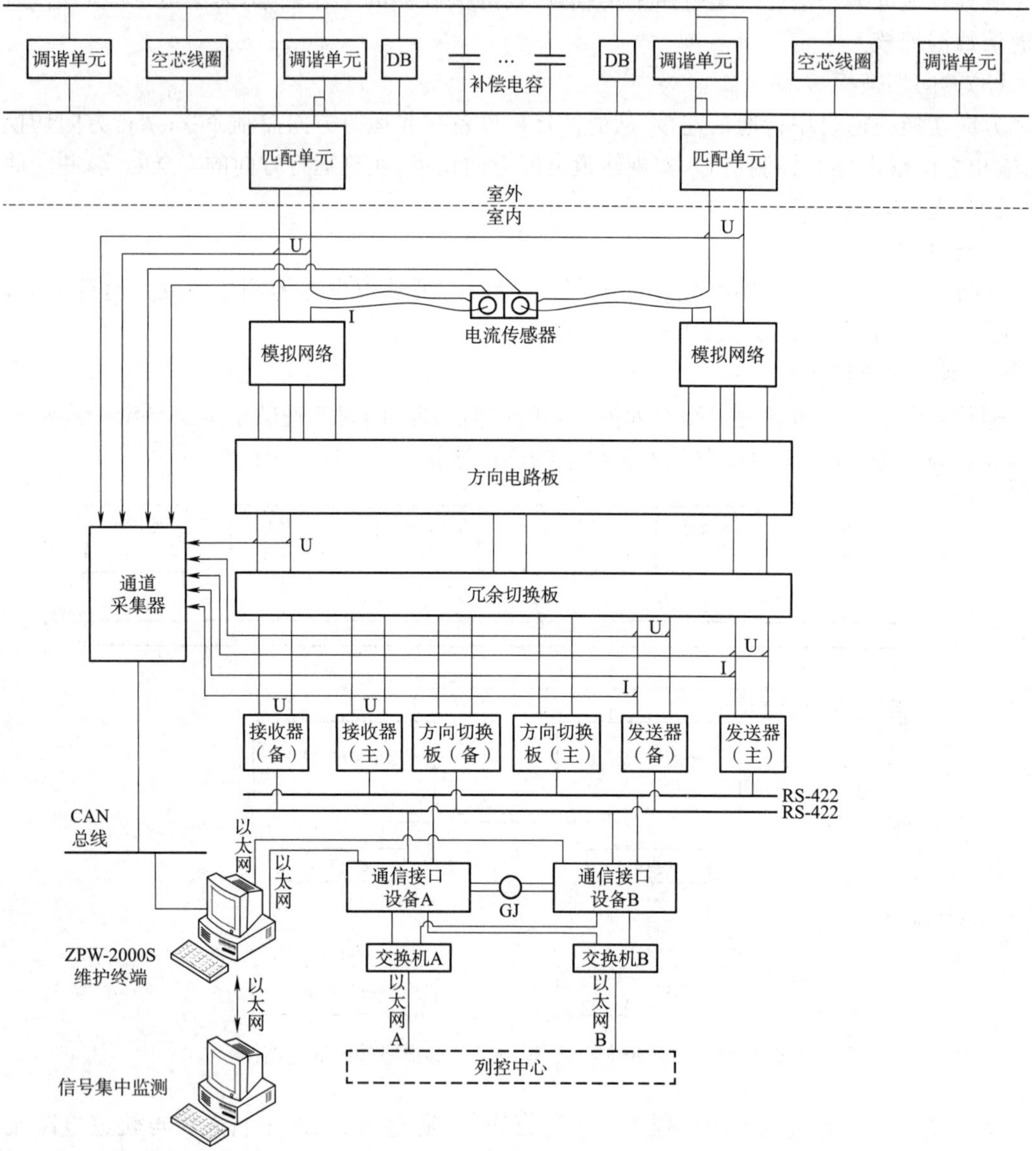

图 4.64　监测维护系统结构

通信接口板负责将发送器、接收器、方向切换板及自身工作状态转发给维护终端。通道采集器负责采集移频模拟量信息。

4. 室外设备

匹配单元、调谐单元、空芯线圈、机械绝缘节调谐单元、机械绝缘节空芯线圈、补偿电容器的结构、工作原理同ZPW-2000A型自动闭塞。

辅助调谐单元用于区段第一个补偿电容器的位置,对相邻区段的移频信号呈现零阻抗,以隔离相邻区段信号;对本区段移频信号呈现容性,其特性等效一个补偿电容器,以稳定本区段信号传输。

典型工作任务5 ZPW-2000系列自动闭塞电路认知

4.5.1 工作任务

掌握ZPW-2000系列构成的双线双向四显示自动闭塞电路原理。

4.5.2 知识链接

闭塞分区电路包括接收电路、发送编码电路、内方闭塞分区联系电路(三接近区段为和车站联锁电路的联系电路)和通过信号机点灯电路(仅一离去区段无此电路)。

ZPW-2000系列自动闭塞采用的是无选频方式,接收器没有低频选放电路,只要收到本闭塞分区的载频,不论何种低频,轨道继电器均吸起,即相当于一个电子继电器。因此,各闭塞分区电路的发码,均与其内方各闭塞分区的状态相联系,而各接近区段的发码,都与进站信号机的状态相联系。

1. 区间信号设备布置和运用

(1)区间信号设备平面布置

区间信号设备平面布置如《自动闭塞图册(第三版)》图Ⅰ-01所示。在该图上除了标明通过信号机的编号和坐标外,还要标明每个闭塞分区的长度、载频、补偿电容器的容量和数量等。

两车站管辖区按闭塞分区(轨道电路区段)整体划分,分界点两侧的设备分别由两端的车站管辖,如《自动闭塞图册(第三版)》图Ⅰ-01所示。室内设备分别安装在所管辖的车站。当然,两站之间必须有联系,需设站间联系电路。

区间的室内信号设备包括区间移频柜、区间综合柜、区间组合柜、区间电源屏,它们与车站的室内信号设备同放在车站信号机械室内,如《自动闭塞图册(第三版)》图Ⅰ-02所示。

(2)闭塞分区编号

闭塞分区用防护该闭塞分区的通过信号机的编号来编号,如《自动闭塞图册(第三版)》图Ⅰ-01中的597信号机防护的闭塞分区编为597G。如闭塞分区较长,需加设分割点,即由两段轨道电路组成。每段轨道电路各有其发送器和接收器,它们的载频顺序配置,如611G有分割点,则按运行正方向顺序编为611BG和611AG。

(3)载频配置

下行:1 700 Hz、2 300 Hz(分-1、-2两型),按……1700-1、2300-1、1700-2、2300-2、1700-1……顺序设置方式。

上行：2 000 Hz、2 600 Hz（分-1、-2 两型），按……2000-1、2600-1、2000-2、2600-2、2000-1……顺序设置方式。

区间起始和终止频率应与站内车站正线电码化频率设置统一考虑，接近区段应与接车进路不同，发车进路应与一离去区段不同。如下行正线接车进路载频为 1700-2，三接近区段载频可选 2300-1 或 2300-2，一离去区段也可选 2300-1 或 2300-2。载频配置如《自动闭塞图册（第三版）》图Ⅰ-01 所示。

（4）区间移频柜设备运用

区间移频柜布置如《自动闭塞图册（第三版）》图Ⅰ-08 所示。

①每个移频柜有 5 个纵向组合，每个纵向组合放置两个闭塞分区的轨道电路设备（发送器、接收器、衰耗器各两个）。

②每个纵向组合的两个接收器双机热机并联运用，每一接收器由本接收主机和本组合另一接收并机两部分构成。

③移频柜零层由 10 块 3×18 柱端子板、1 块断路器板、5 块电源端子板组成。

电源端子板 D_1 供 QY_1-1、QY_1-2 用；D_2 供 QY_1-3、QY_1-4 用；D_3 供 QY_1-5、QY_1-6 用，依此类推。

断路器板中，上面的最远轨道电路区段使用 RD_1、RD_2；下面的最远轨道电路区段使用 RD_3、RD_4，依此类推。

3×18 柱端子板中，上面最远的轨道电路区段使用第一块；下面的最远轨道电路区段使用第二块；依此类推。

（5）区间综合柜设备运用

区间综合柜布置如《自动闭塞图册（第三版）》图Ⅰ-09 所示。

①1～4 层为点灯隔离变压器组匣，每个组匣可放置 6 架信号机的 6 个 BGY_2-80 型点灯隔离变压器。

②5～9 层为站防雷和电缆模拟网络组匣，每个组匣可放置 4 个闭塞分区的模拟网络单元（8 个 ZPW·ML）。

③零层 D_1～D_{28} 为 18 柱端子板，室外电缆由此引入，D_{29} 为防雷接地铜板条（FLE），D_{30} 为电缆接地铜板条（DLE）。

（6）区间组合柜设备运用

区间组合柜布置如《自动闭塞图册（第三版）》图Ⅰ-10 所示。

①每个闭塞分区用 1 个组合，每个组合占用两层继电器组合的位置，最多安放 22 台继电器。

②组合类型及选用。区间组合有 L 型、LU 型、U 型和 1LQ 型组合，分别用于 L 信号点（LL 信号点）、LU 信号点、U 信号点和 1LQ 区段。

在两车站管辖区的分界处，根据情况采用 L(F) 型、L(JF)型、LU(F)型、LU(JF)型、U(F)型、1LQA(JF)型、1LQB(JF)型组合。(F)型组合用于位于分界处运行前方的闭塞分区，它只需要相邻闭塞分区的 GJ 条件。(JF)型组合用于位于分界处非运行前方的闭塞分区，它需要相邻闭塞分区的全部条件。1LQA(JF)型和 1LQB(JF)型组合的区别，在于后者又是邻站的 LU 信号点。另有 XG 和 DSBJ 组合，用来安放 XGJ 和 XGJ(邻)，以及灯丝报警主机。

L 型、L(F)型、L(JF)型、LU 型、U 型、1LQ 型、XG 和 DSBJ 组合的组成如《自动闭塞图册（第三版）》图Ⅰ-10 所示。区间组合继电器类型见表 4.17。

表 4.17　区间组合继电器类型

顺序	类型	0		01	02	03	04	05	06	07	08	09	10	11
1	L	R:RX20-25-51 Ω C:CD-1 000 μF-50 V	2	QGJ	DJ	2DJ	FBJ	FBJF	5GJ	1GJF	2GJF			
				JWXC-1700	JZXC-16F	JZXC-16F	JWXC-1700	JWXC-1700	JWXC-1700	JWXC-1700	JWXC-1700			
			1	QZJ	QZJF	QFJ	QFJF	GJ	GJF	1GJ	2GJ	3GJ	DJF	4GJ
				JWXC-1700	JWXC-1700	JWXC-1700	JWXC-1700	JWXC-1700	JWXC-1700	JWXC-1700	JWXC-1700	JWXC-1700	JWXC-H340	JWXC-1700
2	L(F)	R:RX20-25-51 Ω C:CD-1 000 μF-50 V	2	QGJ	DJ	2DJ	FBJ	FBJF	5GJ	1GJF	2GJF	GJF(邻站)	GJ(邻站)	
				JWXC-1700	JZXC-16F	JZXC-16F	JWXC-1700	JWXC-1700	JWXC-1700	JWXC-1700	JWXC-1700	JWXC-H340	JWXC-1000	
			1	QZJ	QZJF	QFJ	QFJF	GJ	GJF	1GJ	2GJ	3GJ	DJF	4GJ
				JWXC-1700	JWXC-1700	JWXC-1700	JWXC-1700	JWXC-1700	JWXC-1700	JWXC-1700	JWXC-1700	JWXC-1700	JWXC-H340	JWXC-1700
3	L(JF)	R:RX20-25-51 Ω C:CD-1 000 μF-50 V	2	QGJ	DJ	2DJ	FBJ	FBJF	1GJF	GJF(邻站)	DJF(邻站)	XGJ(邻站)	5GJ	4GJ(邻站)
				JWXC-1700	JZXC-16F	JZXC-16F	JWXC-1700	JWXC-1700	JWXC-1700	JWXC-H340	JWXC-H340	JWXC-1700	JPXC-1000	JWXC-1000
			1	QZJ	QZJF	QFJ	QFJF	GJ	GJF	1GJ	2GJ	3GJ	DJF	4GJ
				JWXC-1700	JWXC-1700	JWXC-1700	JWXC-1700	JWXC-1700	JWXC-1700	JWXC-1700	JPXC-1000	JPXC-1700	JWXC-H340	JWXC-H340
4	LU	R:RX20-25-51 Ω C:CD-1 000 μF-50 V	2	QGJ	DJ	2DJ	FBJ	FBJF	DJF	5GJ	1GJF		LXJ3F_1	ZXJ2F_1
				JWXC-1700	JZXC-16F	JZXC-16F	JWXC-1700	JWXC-1700	JWXC-H340	JWXC-1700	JWXC-1700		JWXC-1700	JWXC-1700
			1	QZJ	QZJF	QFJ	QFJF	GJ	GJF	1GJ	LXJ3F	ZXJ2F	LUXJ2F	4GJ
				JWXC-1700	JWXC-1700	JWXC-1700	JWXC-1700	JWXC-1700	JWXC-1700	JWXC-1700	JWXC-1700	JWXC-1700	JWXC-1700	JWXC-1700
5	LU(F)	R:RX20-25-51 Ω C:CD-1 000 μF-50 V	2	QGJ	DJ	2DJ	FBJ	FBJF	DJF	5GJ	1GJF	GJ(邻站)	LXJ3F_1	ZXJ2F_1
				JWXC-1700	JZXC-16F	JZXC-16F	JWXC-1700	JWXC-1700	JWXC-H340	JWXC-1700	JWXC-1700	JPXC-1000	JWXC-1700	JWXC-1700
			1	QZJ	QZJF	QFJ	QFJF	GJ	GJF	1GJ	LXJ3F	ZXJ2F	LUXJ2F	4GJ
				JWXC-1700	JWXC-1700	JWXC-1700	JWXC-1700	JWXC-1700	JWXC-1700	JWXC-1700	JWXC-1700	JWXC-1700	JWXC-1700	JWXC-1700

续上表

顺序	类型	0		01	02	03	04	05	06	07	08	09	10	11
6	LU(JF)	R:RX20-25-51 Ω C:CD-1 000 μF-50 V	2	QGJ	DJ	2DJ	FBJ	FBJF	DJF	5GJ	GJ(邻站)	DJF(邻站)	1GJF	XGJ
				JWXC-1700	JZXC-16F	JZXC-16F	JWXC-1700	JWXC-1700	JWXC-H340	JPXC-1000	JWXC-1700	JWXC-H340	JWXC-1700	JWXC-1700
			1	QZJ	QZJF	QFJ	QFJF	GJ	GJF	1GJ	LXJ3F	ZXJ2F	LUXJ2F	4GJ
				JWXC-1700	JWXC-1700	JWXC-1700	JWXC-1700	JWXC-1700	JWXC-1700	JWXC-1700	JWXC-H340	JPXC-1000	JPXC-1000	JWXC-H340
7	U(UF)	R:RX20-25-51 Ω C:CD-1 000 μF-50 V	2	QGJ	DJ	2DJ	FBJ	FBJF	TXJF	YXJF	( )LXJ2F	$LXJ2F_1$	5GJ	$ZXJF_1$
				JWXC-1700	JZXC-16F	JZXC-16F	JWXC-1700	JWXC-1700	JWXC-1700	JWXC-1700	JWXC-1700	JWXC-1700	JWXC-1700	JWXC-1700
			1	QZJ	QZJF	QFJ	QFJF	GJ	GJF	LXJ2F	ZXJF	LUXJF	DJF	4GJ
				JWXC-1700	JWXC-1700	JWXC-1700	JWXC-1700	JWXC-1700	JWXC-1700	JWXC-1700	JWXC-1700	JWXC-1700	JWXC-H340	JWXC-1700
8	1LQA	R:RX20-25-51 Ω C:CD-1 000 μF-50 V	2	QGJ	LXJ2F	YXJF	FBJ	FBJF	ZXJF	TXJF	( )LXJ2F	DJ(邻站)	GJ(邻站)	+1FBJ
				JWXC-1700	JWXC-1700	JWXC-1700	JWXC-1700	JWXC-1700	JWXC-1700	JWXC-1700	JWXC-1700	JPXC-1000	JPXC-1000	JWXC-1700
			1	QZJ	QZJF	QFJ	QFJF	GJ	GJF	1GJ	2GJ	3GJ	4GJ	5GJ
				JWXC-1700	JWXC-1700	JWXC-1700	JWXC-1700	JWXC-1700	JWXC-1700	JWXC-1700	JWXC-1700	JWXC-1700	JWXC-1700	JWXC-1700
9	1LQA (JF)	R:RX20-25-51 Ω C:CD-1 000 μF-50 V	2	QGJ	LXJ2F	YXJF	FBJ	FBJF	ZXJF	TXJF	( )LXJ2F	XGJ(邻站)	XGJ	+1FBJ
				JWXC-1700	JWXC-1700	JWXC-1700	JWXC-1700	JWXC-1700	JWXC-1700	JWXC-1700	JWXC-1700	JPXC-1000	JPXC-1000	JWXC-1700
			1	QZJ	QZJF	QFJ	QFJF	GJ	GJF	1GJ	2GJ	3GJ	4GJ	5GJ
				JWXC-1700	JWXC-1700	JWXC-1700	JWXC-1700	JWXC-1700	JWXC-1700	JWXC-1700	JPXC-1000	JPXC-1000	JWXC-H340	JPXC-1000
10	1LQB (JF)	R:RX20-25-51 Ω C:CD-1 000 μF-50 V	2	QGJ	LXJ2F	YXJF	FBJ	FBJF	ZXJF	TXJF	( )LXJ2F	ZXJ2F	+1FBJ	
				JWXC-1700	JWXC-1700	JWXC-1700	JWXC-1700	JWXC-1700	JWXC-1700	JWXC-1700	JWXC-1700	JWXC-1000	JWXC-1700	
			1	QZJ	QZJF	QFJ	QFJF	GJ	GJF	1GJ	LXJ3F	LUXJ2F	4GJ	5GJ
				JWXC-1700	JWXC-1700	JWXC-1700	JWXC-1700	JWXC-1700	JWXC-1700	JWXC-1700	JWXC-H340	JPXC-1000	JWXC-H340	JPXC-1000
11	XG DSBJ	R:RX20-25-51 Ω C:CD-1 000 μF-50 V	2	(1)XGJ(邻)	(1)XGJ	(2)XGJ(邻)	(2)XGJ	(3)XGJ(邻)	(3)XGJ	(4)XGJ(邻)	(4)XGJ	$LUXJF_1$	QDSBJ	
				JPXC-1000	JWXC-1700	JPXC-1000	JWXC-1700	JPXC-1000	JWXC-1700	JPXC-1000	JWXC-1700	JWXC-1700	JWXC-1700	
			1	DSBZ										

2. 闭塞分区电路

ZPW-2000A型自动闭塞的每个闭塞分区的设备包括发送器、衰耗器和接收器，其中发送器采用“$n+1$”冗余方式，接收器采用“0.5＋0.5”双机并机运用。系统接线原理如《自动闭塞图册(第三版)》图Ⅰ-7所示。其中，两接收器间的配线已在工厂预配。

闭塞分区电路包括改变运行方向电路、接收电路、发送编码电路、通过信号机点灯电路(1LQ区段不设)和内方闭塞分区联系电路等。各闭塞分区电路按其所处位置，有所不同。主要是接近区段的闭塞分区电路必须与进站信号机的状态相联系，它们的发送编码电路、通过信号机点灯电路和一般的闭塞分区有区别。1LQ区段和3JG区段，它们与站内轨道电路相邻，小轨道电路的输入、输出条件不同于其他闭塞分区。

(1)运行方向的改变

通过改变运行方向电路，改变区间信号点的发送、接收方式，改变区间信号点的发送、接收方式如图4.65所示。每段轨道电路通过方向继电器接点逐段对换发送、接收接向电缆的位置(或称改变发送、接收方向)。

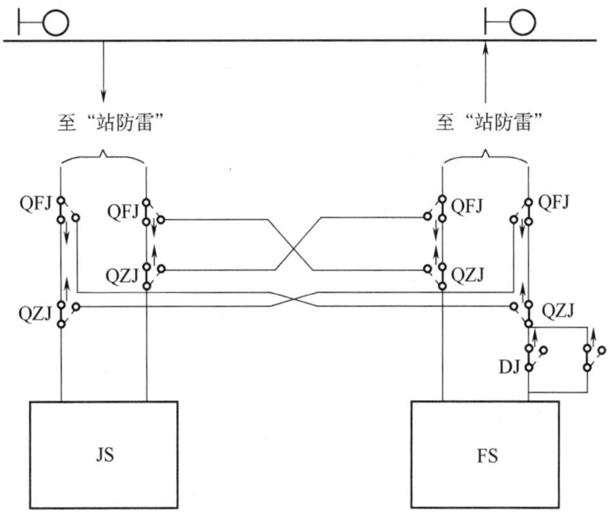

图4.65 改变区间信号点的发送、接收方式示意

四线制改变运行方向电路最终以方向继电器FJ_2表示运行方向。正方向运行时，FJ_2处于定位；改变运行方向后为反方向运行时，FJ_2处于反位。为反映运行方向，每一闭塞分区设区间正方向继电器QZJ和区间反方向继电器QFJ各一个，由FJ_2对它们进行控制，区间方向继电器电路如图4.66所示。

(2)红灯转移

本闭塞分区有车且防护本闭塞分区的信号机红灯灭灯，其前一架信号机也点红灯，此即为红灯转移。这在发送电路中用GJ和DJF前接点并联来实现。本闭塞分区有车时，GJ落下，防护本闭塞分区的信号机点红灯，DJF吸起，向其外方闭塞分区发HU码，其前一架信号机点黄灯。当本闭塞分区有车时，GJ落下，此时若防护本闭塞分区的信号机红灯灭灯，DJF落下，即不向其外方闭塞分区发码，该闭塞分区收不到任何码，其GJ落下，防护它的信号机点红灯。

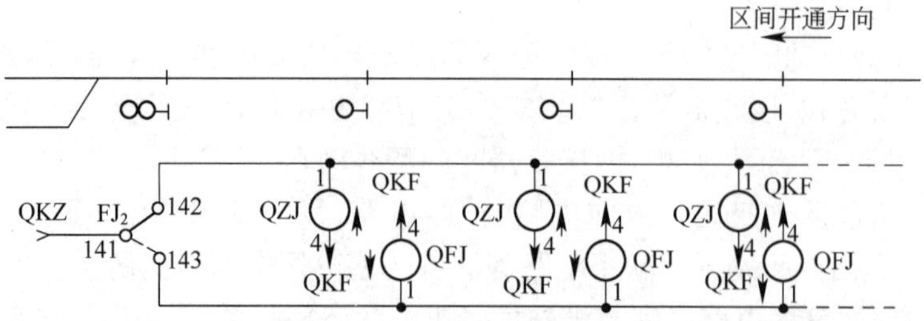

图 4.66　区间方向继电器电路

(3)接收电路

两接收器采用“0.5+0.5”并联冗余方式。每个闭塞分区的轨道电路由主轨道电路和小轨道电路两部分组成，主轨道信号由本轨道电路接收器处理，小轨道信号由相邻轨道电路接收器处理，并将处理结果送给本轨道电路接收器。两者均空闲构成整个轨道电路空闲，使得 QGJ 吸起。两者之一占用构成轨道电路占用，使得 QGJ 落下。

用 GJ 作为 QGJ 复示继电器，但 GJ 电路中有 RC 构成的缓吸电路，在 QGJ 由落下状态吸起时，C 串联在 GJ 电路中，由于 C 的充电使 GJ 缓吸，是为了防止电气化牵引电流干扰造成 QGJ 误动而使该闭塞分区闪红光带。

接收电路要处理好小轨道电路与主轨道信号的关系。小轨道电路输出(XG、XGH)是送给相邻轨道电路接收器的条件。本闭塞分区小轨道电路输出送至相邻外方闭塞分区小轨道电路输入。小轨道电路输入(XGJ、XGJH)是从相邻轨道电路接收器送来的条件。本闭塞分区小轨道电路输入来自相邻内方闭塞分区小轨道电路输出。

用方向继电器接点区分列车运行方向，改变小轨道电路输入、输出条件。对于 1LQ 闭塞分区，列车正方向运行时，其相邻外方闭塞分区为站内轨道电路，小轨道电路不再送出条件；列车反方向运行时，其相邻内方闭塞分区为站内轨道电路，没有向 1LQ 的小轨道电路输出，故 1LQ 小轨道输入直接接入+24、024 电源。对于 3JG 闭塞分区，列车正方向运行时，其相邻内方闭塞分区为站内轨道电路，没有向 3JG 的小轨道电输出，3JG 小轨道电输入直接接入+24、024 电源；列车反方向运行时，其相邻外方闭塞分区为站内轨道，小轨道电路不再送输出条件。

本闭塞分区与相邻闭塞分区有站间联系时，本站和邻站均要用小轨道电路的输出条件(XG、XGH)构成小轨道继电器(XGJ)电路，利用 XGJ 接点经电缆把 XGJ 状态传到对方站，作为对方站小轨道电路输入条件。

(4)发送编码电路和通过信号机点灯电路

①三接近区段的发送编码电路和通过信号机点灯电路

防护三接近区段的闭塞分区的通过信号机定位点黄灯，故三接近区段的闭塞分区电路又称 U 信号点。三接近区段为 U 信号点电路如《自动闭塞图册(第三版)》图Ⅰ-11(4)所示。

正方向运行时(区间正方向继电器 QZJ 吸起)，三接近区段由进站信号机的列车信号继电器 LXJ、正线继电器 ZXJ、绿黄信号继电器 LUXJ、通过信号继电器 TXJ、引导信号继电器 YXJ 及同方向的正线出站信号机的 LXJ 的状态构成编码条件，为此，设它们的复示继电器有 LXJ2F、ZXJF、LUXJF、TXJF、YXJF，如图 4.67 所示，由这些复示继电器的接点构成自动闭塞编码电路。三接近区段自动闭塞编码见表 4.18。

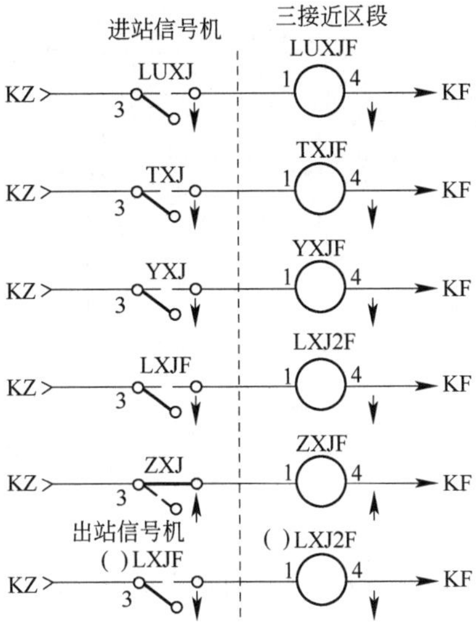

图 4.67　三接近区段复示继电器电路

表 4.18　三接近区段自动闭塞编码

进站信号机显示	进站 LXJ2F	YXJF	ZXJF	LUXJF	TXJF	出站 LXJ2F	发送信息码
红	↓	↓					HU
红白	↓	↑					HB
黄黄	↑		↓				UU
黄	↑		↑			↓	U
黄(及侧向发车)	↑		↑	↓		↑	U2
绿黄	↑		↑	↑	↓	↑	LU
绿	↑		↑	↑	↑	↑	L

如经 18 号及以上道岔侧向接车，则 UU 改为 UUS，U2 改为 U2S。预留提速至 200 km/h 条件，4GJ↑、5GJ↓，发 L2 码；4GJ↑、5GJ↑，发 L3 码(下同)。

三接近区段的通过信号机点灯电路如图 4.68 所示。LXJ2F、ZXJF、LUXJF 接点用于点灯电路，来区分点黄灯、绿黄灯和绿灯。当本区段空闲 GJF↑的情况下，LXJ2F↓时点黄灯；LXJ2F↑、ZXJF↓时也点黄灯；LXJ2F↑、ZXJF↑、LUXJF↓时点绿黄灯；LXJ2F↑、ZXJF↑、LUXJF↑时点绿灯。

②二接近区段的发送编码电路和通过信号机点灯电路

防护二接近区段的闭塞分区的通过信号机定位点绿黄灯，故二接近区段的闭塞分区电路又称 LU 信号点。二接近区段为 LU 信号点，电路如《自动闭塞图册(第三版)》图Ⅰ-11(2)、(3)所示。

二接近区段仍由进站信号机的 LXJ、ZXJ、LUXJ、TXJ 的状态构成编码条件，为此，设它们的复示继电器有 LXJ3F、ZXJ2F、LUXJ2F。由这些复示继电器的接点构成自动闭塞编码电路，其中 1GJ 为二接近区段的轨道继电器。二接近区段自动闭塞编码见表 4.19。

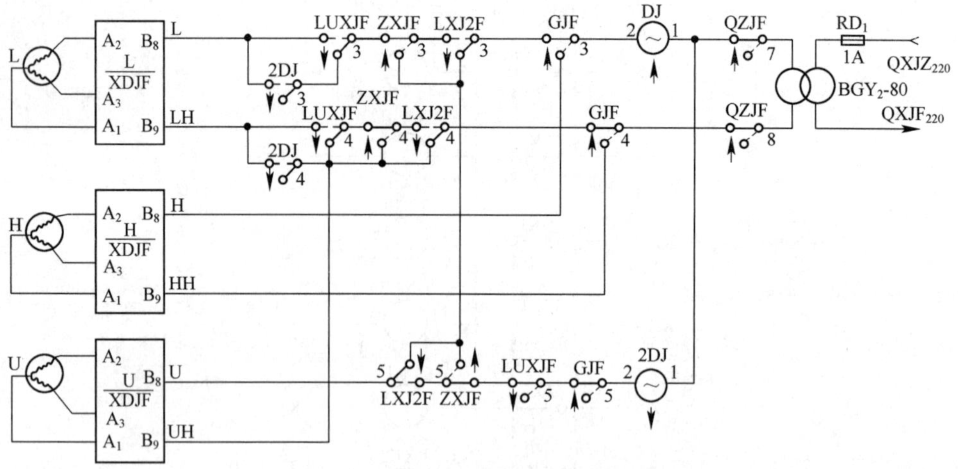

图 4.68　三接近区段的通过信号机点灯电路

表 4.19　二接近区段自动闭塞编码

进站信号机显示	LXJ3F	ZXJ2F	LUXJ2F	1GJ	发送信息码
列车占用三接近区段				↓	HU
红	↓			↑	U
黄	↑	↑	↓	↑	LU
黄黄	↑	↓		↑	U2
绿黄	↑	↑	↑	↑	L
绿	↑	↑	↑	↑	L

如进站信号机内方为 18 号及以上道岔，则 U2 改为 U2S。二接近区段的通过信号机点灯电路如图 4.69 所示。LXJ3F、ZXJ2F 接点用于点灯电路，来区分点黄灯、绿黄灯和绿灯。当本区段和三接近区段空闲，GJF↑和 1GJ↑的情况下，LXJ3F↓时点绿黄灯，LXJ3F↑、ZXJ2F↓时也点绿黄灯，LXJ3F↑、ZXJ2F↑时点绿灯。

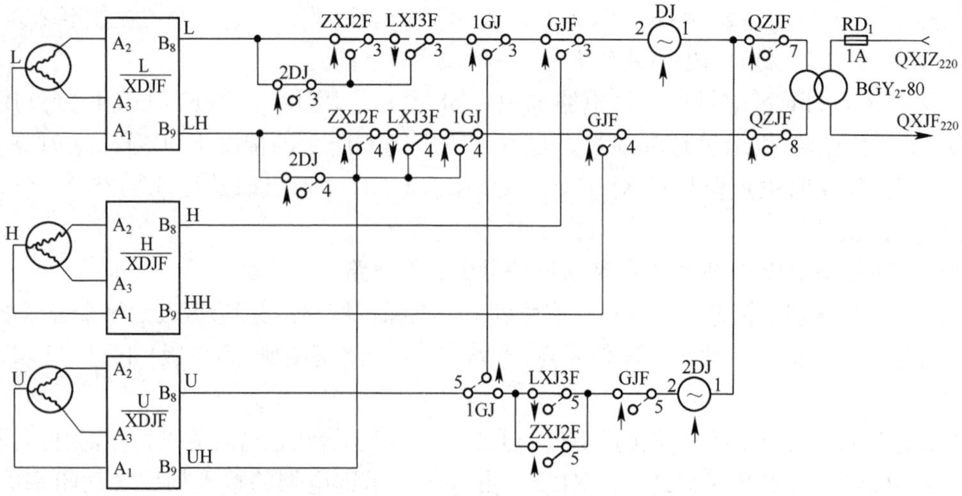

图 4.69　二接近区段的通过信号机点灯电路

③一接近区段的发送编码电路和通过信号机点灯电路

防护一接近区段的闭塞分区的通过信号机定位点绿灯，故一接近区段的闭塞分区电路又称L信号点。一接近区段为L信号点，电路如《自动闭塞图册(第三版)》图Ⅰ-11(1)所示。

一接近区段由1GJ～5GJ编码，其中3GJ、4GJ的状态仍与进站信号机的状态相联系。3GJ是LXJ3F和ZXJ2F的复示继电器，4GJ是LUXJ2F的复示继电器。一接近区段自动闭塞编码见表4.20。

表4.20 一接近区段自动闭塞编码

进站信号机显示	3GJ	2GJ	1GJ	发送信息码
列车占用二接近区段			↓	HU
列车占用三接近区段		↓	↑	U
红	↓	↑	↑	LU
黄	↑	↑	↑	L
黄黄	↓	↑	↑	LU
绿黄	↑	↑	↑	L
绿	↑	↑	↑	L

一接近区段的通过信号机点灯电路由1GJ、2GJ来区分点黄灯、绿黄灯和绿灯。当本区段和二、三接近区段空闲，GJF↑和1GJ↑、2GJ↑的情况下，点绿灯；当本区段和二接近区段空闲，GJF↑和1GJ↑，三接近区段占用2GJ↓的情况下，点绿黄灯；仅本区段空闲，GJF↑，二接近区段占用1GJ↓的情况下，点黄灯。

④一般闭塞分区发送编码电路和通过信号机点灯电路

一般闭塞分区的通过信号机定位点绿灯，其闭塞分区电路又称LL信号点。一般的闭塞分区为LL信号点，电路如《自动闭塞图册(第三版)》图Ⅰ-11(6)所示。

一般闭塞分区由1GJ～5GJ编码，它们的状态与进站信号机的状态没有联系。编码电路、通过信号机点灯电路均与一接近区段相同。

⑤反方向接近区段的发送编码电路

反方向进站信号机的接近区段即一离去区段。一离去区段电路见《自动闭塞图册(第三版)》中图Ⅰ-11(5)所示。

正方向运行时(QZJ吸起)，和一般区段一样，由1GJ、2GJ、3GJ接点构成编码条件。反方向运行时(QZJ落下)，由反方向进站信号机的LXJ、ZXJ、TXJ、YXJ及同方向的正线出站信号机的列车信号继电器LXJ的状态构成编码条件，为此，设它们的复示继电器有LXJ2F、ZXJF、TXJF、YXJF和LXJ2F。由这些复示继电器的接点构成自动闭塞编码电路。反方向接近区段自动闭塞编码见表4.21。

表4.21 反方向接近区段自动闭塞编码

进站信号机显示	进站LXJ2F	YXJF	ZXJF	TXJF	出站LXJ2F	发送信息码
红	↓	↓				HU
红白	↓	↑				HB
黄黄	↑		↓			UU

续上表

进站信号机显示	进站 LXJ2F	YXJF	ZXJF	TXJF	出站 LXJ2F	发送信息码
黄	↑		↑		↓	U
黄(及侧向发车)	↑		↑	↓	↑	U2
绿	↑		↑	↑	↑	L

如进站内方为 18 号及以上道岔,则 UU 改为 UUS,U2 改为 U2S。若一离去区段不能满足列车制动距离的要求,则二离去区段也要发码,其编码条件同一离去区段。

⑥有分隔点的闭塞分区电路

《自动闭塞图册(第三版)》图Ⅰ-11(2)和图Ⅰ-11(3)即为有分隔点的闭塞分区电路。构成有分隔点的闭塞分区的两段轨道电路的编码条件相同。在两段轨道电路都空闲和仅 BG 占用时,BG 和 AG 都发码。当 AG 占用时,AG 继续发码,而 BG 不发码,以防后行列车冒进。这通过在 BG 的发码电路中串接 AG 的 GJ 前接点来实现。

AG 和 BG 各设一个 QGJ 及 GJ,由它们共同构成闭塞分区空闲和占用的条件。只要有一个 GJ 落下,该闭塞分区就显示红光带。

3. 站间联系电路

区间设备分设于两端车站,与两站管辖区分界处两侧面的闭塞分区要互相利用对方的有关条件,故必须设站间联系电路。站间联系电路如《自动闭塞图册(第三版)》图Ⅰ-12 所示。一个一般车站有 4 套这样的站间联系电路。图Ⅰ-12(2)图中,正方向运行时,687G 为 699G 的外方闭塞分区,需要 699G 的各种条件,而 699G 为 687G 的内方闭塞分区,只需要 GJ、XGJ 条件。

为节省外线,用每对外线构成两个继电器的电路,其中一个采用无极继电器,另一个采用偏极继电器。

通过外线 TJ_1、TJ_1H 构成本站 4GJ(邻)和 5GJ 的电路。4GJ(邻)是邻站 3GJ 的复示继电器,5GJ 是邻站 4GJ 的复示继电器。平时,邻站的 3GJ、4GJ 吸起,本站的 4GJ(邻)和 5GJ 吸起。邻站的 3GJ 落下时,本站的 4GJ(邻)和 5GJ 都落下。邻站的 3GJ 吸起而 4GJ 落下时,电路中电流极性发生改变,本站的 4GJ(邻)为无极继电器,仍然吸起,5GJ 为偏极继电器,落下。

通过外线 TJ_2、TJ_2H 构成本站 DJ(邻)和 2GJ 的电路。DJ(邻)是邻站 GJ、DJF 的复示继电器,2GJ 是邻站 1GJ 的复示继电器。

通过外线 TJ_3、TJ_3H 构成 GJ(邻)和 3GJ 的电路。GJ(邻)是邻站 GJF 的复示继电器,3GJ 是邻站 2GJ 的复示继电器。

它们的电路原理与上述相同。

通过外线 TJ_4、TJ_4H 构成本站 XGJ(邻)电路。XGJ(邻)是邻站 XGJ 的复示继电器。

通过外线 TJ_5、TJ_5H 构成邻站 XGJ(邻)和 GJ(邻)的电路。XGJ(邻)是本站 XGJ 的复示继电器,GJ(邻)是本站 GJ 的复示继电器。

4. 发送“n+1”电路

ZPW-2000A 型自动闭塞发送采用“n+1”冗余方式。每个车站按上、下行分别设一个+1 发送器,上、下行的+1FBJ 分别设在 S1LQ 和 X1LQ 组合中。发送“n+1”电路如《自动闭塞图册(第三版)》图Ⅰ-13 所示。

发送器内设自动检测。设备正常时,其发送报警继电器 FBJ 吸起;当发送器发生故障时,FBJ 落下,自动转换至"+1"发送器。

发送故障转换包括:FBJ 第 1 组接点,转换低频控制条件;FBJ 第 2 组、第 3 组接点,转换载频选择条件;FBJ 第 5 组、第 6 组接点转换功出条件。

+1FBJ 第 1 组前接点控制+1 发送器的功出。

5. 区间设备报警电路

(1)移频总报警继电器电路

移频总报警继电器电路如《计算机联锁图册(第三版)》图Ⅰ-15 所示。在 6502 电气集中车站,移频总报警继电器(YBJ)电路如图 4.70 所示。

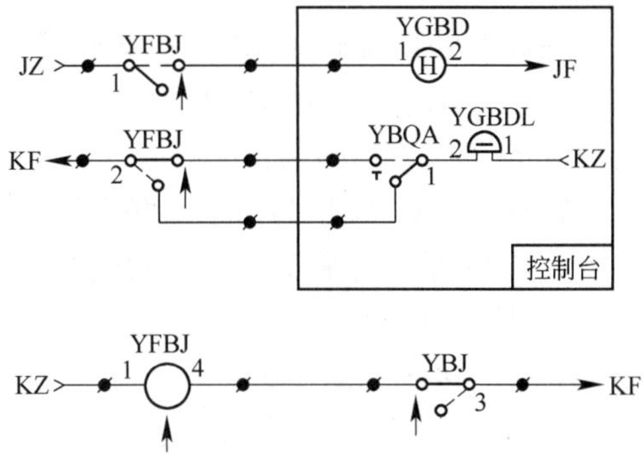

图 4.70　移频总报警继电器电路

由 YBJ 前接点接通移频发送报警继电器 YFBJ 电路。移频设备发生故障时,YBJ 落下使 YFBJ 落下。YFBJ 落下后,点亮控制台上的移频故障报警表示灯 YGBD(红色),移频故障报警电铃 YGBDL 鸣响。按下移频故障报警切断按钮 YBQA,电铃暂停鸣响。故障修复后,YFBJ 吸起,YGBD 熄灭,电铃再次鸣响。拉出 YGQA,电铃停止鸣响。

在计算机联锁车站,YBJ 的前接点通过接口柜为计算机联锁采集,并在显示器上出现报警显示。

(2)区间主灯丝断丝报警电路

区间主灯丝断丝报警电路用来对区间通过信号机的主灯丝进行监督。在 6502 电气集中车站,区间主灯丝断丝报警电路如图 4.71 所示,将该上、下行方向的各通过信号机的灯丝转换继电器接点连接起来。各通过信号机的主灯丝完整时,灯丝断丝报警继电器 DSBJ 吸起,区间灯丝断丝报警继电器 QDSBJ 落下。当某一通过信号机的主灯丝断丝时,DSBJ 落下,QDSBJ 吸起予以报警。

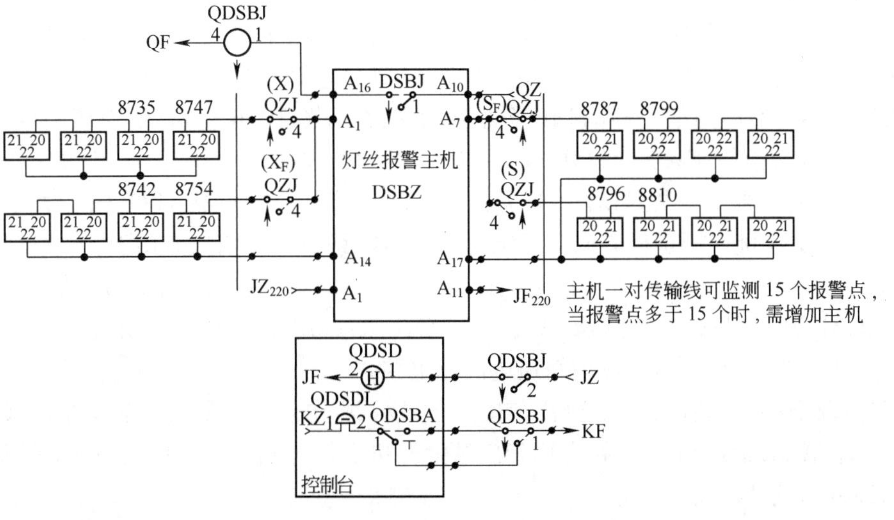

图 4.71　区间主灯丝断丝报警电路

在6502电气集中车站，QDSBJ吸起后，点亮控制台上的区间灯丝断丝表示灯QDSD(红色)，区间灯丝断丝报警电铃QDSDL鸣响。按下控制台上的区间灯丝断丝切断报警按钮QDSBA，电铃暂停鸣响。更换灯泡后，QDSD熄灭，QDSDL再次鸣响。拉出QDSBA，电铃停止鸣响。

在计算机联锁车站，QDSBJ的前接点通过接口柜为计算机联锁采集，如《自动闭塞图册(第三版)》图Ⅰ-14所示，并在显示器上出现报警显示。

6. 与车站联锁的结合电路

在自动闭塞区段，为使车站联锁与自动闭塞相结合，需设计结合电路。结合电路主要包括接近轨道继电器电路、离去继电器电路、车站联锁结合电路、自动闭塞结合电路。

(1)接近轨道继电器电路

对每一接车方向设第一接近轨道继电器1JGJ、第二接近轨道继电器2JGJ和第三接近轨道继电器3JGJ，均由相应闭塞分区的GJ控制。该闭塞分区空闲时，接收器收到本闭塞分区的移频信号，GJ吸起，使接近轨道继电器JGJ吸起；该闭塞分区被占用时，接收器收不到本闭塞分区的移频信号，GJ落下，使接近轨道继电器JGJ落下。下行正方向接近轨道继电器电路如《计算机联锁图册(第三版)》图Ⅰ-16所示，由各闭塞分区的轨道继电器前接点分别接通X1JGJ、X2JGJ、X3JGJ励磁电路。若某闭塞分区的设备设在相邻车站，则要将该闭塞分区的GJ条件通过外线引至本站，为保证传输的可靠性，采用接点双断。

对于6502电气集中车站，控制台上设三个接近表示灯，分别通过1JGJ、2JGJ及3JGJ后接点点亮，表示列车接近车站的情况。监督区间继电器1JQJ、2JQJ及3JQJ接点还用于接近电铃继电器电路，2JGJ和3JGJ前接点用于进站信号机的JYJ电路。

对于计算机联锁车站，采集各JGJ前接点在显示器上显示，并参与联锁运算。

(2)离去继电器电路

离去继电器电路由反映列车运行前方各闭塞分区的继电器条件构成，设四个离去继电器1LQJ、2LQJ、3LQJ、4LQJ，它们平时吸起。当第一离去区段1LQ被占用，使1LQJ落下，表示列车离去，运行在第一离去区段；第二离去区段2LQ被占用，使2LQJ落下，表示列车运行在第二离去区段；第三离去区段3LQ被占用，使3LQJ落下，表示列车运行在第三离去区段；第四离去区段4LQ被占用，使4LQJ落下，表示列车运行在第四离去区段。因离去继电器接点使用较多，设$1LQJ_1$、$2LQJ_1$、$2LQJ_2$、$2LQJ_3$、$3LQJ_1$、$3LQJ_2$和$3LQJ_3$。

离去轨道继电器电路如《计算机联锁图册(第三版)》图Ⅰ-16所示，由一离去区段的GJ、1GJ、2GJ、3GJ前接点分别接通1LQJ、2LQJ、3LQJ、4LQJ励磁电路。

对于6502电气集中车站，1LQJ、2LQJ、3LQJ的后接点分别点亮1LQD、2LQD、3LQD表示灯。1LQJ、2LQJ接点用于反方向接近电铃继电器电路；1LQJ前接点用于11线网路端部电路中；1LQJ前接点用于反方向进站信号机的JYJ电路；2LQJ前接点用于通过信号机的TXJ电路；2LQJ、3LQJ及其复示继电器2LQJF、3LQJF接点用于出站信号机点灯电路，1LQJ、2LQJF、3LQJF、4LQJ接点用于站内轨道电码化电路。

对于计算机联锁车站，采集各LQJ前接点在显示器上显示，并参与联锁运算，2LQJ、3LQJ及其复示继电器2LQJF、3LQJF接点用于出站信号机点灯电路。反方向运行时，X1LQJ作为S_FJGJ，S1LQJ作为X_FJGJ。

(3)接近电铃继电器电路

对于6502电气集中车站,设接近电铃通知车站列车接近。下行接近电铃继电器电路如图4.72所示。

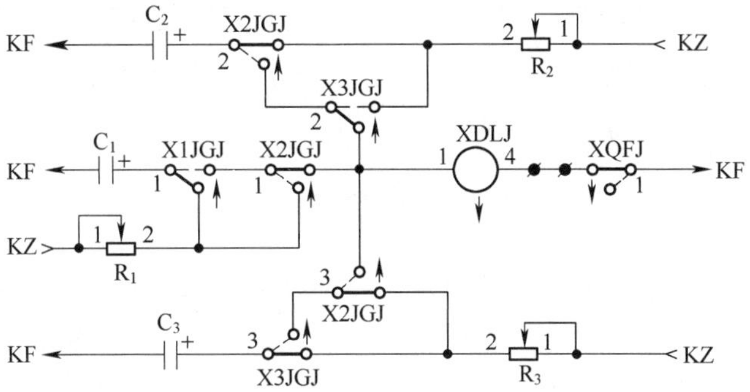

图4.72 接近电铃继电器电路

正方向运行时,QFJ落下,平时,1JGJ、2JGJ、3JGJ都吸起,通过它们的前接点分别接通C_1、C_2、C_3的充电电路。列车进入第一接近区段1JG,1JGJ落下,C_1向电铃继电器DLJ放电,使之吸起,接近电铃JDL鸣响;列车进入第二接近区段2JG,2JGJ落下,C_2向DLJ放电,使之吸起,JDL鸣响;列车进入第三接近区段3JG,未出清第二接近区段2JG,3JGJ和2JGJ均落下,C_3向DLJ放电,使之吸起,JDL鸣响。但列车出清第二接近区段2JG后,DLJ落下,JDL停止鸣响。当前行列车运行在第二接近区段,后续列车进入第一接近区段,也仍能充电,待前行列车出清第二接近区段后,向DLJ放电,JDL仍能鸣响,通知后行列车的接近。同样,在前行列车运行在第三接近区段,后续列车进入第二接近区段时,C_2仍能充电,待前行列车驶离第三接近区段后,C_2向DLJ放电,使JDL鸣响,通知后行列车的接近。电位器R_1、R_2、R_3分别用来调节C_1、C_2、C_3的充放电时间。

反方向发车时,QFJ吸起,断开DLJ电路,即反方向发车时不使接近电铃鸣响。

为了满足反方向接车的需要,设反方向电铃继电器FDLJ电路,下行反方向电铃继电器电路如图4.73所示。反方向运行时,QFJ吸起,接通FDLJ励磁电路。列车未接近时,电容器C_8充电。当列车占用1LQ(即反方向的JG)区段时,1LQJF落下,C_8向FDLJ放电,FDLJ吸起,FDL鸣响,反映反方向运行列车接近车站。

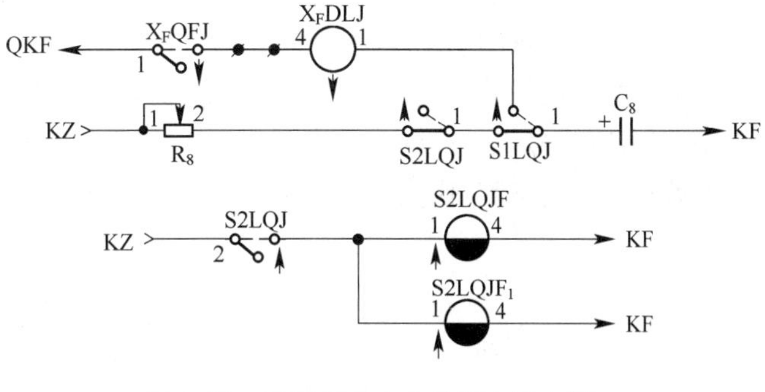

图4.73 下行反方向电铃继电器电路

(4)区间轨道继电器电路

对于6502电气集中车站,一个车站分别设XQGJ和SQGJ。它们作为反方向运行时区间空闲的条件,用于反方向出站信号机的LXJ电路的11线端部,这是出于反方向按站间闭塞的要求而设计的。XQGJ检查上行反方向发车时整个区间的空闲,SQGJ检查下行反方向发车时整个区间的空闲,它们分别串联整个区间各个闭塞分区的GJ前接点,只有所有闭塞分区都空闲,它们才吸起,相关方向的出站信号机才能开放,而且列车出发,出站信号机关闭后不能再开放，只有出清整个区间才能再次开放出站信号机，这就保证了整个区间同时只有一列列车运行。下行区间轨道继电器电路如图 4.74 所示。

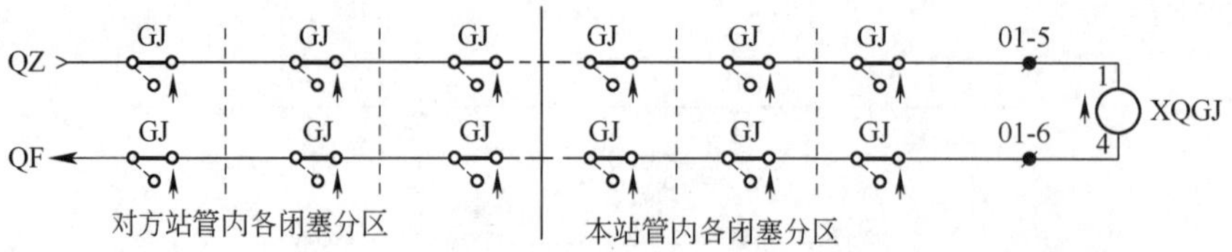

图 4.74　下行区间轨道继电器电路

反向运行时站间空闲检查也可以采用另外一种方法。反向运行时，本闭塞分区发送电路检查相邻内方闭塞分区的 QGJ 前接点，相邻内方闭塞分区有车，则本闭塞分区收不到移频信号 QGJ 落下。此时反向出站信号机开放只需检查 3JG 空闲，即可确认站间空闲。

(5)与 6502 电气集中结合电路

自动闭塞与电气集中结合电路由接近轨道继电器和离去继电器接点构成。

①接近预告继电器电路

进站信号机的 JYJ 电路中，用 2JGJ、3JGJ 后接点，作为列车接近的证明条件，进站信号机 JYJ 电路如图 4.75 所示。在有通过进路的正线出站信号机的 JYJ 电路中，用 3JGJ 后接点作为列车接近的证明条件，正线出站信号机 JYJ 电路如图 4.76 所示。

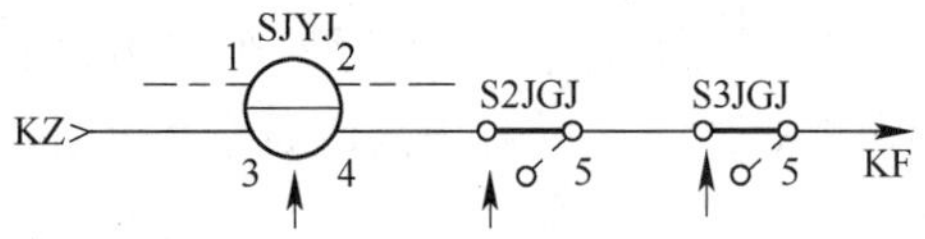

图 4.75　进站信号机 JYJ 电路

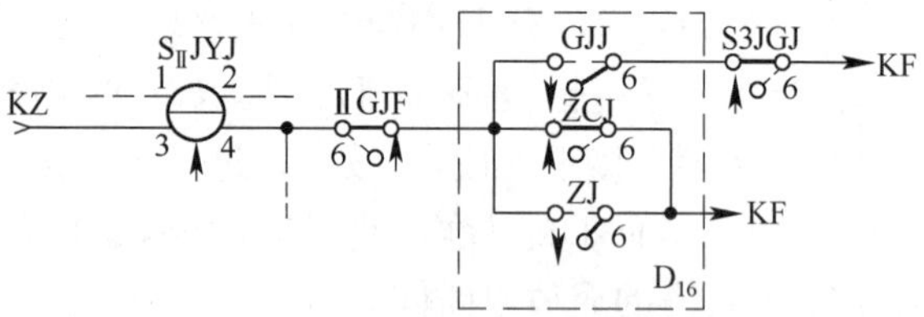

图 4.76　正线出站信号机 JYJ 电路

②出站信号机的 LXJ 电路

在出站信号机的 LXJ 电路中，正方向发车，11 线端部用 1LQJ 前接点证明 1LQ 区段空闲，作为出站信号机开放的必要条件，如图 4.77(a)所示。反方向发车，11 线端部用 QGJ 前接点证明整个区间空闲，作为出站信号机开放的必要条件，如图 4.77(b)所示。

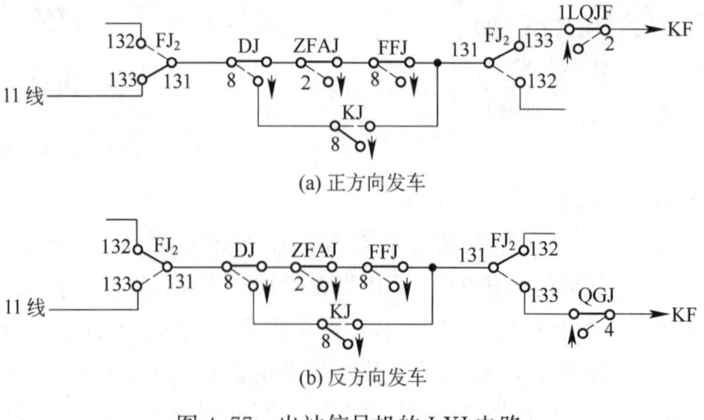

(a) 正方向发车

(b) 反方向发车

图 4.77　出站信号机的 LXJ 电路

③进站信号机区分允许信号继电器电路

对于进站信号机，在TXJ和LUXJ电路中，用同方向的2LQJ接点区分2LQ空闲与否，以确定TXJ是否吸起，来区分绿灯显示和绿黄灯显示，TXJ和LUXJ电路如图4.78所示。

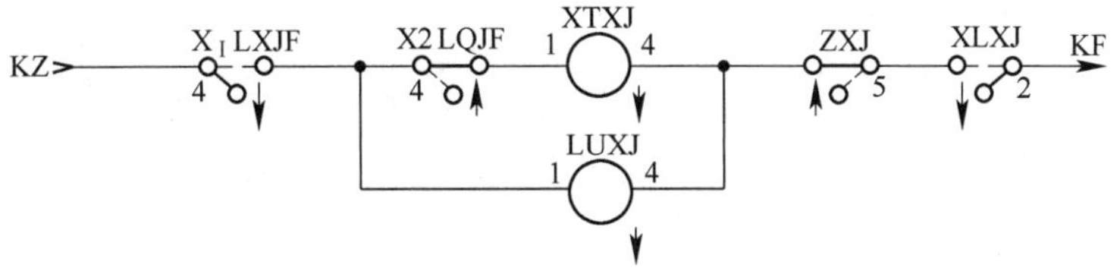

图4.78　TXJ和LUXJ电路

④出站信号机点灯电路

在出站信号机点灯电路中，用2LQJ和3LQJ接点来区分黄灯显示、绿黄灯显示和绿灯显示，出站信号机点灯电路如图4.79所示。

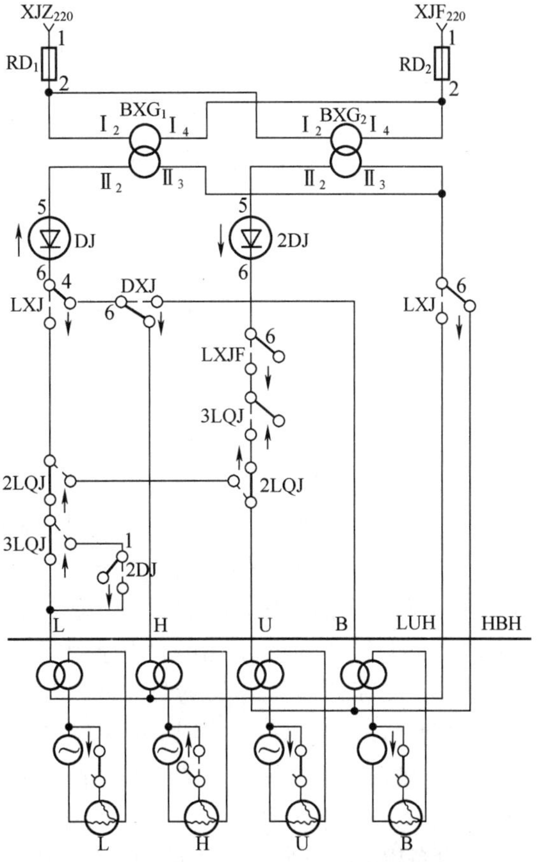

图4.79　出站信号机点灯电路

⑤解锁电路

如发车口内方第一个区段为道岔区段，则发车进路上该道岔区段的第三点检查条件是1LQJ接点，发车口内方解锁电路如图4.80所示。

⑥跳信号报警电路

在准备报警继电器电路中，用 3JGJ 前接点证明列车未占用接近区段，作为跳信号报警的准备条件之一，跳信号报警电路如图 4.81 所示。

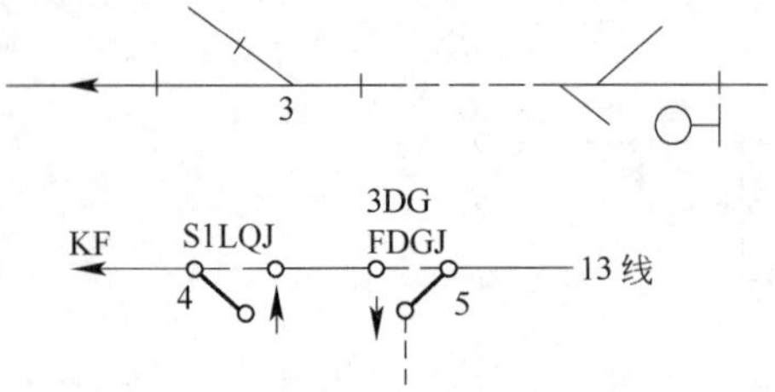

图 4.80 发车口内方解锁电路

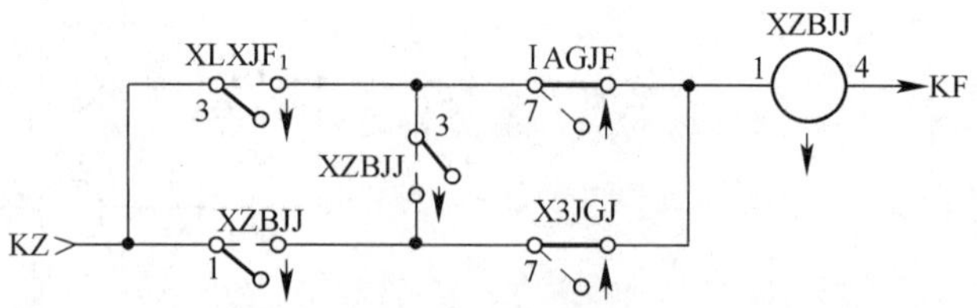

图 4.81 跳信号报警电路

对于计算机联锁，除了出站信号机点灯电路中，用 2LQJ 和 3LQJ 接点来区分黄灯显示、绿黄灯显示和绿灯显示外，接近轨道继电器和离去继电器接点通过采集电路输入系统。

(6)自动闭塞结合电路

接近区段的闭塞分区电路由进站信号机的 LXJ、ZXJ、LUXJ、TXJ、YXJ 的复示继电器及同方向正线出站信号机的 LXJ 的复示继电器接点构成编码条件接点，见前述。这对于 6502 电气集中联锁和计算机联锁是一样的。

典型工作任务 6　继电式区间占用逻辑检查设备认知

4.6.1 工作任务

了解继电式区间占用逻辑检查设备的组成、工作原理，正确使用区间占用逻辑检查设备。

4.6.2 知识链接

1. 继电式区间占用逻辑检查设备概述

当前，自动闭塞区段普遍采用轨道电路实现列车的占用检查。在实际运用中，由于在个别轨道区段的钢轨和车轮间分路电阻达不到规定要求，会发生占用丢失的现象，造成信号显示升级，构成铁路运输的安全隐患。轨道电路的占用检查功能是依赖于分路电阻实现的，由于钢轨生锈、轮轨关系的变化都会导致分路电阻的变化，从而可能造成占用丢失，因此仅从轨道电路方面采取措施无法根本解决占用丢失问题，必须增加区间占用顺序逻辑检查功能，从系统层面提升信号控制的安全性。借鉴车站联锁“三点检查”的概念，当列车在区间运行时，根据列车的运行方向，以及轨道区段的占用顺序，通过一系列的计算逻辑，判断轨道区段是否可能发生了分路不良。如判断分路不良发生，则对发生分路不良的区段进行安全防护，区间信号机自动置于红灯状态，避免危险情况发生。

继电式区间占用逻辑检查设备以 ZPW-2000A 轨道电路为基础，利用新设记录继电器 JLJ 对列车占用区间轨道电路顺序进行记录。当轨道电路失去分路时，列车运行后方信号显示将保持禁止信号，防止后续追踪列车进入失去分路区段，同时以声、光报警形式通知相关人员。

(1)区间状态

区间有空闲、正常占用、故障占用、占用丢失四种状态。

①空闲状态

列车未占用该闭塞分区且闭塞分区轨道电路所反映的线路状态为空闲。

②正常占用状态

列车占用该闭塞分区且闭塞分区轨道电路所反映的线路状态为占用。

③故障占用状态

列车未占用该闭塞分区,但闭塞分区轨道电路所反映的线路状态为占用。

④占用丢失状态

列车占用该闭塞分区,但闭塞分区轨道电路所反映的线路状态为空闲。

(2)区间占用逻辑技术条件

①当逻辑检查电路判断闭塞分区出现占用丢失时,逻辑检查电路将逻辑检查区段置为禁止列车进入的状态:该区段对应的具备逻辑检查功能的轨道继电器处于失磁状态,区段显示红光带;防护该闭塞分区的通过信号机点亮红灯;对于1LQ区段,发车站出站信号机不能向本线路开放。

②逻辑检查电路针对逻辑检查区段输出报警信息,行车室人解盘给出相应报警:该区段对于的报警表示灯点亮红灯;设有声音报警方式时,报警电铃鸣响;逻辑检查区段处于报警状态时必须处于防护状态。

③正常运营场景下,列车自逻辑检查区段占用丢失时,逻辑检查电路应进行防护。如该占用丢失持续60 s,则该区段输出报警;本区段报警后,若本区段或其下一区段正常占用,则该报警自动解除;本区段报警后,若其下一区段始终失去分路,则该防护不得自动解除。

(3)解锁机制

解锁机制有自动解锁机制和人工解锁机制。

自动解锁机制是指在发生失去分路现象后,随着列车继续向前行驶,设备判断列车在前方的正常占用出清顺序,自动将后方遗留的失去分路防护解除,恢复正常的行车秩序。自动解锁机制对于减少失去分路对行车秩序的影响具有重要的作用。

除了自动解锁,对于失去分路状态还可进行人工解锁。在自动解锁无法完成的场景下,人工解锁机制给了用户最大的使用便利。人工解锁包括两种手段:确认闭塞分区无车占用和区间总解锁。前者可以对某一个闭塞分区的失去分路状态进行解锁,后者则可以一次性对于整个区间所有处于失去分路状态的闭塞分区进行解锁。

2.继电式区间占用逻辑检查设备

(1)新增逻辑检查设备

每个逻辑检查区段增设一台人工解锁继电器RJJ、区间轨道复示继电器QGJF、记录继电器JLJ、报警继电器BJ。

车站每个正方向接车口增设进站继电器JZJ。每架进站信号机增设YXJ的复示继电器YXJF及阻容元件。

车站每个发车方向接车口增设出站继电器CZJ。

车站所辖每一个区间线路增设关闭继电器GBJ。

全站增设一台总报警继电器ZBJ。

车站值班员室增设人工解锁盘RJP,提供操作、表示界面。

各区段分别设区间占用逻辑检查人工解锁盘[以下简称人工解锁盘(RJP),带人工解锁表示灯 RJD]、报警表示灯 BJD、区间轨道表示灯 QGDD。

(2)区间继电式逻辑检查组合柜

区间继电式逻辑检查组合柜 LJJC 安装区间点组合 QJD、接发车组合 JFC、站内结合组合 ZNJH。

QJD 用于区间点,一个组合供两个区间点。JLJ 用于 1LQ 时,采用 JWXC-H340 型,其他区间点采用 JWXC-1700 型。

JFC 用于接、发车口,一个组合供两个接、发车口。

ZNJH,用于站内结合,一个组合供一个车站。

各组合内的继电器排列及类型见表 4.22。

表 4.22　各组合内的继电器排列及类型

组合类型	型号	1	2	3	4	5	6	7	8	9	10
QJD		RJJ	QGJF	JLJ	BJ			RJJ	QGJF	JLJ	BJ
		JWXC-H340	JWXC-1700	JWXC-H340	JSBC1-870			JWXC-H340	JWXC-1700	JWXC-H340	JSBC1-870
JFC	RD_1 0.5 A RD_2 1 A	JZJ	YXJF		CZJ	CZJ		JZJ	YXJF		CZJ
		JWXC-1700	JWXC-1700	R_1:RXYC-25 C1:CD-500 μF/50 V	JWXC-1700	JWXC-1700		JWXC-1700	JWXC-1700	R_2:RXYC-25 C_2:CD-500 μF/50 V	JWXC-1700
ZNJH		GBJ	GBJ	GBJ	GBJ	GBJ		ZBJ		Cz	ZG
		JWXC-1700	JWXC-1700	JWXC-1700	JWXC-1700	JWXC-1700		JWXC-1700		500 μF/100 V	ZG_2-42/0.5
—											

3. 人工解锁盘

是为区间占用逻辑检查功能设置的人工解锁的人机交互设备,为区间占用逻辑检查提供操作和表示界面,如图 4.82 所示。

(1)按钮

①人工解锁按钮 RJA

RJA 为自复式带铅封按钮,带黄色表示灯 RJD,每个闭塞分区设置一个,用于人工解除对应闭塞分区的报警状态。当对应的闭塞分区 QGDD 绿灯亮并出现逻辑检查报警时,方可按下 RJA。按下 RJA,本闭塞分区的 RJJ↑。待 RJD 黄灯点亮后松开 RJA。RJD 黄灯点亮,解除该闭塞分区的防护状态及报警状态。解除防护状态后,报警灯熄灭,其防护信号机自动改点允许灯光。

②切断电铃按钮 QLA

QLA 为非自复式无铅封按钮,带白色表示灯,每个车站设置一个,用于切换报警电铃 BJDL(或 FMQ)的鸣响/静音状态。当区间逻辑检查报警时,报警电铃鸣响,可按下 QLA,报警电铃器停止响铃;当报警区段解除报警后,报警电铃重新鸣响,此时再次按下 QLA,报警电铃停止响铃。

③关闭按钮 GBA

GBA 为非自复式带铅封按钮,带红色表示灯 GBD,常态熄灭,每个区间上、下行线分别设置一个。按下 GBA,用于关闭或启用对应区间线路的逻辑检查功能。当中继站解锁盘不设置 GBA 时,中继站区间跟随主站的 GBA 进行关闭。对应区间线路的逻辑检查功能关闭时,对应

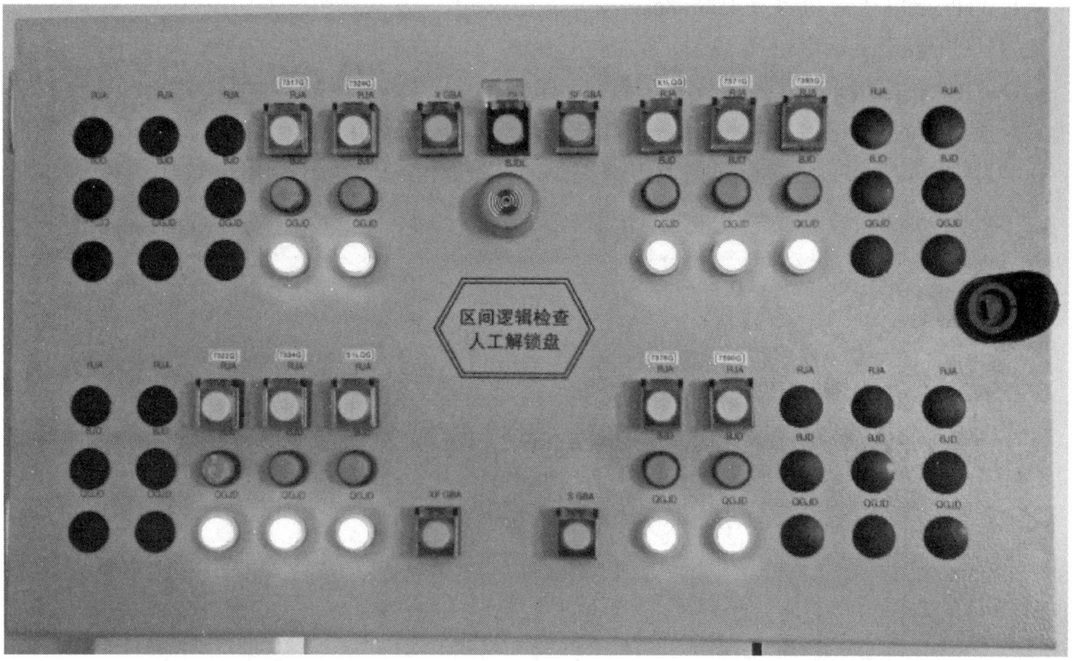

图 4.82 人工解锁盘盘面

区间 RJD 黄灯点亮，GBD 红灯点亮。对应区间线路的逻辑检查功能启用时，对应区间 RJD 黄灯熄灭，GBD 红灯熄灭。当该区间管辖范围内有中继站时，如果车站与中继站通信中断，对应的 GBD 会闪烁。

④授权按钮 SQA

SQA 为自复式带铅封按钮(也称为人解盘切换按钮 RQHA)，带红色表示灯 SQD。当存在远程解锁盘(设置在中继站所属主站的解锁盘)时，在本地解锁盘(设置在中继站站房内的解锁盘)和对应远程解锁盘各设置一个。默认状态下本地解锁盘上的按钮无效，本地解锁盘 SQD 闪烁，远程解锁盘 SQD 常亮。按下对应远程解锁盘的 SQA，可切换至本地解锁盘按钮有效，本地解锁盘 SQD 常亮，远程解锁盘 SQD 闪烁，再次按下对应远程解锁盘的 SQA，可恢复至远程解锁盘按钮有效。当中继站与主站通信中断或远程解锁盘故障时，可按下本地解锁盘的 SQA，切换至本地解锁盘按钮有效。

(2)表示灯

①区间轨道继电器状态表示灯 QGJD

QGJD 为绿色，每个闭塞分区设置一个，常态点亮。绿灯亮表示区间轨道电路设备输出闭塞分区空闲信息；绿灯熄灭表示区间轨道电路设备输出闭塞分区占用信息。

②报警表示灯 BJD

BJD 在每个闭塞分区设置一个，为红色，常态灭灯。本闭塞分区出现逻辑检查报警时，BJ↑，BJD 红灯点亮；红灯熄灭表示本闭塞分区无逻辑检查报警，BJ↓。

③报警电铃 BJDL

每个车站设置一个 BJDL。本站所管辖区间线路对应的闭塞分区产生逻辑检查报警时鸣响。当 RJP 与 LJJC 机柜通信中断时，报警电铃间歇鸣响。

4. 区间继电式逻辑检查电路原理

(1)区间轨道复示继电器 QGJF 电路

QGJ 在每个区间轨道区段设置一台,既有,由 ZPW-2000 接收器驱动。闭塞分区由多个轨道区段组成时,第一区段的 QGJ 是该闭塞分区的总轨道继电器。

QGJF 是 QGJ 的复示继电器,其电路如图 4.83 所示。

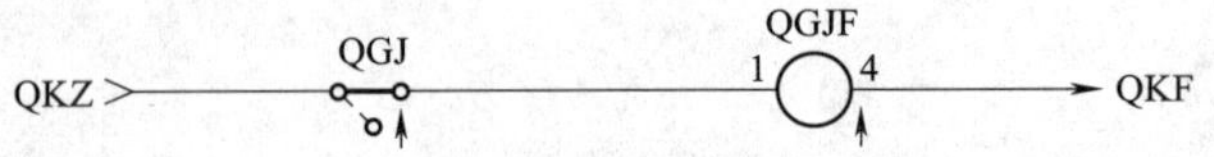

图 4.83　QGJF 电路

(2)轨道继电器 GJ 电路

GJ,既有,由 QGJ 驱动,具有一定的缓吸特性。在 GJ 励磁电路中串入相关 JLJ 前接点,其电路如图 4.84 所示。

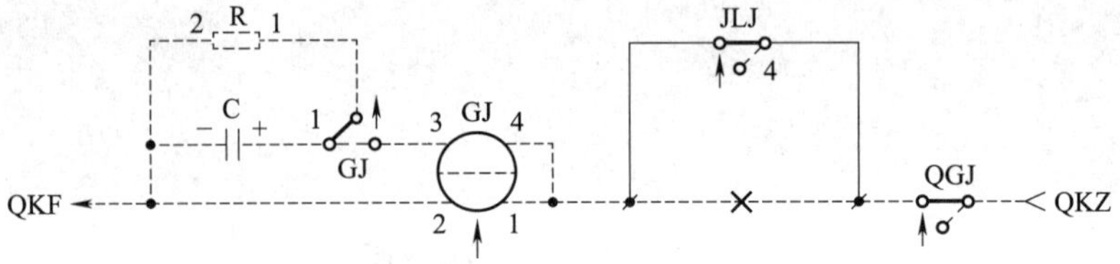

图 4.84　GJ 电路

(3)记录继电器 JLJ 电路

JLJ 在每个闭塞分区新设一台,常态↑。按下本区段 RJA,或按下本区间线路 GBA,或区间开通反方向时,JLJ↑。

一般闭塞分区的 JLJ,其电路如图 4.85(a)所示。占用上一个闭塞分区并占用本闭塞分区时 JLJ↓;占用下一个闭塞分区并出清本闭塞分区时 JLJ↑并自闭。

1LQ 的 JLJ 电路如图 4.85(b)所示。发车口 CZJ↓后,占用本区段(或虽未占用本区段但自发车站末区段飞车)时 JLJ↓;占用下一个闭塞分区、出清本闭塞分区且 CZJ↑后,JLJ↑自闭。

3JG 的 JLJ 电路如图 4.85(c)所示。上一个闭塞分区 GJ↓并占用本闭塞分区时↓;JLJ 励磁并出清本闭塞分区后恢复↑并自闭。

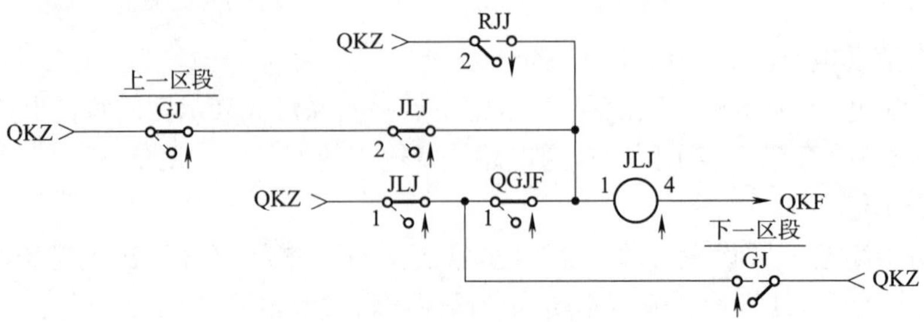

(a) 一般区段的JLJ电路

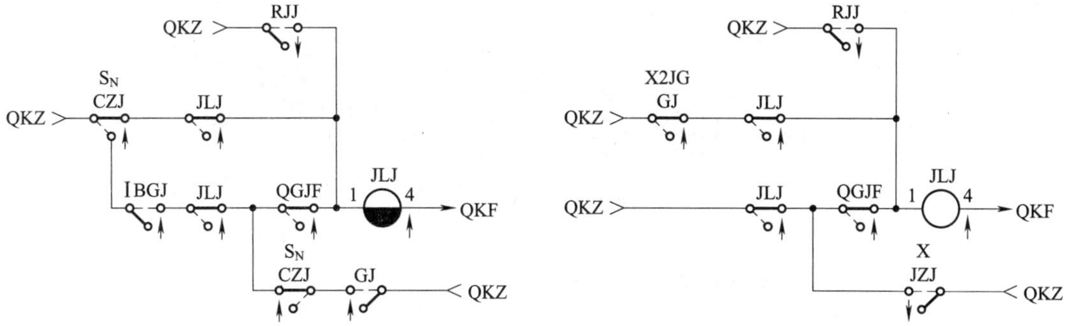

(b) 1LQ的JLJ电路　　　　(c) 3JG的JLJ电路

图 4.85　JLJ 电路

(4)出站继电器 CZJ 电路

CZJ 在每个正方向发车口新设一台,常态↑,其电路如图 4.86 所示。列车正方向发车占用进路最末区段后,CZJ↓;列车占用 1LQ 并出清发车进路后,CZJ↑并自闭;区间开通反方向或按下 1LQ 的 RJA 时,CZJ↑。

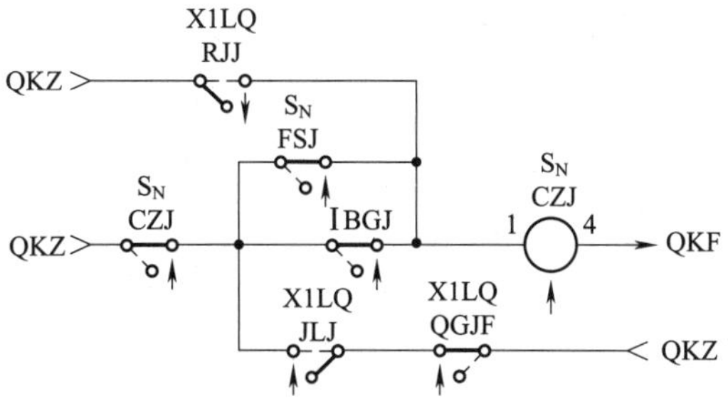

图 4.86　CZJ 电路

(5)进站继电器 JZJ 电路

JZJ 在每个正方向接车口新设一台,常态↓,其电路如图 4.87 所示。正方向进站信号机开放,列车占用进站内方第一区段后,JZJ↑自闭;列车完全进站 JZJ↓。

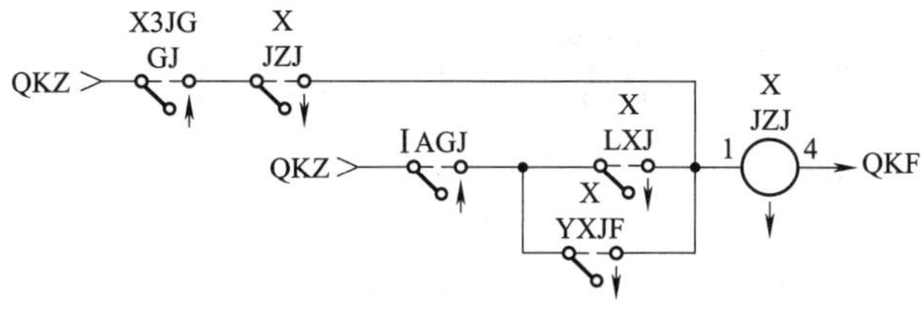

图 4.87　JZJ 电路

(6)引导信号复示继电器 YXJF 电路

YXJF 是 YXJ 的复示继电器,其电路如图 4.88 所示,有缓放特性,用于 JZJ 电路。

(7) 人工解锁继电器 RJJ 电路

RJJ 在每个闭塞分区新设一台,常态↓,其电路如图 4.89 所示。按下本闭塞分区的 RJA 或区间开通反方向时 RJJ↑,本区间线路的 GBA 按下时 RJJ↑。

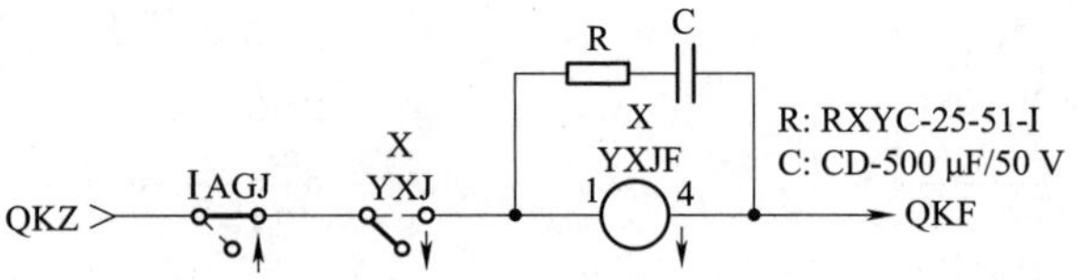

图 4.88 YXJF 电路

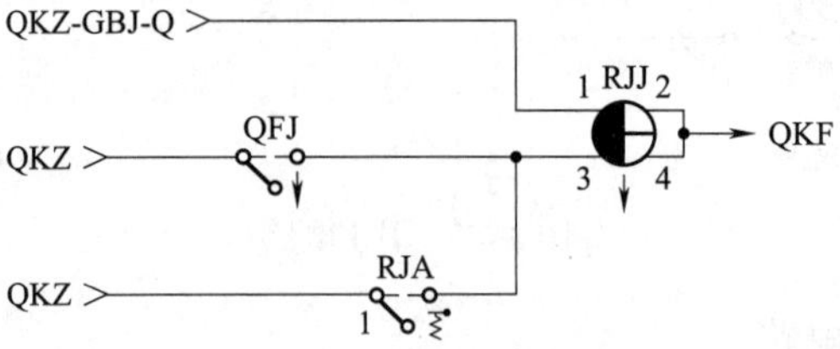

图 4.89 RJJ 电路

(8)报警继电器 BJ 电路

BJ 在每个闭塞分区新设一台,常态↓,其电路如图 4.90 所示。本闭塞分区的 QGJ 与 JLJ 状态不一致时,经 60 s 延时后 BJ↑报警。按下本闭塞分区的 RJA 或区间开通反方向时 RJJ↑,BJ↓。

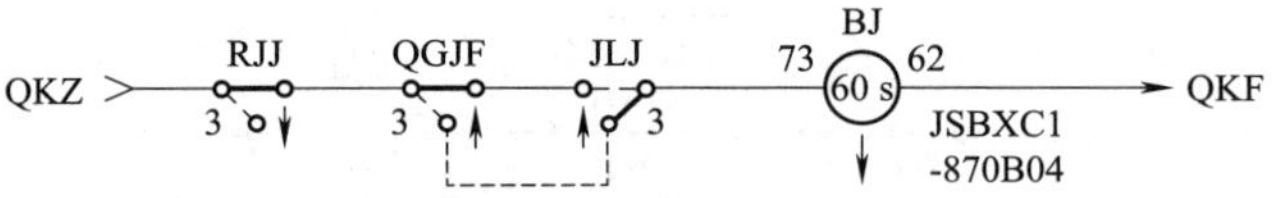

图 4.90 BJ 电路

(9)总报警继电器 ZBJ 电路

ZBJ 在全站新设一台,常态↓,其电路如图 4.91 所示。本站管辖范围内任一个闭塞分区的 BJ↑,ZBJ↑。本站管辖范围内全部闭塞分区的 BJ↓后,ZBJ↓。

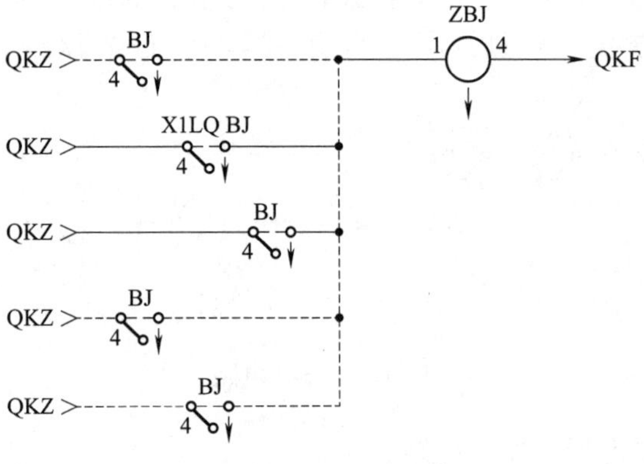

图 4.91 ZBJ 电路

(10)关闭继电器 GBJ 电路

GBJ,常态↓,其电路如图 4.92 所示。按下本区间线路的 GBA 时,GBJ↑。GBJ↑后,

QKZ-GBJ-Q 有电，GBD 红色表示灯点亮。

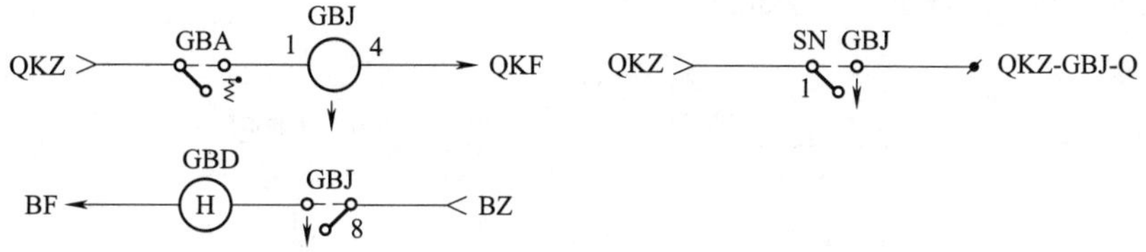

图 4.92　GBJ 电路

(11)报警电铃 BJDL 电路

BJDL 电路如图 4.93 所示。ZBJ↑后，BJDL 鸣响。按下 QLA，BJDL 暂停鸣响。ZBJ↓后，BJDL 再次鸣响。拉出 QLA，BJDL 停止鸣响。

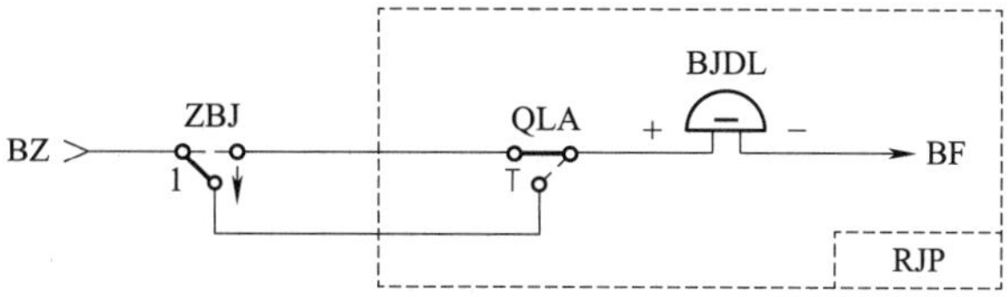

图 4.93　BJDL 电路

(12)表示灯电路

表示灯电路如图 4.94 所示。RJJ↑后，RJD 点亮。QGJF↑后，QGJD 点亮。BJ↑后，BJD 点亮。

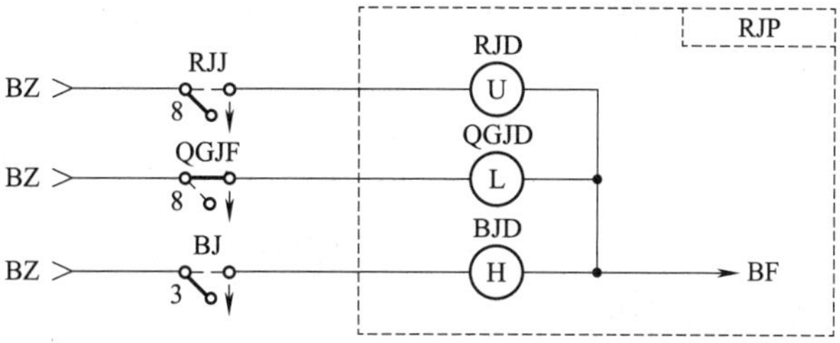

图 4.94　表示灯电路

5. 结合电路

(1)TDCS/CTC 结合电路修改

对于各闭塞分区，修改 TDCS/CTC 对轨道电路的采集条件，由采集 QGJ 修改为 GJ，如图 4.95 所示。

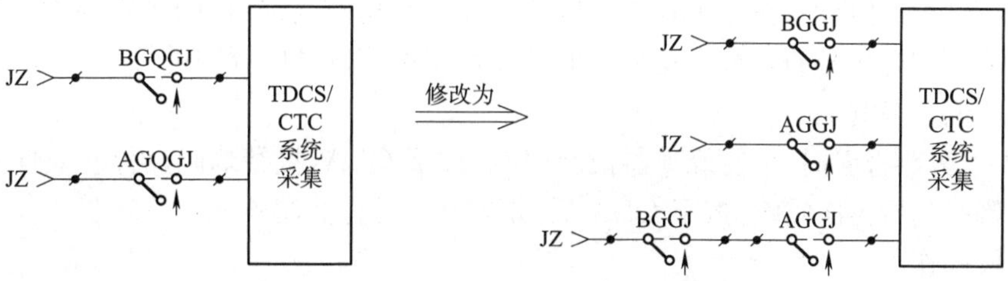

图 4.95　TDCS/CTC 结合电路修改

(2) 联锁结合电路修改

修改出站最末区段联锁采集，如图 4.96 所示。

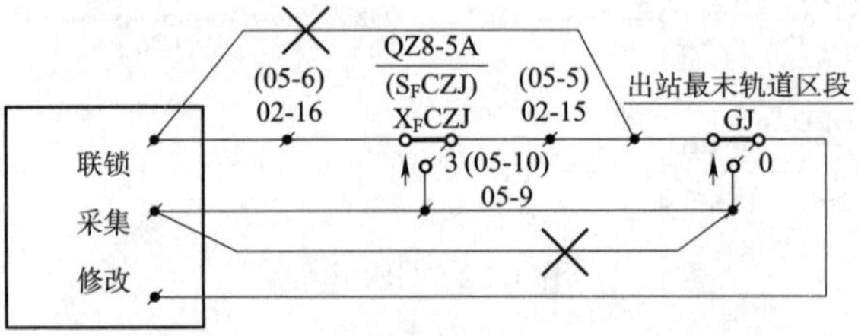

(a)

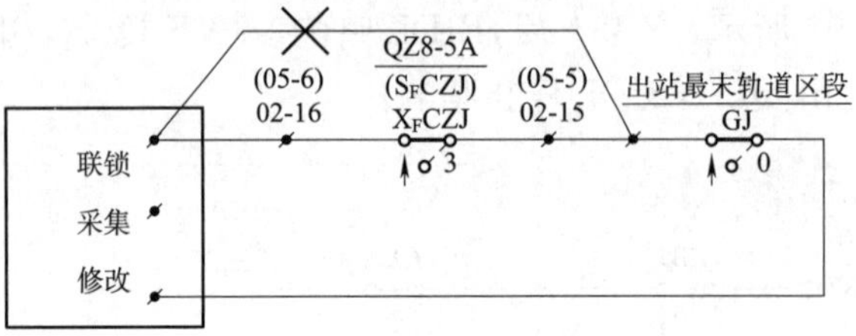

(b)

图 4.96　联锁结合电路修改

(3)区间改变运行方向结合电路修改

将 JLJ 的接点串入 JQJ 的励磁电路中，如图 4.97 所示。

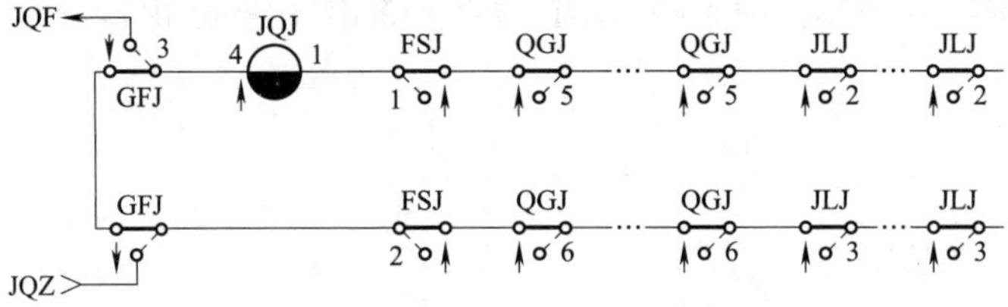

图 4.97　JQJ 励磁电路修改

(4)信号集中监测系统新增采集信息

RJJ、QGJF、JLJ、BJ、YXJF、JZJ、CZJ、GBJ、ZBJ 状态及操作按钮的状态纳入信号集中监测系统。

6. 常用操作

(1)闭塞分区解锁操作

同时按下 ZRJA 和发生报警的闭塞分区的 RJA，可对相应的闭塞分区进行人工解锁。

(2)区间占用逻辑检查功能停用和启用

区间逻辑检查开启时，按下 GBA，该区间关闭逻辑检查功能；区间逻辑检查关闭时，按下 GBA，该区间开启逻辑检查功能。同一区间两端站车站值班员应分别进行关闭和开启操作。

(3)切断电铃鸣响

发生失去分路报警时，报警蜂鸣器报警鸣响，按下 QLA，报警蜂鸣器停止鸣响；失去分路恢复后，报警蜂鸣器再次鸣响，按下 QLA 后，报警蜂鸣器停止鸣响。

(4)授权操作

①当远程解锁盘主用时，按下远程解锁盘的 SQA 后，远程解锁盘切换为备用，本地解锁盘切

换为主用；再次按下远程解锁盘的SQA后，远程解锁盘切换为主用，本地解锁盘切换为备用。当中继站与主站通信中断或远程解锁盘故障时，可按下本地解锁盘的SQA，使本地解锁盘主用。

②当遇逻辑检查设备停电（RJP全部灭灯或全部闪烁）时，车站值班员应立即通知已进入区间的后续列车停车，待前方区间空闲后，方可通知后续列车逐列恢复运行至前方站，指示后列恢复运行前必须确认前列已完整到达前方站。停电恢复后，车站值班员根据电务人员逻辑检查设备恢复正常的登记，报告列车调度员，恢复正常行车。

典型工作任务7　自动闭塞阅图练习

4.7.1　工作任务

通过阅图练习，提高对于自动闭塞的阅图能力。

4.7.2　练习步骤

《自动闭塞图册（第三版）》第Ⅰ部分是普速铁路自动闭塞电路图，通过对该图的阅图练习来进行进一步的学习。

1. 区间信号设备平面布置图阅图

通过对《自动闭塞图册（第三版）》图Ⅰ-01、Ⅰ-02的阅图，掌握自动闭塞室外和室内设备布置图的阅图方法。

提示：《自动闭塞图册（第三版）》图Ⅰ-01是区间信号设备平面布置图，表示自动闭塞室外设备的布置，通过该图可清楚本站管辖范围内各闭塞分区的划分；各闭塞分区内轨道电路的组成；各轨道电路的长度，载频频率、补偿电容器的电容量、个数和间距；各电气绝缘节的坐标；各通过信号机的编号、定位显示；与相邻车站管辖范围的分界。

《自动闭塞图册（第三版）》图Ⅰ-02是室内信号设备平面布置示意图，这和《计算机联锁图册（第三版）》图Ⅰ-02是同一张图，从图中可看到区间移频柜、区间综合柜、区间组合柜的位置。

2. 区间电缆径路图和配线图阅图

通过对《自动闭塞图册（第三版）》图Ⅰ-03、Ⅰ-04、Ⅰ-05、Ⅰ-06的阅图，掌握自动闭塞干线和支线电缆的径路图和配线图的阅图方法。

提示：《自动闭塞图册（第三版）》图Ⅰ-03是区间干线电缆径路图，从图中可清楚地看到区间有三根干线电缆，分别是上行电缆、下行电缆和站联电缆。图中表明了每根干线电缆的分向电缆盒的编号和型号，每段电缆的长度、芯数、备用芯数和各种用途芯线的数量。

《自动闭塞图册（第三版）》图Ⅰ-04是区间干线电缆配线图，有5张图，分别是X、X_F、S、S_F方向干线电缆和站联电缆的配线图。区间电缆配线图的表示方法与车站电缆配线图的表示方法相同，图中方框内表示分向电缆盒的端子号及其上所连接的电缆芯线名称和编号，方框间为所连接的电缆，可看到其各芯线两端所连接的电缆盒端子号。

《自动闭塞图册（第三版）》图Ⅰ-05是区间支线电缆径路图，这是定型图，即对于每个区间都是相同的。图中表明了在各种情况下（单置点、并置点、分割点、进站口），从干线电缆的分向电缆盒到通过信号机、轨道电路发送端和接收端的电缆连接，各支线电缆的长度、芯数、备用芯数(为什么并置点有的电缆不表明长度?)。

《自动闭塞图册(第三版)》图Ⅰ-06是区间支线电缆配线图,这也是定型图,即对于每个区间都是相同的。区间支线电缆配线图的表示方法与区间干线电缆配线图的表示方法相同。

3. 区间设备柜布置图阅图

通过对《自动闭塞图册(第三版)》图Ⅰ-08、Ⅰ-09、Ⅰ-10的阅图,掌握区间移频柜、区间综合柜、区间组合柜布置图的阅图方法。

提示:《自动闭塞图册(第三版)》图Ⅰ-08是区间移频柜布置图,图中按顺序安装各轨道电路区段(不是闭塞分区,为什么?)的移频设备,并标出载频频率。注意安装顺序和移频设备冗余方式。

《自动闭塞图册(第三版)》图Ⅰ-09是综合柜布置图,图中按顺序安装各轨道电路区段(不是闭塞分区,为什么?)的电缆模拟网络和各区间信号机的点灯隔离变压器。注意安装顺序。

《自动闭塞图册(第三版)》图Ⅰ-10是区间组合柜布置图,图中左部按顺序安装各轨道电路区段(不是闭塞分区,为什么?)的继电器组合,并标出组合类型,图中右部为区间组合的继电器类型表,列出各种区间组合内部的继电器位置、名称和型号。

4. 闭塞分区电路图阅图

通过对《自动闭塞图册(第三版)》图Ⅰ-11的阅图,掌握闭塞分区电路图的阅图方法。

提示:《自动闭塞图册(第三版)》图Ⅰ-11有7张图,是下行方向管辖范围内各闭塞分区的电路图,每个轨道电路区段一张。上行方向管辖范围内各闭塞分区的电路图与此相同,为节省篇幅,图册中未包括。这7张图中有L信号点、LU信号点、U信号点及1LQ区段等不同情况的闭塞分区电路图,涵盖了各种不同的情况。

闭塞分区电路图的大部分是发送器和接收器的连接,从图中可很清楚地看到发送器采用“$n+1$”方式,接收器为双机并用。发送器和接收器通过QZJ和QFJ接点交换连接至钢轨的位置。对于发送器,重要的是低频编码电路;对于接收器,则是驱动QGJ。

闭塞分区电路图的左下部是通过信号机点灯电路(1LQ和AG没有该电路)。闭塞分区电路图的左上部是与内方闭塞分区有关继电器的联系电路。对于三接近区段则是与进站信号机、出站信号机有关继电器的联系电路。运行前方是分界点的闭塞分区没有该联系电路,有关条件是通过站间联系电路提供的。闭塞分区电路图的右下部是复示继电器电路。

5. 站间联系电路图阅图

通过对图《自动闭塞图册(第三版)》Ⅰ-12的阅图,掌握站间联系电路图的阅图方法。

提示:《自动闭塞图册(第三版)》图有两张图,是下行方向管辖范围两端的站间联系电路图。上行方向管辖范围内两端的站间联系电路图与此相同,为节省篇幅,图册中未包括。

站间联系电路实际上是两站间的复示继电器电路,其中顺着运行正方向的联系较少,而逆着运行正方向的联系较多(为什么?)。

6. 发送“$n+1$”电路图阅图

通过对《自动闭塞图册(第三版)》图Ⅰ-13的阅图,掌握发送“$n+1$”电路图的阅图方法。

提示:《自动闭塞图册(第三版)》图Ⅰ-13的左部是区间“$n+1$”电路的原理图,表明了各种信号点的低频编码、载频选择、电平调整和功放输出的电路原理。图Ⅰ-13的右部是区间“$n+1$”电路的配线表,具体表明了各轨道电路区段与+1FS发送器的端子连接。

7. 区间通过信号机主灯丝断丝报警电路图阅图

通过对《自动闭塞图册(第三版)》图Ⅰ-14的阅图,掌握区间通过信号机主灯丝断丝报警电路图的阅图方法。

提示:《自动闭塞图册(第三版)》图Ⅰ-14的下部是区间通过信号机主灯丝断丝报警电路原理图,分别将上、下行各通过信号机的DZJ前接点引至室内,有DZJ吸起时动作QDSJ,进行报警,并在PB-3F灯丝断丝定位显示器上显示。

《自动闭塞图册(第三版)》图Ⅰ-14的上部是PB-3F灯丝断丝定位显示器、XQDSJ、SQDSJ的配线表和组合侧面端子配线表。

8. 区间信号采集电路图阅图

通过对《自动闭塞图册(第三版)》图Ⅰ-22的阅图,掌握区间信号采集电路的阅图方法。

提示:《自动闭塞图册(第三版)》图Ⅰ-22的左部是区间信号采集电路原理图,包括本站和邻站有关条件的采集。图Ⅰ-22的右部是区间信号采集电路的配线表,具体表明了各轨道电路区段的组合类型、组合位置、组合侧面端子与计算机联锁接口柜端子。

9. 和计算机联锁结合电路阅图

通过对《计算机联锁图册(第三版)》图Ⅰ-16的阅图,掌握计算机联锁和自动闭塞结合电路的阅图方法。

提示:《计算机联锁图册(第三版)》图Ⅰ-16的左部和右部分别为下行和上行方向的结合电路,两部分电路的结构是相同的。都是由各闭塞分区的GJ前接点接通相关JGJ电路,由1LQG的GJ、1GJ～3GJ前接点接通相关LQJ电路。所需2LQJ、3LQJ接点较多,故设多个继电器。方框内的各LQJ是站内轨道电路电码化电路的。

10. 点灯隔离变压器侧面配线表阅图

通过对《自动闭塞图册(第三版)》图Ⅰ-15的阅图,掌握点灯隔离变压器侧面配线表的阅图方法。

提示:《自动闭塞图册(第三版)》图Ⅰ-15中有四块端子板,分别与上、下通过信号机电路相连接。表中列出了各点灯隔离变压器侧面端子号、有关通过信号机组合侧面端子号,以及点灯隔离变压器侧面端子号与电源屏的端子号。

11. 区间电源屏及室内电源配线图阅图

通过对《自动闭塞图册(第三版)》图Ⅰ-16、Ⅰ-17的阅图,掌握区间电源屏及室内电源配线图的阅图方法。

提示:《自动闭塞图册(第三版)》图Ⅰ-16是区间电源电缆配线及柜间电源端子环线图。图的左部是区间电源屏及室内电源原理图,图中表示了区间电源屏与配电箱、区间移频柜、区间综合柜、区间组合柜的联系。图的右部是配线表,表示了各种电源在区间电源屏、区间移频柜、区间综合柜、区间组合柜的配线联系。

《自动闭塞图册(第三版)》图Ⅰ-17是区间移频柜零层电源端子配线表,表示了24 V电源从区间电源屏引出至区间移频柜各零层电源端子的配线联系。

12. 区间设备柜配线表阅图

通过对《自动闭塞图册(第三版)》图Ⅰ-18、Ⅰ-19、Ⅰ-20、Ⅰ-21的阅图,掌握区间移频柜、区间综合柜、区间组合柜零层端子配线表和区间组合柜侧面端子配线表的阅图方法。

提示:《自动闭塞图册(第三版)》图Ⅰ-18是区间移频柜零层端子配线表,除了区间移频柜各零层端子之间有少量配线联系外,主要是与区间组合柜侧面端子的配线联系。

《自动闭塞图册(第三版)》图Ⅰ-19是区间综合柜零层端子配线表,视不同的用途,其配线联系有区别。对于区间移频发送和接收,是室外电缆通过区间综合柜零层端子连接本柜组匣侧面端子;对于信号点灯、站间联系、改方电路和断丝报警,则是室外电缆通过区间综合柜零层端子连接组合柜侧面端子。

《自动闭塞图册(第三版)》图Ⅰ-20 是区间组合柜零层端子配线表,表示的是各种电源通过区间组合柜零层电源端子板、断路器连接到 D_{10} 端子板的配线联系。

《自动闭塞图册(第三版)》图Ⅰ-21 区间组合柜侧面端子配线表,表示了区间组合柜侧面端子与区间移频柜零层端子、区间综合柜零层端子、接口柜端子、区间组合柜侧面端子之间的配线联系。

各种配线表的表示方法相同,即在本端子上标出所连接的端子号,这与计算机联锁等的配线表表示方法是一致的。

典型工作任务 8　自动闭塞设备维护

4.8.1　工作任务

掌握 ZPW-2000 系列自动闭塞的维护及故障处理方法。

4.8.2　知识链接

1. 自动闭塞设备的维护

ZPW-2000 系列自动闭塞设备分室内、室外两部分,其维护周期分为日常维护和集中检修两种方式,轨道电路的测试包含在日常维修和集中检修过程中。ZPW-2000 系列自动闭塞的维修工作内容、周期见表 4.23。信号机、电缆线路的维护内容、周期同车站联锁信号机、电缆线路。

表 4.23　ZPW-2000 系列自动闭塞的维修工作内容、周期

设备名称	修程	工作内容	周期
轨道电路	日常维护	(1)检查调谐区 BA、BP 及平衡线圈的钢包铜引接线完好。 (2)检查补偿电容器及卡具完好。 (3)检查防护盒外观及加锁完好。 (4)检查钢轨接续线完好,补齐缺损的接续线。 (5)检查轨道电路有无受外界干扰	每月不少于 2 次
	集中检修	(1)检查钢包铜引接线的安装及固定是否符合要求,不良整治。 (2)检查塞钉头上的固定螺帽是否松动,冷压铜端头与轨面间接触电阻是否超标,冷压铜端头根部是否有裂纹,不良的整治或更换。 (3)防护盒开盖检查、内部清扫、端子螺栓紧固、不良设备整修,电缆固定牢固。 (4)检查补偿电容器的安装和固定是否符合要求,不良整治;补偿电容器线断股是否超标。 (5)检查钢轨接续线是否符合要求,不良更换或整修。 (6)分路残压测试	每半年 1 次
		(7)轨道电路送受电端调谐区设备电气特性在线测试并记录。 (8)补偿电容器阻抗在线测试并记录。 (9)绝缘轨距杆漏电流阻抗测试。 (10)防护盒防水整修。 (11)对防护盒上字迹不清的名称及电容防护罩上字迹不清的编号用白色调和漆重新刷写。 (12)各箱盒地线测试,不良的整治。 (13)防护盒界限测量。 (14)线路道床检查	每年 1 次
		(15)设备基础桩油漆、扶正,硬面化修补	每 2 年 1 次

续上表

设备名称	修程	工 作 内 容	周 期
室内设备	日常维护	(1)器材无过热现象，日常测试。 (2)检查温控单元是否设定在规定范围内，散热单元、温控单元是否正常工作。 (3)观察维护机告警、预警信息。 (4)检查站内防雷元件、区间防雷元件劣化窗显示绿色	每班1次，无人值班站每月2次
	集中检修	(1)轨出1(主接入)电压，轨出2(调接入)电压分析。 (2)发送器电气参数在线测试并记录。 (3)接收器、轨道继电器电压测试	每月1次
		(4)电缆模拟单元电气参数在线测试并记录。 (5)衰耗滤波器电气参数在线测试并记录。 (6)电缆绝缘测试。 (7)检查贯通地线，不良的整修。 (8)其他内容同信号机械室组合架的要求	每年1次

注意：轨道电路原则上不得因气候条件进行二次调整，不得已时，需经电务段同意、授权。二次调整时，应明确注明原因(如轨枕绝缘特性不良、线路石砟碰轨底、轨枕板面泥土淤积受潮连电、制动铁屑受潮连电等)。

2. ZPW-2000系列移频轨道电路调整

ZPW-2000系列移频轨道电路调整分为两部分，即主轨道电路调整与小轨道电路调整。

(1)主轨道电路调整

主轨道电路调整主要考虑各闭塞分区在载频及长度一定时该区段的发送电平、接收电平大小，以及如何跨接封连相应端子，使接发设备工作在所要求的电平量值范围内。

调整时根据各区段的载频 f_0 与长度 L，首先在“轨道电路调整表”中查出相应的接收电平与发送电平级数，然后根据各自的电平级数在“接收电平调整表”中查出衰耗变压器 B_1 Ⅱ次侧不同抽头端子与主、并机相连的对应端子；在“发送电平调整表”中查出发送器功放输出端子跨接的对应关系。如何跨接封连的具体实施则在衰耗器的96芯插座上进行，按表中的对应关系将相关端子用跨线方式连接即可。

在“轨道电路调整表”中不仅可查找接、发电平级数，还可查找对应区段应设的补偿电容器的数量，以便根据该数量计算出设置补偿电容器的步长，补偿电容器的步长即为安装补偿电容时的间距。

(2)小轨道电路调整

小轨道电路调整目的在于，当小轨道接收输入端有一定的输入信号时，为使接收器小轨道输出的小轨道执行条件电压满足一定要求，需在衰耗器内选择适当的衰耗电阻接入。不同幅度的接收输入电压，应接入不同的衰耗电阻，才能使接收器小轨道输出满足要求的小轨道电路执行条件电压，即在1 700 Ω负载，无并机接入状态下不小于20 V。

小轨道电路调整时首先用专用选频表(CD96-3)在衰耗器面板输入塞孔上测出小轨道电路的输入信号，然后按照“小轨道电路调整表”在衰耗器的96芯插座上跨线即可。

小轨道电路调整有正、反向运行两种情况。为此在衰耗器内分别设有两套衰耗调整电阻，供正向运行或反向运行时的小轨道电路调整之用。

3. 电气特性测试

(1)主轨道输出电压测试

每周一次。在衰耗器“轨出 1”测试孔测试其电压值，一般不得低于 336 mV，雨天要加大测试频次。在“轨出 2”测孔测试小轨道输出电压值为 AC 100～130 mV。

(2)发送器的功出电压测试

每月一次。在发送器“功出”测试孔测试其电压值应与轨道电路调整表给出的范围相一致。

(3)其他各项测试

每年一次。在发送器电源测试孔测试发送器工作电压、接收器电源测试孔测试接收器工作电压，应为 DC (24.5±0.5) V；在衰耗器测试孔测试主机轨道继电器、并机轨道继电器、主机小轨道继电器、并机小轨道继电器电压，均不得小于 20 V；在模拟网络盘“电缆”“防雷”“设备”三个测试孔分别测试各区段的电压；在最不利条件下用 0.15 Ω 分路线在轨道电路任一处轨面(小轨区段除外)分路，测试衰耗器“轨出 1”测孔的分路残压，应小于或等于 140 mV。

反向小轨道电压的测试利用天窗点将区间运行方向改变为反向后进行测试，其测试方法和标准同正向小轨道电压的测试。

4. 故障处理程序

ZPW-2000A 型无绝缘轨道电路故障处理程序流程如图 4.98 所示。

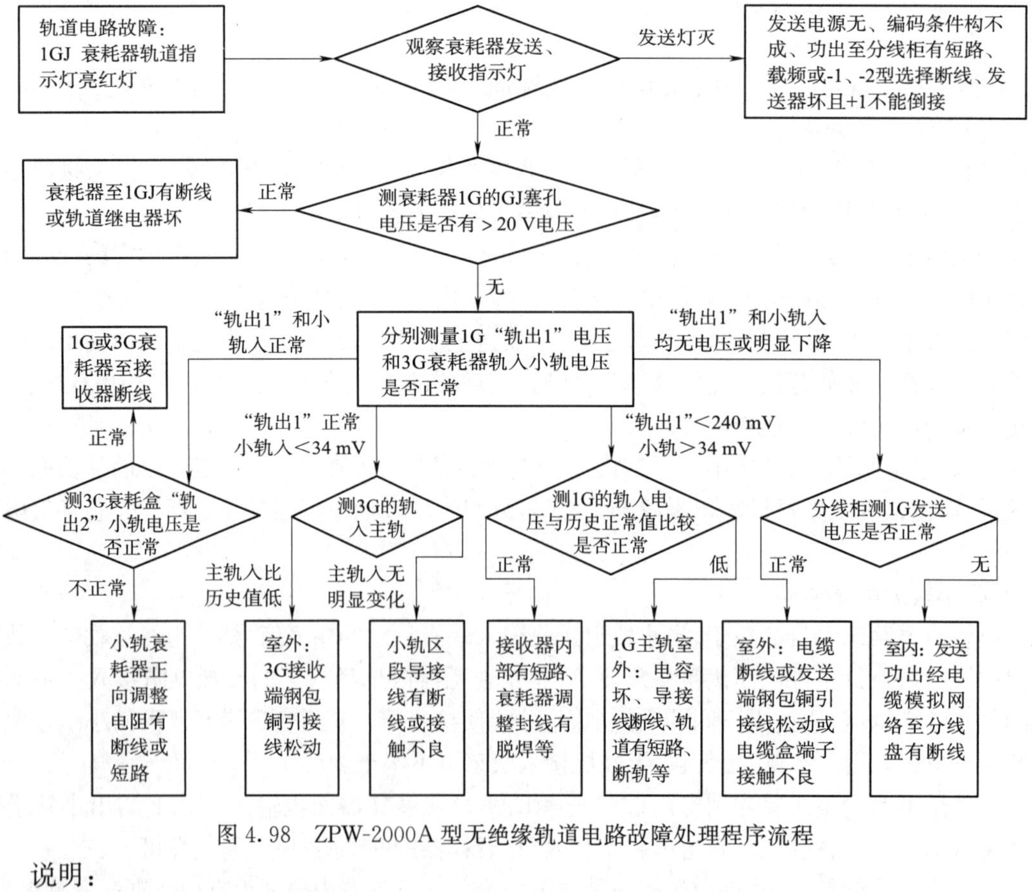

图 4.98　ZPW-2000A 型无绝缘轨道电路故障处理程序流程

说明：

(1)由于发送器为两个，即主发送和+1 发送，接收器为双机并用，一般不考虑发送器和接收器故障。

(2)本故障处理流程图只考虑一个轨道电路故障。

(3)若相邻两区段同时故障,一般为室外接收端引接线松、铜端头断、电缆断线或有短路。

ZPW-2000A型自动闭塞电路故障的分析、判断、处理思路和车站联锁电路是相似的,可以在分线柜或电缆模拟网络进行室内外故障的界定。在分线柜的发送和接收端测量发送和接收电平是否与调整表相近是一种有效的手段。接收端能测到的电压值与调整表的调整值相近说明轨道电路故障在室内接收端,当接收端测不到电压或电压值很低,则可测试发送端的电平是否正常,发送电平正常则故障在室外,否则故障点在室内发送端。需要注意的是,在发送、接收回路中产生短路故障时,轨道电路的送、受电压都可能很低,此时分步将分线柜送、受电端子线头断开,测试空载电压来进一步分析和判断。

5. 典型故障案例处理与分析

(1)钢包铜引接线故障

①塞钉及引接线接触不良

【例4-1】 A站C_4G红光带,原因为C_4G塞钉松动。

塞钉松动的故障在工程开通的初期最为普遍。主要原因是,施工中对塞孔的重要性认识不足,钻孔陈旧、钻头不利、钻孔不圆,造成塞孔安装后接触不紧密、塞孔进水锈蚀、塞钉面接触不良,而ZPW-2000A采用的是电流型电路,对塞孔的接触要求很严,反应十分灵敏,当接触电压超过5 mV时,就有可能造成区段红光带故障。

铁路现场宜采用法国DUBUIS电气化铁路轨道连接系统,该系统由汽油引擎的DP3TH专用轨道钻孔机,配备ϕ13.5 mm一次成型空芯钻头、钻绞刀及倒角器,在钻孔的同时对钻面进行清理,去除钻孔边的毛刺,可确保钻孔的圆整光洁,塞孔孔径误差由原来的3～5 mm提高到0～0.2 mm。钻孔完成后立即将塞钉装上,并用专用扭力工具调定到18 kN进行安装和紧固,防止钻孔裸露过夜,造成钻面进水锈蚀接触不良。经过处理后塞钉接触电阻由最大的6 Ω降到0.5 Ω左右,塞钉头接触压降由0～18 mV降低到0～2 mV,避免因塞钉接触不良造成轨道电路红光带故障。

【例4-2】 B站A_{11}G红光带,原因为钢包铜引接线被偷。

发送端钢包铜引接线缺损,移频信号未发送至钢轨,影响本区段的主轨接收和邻区段的XG接收,仅本区段出现红光带。而接收端塞钉接触不良,不仅影响本区段的主轨接收,同时影响小轨接收,使本区段和邻区段同时出现红光带。

钢包铜引接线在上道初期被偷盗现象严重。在日常维修过程中,钢包铜引接线加装一根普通的钢丝绳与钢包铜引接线并联使用,可有效提高接触可靠性,对防止钢包铜引接线被盗也起到一定的保护作用。另外,加强与铁路公安联防的打击力度,加大对铁路周边居民和废品收购部门的宣传,对事件多发地段进行立案侦查,使钢包铜被盗事件得到有效遏制。

【例4-3】 C站9514G红光带,原因为钢包铜引接线穿孔螺栓折断。

信号工区在测试过程中发现9514G轨入下降至117 mV,邻区段9528G"轨出2"下降至26 mV,经检查9514G接收端钢包铜引接线螺栓折断,但螺栓尚未完全脱落。钢包铜引接线螺栓折断主要原因是引接线采用双套化冗余接续线后未重新钻孔,将双引接线用一个穿孔塞钉固定,致使塞钉穿孔螺栓受力加重,出现金属疲劳而造成折断,解决的方法是对冗余接续线重新钻孔分开固定。

【例 4-4】 D站 A_1G 红光带，原因为钢包铜接线头鸭嘴铜套折断。

钢包铜引接线与塞孔接触的铜头与线缆的连接是采用冷压接技术压接而成的，钢头在轨腰部连接时要应保持一定的平顺角度，不可硬性折伤成直角，使钢头产生金属疲劳而折断。另外，A_1G 在进站口机械绝缘节处，此处的空芯线圈与调谐单元在同一地点引接上钢轨，若全部加装钢丝绳双线引接，则造成有 8 根引线连接至钢轨，不仅对安装不便，而且钻孔过多，对钢轨也有损伤。一个简便的方法就是将两处的钢包铜引接线在防护盒上并联(图 4.99)后引至钢轨，实现互为备用冗余。

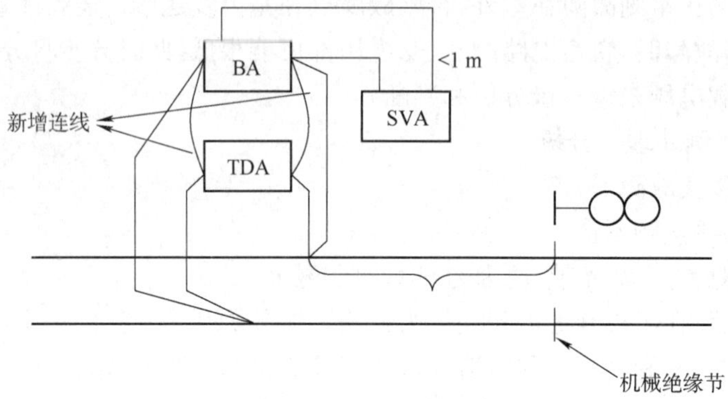

图 4.99 钢包铜引接线连接

【例 4-5】 E站 0540G 红光带，原因为邻近闭塞分区 0526G 钢包铜接线头铜套接触不良。

0526G 受端钢包铜接触不良，此时该闭塞分区的主轨由于发送电平较高，影响不大，而邻近闭塞分区的小轨接收变化较大，电压下降到 60 mV，XG 电压为 0 V，使得 0540G 闭塞分区 XGJ 不能吸起，出现红光带。因此，查找故障时不仅要测量主轨电平，而且必须清楚 XGJ 与邻近闭塞分区 XG 的关系，才能较快判断故障点。日常维修中应注意钢包铜的铜套部位，压接应可靠，防止松脱。

【例 4-6】 F站 100091 信号机红绿灯跳动，原因为邻近闭塞分区接收端塞钉接触不良。

由于该站设计中采集板信息位已满，控制台上仅设计了一、二、三接近和离去光带，其余区段光带未在控制台复示，故障现象表现为控制台的信号复示器红、绿灯来回跳闪。经查找发现 A_4G 的 GJ 在跳动，测试主轨电源正常，再测试 XGJ 电压时有时无，邻近闭塞分区的 XG 电压有时有无，经检查发现室外接近区段接收端塞钉接触不良。ZPW-2000A 区间信号机点灯电路中只检查轨道条件，受轨道条件控制直接开放，而站内塞钉接触不良造成区段红光带故障时，信号跳红灯将不闪绿灯。这是区间点和站内信号机的不同之处。

【例 4-7】 G站 A_2G 红光带，原因为钢轨接续线接触不良。

钢轨接续线接触不良造成红光带的故障在轨面电压测试中是逐渐变化的，一般不会产生电压突降的情况，故障点不明显，查找比较困难。日常维护工作中应加强对轨道电路钢轨接续线的检查，异型接头、废弃胶接绝缘的连接线是检查重点，推行钢轨接续线双套化是一种有效的方法。

②维修不良

【例 4-8】 H站 166G 红光带，原因为维修经验不足，塞钉紧固过头滑丝。

信号工区对塞孔头的维修必须立足于多测多检少动，钢包铜引接线的塞孔用穿钉连接，用扭力钳紧固，外部加装防松螺帽，在施工过程中应用专用扭力钳按 18 kN 力一次成型。日常维修中只需检查防松螺帽的外形是否异常，不得用普通活动扳手等非专用工具进行紧固。这起故障的原因是由于维修经验不足，用活动扳手对防松螺帽进行紧固造成螺帽滑丝，后信号工区又用红油漆进行刻画防松标记，由于油漆过多，顺着丝扣渗入钢包铜电缆压接头的接触面造成接触不良，由于故障点较隐蔽，一次故障发生时，经列车振动后自动恢复，信号工区检查防松标记未发现问题，造成了故障的重复发生。

【例 4-9】 I 站 0715G 红光带，原因为钢包铜引接线被列车带断。

钢包铜引接线线径较粗、硬度较强，如固定不良，靠近钢轨处易形成 Ω 形突起，在列车通过时容易被车辆车行部钩住挂断，室外固定时应将钢轨引线接至小枕木处的多余量尽量向箱盒侧整理，在地面处的引线摆放平整、卡固牢靠。

(2)补偿电容器故障

①补偿电容器缺损、短路

【例 4-10】 J 站 C_3G 红光带，原因为两个补偿电容器被盗。

区间补偿电容器损坏或遗失的故障较多。故障位置不一造成的故障表现各不相同，一般一个电容器损坏或丢失个别中间电容器不会出现红光带，但受端电压发生变化，会对机车信号发码产生影响，损失两个以上电容器时，主轨电压会明显降低出现红光带。电容器损坏部位越靠近送端，对邻近区段的小轨电压影响越大，进而影响本区段的 GJ 工作，如 9399G 送端第一个电容器容量下降为 0 μF 时，其接收器的“轨出 2”电压较正常值上升了 27 mV。

目前广泛采用电容枕嵌入式安装电容器，对防止电容器被盗有较好的效果。对电容枕嵌入式安装的补偿电容器维修的重点是注意检查电容器引线塞钉的接触情况。

电容在线测试分析一般用 CD-96A 表测量引线的电流和轨面电压进行换算。当电容换算测量值与标称值比较变化较大(>5%)时，应进行更换。

轨检车装有的区间电容测试仪，利用过电容器时对轨面波形峰值变化曲线判断电容器的好坏是一种快速便捷的方法。

【例 4-11】 K 站 S3JG 红光带，原因为补偿电容器短路。

区间补偿电容器短路造成区间故障的现象较少发生，发生短路时受端的接收电压变化不大，但根据短路点的处所不同，送端回路中电流也不同，短路点离送端越近，电流较大，据此可加快对区间短路点的故障判断。

②天气影响

【例 4-12】 L 站 A_1G 等红光带，原因为大雨造成道床漏泄。

ZPW-2000A 轨道电路增设了很多的补偿电容器，下雨过程中，若补偿电容器的有机塑料盒内进水，将大大增加轨道电路短路的概率，另外补偿电容器引接处相当于给轨道电路增加了分路点，补偿电容器越多、分路点越多，对雨天轨道电路的工作越不利，因此在工程设计中应充分考虑这一因素，将长大(或排水不畅的整体道床、隧道)轨道区段进行分割，缩小单一轨道电路的长度，减少补偿电容器数量，有利于使轨道电路晴雨天的工作状态比较接近。另外对易于积水的区间应督促工务部门进行清筛，适当调低发送端电平，增大工作电流，受电主轨的接收变压器的变比适当调高，有利于提高轨道电路的传输稳定性。

【例 4-13】 M 站 SK_{IV} 信号不能开放，原因为 K_{IV}G 轨道继电器不能可靠吸起。

ZPW-2000A 叠加 25 Hz 相敏轨道电路时，ZPW-2000A 的补偿电容器雨天对 25 Hz 相敏轨道电路的分路作用尤其明显。一般晴天调整状态下 25 Hz 相敏轨道电路调整为 15 V 左右，一下雨就能迅速降低到 8～9 V 的临界值。$K_{IV}G$ 的长度为 1 160 m，日常调整为 14.8 V，下雨时降为 8.1 V，造成轨道继电器处于前、后接点不接触的状态，轨道电路既不出现红光带，信号也不能开放。因此，对 ZPW-2000A 叠加 25 Hz 相敏轨道电路而言，后者的调整不能以简单地套用维护规则中要求 10.5～18 V 的标准，而应参照轨道电路的调整曲线表，以 0.06 Ω 标准分路线分路时残压小于 2.7 V 为前提，适当调高轨道电路的工作参数。$K_{IV}G$ 日常工作时调整为 19.4 V，测试分路残压为 0.3 V。在雨天调整状态轨道电压可确保 12 V 以上，使轨道电路工作有了保证。

(3)灯丝继电器故障

【例 4-14】 N 站 10091 信号机红灯、绿灯乱闪；1192 无车点红灯，3LQ 红光带。原因为信号机点灯回路电流调整不当。

区间通过信号机原采用 JZXC-15A 型灯丝继电器来监督区间点灯电路的工作，其工作电流必须大于或等于 140 mA，才保证可靠吸起。而通过信号机距离信号楼一般比较远，工作电流较大则在电缆回路上会产生较大的压降。此时必须处理好两个问题：一是工作电流调整过大，在灯泡断丝时因空载电流过大易造成灯丝监督继电器不落下；二是灯端电压过低，则造成信号显示距离不足。

经试验，只要信号隔离变压器的输出电压大于 290 V 时，就能满足电缆长度为 10 km 时，信号机点一个灯，灯丝电压为 12 V 的要求。

为了克服信号点灯电缆对灯丝电压的影响，通常采用提高信号隔离变压器Ⅱ次电压的方法。当信号机发生灭灯故障时，隔离变压器的二次电压几乎全部加到信号变压器 BX_1-34 的Ⅰ次线圈，使信号变压器发生非线性饱和，空载电流急剧增加，其后果是室外灯泡双断丝而灭灯时室内的 DJ 也不能落下，区间不出现红光带，造成故障区段得不到防护。因此，在区间信号变压器要考虑其Ⅰ次线圈输入电压为 300 V 时不能产生非线性饱和，以确保空载电流在电压变化时符合相关标准。

四显示自动闭塞还有绿黄的双灯位显示，其电压调整要兼顾点两个灯与点一个灯的情况。因为两者为同一电缆芯线回路，在绿黄显示时，负载加重引起信号隔离变压器输出电压下降，同时通过电缆线路的电流增加，电缆线路压降也显著增加，造成灯丝电压降低。在信号隔离变压器输出电压满足点一个灯丝电压 12 V 的前提下，信号变压器Ⅱ次电压应从 13 V 低挡开始选取。因为选低挡信号变压器Ⅰ、Ⅱ次电压变比大、一次电流小、电缆压降小、灯丝电压较高。

另外，信号灯丝继电器的选型也很重要，JZXC-15A 型灯丝继电器故障率较高，甚至出现过继电器前后接点不接触的现象，宜选用性能更为可靠的 JZXC-16F 灯丝继电器。

【例 4-15】 P 站 9913 信号机灭灯，原因为 DJ 前接点接触不良。

P 站为 TYJL-Ⅱ型计算机联锁车站，采集信息位使用 DJ 第一组前接点，该接点不通时采集信号没有输入，信息位灭灯，此时区间灯丝监督与轨道发码光带条件是通过计算机联锁软件来实现的，控制台相应的显示为信号机灭灯，轨道区段红光带，而 DJ 用于区间发送通道检查的接点组接触良好，此时现场信号机显示正常，造成室内外显示不一致。

(4)电源故障

①整流电源容量不够

【例 4-16】 Q 站区间红光带，原因为 ZG-42/0.1 硅整流熔丝熔断。

既有站场改造过程中为方便导通试验，对区间电路一般单独设立硅整流电源作为区间控制电路电源QKZ、QKF使用，以便实现与既有电路的有效隔离。开通后必须将该电源环入区间电源屏相应的控制电源，确保电源容量和使用稳定。本站开通时未对环路电源进行处理，硅整流器一直作为在用电源使用，由于整流器容量不够，温升增高，造成熔丝断路和电源故障。

②智能电源屏故障

【例4-17】 R站区间红光带，原因为智能电源屏遭雷击故障。

智能电源屏在使用中暴露防雷性能差等弱点，R站三改四工程中采PDZ-Q10区间电源屏，雷击打坏了区间站联的电源模块（QZ、QF电源），由于输出端未采取有效隔离，使得输出端造成短路，＋1的模块不能实现故障切换，导致上、下行方面区间站联电源全部断电，出现红光带。

（5）电缆故障

①JS芯线未成对使用

【例4-18】 S站C_{11}G闪红光带，原因为电源线电缆芯线未成对使用。

S站区间遭雷击，区间接线盒被打坏，电源线间绝缘不良，故障抢修时临时倒用C_{11}JS、C_{21}GFS电缆。抢修之后，车站值班员反映C_{11}G经常在无车状况下闪红光带。对C_{11}JS进行测试发现接收端的电压波动比较大，复查C_{11}JS电源为非对绞电缆，线间电容很大，更换为屏蔽四芯组的对绞芯线后，JS电平和频率趋于稳定，故障现象消失。

由于ZPW-2000A轨道电路选用的频段较高，因此在远距离传输中对线间电容耦合反应敏感。在日常维修和抢修施工中必须严格按芯线成对使用的要求进行，对禁止同缆使用的接收端、发送端也必须严格按要求分设。

②电缆混线

【例4-19】 T站0288G闭塞分区闪红光带，原因为电缆混线。

检查0288G送端的FBJ与＋1FBJ都在脉动互切，将＋1FS电源关闭，主发送FBJ仍然在脉动。恢复＋1FS，关闭ZFS电源，＋1FS仍然在脉动。将0288G前一闭塞分区发送器电源关闭，此时＋1FS顺利倒接，该闭塞分区＋1FBJ吸起稳定，测试0288G闭塞分区FS的功出电压正常，而分线柜的FS端电平明显偏低，断开发送端电缆，电压恢复正常，因此判定该故障为0288G闭塞分区的通道影响。倒接至备用电缆，闭塞分区红光带消失。对倒接下的电缆进行测试，发现FS的回线与区间另一电缆的备用芯线混线，造成FS电流被第三支路旁路，使FBJ落下切换到＋1FS工作。由于＋1FS工作时，发送电平也受到干扰，＋1FBJ落下，此时0288GFS又切入工作，造成FBJ与＋1FBJ脉动切换。

③电缆断线

【例4-20】 U站9996信号机只能开放L灯、U灯，不能开放LU灯，原因为本站至邻站站联电缆断线。

9996信号机为本站管内上行线最远端信号机，其点灯回路能点L灯或U灯，说明信号点灯回路没有问题。检查9982信号机点黄灯时，LUXJ未吸起，测分线柜ZL3、ZL4电缆无电，而邻站ZL3、ZL4电压为44 V，判断为电缆断线。

处理电缆个别芯线断线的有效方法是倒用备用芯线，在日常维护工作中要将对绞芯线和普通芯线各全程贯通一对芯线在分线盘上端子，并加挂铭牌备用，该备用芯线需与使用电缆一样加强日常的测试和维护。

对区间电缆径路必须加强防护，补齐径路标桩，防止施工造成电缆大面积断线是关键。

(6)器材故障

①接收器故障

【例 4-21】 V 站移频报警，原因为接收器故障。

ZPW-2000A 发送器采用“$n+1$”冗余，接收器采用“0.5+0.5”的备用方式，器材不良造成的信号故障大为减少，日常检修中应加强发送器、发送器工作指示灯报警的检查。信号工区发现移频报警，检查室内设备发现接收器工作指示灯灭灯，更换后移频报警停止。

②衰耗器故障

【例 4-22】 W 站 9314 区段 GJ(Z)无输出，原因为衰耗器 B_{17} 端子断线。

这是一例日常测试中发现的故障，由于接收器采用“0.5+0.5”的备用方式，衰耗器的测试塞孔对应的有 GJ(Z)、GJH(Z)和 GJ(B)、GJH(B)两路测试孔，其引出线对应端子为 B_{16}～B_{19}，当主机测试孔输出线(B_{16}、B_{17})故障时，GJ(Z)测试无电压，而并机测试孔输出线(B_{18}、B_{19})故障时，GJ(B)测试无电压。但这一故障仅影响数据测试，对轨道电路的正常工作没有影响。

③匹配变压器故障

【例 4-23】 X 站 B_1G 红光带，原因为匹配变压器被雷击坏。

故障发生时，接收端室内接收电平由正常值的 684 mV 下降为 315 mV，幅度下降达 55%，轨道电路不能可靠工作。因雷害故障部位比较难以判断，因此将分线柜接收端断开，测电缆线电压明显下降，判断故障点在室外，沿着受端向送端查，发现匹配变压器变比不对(正常为 1∶9)，更换后恢复正常。

室外贯通地线是非常重要的防雷设施，贯通地线被盗缺损平时不易发现，而雷害发生时易使设备遭受雷击而损坏，日常维护中一般采用贯通电缆连接贯通地线测试环路电阻来判断地线的好坏。

④电缆模拟网络故障

【例 4-24】 Y 站 0752G 红光带，原因为送端电缆模拟网络故障。

为判断和区分区间故障的范围，送、受电的电缆模拟网络上设“设备”“防雷”“电缆”三个测试孔。电缆模拟网络的性能可以通过上述三个测孔值直接分析即可判断。

(7)配线错误

①+1 发送器载频选型错误

【例 4-25】 a 站 A_2G 红光带，原因为主机发送器故障，而+1 发送器不能倒接。

ZPW-2000A 区间上、下行线各设一个+1 发送器，实现发送器的故障倒机。故障倒机时，要倒接低频、载频(含-1、-2 型选型)、发送功出(含电平)等三部分。本例中，ZFS 故障时，倒接到+1 发送器工作，由于+1FS 的载频 2 300 Hz 选用的是-2 型频率(ZFS 的载频为 2300-1 型载频)，相邻闭塞分区的接收器接收到 2300-2 型频率，其 XG 不能吸起，使得本闭塞分区缺少 XGJ 条件而出现红光带。因此，在进行区间设备联锁试验时，必须严格校对各对应闭塞分区的 ZFS 与+1FS 的载频、低频选型及发送电平等级一致。

②XG 电源配线错误

【例 4-26】 b 站区间红光带，原因 XG 不工作。

此故障是由于主发送器电源因故跳闸引起的，当 ZFS 故障倒到+1FS 工作时，由于该闭塞分区的 XG 电源由 ZFS 的零层断路器下端引出，断路器脱扣后小轨失去工作电源，此时+1FS 即便切换工作，轨道电路也不能正常工作，可见小轨道电路的工作电源必须从断路器的上端引出。ZPW-2000A 的机柜配线图内对小轨的工作电源没有明确的配线设计，施工单位引入电源时未考虑故障的因素，造成故障的发生，因此在电路设计中必须对小轨的工作电源进一步规范。

③结合电路配线错误

【例 4-27】 c 站反向发车进路不解锁，原因为车站 6502 联锁与区间结合电路 13 线解锁电路配线错误。

该故障多发生在区间自动闭塞与站内联锁设备分步开通的车站中，由于自动闭塞未开通时，站间按半自动闭塞运行，因此单线的进站口外方的解锁 13 线条件为 JGJ 后接点落下；改为自动闭塞后，正向发车口的条件应改为 1LQJ 后接点。若发车口网络 13 线未进行修改，在解锁过程中得不到相应条件，造成发车进路不能解锁。

(8)钢轨影响

①护轮轨影响

【例 4-28】 d 站 0540G 红光带，原因为大桥扣件短路造成。

有护轮轨的大桥在施工中应按照 ZPW-2000A 的要求将相应的护轮轨(不超过 200 m)进行切割和加装绝缘节，绝缘节的护轮轨切割如图 4.100 所示。这样，一方面有利于防止基本轨上传输的信息通过护轮轨感应构成回路使基本轨占用得不到检查，另一方面避免护轮轨扣件短路时造成轨道红光带。

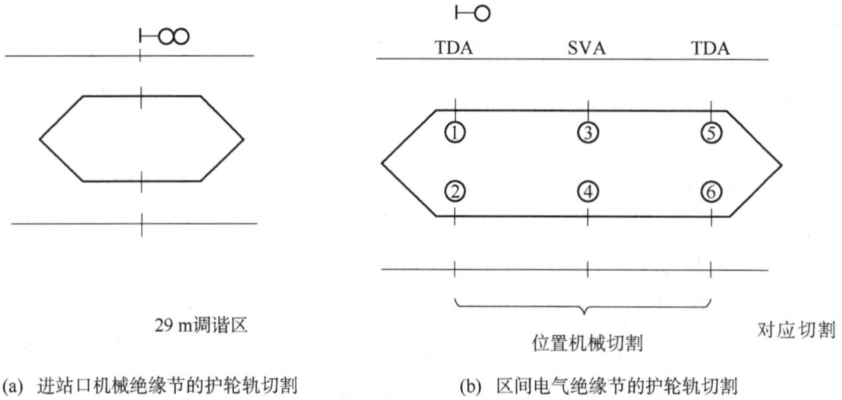

图 4.100　绝缘节的护轮轨切割

【例 4-29】 e 站进站内方无岔区段ⅠAG 红光带，原因是护轮轨扣件短路。

用万用表室内分线柜测试ⅠAG 的电压为 14 V，而轨道继电器电压仅为 7 V 左右，利用 CD-96 移频表测量分线盘ⅠAG 受电端端子上发现其中含有 ZPW-2000A 的谐波成分。进一步查找发现，ⅠAG 与下行接近区段 A_1G 相邻近，处于大桥上，由于护轮轨扣件的短路，使 A_1G 高频信息进入了ⅠAG 电路中，加上相邻区段的极性正好是相反的，造成轨道继电器的电压下降。因此，对护轮轨的扣件绝缘要加强检查，在做护轮轨切割施工时。

②钢轨断裂

【例 4-30】 f 站，$A_{32}G$ 红光带时有时无，原因为大桥伸缩轨有严重裂纹。

f 站至 g 站区间红光带时有时无，故障难以捕捉。一次，$A_{32}G$ 红光带持续了 1 min 多，此时楼内测试发现主轨未接收到电压，通知室外人员注意检查轨面，当测试到 10111 至 10105 区间内大桥伸缩轨时，发现钢轨自轨底向轨面产生了严重裂纹，从而有效地防止一起可能发生的重大事故隐患。

(9)其他

【例 4-31】 h 站至 i 站区间信号机灭灯，原因为错误办理改变运行方向。

车站值班员对计算机联锁单元控制台操作不熟悉，在办理正方向接车进路时，在按压始端按钮未起作用的情况下，按压了终端按钮，而后发现始端按钮未闪光，又重按始端按钮，造成接车进路变为反方向发车进路，改变运行方向电路错误，区间通过信号机因运行方向的改变而熄灭。主要原因是电路设计中改变运行方向电路中未加入允许改方按钮(YGFA)。

为防止错办造成改变运行方向，在电路设计中应考虑在四线制方向电路中的接车口加入非自复式的 YGFA 进行改变运行方向电路控制，在办理改变运行方向时必须先按压改方按钮方可进行改方作业，允许改方按钮改方完毕应立即拉出，并加封完整，日常检修中应检查该按钮处于定位断开位置。

【例 4-32】 j 站至 k 站反向区间红光带，原因为衰耗器反向 XG 调整不当。

反向 XG 平时得不到检查，只有在进行反向运行时才使用，因此反向 XG 调整不当将为区间反向运行埋下隐患，在日常维护过程中，必须按检修周期改变运行方向对 XG 进行测试调整。

【例 4-33】 l 站反向区间内有区段红光带时出站信号机能开放，原因为反向区间空闲检查不完整。

区间反向运行时，应检查区间所有闭塞分区的 GJ 前接点，将它们串联起来构成检查整个区间空闲的 QGJ 电路。当反向区间出现红光带时，不允许开放出站信号机。

本例故障中，反向区间空闲检查不完整，此时反向发车的第一个离去区段 3JGJ 前接点只表示本闭塞分区空闲，不具备检查整个区间的功能，造成区间有红光带时出站信号机能开放。

【例 4-34】 m 站 X1LQ 经常在列车占用无红光带，原因为 1LQJ 线圈混入了 A_3G 的电源。

1LQ 区段阶段性出现红光带，待列车占用 1～2 min 后，经常使红光带消失，待列车进入 2LQ 时才恢复红光带，此故障发概率为每 2 或 3 天出现一或二次。

信号工区对室外设备多次进行主轨、小轨分路测量试验，轨面残压均未超标，室外轨面状况也很好，未有分路不良反应。车间组织力量进行蹲点守候，故障发生时，检查 D_1G 的接收器轨道占用红灯正常，判断故障应在 1LQJ 电路，进一步检查发现 1LQJ 的 4 线圈混入了经 A_3G 的 HUMJ 前接点的 KZ 电源，1LQJ 电路混电电路如图 4.101 所示。当后续列车追踪运行压入下行一接近 A_3G 时，A_3HUMJ↑为 1LQJ 提供了励磁电源，使 1LQ 区段的红光带消失，一离去区段得不到检查，而无追踪列车时，列车出站占用一离去红光带正常显示。

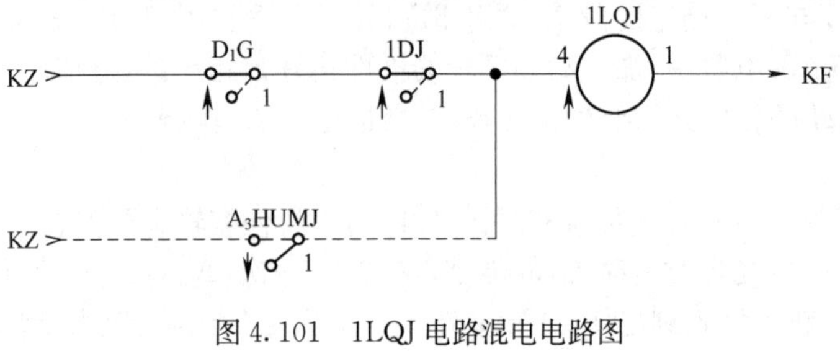

图 4.101 1LQJ 电路混电电路图

项目小结

ZPW-2000系列自动闭塞是我国铁路的主流制式，它充分吸收UM71的技术优势，并实现了重大技术改进和创新，克服了UM71在传输安全性和传输长度上存在的问题，解决了轨道电路全路断轨检查、调谐区“死区”长度、调谐单元断线检查、拍频干扰防护等技术难题，延长了轨道电路的传输长度。采用单片微机和数字信号处理技术，提高了抗干扰能力。ZPW-2000系列无绝缘轨道电路将轨道电路分为主轨道电路和调谐区短小轨道电路两个部分。发送器采用“$n+1$”冗余方式，接收器采用“0.5＋0.5”冗余方式，以保证接收系统的高可靠运用。

ZPW-2000A型自动闭塞采用谐振式无绝缘轨道电路，室外设备包括电气绝缘节、匹配变压器、补偿电容器。电气绝缘节由调谐单元、空芯线圈等组成，利用谐振来实现两轨道电路的电气隔离。室内设备包括发送器、接收器、衰耗器和电缆模拟网络等。发送器、接收器、衰耗器安装在移频柜上，站防雷、电缆模拟网络等安装在综合柜上。

发送器用来产生高精度、高稳定性的移频信号。发送器采用双CPU、双软件、双套检测电路、闭环检查。接收器用来接收主轨道电路和相邻区段发送器在调谐区构成的信号，采用DSP进行解调。衰耗器主要用作对主轨道电路的接收端输入电平调整、对小轨道电路的调整（含正、反方向）。电缆模拟网络用来调整区间轨道电路传输的特性，以保证传输电路工作的稳定性。站防雷电路用作对通过传输电缆引入室内雷电冲击的防护（横向、纵向）。

闭塞分区电路包括改变运行方向电路、接收电路、发送编码电路、通过信号机点灯电路和内方闭塞分区联系电路等。ZPW-2000系列自动闭塞采用的是无选频方式，只要收到本闭塞分区的载频，不论何种低频，轨道继电器均吸起，即相当于一个电子继电器。因此，各闭塞分区电路的发码，均与其内方各闭塞分区的状态相联系，而各接近区段的发码，都与进站信号机的状态相联系。

ZPW-2000系列自动闭塞设备分室内、室外两部分，其检程分为日常维护和集中检修两种。ZPW-2000系列自动闭塞电路故障也分室内、室外两部分。

ZPW-2000R型自动闭塞系统采用了DSP技术，实现信号的检测、编码、调制与解调，其特点是：发送器部分的发送器和区间功放器分开设计；增加区间检测单元、温控单元；电气绝缘节平衡线圈、调谐单元和匹配单元按五点布置，对死区检查采用浮动门限的算法，使系统调谐区检查的问题得到较好的解决。

ZPW-2000S型自动闭塞系统充分消化吸收UM2000型自动闭塞系统的技术优势，并结合我国铁路运输要求进行了适应性设计，其特点是：增加方向切换板实现轨道电路方向切换；调谐单元与辅助调谐单元构成两级零阻抗，对邻频具有更好的串音防护功能；优化补偿电容器配置，统一为一种补偿电容；配置维护终端，具备显示、查询、报警、回放、与信号集中监测通信等功能，方便设备维护。

继电式区间占用逻辑检查设备以ZPW-2000A轨道电路为基础，利用新设记录继电器对列车占用区间轨道电路顺序进行记录。当轨道电路失去分路时，列车运行后方信号显示将保持禁止信号，防止后续追踪列车进入失去分路区段，同时以声、光报警形式通知相关人员。增设人工解锁盘，为区间占用逻辑检查提供操作和表示界面。

复习思考题

1. UM71型自动闭塞存在哪些问题？ZPW-2000系列自动闭塞对其进行了哪些改进？有哪些创新？

2. ZPW-2000A型自动闭塞有哪些特点？

3. 简述ZPW-2000A型自动闭塞的构成。

4. 简述谐振式无绝缘轨道电路的构成和工作原理。

5. 调谐单元有何作用？如何实现两相邻轨道电路的电气绝缘？

6. 为什么要采用空芯线圈？有何作用？机械绝缘节和电气绝缘节的空芯线圈能否通用？

7. 匹配变压器有何作用？能不用吗？

8. 补偿电容器有何作用？如何设置？

9. ZPW-2000A型自动闭塞的室内设备包括哪些？

10. 发送器有何作用？由哪些主要环节组成？简述其工作原理。

11. 如何读取低频和载频编码条件？

12. 移频信号是如何产生的？

13. 为什么要采用安全与门电路？简述其电路原理。

14. 发送器的载频如何选择？功出输出电平如何调整？

15. 接收器有何作用？由哪些主要环节组成？简述其工作原理。

16. 接收器是如何实现成对双机并联运用的？

17. 接收器是如何解调移频信号的？

18. 接收器的载频如何选择？小轨道电路的条件是如何处理的？

19. 衰耗器起什么作用？如何接线？

20. 衰耗器上有哪些表示灯？各表示什么意义？

21. ZPW-2000A型自动闭塞如何进行故障报警？

22. 电缆模拟网络有何作用？举例说明如何进行电缆补偿？

23. ZPW-2000A型自动闭塞如何进行防雷？

24. ZPW-2000A型轨道电路如何进行调整？

25. 信号点电路是如何改变运行方向的？

26. 何为红灯转移？如何实现？

27. 自动闭塞的接收如何构成？其中的小轨道电路是如何处理的？

28. 简述三接近区段发送编码电路和通过信号机点灯电路的原理。

29. 简述二接近区段发送编码电路和通过信号机点灯电路的原理。

30. 简述一接近区段发送编码电路和通过信号机点灯电路的原理。

31. 简述一般闭塞分区发送编码电路和通过信号机点灯电路的原理。

32. 何谓U信号点、LU信号点、L信号点、LL信号点？它们的电路有哪些主要区别？

33. 简述1LQ区段的发送编码电路。

34. 有分隔点的闭塞分区电路有何特点？

35. 简述站间联系电路的原理。

36. 发送电路如何实现“$n+1$”？

37. 简述移频总报警电路、区间主灯丝断丝报警电路的原理。
38. 自动闭塞如何与继电集中联锁相结合？与计算机联锁如何结合？
39. ZPW-2000 系列自动闭塞如何进行维护？
40. ZPW-2000 系列自动闭塞有哪些常见故障？如何处理？
41. ZPW-2000R 型自动闭塞系统的特点是什么？
42. ZPW-2000S 型自动闭塞系统的特点是什么？

项目 5　改变运行方向电路认知与维护

项目描述

本项目主要介绍自动闭塞改变运行方向电路的办理、电路工作原理，以及与车站联锁的结合、改变运行方向电路的维护。通过学习，掌握自动闭塞改变运行方向电路的原理和维护方法。

学习目标

掌握自动闭塞改变运行方向电路的办理手续、电路工作原理，以及与车站联锁的结合；能够阅读自动闭塞改变运行方向电路图，进行自动闭塞改变运行方向电路的维护，具有初步分析电路和排除一般故障的能力。

典型工作任务 1　自动闭塞改变运行方向电路认知

5.1.1　工作任务

了解自动闭塞改变运行方向电路的作用和运用。

5.1.2　知识链接

1. 自动闭塞改变运行方向及改变运行方向电路

对于双线单向自动闭塞，由于每条线路上只准许一个方向列车运行，故只需防护列车的尾部，控制信息可以始终按一个方向传输，而对于单线自动闭塞和双线双向自动闭塞，因区间线路上既要运行上行列车，又要运行下行列车，所以除了需要防护列车尾部外，还必须防护列车的头部。

为了对列车头部进行防护，就要求单线自动闭塞两个方向的通过信号机之间和区间两端的车站联锁设备之间发生一定的联锁关系，只允许列车按所建立的运行方向以通过信号机的显示运行。如准许上行方向的列车运行时，下行方向的通过信号机和出站信号机均不能开放，反之亦然。

在单线自动闭塞区段，我国目前采用平时规定运行方向的方式，即平时规定方向的通过信号机开放，而反方向的通过信号机灭灯，反方向的出站信号机也不能开放。只有在区间空闲时，经办理一定手续，改变了运行方向后，反方向的出站信号机和通过信号机才能开放，此时规定运行方向的通过信号机和出站信号机不能开放。

在双线双向自动闭塞区段，反方向不设通过信号机，按自动站间闭塞运行。反方向运行时，通过改变运行方向，转换区间的发送和接收设备，并使规定方向的通过信号机灭灯。改变运行方向这一任务是由改变运行方向电路完成的。

2. 改变运行方向电路的作用

改变运行方向电路的作用是，确定列车的运行方向，即确定接车站和发车站、转换区间的发送和接收设备、控制区间通过信号机的点灯电路。

3. 改变运行方向电路的发展

改变运行方向电路最初为二线制，后改进为四线制，随后又出现新的二线制。无论哪种改变运行方向电路都是由继电电路构成的。

我国以前使用的二线制改变运行方向电路，由于传输信道内同时要完成控制和监督两个作用，故障率高，影响正常使用和运输效率。四线制改变运行方向电路将改变区间运行方向的控制电路和监督区间是否空闲的监督电路分别使用一条互相独立的二线电路，克服了上述缺点，提高了安全程度、可靠性和效率。然而，新的二线制仍然存在较多问题，所以目前采用较多的是四线制改变运行方向电路。

在高速铁路，实现了闭塞、列控一体化，改变运行方向由列控中心完成，就不需要改变运行方向电路了。

典型工作任务 2　改变运行方向的办理

5.2.1　工作任务

掌握自动闭塞改变运行方向的办理方法。

5.2.2　知识链接

1. 为改变运行方向所设的按钮和表示灯

为改变运行方向，控制台上对应每一接车方向，设一组改变运行方向用的按钮和表示灯。对于双线双向自动闭塞，每一咽喉设一个允许改变运行方向按钮和表示灯，为改变运行方向设的按钮和表示灯如图 5.1 所示。

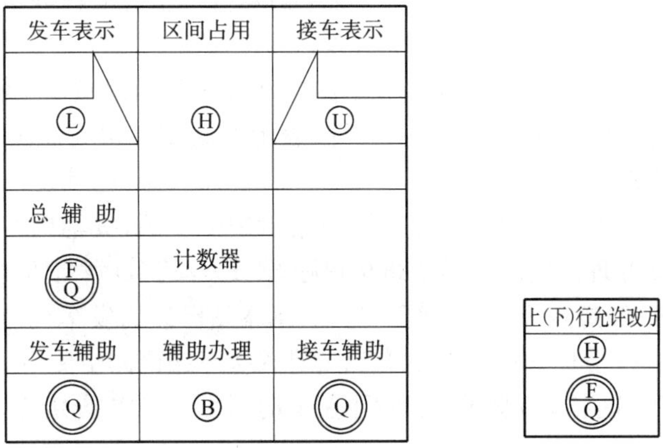

(a)　(b)

图 5.1　为改变运行方向设的按钮和表示灯

允许改变运行方向按钮的作用是为了防止车站误办造成错误改变运行方向，其是二位非自复式带铅封按钮。只有登记、破封按下本咽喉的 YGFA，该咽喉才能办理改变运行方向。此时，YGFD 点亮红灯。

接车方向表示灯 JD，黄色，点亮表示本站该方向为接车站；发车方向表示灯 FD，绿色，点亮表示本站该方向为发车站;监督区间表示灯 JQD,红色,点亮表示对方站已建立发车进路或列车正在区间运行;辅助办理表示灯 FZD,白色,点亮表示正在辅助办理改变运行方向。总辅助办理按钮 ZFA,非自复式,带铅封;接车辅助办理按钮 JFA 和发车辅助办理按钮 FFA,均为二位自复式带铅封按钮,辅助办理改变运行方向时用。计数器用来记录辅助办理改变运行方向的次数。

2. 改变运行方向的办理

改变运行方向有正常办理和辅助办理两种方式。

(1)正常办理

正常办理是改变运行方向电路处于正常状态时的办理方法。设甲站处于接车站状态,其 JD 黄灯亮,乙站处于发车站状态,其 FD 绿灯亮,区间空闲,JQD 灭灯。现甲站欲发车,在 JQD 灭灯的情况下,先登记破铅封按下本咽喉的 YGFA,YGFD 红灯点亮,此时即可正常办理改变运行方向,甲站车站值班员只要办理一条发车进路,就可使改变运行方向电路自动改变运行方向。

甲站改为发车站,其 JD 灭,FD 亮;乙站改为接车站,其 FD 灭,JD 亮。当甲站出站信号机开放后或列车在区间运行时,两站的 JQD 同时点亮。列车完全驶入乙站,区间恢复空闲后,甲站又未办理发车进路时,JQD 灭灯。

乙站从接车站改为发车站,办理手续同上。

(2)辅助办理

辅助办理是当办理改变运行方向的过程中出现故障时,使方向电路恢复正常的一种办理方式。当监督区间电路发生故障或因故出现“双接”时,两站 JQD 同时点亮,这时就必须用辅助方式才能改变运行方向。

①监督区间电路发生故障,方向电路正常时

若监督区间继电器因故落下,使控制台上的 JQD 亮红灯,此时区间虽空闲,但通过正常办理手续无法改变运行方向,只能借助于辅助办理。

两站值班员确认监督区间电路故障且区间空闲后,均破铅封按下 ZFA,由欲改成发车站的值班员登记破铅封按下 FFA,其 FZD 亮白灯,表示本站正在进行辅助办理,但车站本站值班员仍需继续按压 FFA。

与此同时或稍晚,原发车站值班员也登记破铅封按下 JFA,其辅助办理表示灯 FZD 亮白灯,表示本站开始辅助办理。此时本站值班员可松开 JFA,其 JD 黄灯点亮,FD 绿灯灭灯。

此后原接车站 FD 绿灯点亮,JD 黄灯灭灯,表示本站已改为发车站,辅助办理改变运行方向已完成,车站值班员可松开 FFA。当列车出发进入接车站区间空闲后,两站才能拉出 ZFA,然后加封,FZD 灭灯。这样,可防止当区间有车时,因一方单按接车辅助按钮后出现的误动。

若办理辅助改方未能成功改方需再次办理时,两次办理的时间间隔不得少于 13 s,以免错误动作。

②因故出现“双接”,两站均为发车状态时

当改变运行方向电路的电源瞬时停电或方向电路瞬时故障,不能正常改变运行方向,使两站均处于接车状态(即“双接”)时,其中任一站要求改变运行方向,均需用辅助办理来实现。

两站值班员应确认区间空闲、设备故障,双方登记破封按下 ZFA,如乙站改为发车站,则乙站先登记破铅封按下 FFA，然后甲站再登记破铅封按下 JFA。甲站值班员看到 FZD 亮白灯时，方可松开 JFA，表明改变运行方向已完毕，发车权已属乙站，乙站即可开放出站信号机。

计算机联锁车站的辅助改变运行方向和电气集中的操作基本相同的，只是发车站的发车辅助按钮一直按下对鼠标操作来说无法实现，改为鼠标单击发车辅助按钮后显示 10 s 的倒计时，在倒计时时间内只要重复单击发车辅助按钮，就视为发车辅助按钮一直处于按下状态来实现辅助改变运行方向。

典型工作任务 3 改变运行方向电路工作原理认知

5.3.1 工作任务

掌握自动闭塞改变运行方向电路工作原理。

5.3.2 知识链接

1. 改变运行方向电路组成

对应于车站的每一接车方向设一套改变运行方向电路，相邻两站间该方向的改变运行方向电路由 4 根外线联系组成完整的改变运行方向电路。对于单线区段，一般车站每端需设一套改变运行方向电路；对于双线双向运行区段，一般车站每端需设两套改变运行方向电路。每一端的改变运行方向电路由 15 个继电器组成，分为两个组合，称改变运行方向主组合 FZ 和改变运行方向辅助组合 FF。改变运行方向组合内继电器排列及类型见表 5.1。

表 5.1 改变运行方向组合内继电器排列及类型

组合	1	2	3	4	5	6	7	8	9	10
FZ	FJ_1	JQJ	GFJ	GFFJ	JQJF	JQJ_2F	DJ	JFJ	FFJ	FGFJ
	JYXC-270	JWXC-H600	JWXC-1700	JWXC-1700	JSBXC-850	JWXC-1700	JWXC-H340	JWXC-1700	JWXC-1700	JPXC-1000
FF	FJ_2	FAJ	FSJ	KJ	ZFAJ					FZG
	JYXC-270	JWXC-1700	JWXC-1700	JWXC-H340	JWXC-1700					ZG_1-220/0.1 100/0.1

2. 改变运行方向电路原理

四线制改变运行方向电路由局部电路、方向继电器电路、监督区间继电器电路、辅助办理电路和表示灯电路等组成。

(1)局部电路

局部电路的作用是，当方向电路改变运行方向时控制方向继电器的电流极性，以及控制辅助办理电路以实现运行方向的改变。它由改变运行方向继电器 GFJ、改变运行方向辅助继电器 GFFJ、监督区间复示继电器 JQJF 及监督区间第二复示继电器 JQJ_2F 组成。

①改变运行方向继电器电路

GFJ 的作用是记录发车按钮继电器的动作，从而改变运行方向。GFJ 电路如图 5.2 所示。平时，发车站 GFJ 吸起，接车站 GFJ 落下。

改变运行方向时，在原接车站办理了发车进路使 FAJ 吸起后，接通 GFJ 的 1-2 线圈励磁

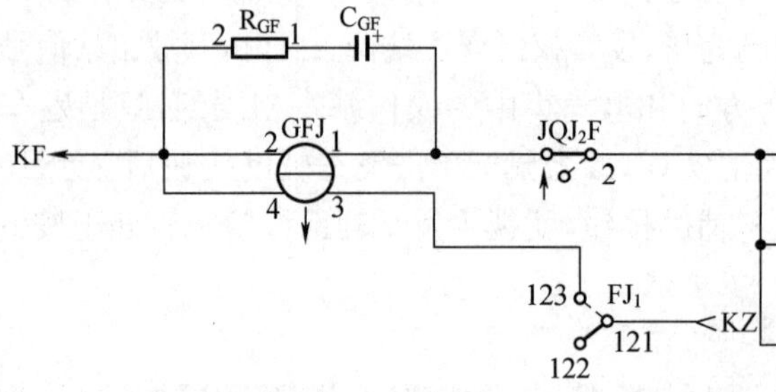

图 5.2　GFJ 电路

电路，GFJ 吸起，并经其本身第五组前接点自闭。方向继电器 FJ_1 转极后，接通 GFJ 的 3-4 线圈励磁电路。在辅助办理改变运行方向时，辅助改变方向继电器 FGFJ 吸起后，也接通 GFJ 的 1-2 线圈励磁电路，完成改变运行方向的任务。对于原发车站，GFJ 平时吸起，改变运行方向时 FJ_1 转极后，GFJ 落下。GFJ 的 1-2 线圈上并有 C_{GF} 和 R_{GF}，构成缓放电路，其作用是在原发车站改为接车站时，利用 GFJ 的缓放，使原发车站的方向继电器可靠转极。

②改变运行方向辅助继电器电路

GFFJ 的作用是，当改变运行方向时，使两站的方向电源短时间正向串联，使方向继电器 FJ 可靠转极。GFFJ 电路如图 5.3 所示。

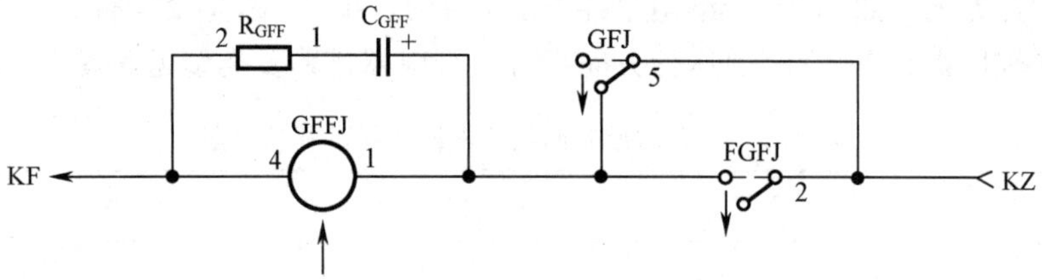

图 5.3　GFFJ 电路

GFFJ 励磁电路由 GFJ 后接点接通。原发车站 GFJ 吸起，GFFJ 落下。原接车站 GFJ 落下，GFFJ 吸起。

改变运行方向后，原接车站改为发车站，GFJ 吸起，GFFJ 落下；原发车站改为接车站，GFJ 落下，GFFJ 吸起。

辅助改变运行方向时，FGFJ 吸起后，也使 GFFJ 吸起，参与运行方向的改变。

由 C_{GFF} 和 R_{GFF} 组成 GFFJ 的缓放电路，获得必需的缓放时间，使得 FJ 可靠转极。

③监督区间复示继电器电路

JQJF 的作用是，复示接车站 JQJ 的动作。JQJF 电路如图 5.4 所示。

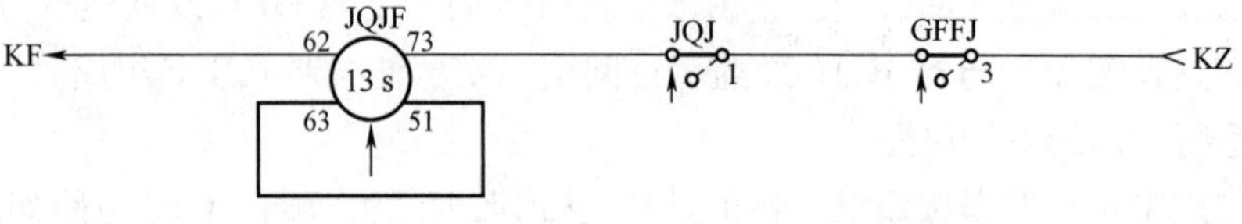

图 5.4　JQJF 电路

作为接车站，GFFJ 吸起，JQJ 吸起时 JQJF 就吸起；作为发车站，GFFJ 落下，即使 JQJ 吸起，JQJF 也不吸起。

JQJF 采用 JSBXC-850 型时间继电器，缓吸 13 s。是因为，当列车在区间行驶时，若任一闭塞分区的轨道电路发生分路不良，如小车通过区间分割点瞬间失去分路，因反映各闭塞分区占用情况的 GJ 的缓放，将使 JQJ 瞬间吸起，若此时接车站排列发车进路，将导致错误改变运行方向，造成敌对发车的事故，故应采用缓吸 13 s 的时间继电器作为 JQJF。当发生上述情况时，由于 JQJF 的缓吸，使 JQJ_2F 不吸起，进而使 GFJ 仍处于落下状态，可防止错误改变运行方向。

④监督区间第二复示继电器电路

JQJ_2F 是复示 JQJF 动作的。另外，在辅助改变运行方向时，作为 JQJ 的反复示继电器。在辅助改变运行方向时，FGFJ 吸起，JQJ 落下使 JQJ_2F 吸起。

JQJ_2F 电路如图 5.5 所示。在 JQJ_2F 的 1-2 线圈上并有 C_{JQ1} 和 R_{JQ1}，在它的 3-4 线圈上并有 C_{JQ2} 和 R_{JQ2}，构成缓放电路。这样在 JQJ_2F 落下之前，FJ 的线圈有瞬间被 JQJ_2F 的第 1 组前接点和 GFFJ 的第 2 组后接点所短路，这是为了防止当区间外线混线时，由于反电势（对于分散设置方式的自动闭塞由区间信号点的 FJ 产生）使 FJ 错误转极造成双向发车的危险。加短路线后反电势被短路线所短路，待反电势消失后再接通电路，FJ 就不会错误动作。

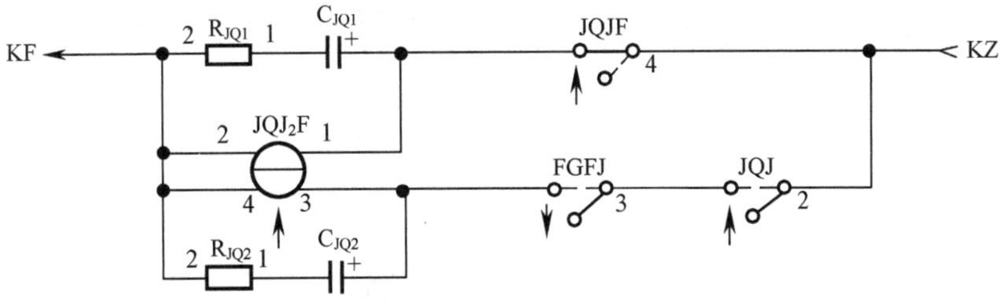

图 5.5　JQJ_2F 电路

（2）方向继电器电路

FJ 电路的作用是改变列车的运行方向。它由 FJ 和 FGFJ 组成，方向继电器电路如图 5.6 所示。

对于集中设置的自动闭塞，在连接区间两端的车站分别设置了两个方向继电器（对于分散设置的自动闭塞，在区间每一信号点还需设方向继电器），它们通过外线串联在一起。方向继电器采用 JYXC-270 型有极继电器，用它来确定列车的运行方向，转换发送和接收设备及决定通过信号机是否点灯。

FGFJ 的作用是，当监督电路故障而方向电路正常或发生其他意外故障时，采用辅助办理的方法，用 FGFJ 的吸起来改变运行方向，提高了整个改变运行方向电路的效率。

①FJ 电路

正常办理改变运行方向时，GFJ 吸起，GFFJ 缓放尚未落下时，接通原接车站（甲站）的方向电源 FZ、FF，向方向电路发送反极性电流，使方向继电器 FJ 转极，其供电电路如下：

甲站 FZ—$GFFJ_{22\text{-}21}$—$JQJ_2F_{12\text{-}11}$—$JFJ_{43\text{-}41}$—$GFJ_{22\text{-}21}$—$FFJ_{23\text{-}21}$—$R_{F1\text{-}2}$—外线 F_1H—乙站 $R_{F2\text{-}1}$—$FFJ_{21\text{-}23}$—$GFJ_{21\text{-}22}$—$JFJ_{41\text{-}43}$—$JQJ_2F_{11\text{-}13}$—$FJ_{1\ 1\text{-}4}$—$GFFJ_{13\text{-}11}$—$JFJ_{33\text{-}31}$—$GFJ_{12\text{-}11}$—$FFJ_{13\text{-}11}$—$FJ_{2\ 1\text{-}4}$—外线 F_1—甲站 $FJ_{2\ 4\text{-}1}$—$FFJ_{11\text{-}13}$—$GFJ_{11\text{-}12}$—$JFJ_{31\text{-}33}$—$GFFJ_{11\text{-}12}$—FF。

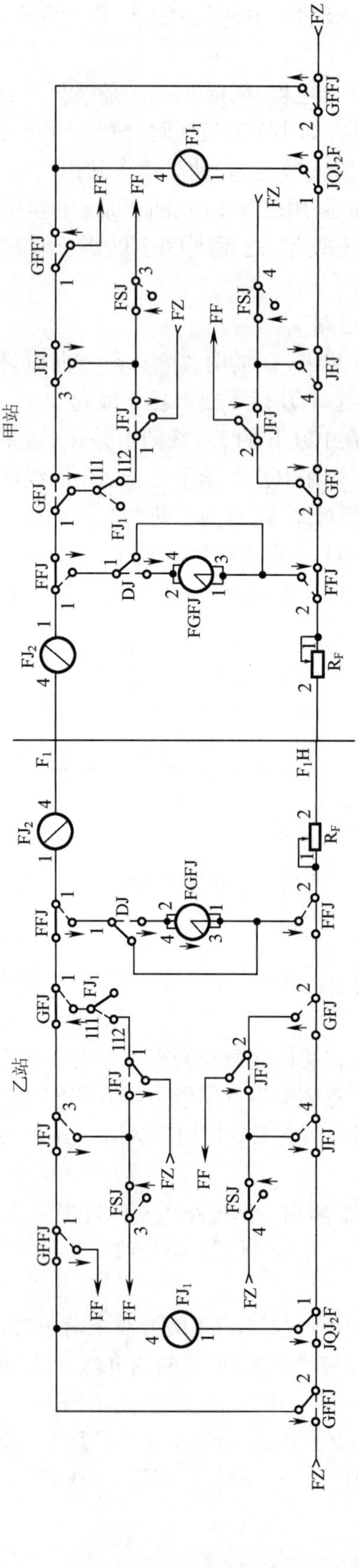

图 5.6　方向继电器电路

甲站 GFJ 吸起，用其第五组后接点断开了 GFFJ 电路。利用 GFFJ 的缓放，使乙站的方向电源与甲站的方向电源短时间地正向串联，形成两倍的线路供电电压，从而使方向电路中的所有方向继电器 FJ 可靠转极，其供电电路如下：

乙站 $FZ—JFJ_{13-11}—FJ_{1\ 112-111}—GFJ_{13-11}—FFJ_{13-11}—FJ_{2\ 1-4}$—外线 F_1—甲站 $FJ_{2\ 4-1}—FFJ_{11-13}—GFJ_{11-12}—JFJ_{31-33}—GFFJ_{11-12}—FF$，以及 $FZ—GFFJ_{22-21}—JQJ_2F_{12-11}—JFJ_{43-41}—GFJ_{22-21}—FFJ_{23-21}—R_{F1-2}$—外线 F_1H—乙站 $R_{F2-1}—FFJ_{21-23}—GFJ_{21-23}—JFJ_{21-23}—FF$。

当 GFFJ 缓放落下，断开甲站的方向电源，由乙站一方供电。GFFJ 落下后使 JQJF 落下，JQJ_2F 经短时间缓放后落下。在 JQJ_2F 的缓放时间内，由乙站送往甲站的转极电源被接在 FJ 的线圈 4 与 $GFFJ_{23}$ 接点的连线所短路，以防止由外线混线或因其他原因而产生的感应电势使 FJ 错误转极。当 JQJ_2F 落下后才接通甲站 FJ_1 线圈与外线的联系，FJ_1 开始转极，其动作电路是：

乙站 $FZ—JFJ_{13-11}—FJ_{1\ 112-111}—GFJ_{13-11}—FFJ_{13-11}—FJ_{2\ 1-4}$—外线 F_1—甲站 $FJ_{2\ 4-1}—FFJ_{11-13}—GFJ_{11-12}—JFJ_{31-33}—GFFJ_{11-13}—FJ_{1\ 4-1}—JQJ_2F_{13-11}—JFJ_{43-41}—GFJ_{22-21}—FFJ_{23-21}—R_{F1-2}$—外线 F_1H—乙站 $R_{F2-1}—FFJ_{21-23}—GFJ_{21-23}—JFJ_{21-23}—FF$。

当 FJ 转极后，甲站改为发车站，乙站被改为接车站，两站电路已经完成了改变运行方向的任务，分别达到稳定状态。

②FGFJ 电路

辅助办理改变运行方向时，原接车站(甲站)FFJ 吸起，切断了甲站向乙站的供电电路，并使短路继电器 DJ 经 0.3～0.35 s 的缓吸时间后吸起。在 FFJ 吸起、DJ 缓吸的时间内，利用 DJ 的第一组后接点短路方向电路外线，使外线所储电能通过短路线而消失。当原发车站(乙站)JFJ 吸起，乙站通过 JFJ 的第 3、4 组前接点接通方向电源，向甲站送电，使甲站的 FGFJ 吸起，其电路为：

乙站 $FZ—FSJ_{41-42}—JFJ_{42-41}—GFJ_{22-21}—FFJ_{23-21}—R_{F1-2}$—外线 F_1H—甲站 $R_{F2-1}—FFJ_{21-22}—FGFJ_{1、3-2、4}—DJ_{12-11}—FFJ_{12-11}—FJ_{2\ 1-4}$—外线 F_1—乙站 $FJ_{2\ 4-1}—FFJ_{11-13}—GFJ_{11-12}—JFJ_{31-32}—FSJ_{32-31}—FF$。

甲站 FGFJ 吸起后，使 JQJ_2F、GFJ 相继吸起。在乙站，电容器 C_{JF} 放电结束使 JFJ 落下，切断了乙站对甲站 FGFJ 的供电电路。由于甲站的 FGFJ 落下，切断了 FFJ 的励磁电路，使其落下。此时由甲站向乙站发送转极电流，使乙站的 FJ 转极，其电路为：

乙站 $FZ—GFFJ_{22-21}—JQJ_2F_{12-11}—JFJ_{43-41}—GFJ_{22-21}—FFJ_{23-21}—R_{F1-2}$—外线 F_1H—甲站 $R_{F2-1}—FFJ_{21-23}—GFJ_{21-22}—JFJ_{41-43}—JQJ_2F_{11-13}—FJ_{1\ 1-4}—GFFJ_{13-11}—JFJ_{33-31}—GFJ_{12-11}—FFJ_{13-11}—FJ_{2\ 1-4}$—外线 F_1—乙站 $FJ_{2\ 4-1}—FFJ_{11-13}—GFJ_{11-12}—JFJ_{31-33}—GFFJ_{11-12}—FF$。

在乙站，由于 FJ_1 的转极，使 GFJ 落下，构成了甲、乙两站方向电源的串接，确保 FJ 可靠转极，其电路如下：

乙站 $FZ—JFJ_{13-11}—FJ1_{1\ 112-111}—GFJ_{13-11}—FFJ_{13-11}—FJ_{2\ 1-4}$—外线 F_1—甲站 $FJ_{2\ 4-1}—FFJ_{11-13}—GFJ_{11-12}—JFJ_{31-33}—GFFJ_{11-12}—FF$，以及 $FZ—GFFJ_{22-21}—JQJ_2F_{12-11}—JFJ_{43-41}—GFJ_{22-21}—FFJ_{23-21}—R_{F1-2}$—外线 F_1H—乙站 $R_{F2-1}—FFJ_{21-23}—GFJ_{21-23}—JFJ_{21-23}—FF$。

在甲站，当 GFJ 吸起后，FGFJ 已落下时，GFFJ、JQJF、JQJ_2F 先后断电缓放。GFFJ 缓放落下后，JQJ_2F 仍在吸起时，转极电源被接在 FJ 线圈 4 与 $GFFJ_{23}$ 接点的连线所短路，从而防止外线混线或其他原因而产生的感应电势使 FJ 错误转极。当 JQJ_2F 经缓放落下后，FJ 接入

供电电路,使其转极,其电路如下:

乙站 $FZ—JFJ_{13\text{-}11}—FJ_{1\ 112\text{-}111}—GFJ_{13\text{-}11}—FFJ_{13\text{-}11}—FJ_{2\ 1\text{-}4}$—外线 F_1—甲站 $FJ_{2\ 4\text{-}1}—FFJ_{11\text{-}13}—GFJ_{11\text{-}12}—JFJ_{31\text{-}33}—GFFJ_{11\text{-}13}—FJ_{1\ 4\text{-}1}—JQJ_2F_{13\text{-}11}—JFJ_{43\text{-}41}—GFJ_{22\text{-}21}—FFJ_{23\text{-}21}—R_{F1\text{-}2}$—外线 F_1H—乙站 $R_{F2\text{-}1}—FFJ_{21\text{-}23}—GFJ_{21\text{-}23}—JFJ_{21\text{-}23}—FF$。

方向继电器电路平时由接车站方向电源(或称线路电源)向发车站送电,这样,当方向电路的外线短路时可以导向安全。接车站的方向继电器平时在线路上断开,是为了防止因雷击或其他外界干扰等产生误动。为了保证行车安全,在电路动作上先取消原发车站的发车权,再建立原接车站的发车权。

在方向电路开始工作以后,不受其他因素影响,直到运行方向改变完毕为止。方向电路与区间各闭塞分区的状态无关,并且经常通有一定极性的电流,所以电路工作稳定。

(3)监督区间继电器电路

JQJ 电路的作用是监督区间是否空闲,保证只有在区间空闲时才能改变运行方向。它由站内的 JQJ 和区间各信号点处的 GJ 的接点串联而成。JQJ 电路如图 5.7 所示。

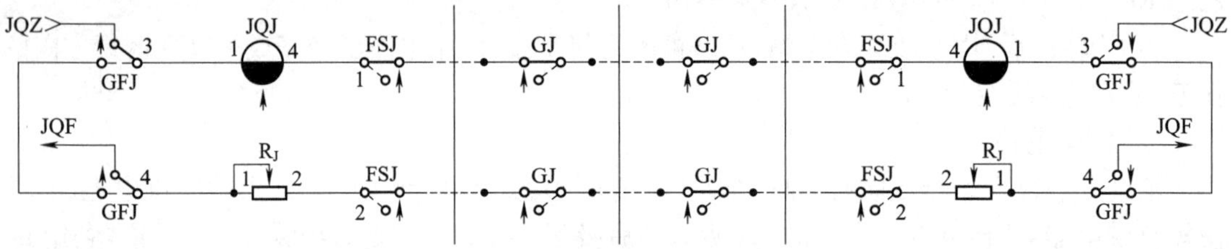

图 5.7 JQJ 电路

由发车站的 GFJ 第 3、4 组前接点向 JQJ 电路送电。当发车进路未锁闭时,FSJ 吸起,各闭塞分区空闲,QGJ 吸起,接通 JQJ 电路,两站的 JQJ 均吸起。办理发车进路时 FSJ 落下或区间被占用,其 GJ 落下,断开 JQJ 电路,使两站 JQJ 落下。

由于 JQJ 采用无极继电器,故无论通过何种极性的电流均可吸起。转换电源极性时,由于其缓放而不致落下,只有在断开线路电源时才落下。

区间空闲是否的检查只在改变运行方向以前进行,方向电路本身无故障,就动作到运行方向改变完毕为止,然后不断地监督区间空闲,为发车站开放出站信号机准备条件。

(4)辅助办理电路

辅助办理电路的作用是,当监督电路发生故障或改变方向电路瞬间突然停电或方向电路瞬间故障,不能正常改变运行方向时,借助于辅助办理电路,实现运行方向的改变。它由发车辅助继电器 FFJ、接车辅助继电器 JFJ 和短路继电器 DJ 组成。

①发车辅助继电器电路

FFJ 用以辅助办理改变运行方向,其电路如图 5.8 所示。

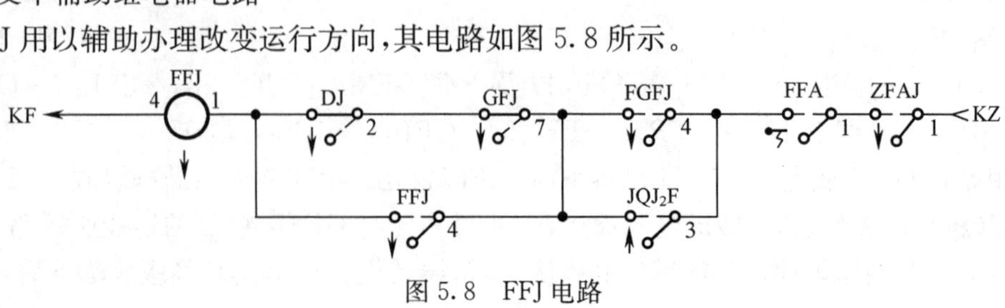

图 5.8 FFJ 电路

当 JQJ 因故落下时，JQJF、JQJ_2F 均落下，此时区间虽空闲，但只能用辅助办理方式改变运行方向，原接车站按下总辅助按钮 ZFA 和发车辅助按钮 FFA，FFJ 经 JQJ_2F 第 3 组后接点、GFJ 第 7 组后接点、DJ 第 2 组后接点吸起，吸起后自闭。FFJ 吸起后，切断原接车站向原发车站的供电电路。

FFJ 吸起后自闭，辅助办理改变运行方向正在进行，本站车站值班员仍需按压 FFA，要待 FJ_1 转极后，控制台上 FD 点亮绿灯时，才表示辅助办理改变运行方向已完成，可松开 FFA。

FGFJ 吸起后，继续接通 FFJ 自闭电路。

②接车辅助继电器电路

JFJ 用以辅助办理改变运行方向，JFJ 电路如图 5.9 所示。

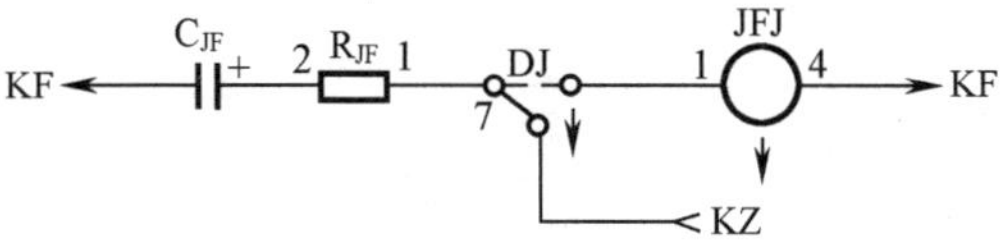

图 5.9　JFJ 电路

平时，DJ 落下，接通向电容器 C_{JF} 的充电电路。辅助办理改变运行方向时，原发车站车站值班员按下 ZFA 和 JFA，使 DJ 吸起，接通 JFJ 电路，C_{JF} 向 JFJ 放电，JFJ 吸起。JFJ 吸起后接通方向电源，向对方站送电，使它的 FGFJ 吸起。C_{JF} 放电结束使 JFJ 落下，断开对对方站 FGFJ 的供电电路。

③短路继电器电路

DJ 的作用是正常办理改变运行方向时，用以短路 FGFJ。DJ 电路如图 5.10 所示。

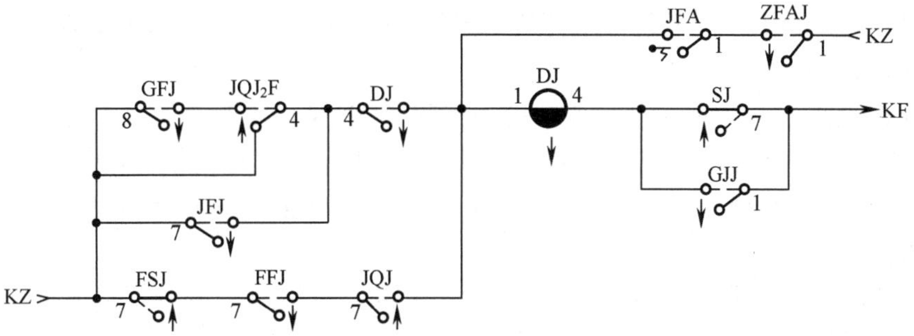

图 5.10　DJ 电路

平时两站 DJ 落下，将它们的 FGFJ 短路，即在正常办理改变运行方向时，FGFJ 不动作。辅助办理改变运行方向时，原接车站车站值班员按下 ZFA 和 FFA 后，FFJ 吸起，DJ 经 FSJ 第 7 组前接点、FFJ 第 7 组前接点和 JQJ 第 7 组后接点励磁。DJ 吸起后，用其第 1 组前接点将方向电路接至 FDGJ 电路。FJ_1 转极后使 GFJ 吸起，无论 JQJ_2F 在什么状态，均接通 DJ 的自闭电路。只有在本站办理发车进路时，进路最末一个道岔区段的 SJ 落下，才断开 DJ 自闭电路，使 DJ 落下。

对于原发车站，车站值班员按下 ZFA 和 JFA 后，使 DJ 吸起。DJ 吸起后使 JFJ 靠 C_{JF} 通过 DJ 第 7 组前接点放电而吸起。JFJ 吸起后接通 DJ 的自闭电路。C_{JF} 放电结束后，JFJ 落下，该电路断开。DJ 主要靠 JQJ_2F 后接点、GFJ 前接点自闭。辅助改变运行方向后，FJ_1 转极，GFJ

落下，断开 DJ 自闭电路，使之落下。

(5)表示灯电路

表示灯电路用来表示两站间区间闭塞的状态，以及改变运行方向电路的动作情况。它包括 FD(绿色)、JD(黄色)、JQD(红色)和 FZD(白色)，表示灯电路如图 5.11 所示。

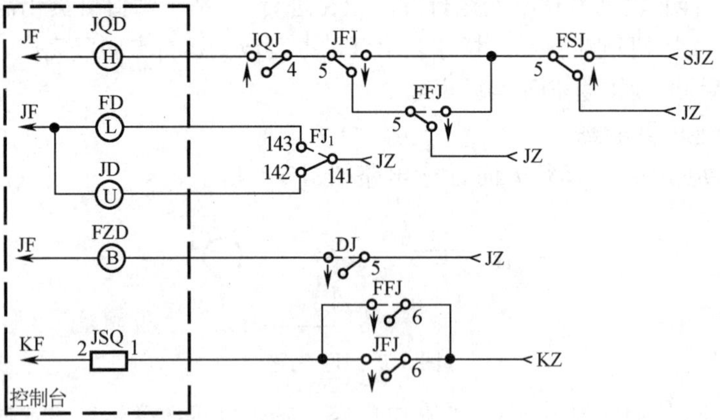

图 5.11　表示灯电路

FD 和 JD 由 FJ_1 接点接通。FJ_1 在定位，其 141-142 接通，点亮 JD，表示本站为接车站；FJ_1 在反位，其 141-143 接通，点亮 FD，表示本站为发车站。

FZD 由 DJ 前接点接通。辅助办理改变运行方向时，DJ 吸起，FZD 点亮，表示正在辅助改变运行方向。DJ 由吸起转为落下，FZD 灭灯，表示辅助改变运行方向完毕。

每当进行一次辅助办理运行方向，FFJ 或 JFJ 吸起一次，计数器 JSQ 即动作一次，记录辅助办理改变运行方向的次数。

JQD 平时灭灯，表示区间空闲；列车占用区间，JQJ 落下，JQD 亮红灯。在辅助改变运行方向时，按规定手续按压 JFA 或 FFA，JFJ 或 FFJ 吸起后，经 FSJ 前接点点亮 JQD。如果该站的 FSJ 落下，JQD 闪红灯。相邻两站中有一站 FSJ 落下，即发车进路已锁闭，就不能辅助办理改变运行方向。

3. 改变运行方向电路的动作程序

(1)正常办理改变运行方向的动作程序

设甲站为接车站，乙站为发车站，区间空闲，双方均未办理发车。此时甲站吸起的继电器有 FSJ、JQJ、JQJF、JQJ_2F、GFFJ，FJ_1 在定位，JD 亮黄灯；乙站吸起的继电器有 FSJ、JQJ、GFJ，FJ_1 在反位，FD 亮绿灯。若此时甲站要求向乙站发车，首先必须改变运行方向，出站信号机才能开放。甲站车站值班员根据控制台上的 JQD 红灯灭灯，可以确认区间处于空闲状态，先按下本咽喉的 YGFA，然后排列发车进路，当 LFJ 和 JXJ 吸起后，使 FAJ 吸起，继而使 GFJ 吸起，接通甲站的方向电源 FZ、FF，由甲站改变送电极性，向乙站发送反极性电流，使本站的 FJ_2 和对方站的 FJ_1 和 FJ_2 转极，乙站的 JD 亮黄灯，FD 绿灯灭。

乙站的 FJ_1 转极后，使 GFJ 落下，GFFJ、JQJF、JQJ_2F 相继吸起。甲站的 GFJ 吸起后使 GFFJ 落下。在甲站 GFFJ 缓放期间，使两站方向电源正向串联，形成两倍供电电压，使各方向继电器可靠转极。

甲站 GFFJ 落下后断开本站方向电源，由乙站一方供电。甲站 GFFJ 落下后，使 JQJF、

JQJ$_2$F 相继落下。在 JQJ$_2$F 缓放期间，由乙站送往甲站的转极电源被短路，以消除由外线混线等原因产生的感应电势。JQJ$_2$F 落下后，接通甲站 FJ$_1$ 线圈与外线的电路，使 FJ$_1$ 转极，甲站的 JD 黄灯灭，FD 绿灯亮。至此，已按要求将甲站改为发车站，乙站改为接车站。

出站信号机开放或列车占用区间，JQJ 落下，两站 JQD 亮红灯。甲站正常办理运行方向的电路动作程序如图 5.12 所示。

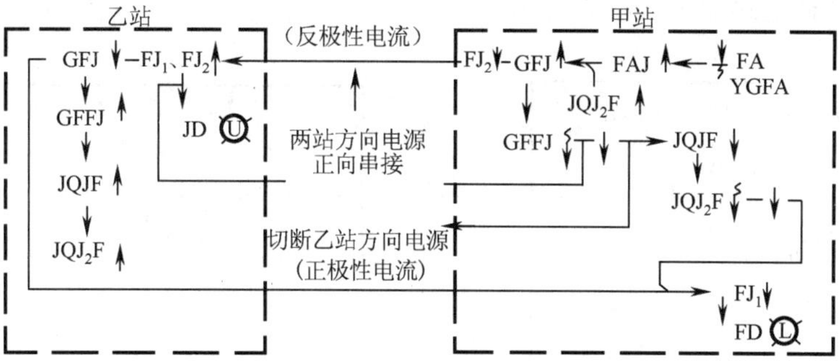

图 5.12　甲站正常办理改变运行方向的电路动作程序

反之，乙站为接车站时，欲办理发车，其办理改变运行方向的手续及电路动作过程和上述情况相仿。

(2)辅助办理改变运行方向的电路动作程序

①监督电路发生故障但方向电路正常时的动作程序

若甲站为发车站，乙站为接车站时，其监督电路的 JQJ 因故障而落下，将使 JQJF、JQJ$_2$F 相继落下，控制台上的 JQD 亮红灯。此时区间虽处于空闲状态，但通过正常办理手续改变运行方向已无法使甲站的 GFJ 吸起，如要改变运行方向，则必须借助于辅助办理。

两站车站值班员确认区间空闲及故障后，如甲站要改为发车站，经乙站同意，两站共同进行辅助办理改变运行方向。甲站车站值班员登记破铅封按下 ZFA 和 FFA，使 FFJ 吸起并自闭。FFJ 吸起后断开甲站向乙站的供电电路，此时，因 FFJ 吸起，JQJ 落下，FSJ 吸起，使 DJ 经 0.3～0.35 s 后吸起。

在 FFJ 吸起、DJ 缓吸时间内，用 DJ 后接点短路方向电路外线，消耗外线所储电能。DJ 吸起后自闭，用其前接点点亮 FZD，表示本站正在进行辅助办理。

乙站车站值班员也登记破铅封按下 ZFA 和 JFA，使 DJ 吸起后自闭，FZD 亮白灯，表示本站开始辅助办理。乙站车站值班员松开 JFA，JFJ 靠 C$_{JF}$ 通过 DJ 前接点放电而吸起。乙站通过 JFJ 前接点接通方向电源，向甲站送电，使甲站的 FGFJ 吸起。

FGFJ 吸起后，通过其前接点及 JQJ 后接点给 JQJ$_2$F 的 3-4 线圈供电，使之吸起。GFJ 经 FGFJ 前接点及 JQJ$_2$F 前接点吸起后自闭。C$_{JF}$ 放电结束后，使 JFJ 落下，断开乙站对甲站的供电电路。

由于甲站 FGFJ 落下，断开 FFJ 励磁电路，使其落下，此时接通甲站向乙站供电电路，因是反极性电流，使乙站的 FJ$_1$ 和两站的 FJ$_2$ 转极。

在乙站，由于 FJ$_1$ 转极，使 JD 黄灯亮，FD 绿灯灭，同时使 GFJ 落下，断开 DJ 自闭电路，使之落下，FZD 灭灯，表示本站辅助办理已完毕，改为接车站。因 GFJ 落下，FJ$_1$ 转极，使两站方向电源串接，各方向继电器可靠转极。

在甲站，GFJ 吸起后，FGFJ 已落下，GFFJ、JQJF、JQJ_2F 先后断电缓放。GFFJ 落下后，JQJ_2F 仍吸起时，转极电源被短路，消耗外线中的感应电势，防止 FJ_1 错误转极。JQJ_2F 落下后，将 FJ_1 接入供电电路，使其转极。FJ_1 转极后，甲站 FD 亮绿灯，JD 黄灯灭，表示本站已成为发车站，辅助办理改变运行方向已完成，此时甲站车站值班员可松开 FFA，但 FZD 仍亮白灯，表示本站尚未办理发车进路。当列车出发进入出站信号机内方，DJ 落下，FZD 灭灯。监督电路故障时辅助办理电路动作程序如图 5.13 所示。

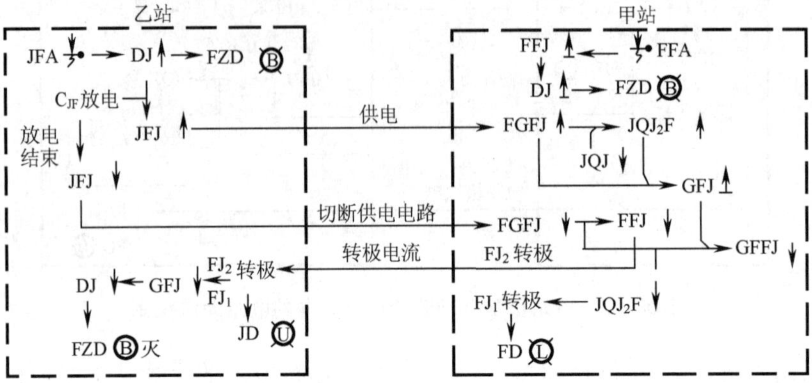

图 5.13 监督电路故障时辅助办理电路动作程序

同理，若乙站原为接车站要改为发车站时，其电路动作过程与上述相同。

②因故出现"双接"时的电路动作过程

因故出现"双接"时，即甲、乙两站均为接车状态时，其电路动作过程与上述辅助办理大体相同。

上述两种故障采用辅助办理时，均需检查两站的 FSJ 是否处于吸起状态。为了确认本站 FSJ 的状态，首先需将原已办理的发车进路（不能开放出站信号机是由于运行方向未能改变，即发车表示灯绿灯未能点亮）取消，然后进行辅助办理。按规定办理手续按压 JFA 或 FFA 后 JQD 亮稳定红灯，证明 FSJ 处于吸起状态，可以进行辅助办理改变运行方向。如果 JQD 闪红光，说明该站的 FSJ 落下，只要其中有一站的 FSJ 落下，就不能辅助办理改变运行方向，需要待本站的 FSJ 落下故障处理完毕，FSJ 恢复吸起后才能继续办理。由上述的正常办理和辅助办理可知，改变运行方向时，一般有 3 个步骤：

a. 原发车站方向继电器先转极，转为接车站，取消发车权。

b. 两站电源串接使区间的方向继电器可靠转极。

c. 最后，接车站方向继电器转极，改为发车站，取得发车权。

4. 自动闭塞区间运行方向转换电路

区间每一信号点设区间 QZJ（或 ZXJ）和 QFJ（或 FXJ）。设在区间组合柜上，它们由 FJ_2 接点控制。FJ_2 在定位，各信号点的 QZJ 吸起；FJ_2 在反位，各信号点的 QFJ 吸起，区间方向继电器电路如图 4.60 所示。

通过 QZJ 和 QFJ 接点改变移频轨道电路的发送端和接收端，改变低频编码条件，以及决定通过信号机是否点灯。

5. 改变运行方向电路与继电集中联锁电路的结合

为反映继电集中联锁办理发车进路的情况，改变运行方向电路设 FAJ 和 FSJ。为控制出站信号机，改变运行方向电路设控制继电器 KJ。

(1)发车按钮继电器电路

FAJ 用来记录发车进路的建立，FAJ 电路如图 5.14 所示。在按下本咽喉的 YGFA 的情况下，当办理了发车进路，继电集中联锁的列车发车继电器 LFJ 和发车口处的 JXJ 吸起后，FAJ 吸起，沟通 GFJ 电路。选路完成后，LFJ 和 JXJ 落下，FAJ 失磁。

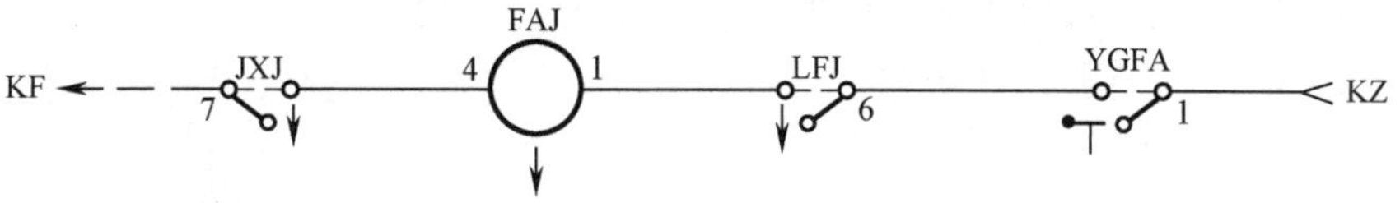

图 5.14　FAJ 电路

FAJ 前接点用在 GFJ 电路中，正常办理改变运行方向建立发车进路 FAJ 吸起后，接通 GFJ 励磁电路。

(2)发车锁闭继电器电路

FSJ 用来反映发车进路的锁闭情况，FSJ 电路如图 5.15 所示。当进路空闲(用发车进路最末一个轨道区段的 GJ 吸起来证明)，建立了发车进路，发车口处的照查继电器 ZCJ 落下，使 FSJ 落下，表示发车进路锁闭。当向发车口建立调车进路时，FSJ 不应落下，于是在 ZCJ 第 5 组前接点上并联了 ZJ 的第 5 组前接点。建立调车进路时，虽然 ZCJ 落下，但 ZJ 吸起，使 FSJ 不落下。列车出发，出清发车进路最末一个轨道电路区段时，DGJ 吸起，进路解锁，ZCJ 吸起，使 FSJ 吸起并自闭。

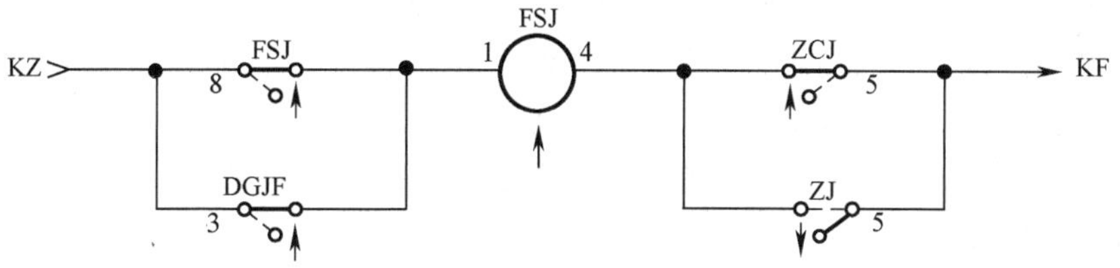

图 5.15　FSJ 电路

FSJ 前接点用在 JQJ 电路和 DJ 电路中，FSJ 吸起时，连通 JQJ 和 DJ 电路。

(3)控制继电器电路

控制继电器 KJ 在辅助办理改变运行方向时接通出站信号机的 LXJ 电路，其电路如图 5.16 所示。

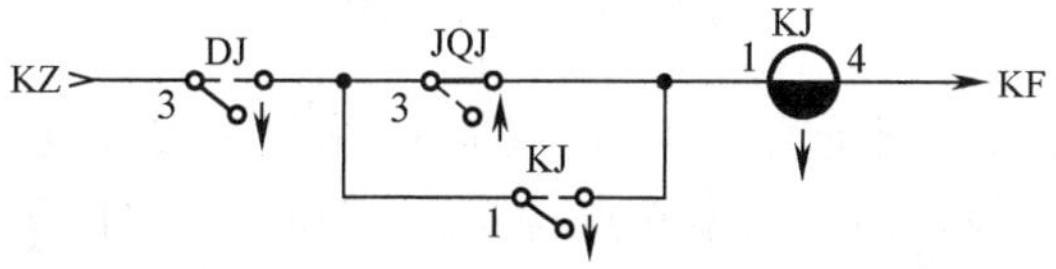

图 5.16　KJ 电路

当区间空闲时，办理辅助办理改变运行方向手续后 DJ 吸起，使 KJ 吸起并自闭，DJ 落下后，KJ 落下。

(4)出站信号机控制电路

出站信号机的LXJ电路中接入开通运行方向的条件予以控制，即在11线网路端部接入FJ_1和FJ_2的反位接点，证明运行方向已改变。本站已改为发车站时，方可接通出站信号机的LXJ电路，出站信号机控制电路如图4.53所示。

在LXJ电路中，用1LQJ(反方向按自动站间闭塞运行，用区间总轨道继电器QGJ)前接点检查运行前方闭塞分区空闲。正常办理改变运行方向时，用FFJ、ZFAJ和DJ后接点接通LXJ电路。接入ZFAJ后接点，是为了防止因DJ断线或单方面错误办理时可能产生的不检查区间空闲而错误开放信号的问题。辅助办理改变运行方向时，用KJ和DJ前接点接通LXJ电路。

6. 改变运行方向电路与计算机联锁的结合

采用计算机联锁的车站，改变运行方向电路如《计算机联锁图册(第三版)》图Ⅰ-17所示。

在与计算机联锁的结合时，因为人机界面不同于6502电气集中，电路中的JFA、FFA接点由JFZAJ、FFZAJ接点代替，按钮继电器JFZAJ、FFZAJ由计算机联锁驱动。ZFZAJ也由计算机联锁驱动。发车按钮继电器FAJ和发车锁闭继电器FSJ由计算机联锁驱动。增加出发继电器CFJ，以取代DJ电路中的SJ前接点。当办理发车进路，进路最末一个区段锁闭时，CFJ落下，断开DJ自闭电路，使DJ落下。CFJ由计算机联锁驱动。FAJ前接点、FSJ后接点、CFJ后接点被计算机联锁采集。驱动和采集电路图如图5.17所示。

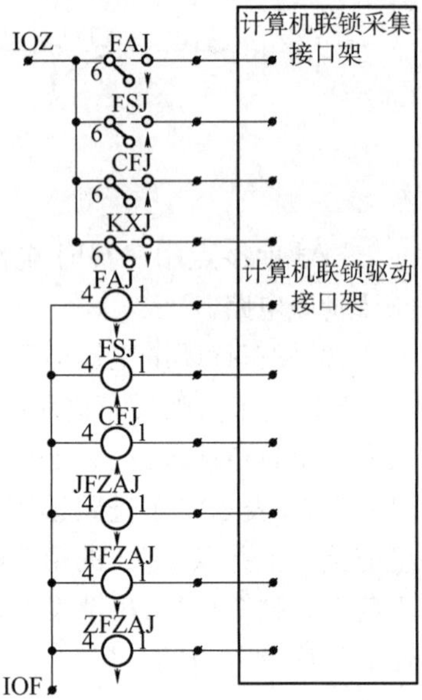

图5.17 驱动和采集电路图

增设空闲继电器KXJ，电路如图5.18所示。无论是正常办理还是辅助办理改变运行方向时，只要FJ_1和FJ_2的反位接点接通，证明运行方向已改变，本站已改为发车站，而且1LQJ吸起(自动站间闭塞时为QGJ)，KXJ即吸起。将它的前接点采集到计算机联锁中去，作为控制出站信号机开放的条件。

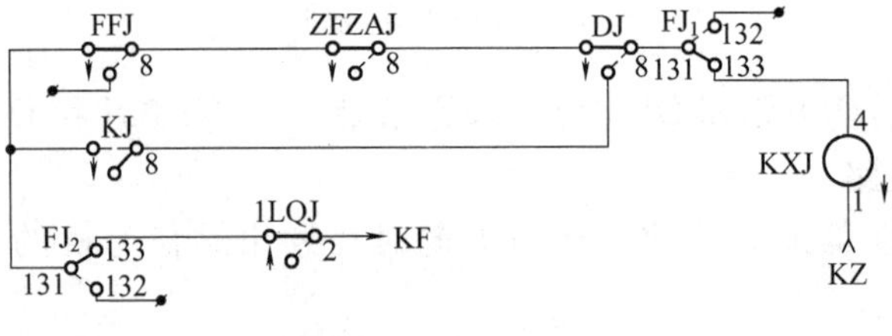

图5.18 KXJ电路

计算机联锁的控制台显示不同于6502电气集中，采集有关继电器接点，构成表示条件，表示灯采集电路如图5.19所示。采集FJ_1接点，构成FD和JD条件；采集DJ接点，构成FZD条件；采集JQJ、JFJ、FFJ、FSJ接点，构成监督区间占用表示灯JQD亮红灯的JZ条件和JQD闪红灯的SJZ条件，以在显示器上显示。

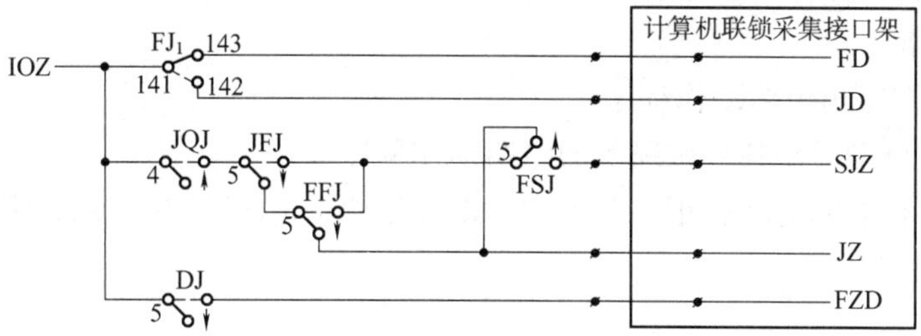

图 5.19　表示灯采集电路

7. 改变运行方向电路的供电

改变运行方向的方向继电器电路和监督区间继电器电路要求独立供电，因为它们的工作电流大小不同，所以供电电压也不同，故设计了硅整流器 FZG（为 ZG_1-220/0.1　100/0.1 型），其输入为交流 220 V，输出为两路独立电源。73-52 为方向电源 FZ、FF，最高输出电压为 220 V；83-62 为监督区间电源 JQZ、JQF，最高输出电压为 100 V。可根据实际需要（如区间线路长度等）选用，FZG 电源接线如图 5.20 所示。

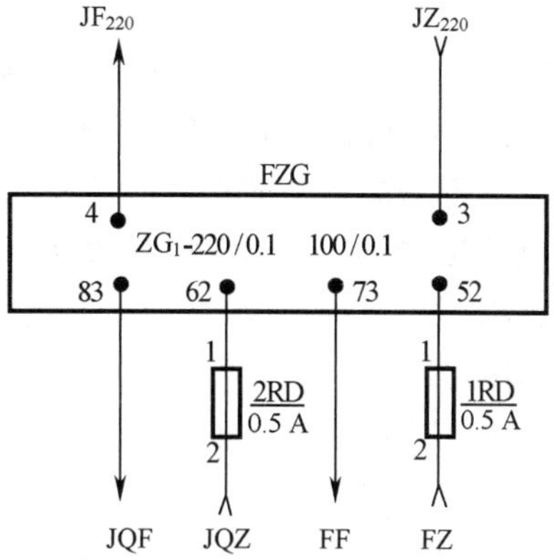

图 5.20　FZG 电源接线

典型工作任务 4　改变运行方向电路阅图练习

5.4.1　工作任务

通过阅图练习，提高对于改变运行方向电路的阅图能力。

5.4.2　练习步骤

《计算机联锁图册（第三版）》图Ⅰ-17 是改变运行方向电路图，四张图是四个方向的，通过对该图的阅图练习来进行。

1. 改变运行方向电路图整体浏览

通过对该图的整体浏览，掌握改变运行方向电路的整体和组成。

提示：四张改变运行方向电路图的结构是相同的，只是方向不同，一张改变运行方向电路图看懂了，其他三张也就看懂了。改变运行方向电路图的左部是电路本身，右部是计算机联锁的驱动和采集电路。

2. 对照电路图写出电路动作程序

对照电路图，分别写出各种情况下的电路动作程序。

提示：改变运行方向电路有正常办理和辅助办理两种情况，应注意两种情况下继电器状态的差异。

3. 跑通电路

对照电路动作程序，跑通各继电器的电路。

提示：在正常办理下，与辅助办理有关的各继电器不动作，首先应跑通局部电路中各继电器的电路，要注意发车站和接车站有关继电器的状态是不同的，然后再跑通方向继电器电路和监督区间继电器电路。

在辅助办理情况下，首先应跑通与辅助办理有关的各继电器的电路，接着跑通局部电路中各继电器的电路，然后再跑通方向继电器电路。

4. 看懂与计算机联锁的结合电路

对照电路图，看懂计算机联锁对于改变运行方向电路的驱动和采集电路，以及在自动闭塞电路中的结合。

提示：改变运行方向电路的右上部是计算机联锁的驱动和回采电路，右下部是计算机联锁的采集电路。改变运行方向电路与计算机联锁的结合是通过驱动 FAJ、FSJ、CFJ 实现的，注意它们在改变运行方向电路中各继电器电路中的作用。计算机联锁与改变运行方向电路的结合是通过采集改变运行方向电路 KXJ 接点的。另外，计算机联锁还驱动各辅助办理继电器，采集改变运行方向电路各有关继电器接点构成表示信息。

5. 改变运行方向电路配线图阅图

阅读《计算机联锁图册（第三版）》图Ⅰ-29 中有关改变运行方向电路的组合侧面端子配线图。

提示：改变运行方向电路组合的侧面端子配线图与计算机联锁组合的侧面端子配线图的阅读方法相同。

典型工作任务 5　几种改变运行方向电路认知

5.5.1　工作任务

了解几种改变运行方向电路的特点和基本原理。

5.5.2　知识链接

1. 中国铁道科学研究院集团有限公司（以下简称铁科院）的改变运行方向电路

铁科院的改变运行方向电路与四线制改变运行方向电路基本相同，只是铁科院的改变运行方向电路是与 TYJL-Ⅱ型双机热备计算机联锁结合使用的，其驱动采用驱动单元，两个组合放不下改变运行方向电路的继电器，改用两个半组合。仅仅是所用组合及端子号不同。

铁科院的改变运行方向电路的组合内继电器类型和排列见表 5.2。

表 5.2　铁科院的改变运行方向电路的组合类型表

组合	1	2	3	4	5	6	7	8	9	10
FZ	FJ$_1$	JQJ	GFJ	GFFJ	JQJF	JQJ$_2$F	DJ	JFJ	FFJ	FGFJ
	JYXC-270	JWXC-H600	JWXC-1700	JWXC-1700	JSBXC-850	JWXC-1700	JWXC-H340	JWXC-1700	JWXC-1700	JPXC-1000
FFL		FJ$_2$	FAJ	FSJ	KJ		KXJ	驱动单元		
		JYXC-270	JPXC-1000	JPXC-1000	JWXC-H340		JWXC-1700	QDH		ZG$_1$-220/0.1
W4ZB	CFJ(1)	JFZAJ(1)	FFZAJ(1)	CFJ(2)	JFZAJ(2)	FFZAJ(2)	ZFZAJ(1)	ZFZAJ(2)	驱动单元(1)	驱动单元(2)
	JPXC-1000	JPXC-1000	JPXC-1000	JPXC-1000	JPXC-1000	JPXC-1000	JPXC-1000	JPXC-1000	QDH	QDH

注：其中一个 W4ZB 组合可为两套改变运行方向电路用。

铁科院的改变运行方向电路图如图 5.21 所示。

2. 北京交大微联科技有限公司(以下简称交大微联)的改变运行方向电路

交大微联的改变运行方向电路与四线制改变运行方向电路基本相同，只是一套改变运行方向电路，采用两个半组合。仅仅是所用组合及端子号不同。

交大微联的改变运行方向电路的组合内继电器类型和排列见表 5.3。

表 5.3　交大微联的改变运行方向电路的组合类型表

组合	1	2	3	4	5	6	7	8	9	10
FZ	FJ	JQJ	GFJ	GFFJ	JQJF	JQJ$_2$F	DJ	JFJ	FFJ	FGFJ
	JYXC-270	JWXC-H600	JWXC-1700	JWXC-1700	JSBXC-850	JWXC-1700	JWXC-H340	JWXC-1700	JWXC-1700	JPXC-1000
FFL	CFJ	KFJ	FSJ	KJ						
	JYXC-270	JWXC-1700	JWXC-1700	JWXC-H340						ZG$_3$-220/0.1
FQD		(1)JKJ	(1)FFAJ	(1)JFAJ	(1)FAJ		(2)JKJ	(2)FFAJ	(2)JFAJ	(2)FAJ
		JWXC-1700	JWXC-1700	JWXC-1700	JWXC-1700		JWXC-1700	JWXC-1700	JWXC-1700	JWXC-1700

注：FQD 组合中的各个继电器，EI32-JD 型为 JWXC-1700，JD-ⅠA 型为 JPXC-1000。

交大微联的改变运行方向电路电路图如图 5.22 所示。

3. 卡斯柯信号有限公司(以下简称卡斯柯)的改变运行方向电路

卡斯柯的改变运行方向电路每一端的改变运行由 9 个继电器和一个整流器组成，为一个组合，称改变运行方向主组合 FZ，组合内继电器类型和排列见表 5.4。

表 5.4　卡斯柯的改变运行方向电路的组合类型表

组合	1	2	3	4	5	6	7	8	9	10
FZ	JQJ	FGFJ	FJ$_2$	FJ$_1$	1J	2J	3J	FSJ	GFJ	FZG
	JWXC -H600	JPXC -1000	JYXC -270	JYXC -270	JWXC -1700	JWXC -1700	JWXC -1700	JWXC -H340	JWXC -1700	ZG$_3$-220/0.1 100/0.1

卡斯柯的改变运行方向电路图与四线制改变运行方向电路图基本相同，仅仅是所用组合及端子号不同。卡斯柯的改变运行方向电路图如图 5.23 所示，采集电路、驱动电路如图 5.24 所示。

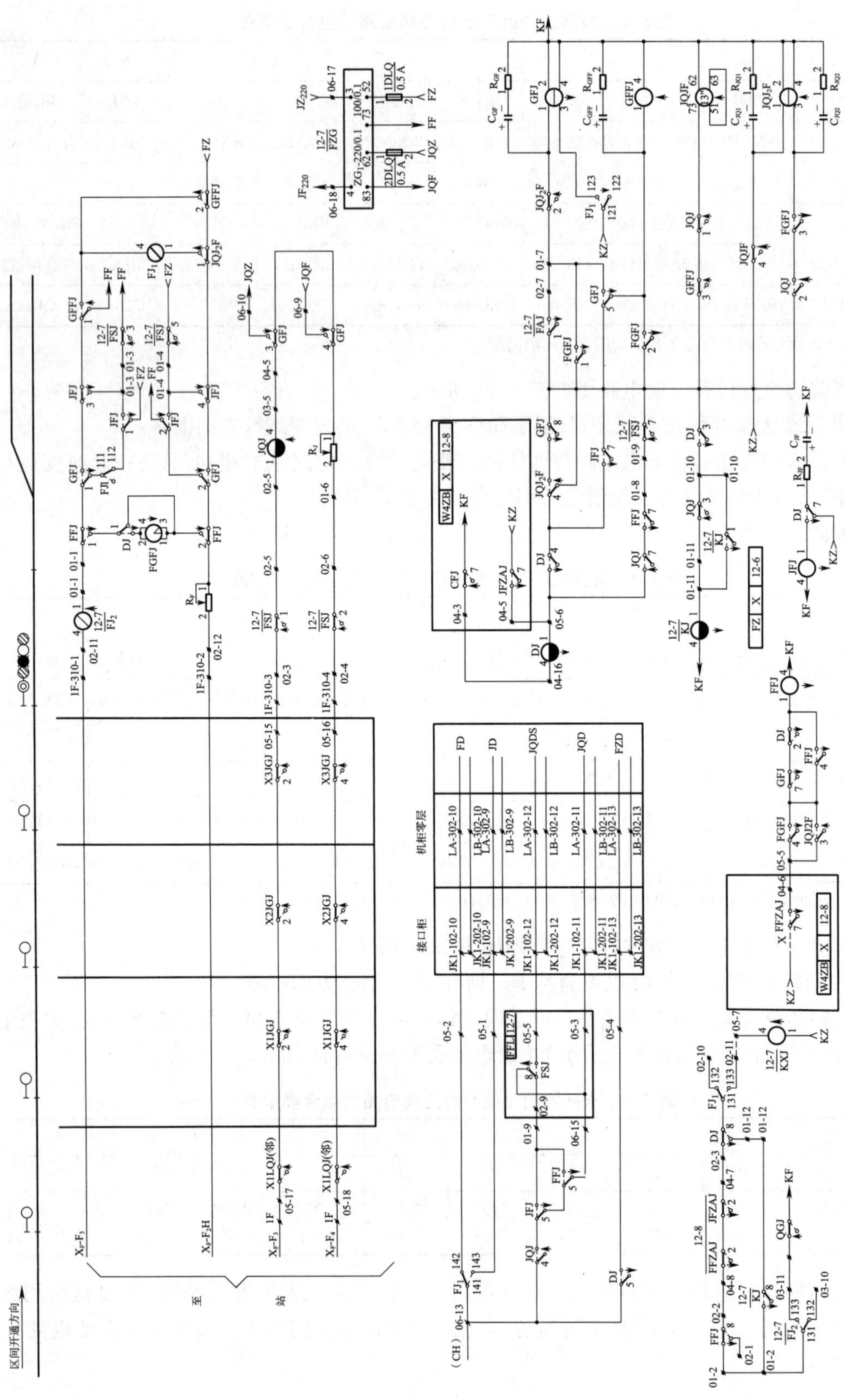

图5.21 铁科院的改变运行方向电路图

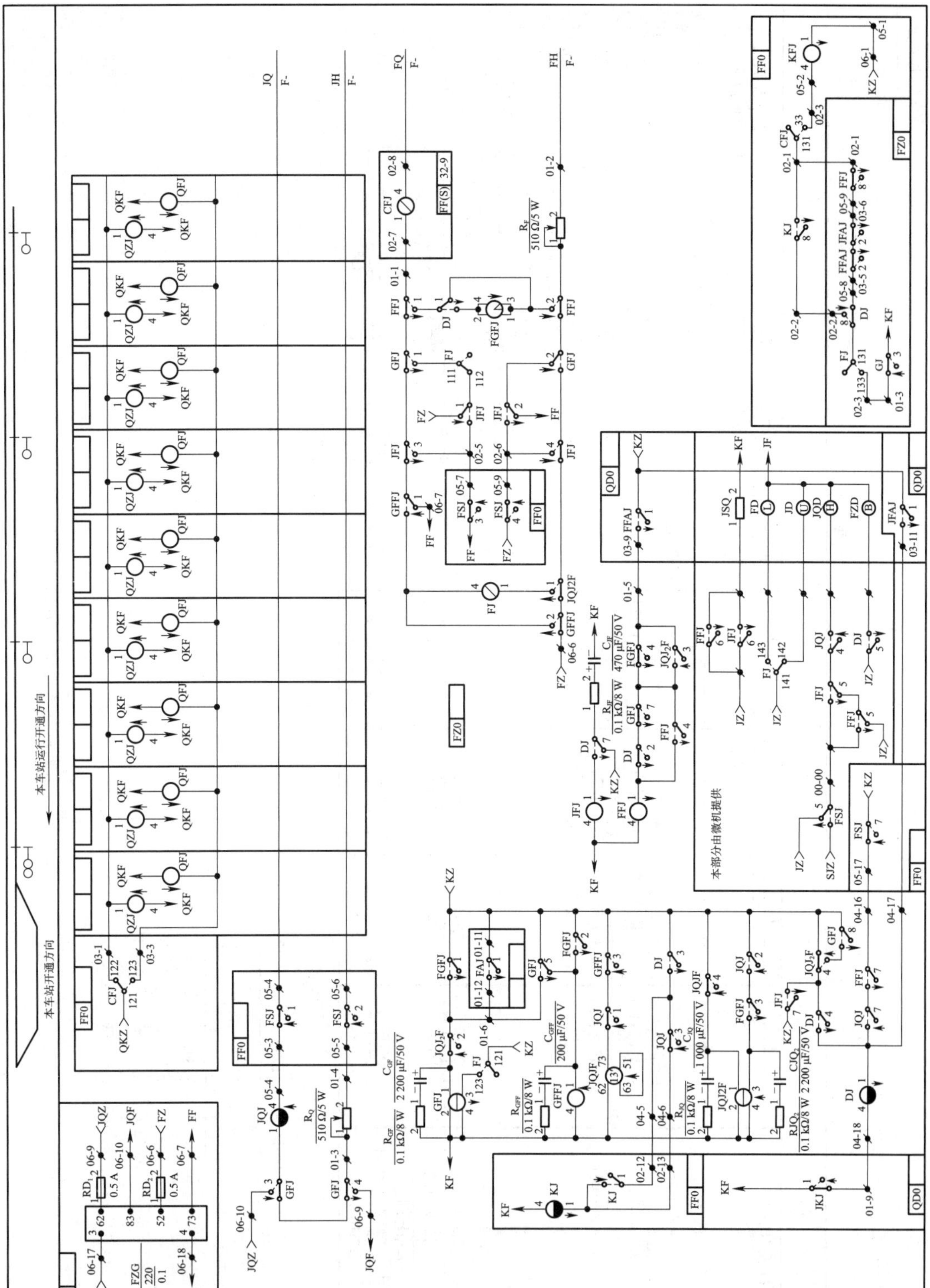

图 5.22　交大微联的改变运行方向电路图

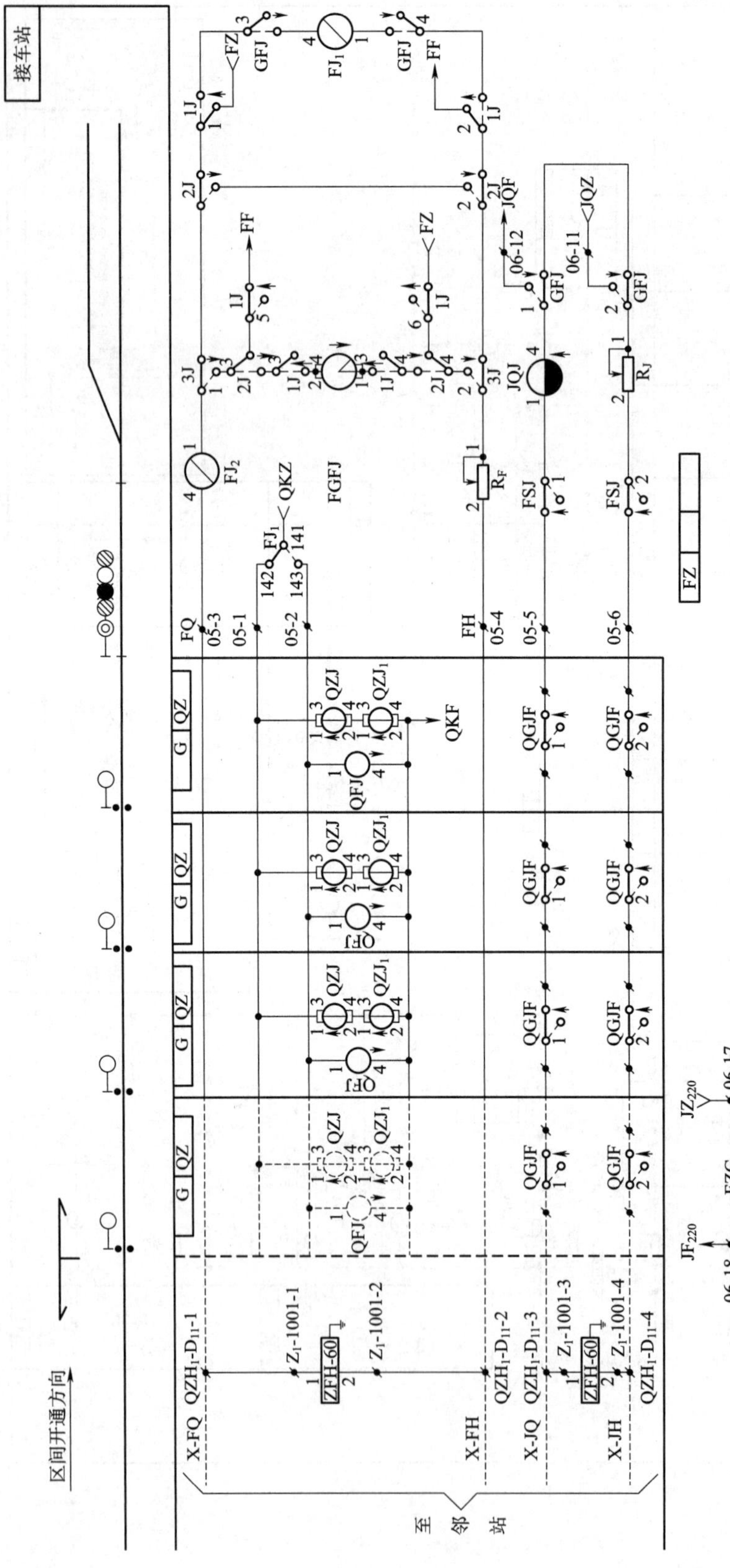

图 5.23 卡斯柯的改变运行方向电路图

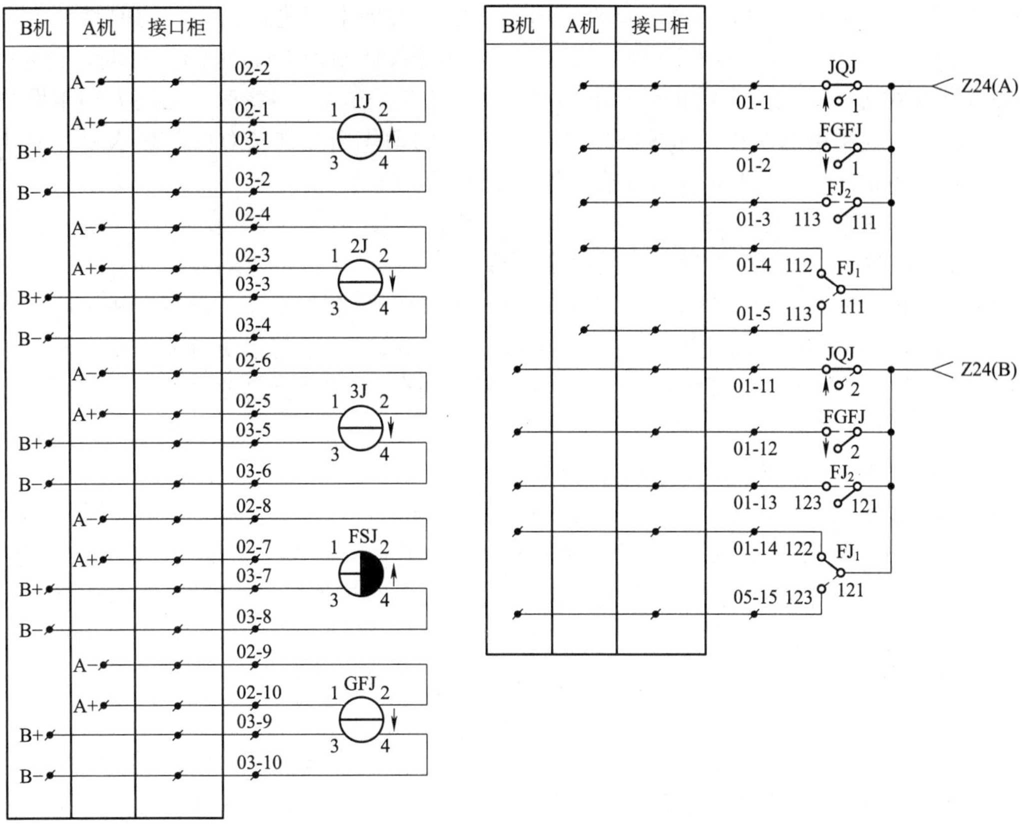

图 5.24　卡斯柯的改变运行方向电路的采集电路、驱动电路

典型工作任务 6　改变运行方向电路维护

5.6.1　工作任务

掌握改变运行方向电路自动闭塞的维护和常见故障处理方法。

5.6.2　知识链接

1. 改变运行方向电路的维护

改变运行方向电路是继电电路，它的维护同其他继电电路，可参阅“项目 2　半自动闭塞维护”。

2. 改变运行方向电路的试验

将改变运行方向电路本站的上下行咽喉的方向电路进行对接后（将四线制方向电路下行线、上行线两端的四条外线分别进行对接，反向区间空闲监督条件接通），方可进行试验。一般有两咽喉的上、下行线路分别对接和同一咽喉上、下行线对接两种方式。前者在试验区间点的小轨时只需考虑小轨的-1、-2 选型，而后一种对接方式由于上、下行载频不一致，最远区段的正反向小轨必须单独送电源。

对于联锁设备不改造的站场，由于联锁电路为在用设备，新设改变运行方向电路需待大封锁方可接入联锁条件，一般只能采用局部送电的方法对方向电路进行试验。此时将改变运行方向电路外线连接完成后，对 GFJ 的 3 线圈送 KZ 电源，使 GFJ 励磁来倒接方向，观察 FJ_1、FJ_2的状态及对应的控制台表示正确。本站改变运行方向完成后，再将改变运行方向电路另一端的 GFJ 的 3 线圈送 KZ 电源，试验对方对本站改方的动作情况并核对控制台表示。对于联锁设备与自动闭塞同步改造的车站可按下列要求进行试验：

(1)正常改变运行方向试验

①未按允许改方按钮反向发车不能改变运行方向

在未按压允许改方按钮的情况下，向接车口办理发车进路时，对于一般继电集中联锁的车站其发车进路可以锁闭，而接车口的方向仍为接车方向(接车表示灯点黄灯或显示向站内接车方向箭头)，出站信号机不能开放；对于某些计算机联锁车站，未按允许改方按钮办理反向发车时发车进路也不能锁闭。

②办理反向发车进路自动改变运行方向

在区间空闲、监督区间红灯熄灭(或接车箭头显示黄色、发车箭头显示绿色)的情况下，按压允许改方按钮(按钮带表示灯时允许改方按钮表示灯点亮)后，接车口排列反向发车进路，发车进路先选路，改方电路后动作，接车表示黄灯灭(或接车箭头不显示)，发车表示灯亮绿灯(或显示绿色发车箭头)，此时发车进路锁闭，监督区间灯亮红灯(或区间接发车箭头显示红色)，最后出站信号机点绿灯及相应的发车表示器、室内控制台信号复示器显示绿灯。

③改变运行方向后办理正向发车恢复正方向

若将反方向改回正方向，需先将反方向的发车进路解锁，待监督区间灯熄灭后，方可在另一方排列向该线路的发车进路，此时排列进路站改回到发车状态，接车站改回到接车状态。

④对方有发车进路不能改变运行方向

对方发车进路未取消(无论出站信号机是否开放)时区间监督灯点红灯，此时正常办理改变运行方向，改变运行方向电路不动作。

⑤办理非列车进路不能改变运行方向

在允许改方的前提下，向接车口排列调车进路，而不是发车进路时运行方向不能改变。因为改方按钮继电器的联锁条件是由发车口信号点的 JXJ↑及 KF—LFJ—Q 条件电源构成，该项试验的目的是防止将 KF—LFJ—Q 错接成 KF—DFJ—Q 电源。

(2)辅助改变运行方向试验

①闭塞分区占用不能正常改变运行方向

将区间主轨或小轨开关关闭一个区段(或将区间 FS 及＋1FS 关闭)模拟列车占用，此时区间监督灯亮红灯，按正常办理改变运行方向，改变运行方向电路不动作，再用辅助改方方法进行改方。

②FSJ 落下不能进行辅助改变运行方向

在四线制方向电路中 FSJ 落下表示双方已有一站已经建立了发车进路，以防止两站出现双发的可能。因此在 GFJ 电路中无论是正常改方还是辅助改方均需检查 FSJ 处于吸起状态。试验时可将 FSJ 电源断开，试验改方电路应不能进行正常改变运行方向和辅助改变运行方向。

③“双接”时依靠辅助方式改变运行方向

当出现“双接”时，由于双方的 FJ 均处于吸起状态，使得 JQJ 没有电源，区间监督灯点红灯。试验时人为将发车站的 FJ 改为吸起位置，然后试办正常改方应不能改方，再办理辅助改方，方向电路能改变运行方向。

④监督电路故障时办理辅助改变运行方向

JQJ 主要用于监督区间占用情况，区间轨道电路故障或监督区间回路断线时 JQJ 落下，此时办理改方必须由人工进行确认区间空闲，监督区间灯亮红灯是由于区间轨道电路故障(区间有红光带)或由于监督区间继电器故障(区间无红光带)引起的。此时可将区间监督电源断开或模拟区间占用试办正常改方应不能改方，再办理辅助改变运行方向，改变运行方向电路能改变运行方向。

(3)辅助改变运行方向后开放出站信号机

①监督电路故障不能开放

在监督区间灯亮红灯的情况下，反向出站信号机应不能开放。

②监督电路良好能开放

ZPW-2000 系列自动闭塞的小轨正反向回路是不同的，在出现小轨调整不良而出现红光带时，若对区间采用辅助改变运行方向后区间的红光带可能消失，此时可开放出站信号机，试验时将区间监督电源恢复或取消区间模拟占用，区间监督灯红灯灭，排列出站信号应能开放。

③列车出站后发车辅助灯灭灯

模拟列车依次占用站内轨道区段后发车，列车出清发车进路最末区段时发车辅助灯灭。

(4)其他试验

①列车运行方向表示

控制台的列车运行方向表示灯应与实际位置一致，即改变运行方向电路处于接车方向时，接车表示灯黄灯亮(计算机联锁的显示器显示黄色接车箭头)；改变运行方向电路处于发车方向时，发车表示灯绿灯亮(计算机联锁的显示器显示绿色发车绿色箭头)。

试验时应注意核对表示灯与相应方向的继电器位置，发车时 FJ_1↓、FJ_2↓、GFJ↑；接车时 FJ_1↑、FJ_2↑、GFJ↓。

②改变运行方向电路回路总电阻及监督区间回路总电阻测试

对该回路电阻在断电情况下进行测试，阻值应符合电路要求。

③本站方向继电器端电压

该电压应在 12～18 V。

④改变运行方向电路供电电压

改变运行方向电路的供电电压根据站间距离的不同来选择，其电压以满足对方站继电器可靠转极为前提。

⑤本站监督区间继电器端电压

在区间所有闭塞分区均无车占用且双方均未办理发车进路的情况下，JQJ 应可靠吸起。此时测试 JQJ 线圈端电压为 21～24 V。若上述任一条件不满足，JQJ 均处于落下状态，继电器两端应无电。

⑥监督电路供电电压

JQJ 是由对方站供电的，调试对方站的区间监督供电电压，使本站 JQJ 线圈端电压不低于 13 V，改变运行方向后，互换供电方向，调试另一方的供电电压。

3. 方向电路故障范围的判断处理

(1)无法改变运行方向时的故障范围判定

当无法改变运行方向，确认为改变运行方向电路发生故障时，首先应判断是监督电路故障还是方向电路故障，然后判断故障是在发车站还是在接车站，再逐渐缩小范围进行处理。设甲站为原接车站，乙站为原发车站，无法改变运行方向时故障范围判断流程如图 5.25 所示。

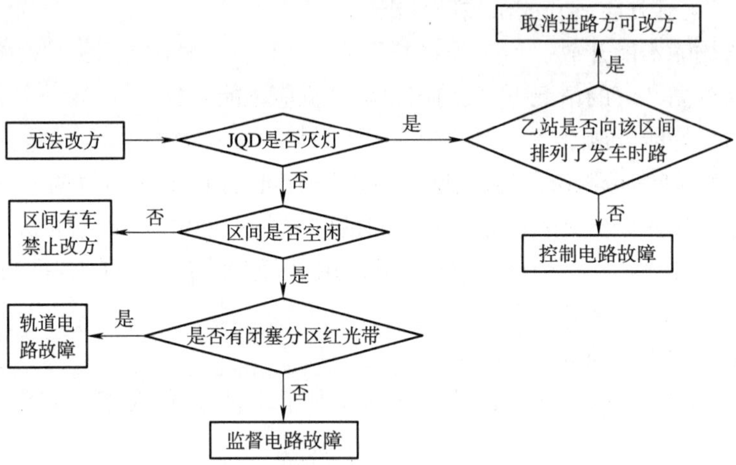

图 5.25 无法改变运行方向时故障范围判断流程

(2)监督电路故障范围的判断处理

如果区间没有被占用，两站都没有建立发车进路，但是区间占用表示灯 JQD 点亮，可以断定为监督电路故障，此时应观察 FSJ 的状态，若落下系 FSJ 故障。如 FSJ 吸起则检查 JQJ 的 1-4 线圈有无电压，有正常电压为 JQJ 故障，无电压则是 JQJ 励磁电路故障。进一步判断故障在发车站还是在接车站，用电压表和钳形电流表在分线柜上测试外线。若电压和电流都没有，则故障在发车站室内；若只有发车站有电压无电流，则外线开路；若有正常的电压无电流，则故障在接车站室内。监督电路故障的判断处理流程如图 5.26 所示。

(3)方向控制电路故障的判断处理

在方向控制电路中，FJ_1 和 FJ_2 的状态决定了区间开通方向。当区间占用灯灭灯，两端站都未向区间排列发车进路且操作方式正确时，如果方向改变不了，可判定为方向控制电路故障。

方向控制电路有可能是局部电路故障，也有可能是外线故障或方向电源故障，在处理时要观察各继电器的动作情况，根据各继电器的状态判断并缩小故障范围。两站相互配合，用电压表和钳形电流表在外线上测试电压和电流，可以迅速判断出故障在接车站还是在发车站或外线。控制电路故障的判断处理流程如图 5.27 所示。

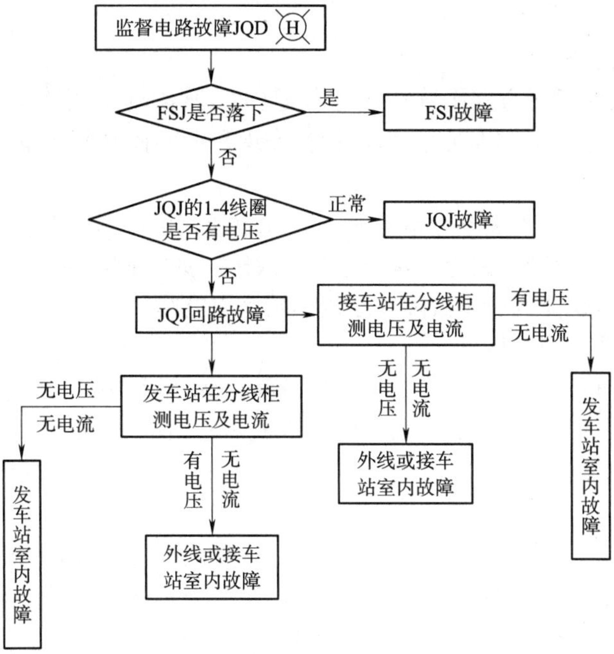

图5.26 监督电路故障的判断处理流程

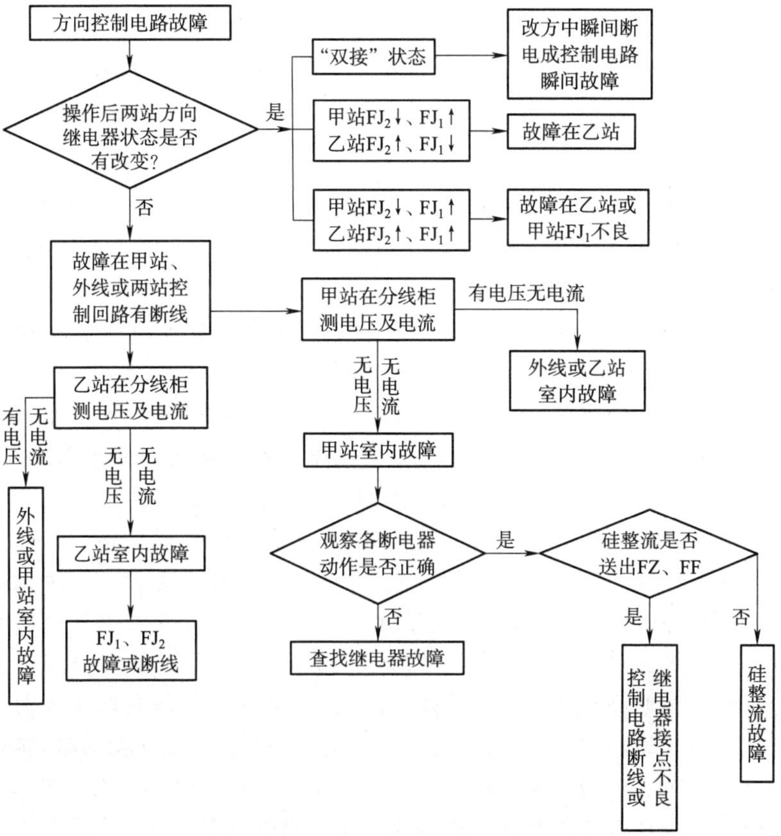

图5.27 控制电路故障的判断处理流程

4. 常见故障案例

(1)继电器被雷击坏

某站由于办理改变运行方向手续后方向改变不了,某次列车用路票发车。信号工区采取应急方式恢复使用。车间工作人员赶到,经检查发现是区间监督复示继电器 JQJF 被雷击坏,更换后恢复使用。

在本故障处理过程中,当观察继电器时,能发现 GFJ 落下、GFFJ 吸起、JQJ 吸起、JQJF 落下、JQJ_2F 落下,就应该能很快判定是本站 JQJF 故障。如果此时两站在分线柜测量,则两站均测不到电压和电流,也能判断出故障在原接车站室内电路。

(2)整流器输出端子配线接反

两站办理改变运行方向后,区间通过信号机瞬间灭灯后又亮灯,两站接车表示灯亮黄灯。

乙站改为接车站,区间通过信号机瞬间灭灯,说明乙站的 FJ 正常动作,甲站电路没问题,而区间通过信号机灭灯后又亮灯,说明 FJ 落下后又吸起,由此可判断乙站送出的电源极性不对。

用万用表在分线柜方向回路的两个端子测量,在办理改变运行方向时,发现出现反极性电压,证明乙站送出的电压极性确实不对。测量乙站组合柜侧面端子,FZ、FF 电源线均反极,将方向整流器输出端子上的配线倒换后,故障排除。原因是更换整流器时,将整流器输出端子 FZ、FF 接反。

(3) 方向外线接反

两站办理改变运行方向后,乙站的 FJ 正常动作,而甲站的 FJ 未动作。经检查甲站的 FJ 两端的电源极性不对,可判断甲站的方向外线接反。将外线倒换后,故障排除。

项目小结

在单线自动闭塞区段和双线双向自动闭塞区段,需要改变运行方向,改变运行方向由改变运行方向电路完成。改变运行方向电路确定列车的运行方向、转换区间的发送和接收设备、控制区间通过信号机的点灯电路。

改变运行方向有正常办理和辅助办理两种方式。当监督区间电路发生故障或因故出现"双接"时,必须用辅助方式才能改变运行方向。

对应于车站的每一接车方向设一套改变运行方向电路,相邻两站间该方向的改变运行方向电路由四根外线联系组成完整的改变运行方向电路。改变运行方向电路由 15 个继电器组成,分为改变运行方向主组合 FZ 和改变运行方向辅助组合 FF。

四线制改变运行方向电路由方向继电器电路、监督区间继电器电路、局部电路、辅助办理电路和表示灯电路等组成。局部电路的作用是,当方向电路改变运行方向时控制方向继电器的电流极性,以及控制辅助办理电路以实现运行方向的改变。方向继电器电路的作用是改变列车的运行方向。监督区间继电器电路的作用是监督区间是否空闲,保证只有在区间空闲时才能改变运行方向。辅助办理电路的作用是,当监督电路发生故障或改变方向电路瞬间突然停电或方向电路瞬间故障,不能正常改变运行方向时,借助于辅助办理电路,实现运行方向的改变。表示灯电路用来表示两站间区间闭塞的状态及改变运行方向电路的动作情况。

区间每一信号点设区间正方向继电器和区间反方向继电器。

为反映继电集中联锁办理发车进路的情况,改变运行方向电路设发车按钮继电器和发车锁闭继电器。为控制出站信号机，改变运行方向电路设控制继电器。

另有几种改变运行方向电路，它们各有特点，但原理基本相同。

在与计算机联锁的结合时，因为人机界面不同于6502电气集中，电路中的按钮接点由按钮继电器接点代替，按钮继电器由计算机联锁驱动。增加出发继电器，由计算机联锁驱动。

复习思考题

1. 什么情况下必须采用改变运行方向电路？该电路有何作用？
2. 为改变运行方向，控制台上要设哪些按钮和表示灯？
3. 如何正常办理改变运行方向？何时辅助办理改变运行方向？如何办理？
4. 改变运行方向电路由哪些部分组成？各起什么作用？
5. 简述改变运行方向电路局部电路各继电器的作用和电路原理。
6. 简述方向继电器电路的作用和电路原理。
7. 简述监督区间继电器电路的作用和电路原理。
8. 简述辅助办理电路的作用和电路原理。
9. 简述表示灯电路的作用和电路原理。
10. 为什么四线制改变运行方向电路在FSJ吸起时才能辅助办理改变运行方向？
11. 改变运行方向电路如何与自动闭塞相结合？
12. 改变运行方向电路与继电集中联锁如何结合？
13. 改变运行方向电路与计算机联锁有哪些结合？
14. 简述正常办理、辅助办理改变运行方向时的电路动作程序。
15. 简述改变运行方向故障范围的判断处理方法。

项目 6　区间综合监控系统认知与使用维护

项目描述

本项目主要介绍区间综合监控系统的技术特点、系统功能，区间综合监控系统的机柜结构、主要部件、逻辑结构、组合柜、人工解锁盘、设备接口的组成和作用，区间改变运行方向功能的实现，区间占用逻辑检查功能的实现，以及区间综合监控系统的操作使用和维护方法。通过学习，使读者掌握区间综合监控系统的原理和维护方法。

学习目标

1. 了解区间综合监控系统的技术特点、系统功能，机柜结构、主要部件、逻辑结构、组合柜、人工解锁盘、设备接口的组成和作用。

2. 了解区间改变运行方向的工作原理、区间占用逻辑检查的工作原理。

3. 掌握区间综合监控系统的操作使用和维护方法。

典型工作任务 1　区间综合监控系统认知

6.1.1　工作任务

了解区间综合监控系统的技术特点和功能。

6.1.2　知识链接

QJK-JS 型区间综合监控系统是利用安全计算机平台和数据通信技术实现站间安全信息传输、区间方向控制和区间占用逻辑检查的铁路信号控制设备。三个功能之间相互独立，可在线独立运用或组合运用。

QJK-JS 型区间综合监控系统适用于自动闭塞线路、自动站间闭塞线路、半自动闭塞线路，支持联锁车站、区间信号中继站和线路所。包含多个车站（车场）的大型枢纽、各站、场均应设置独立的 QJK-JS。

1. 技术特点

(1)采用二乘二取二安全冗余计算机平台，具有高的安全性和可靠性，通过 SIL4 第三方安全认证。

(2)具备区间方向控制功能时，可以解决小轨道电路纳入联锁后，改方过程中小轨道电路闪红的问题。

(3)区间占用逻辑检查功能，只需增加防护继电器，减少了施工量，降低了施工难度。

(4)兼容既有联锁与方向电路的接口。

(5)应用功能模块独立，可根据工程设计进行灵活配置。

(6)站间安全信息传输采用通信方式替代站间联系电缆，节省了施工成本，简化了设备维护工作。

2. 系统功能

(1)站间安全信息传输

QJK-JS 型区间综合监控系统双系独立采集继电器的前(后)接点，并将采集的继电器状态通过站间安全通信发送给邻站，邻站 QJK-JS 型区间综合监控系统控制相应继电器输出。两站之间最多传输 128 个继电器信息。

在自动闭塞区段可传输用于轨道电路编码点灯的站联继电器 XGJ、GJ、2GJ、3GJ、DJ、4GJ、5GJ。在半自动闭塞区段可用于传输 64D 型继电半自动闭塞电路的 ZDJ 和 FDJ 动作信息。

站间安全信息传输也适用于其他车站之间的继电器信息的透明传输。

(2)区间运行方向控制

QJK-JS 型区间综合监控系统具备区间运行方向控制功能，与联锁之间采用继电器接口方式，兼容目前既有联锁与方向电路的接口方式，支持计算机联锁和 6502 继电联锁。

(3)区间占用逻辑检查

QJK-JS 型区间综合监控系统采集闭塞分区的轨道区段占用状态及站内首区段 GJ、进站信号机的状态，以及进路的锁闭状态，作为区间占用逻辑检查的输入条件，实现区间占用逻辑检查；采用继电方式与 GJ 的驱动电路结合，完成占用丢失时对闭塞分区的防护，并可通过操作解锁盘按钮对遗留占用丢失进行人工恢复。

QJK-JS 型区间综合监控系统按照闭塞分区占用逻辑检查原则判定的状态，包括空闲、正常占用、故障占用、占用丢失四种。

典型工作任务2　区间综合监控系统设备认知

6.2.1　工作任务

了解区间综合监控系统的机柜结构、主要部件、逻辑结构、组合柜、人工解锁盘、设备接口的组成和作用。

6.2.2　知识链接

1. 机柜结构

设备采用 19 英寸标准机柜[高 2 350 mm(或 2 250 mm)×宽 600 mm×深 800 mm]安装，机柜内配置主控单元、通信单元、驱采单元、切换单元、以太网交换机、配电单元、UPS(可选)、光纤配线架(ODF)、维护终端等设备，机柜布置如图 6.1 所示。

2. 主要部件

(1)主控单元

主控单元如图 6.2 所示，采用 6U、19 英寸标准机笼，由电源模块、主控模块、看门狗模块、开关量输入模块、开关量输出模块等组成，开关量输入模块和开关量输出模块可根据应用需要灵活配置。

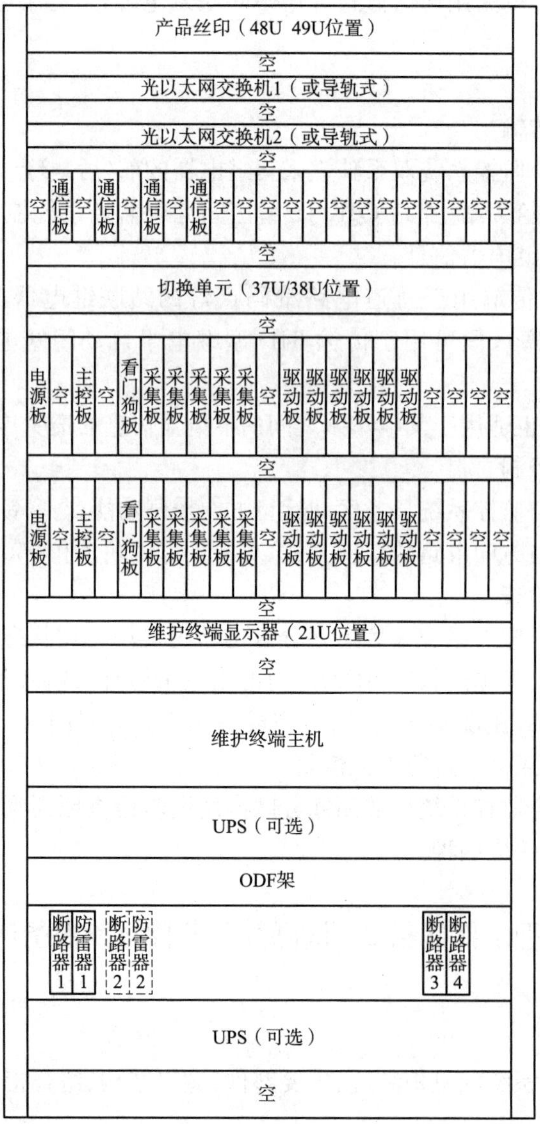

图 6.1　区间综合监控系统机柜结构

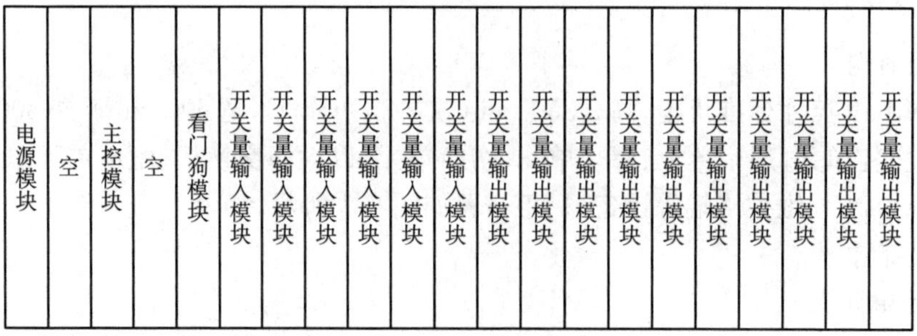

图 6.2　主控单元

主控单元为前后插板形式，每个槽位分为前插板和后插板，前插板完成功能，后插板完成接口转接。

主控单元包括 A 系（Ⅰ系）主控单元和 B 系（Ⅱ系）主控单元。两系主控单元热备冗余。

①电源模块（电源板）

电源模块位于主控单元机笼内，为本系主控单元其他模块提供 5 V、15 V 电源。

②主控模块（主控板）

主控模块是系统的核心处理单元，主要实现系统的核心功能处理。每个主控模块上 2 个 CPU，独立运算，两个 CPU 的运算结果比较一致后输出。

③看门狗模块（看门狗板）

看门狗模块用于监督主控模块的工作是否正常，如果主控模块异常，本模块则关断系统输出，设备导向安全。

④开关量输入模块（采集板）

开关量输入模块用于动态采集继电器状态。1 个采集模块可支持 32 路继电器接点采集。

⑤开关量输出模块（驱动板）

开关量输出模块用于动态驱动继电器状态。1 个驱动模块可支持 16 路继电器驱动。

（2）通信单元

通信单元如图 6.3 所示，采用 3U、19 英寸标准机笼，由以太网和 CAN 通信模块组成，通信模块可根据应用需要配置，通信模块两两冗余配置。

通信单元为前后插板形式，每个通信模块占两个槽位，包括一个前插板和两个后插板，前插板完成功能，后插板完成接口转接。

空	通信模块1	空	通信模块2	空	通信模块3	空	通信模块4	空	空	空	空	空	空	空	空	空	空	空	空	空

图 6.3　通信单元

①以太网通信模块（以太网通信板）

前两个通信模块为以太网通信模块，用于站间通信。

②CAN 通信模块（CAN 通信板）

后两个通信模块为 CAN 通信模块，用于与人工解锁盘通信。CAN 通信模块上的 CAN 地址拨码开关应在 ON 状态。

（3）驱采单元

驱采单元采用安全冗余的驱动采集硬件结构，实现外部继电器的驱动和状态采集。

（4）切换单元

切换单元用于控制 A、B 双系切换，根据钥匙开关的位置，可实现自动切换，以及 A、B 强制切换的功能，切换单元将状态回读信号输出至主控单元。

（5）以太网交换机

需要进行站间通信的机柜设置两台以太网交换机或光电转换模块，接入站间通信光纤通道中。站间通信交换机有两种安装方式:机架式和导轨式。

在站间通信通道采用铁路通信数据网时,设备采用以太网光电转换模块。

(6)配电单元

配电单元分由接线端子、机柜电源开关、防雷器、滤波器和主控单元等组成。机柜每一路的外部电源输入配置独立的机柜电源开关、防雷器和滤波器。A 系(Ⅰ系)和 B 系(Ⅱ系)主控单元设置独立的主控单元开关。

①系统供电

系统既支持单电源输入,也支持双电源输入,具体可根据现场电源情况配置。QJK-JS 型区间综合监控系统为单电源配置时,其供电原理如图 6.4 所示。

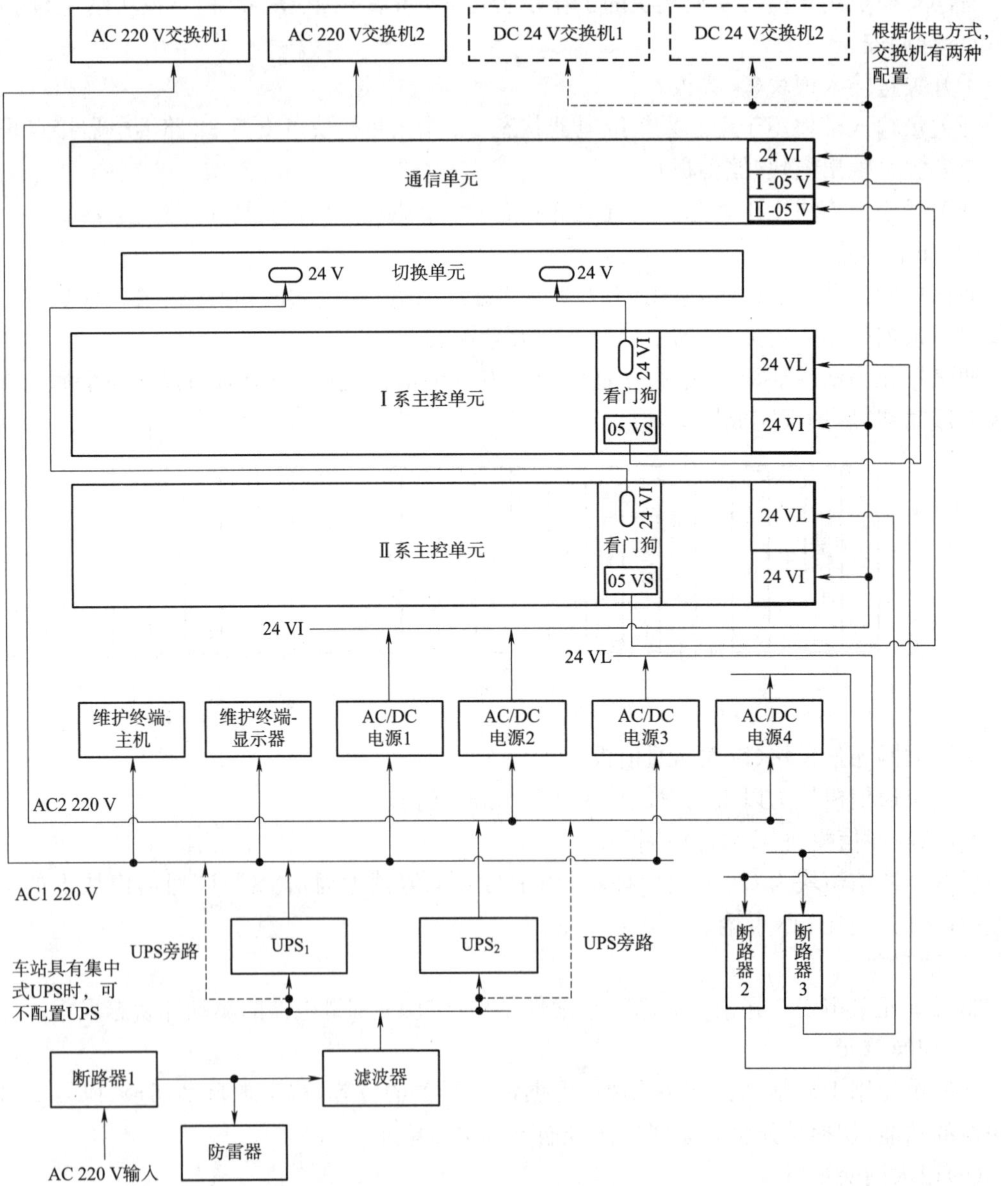

图 6.4　单电源配电原理

QJK-JS 型区间综合监控系统为双电源配置时，两路交流 220 V 电源输入分别为 UPS_1 和 UPS_2 供电，系统的供电原理如图 6.5 所示。

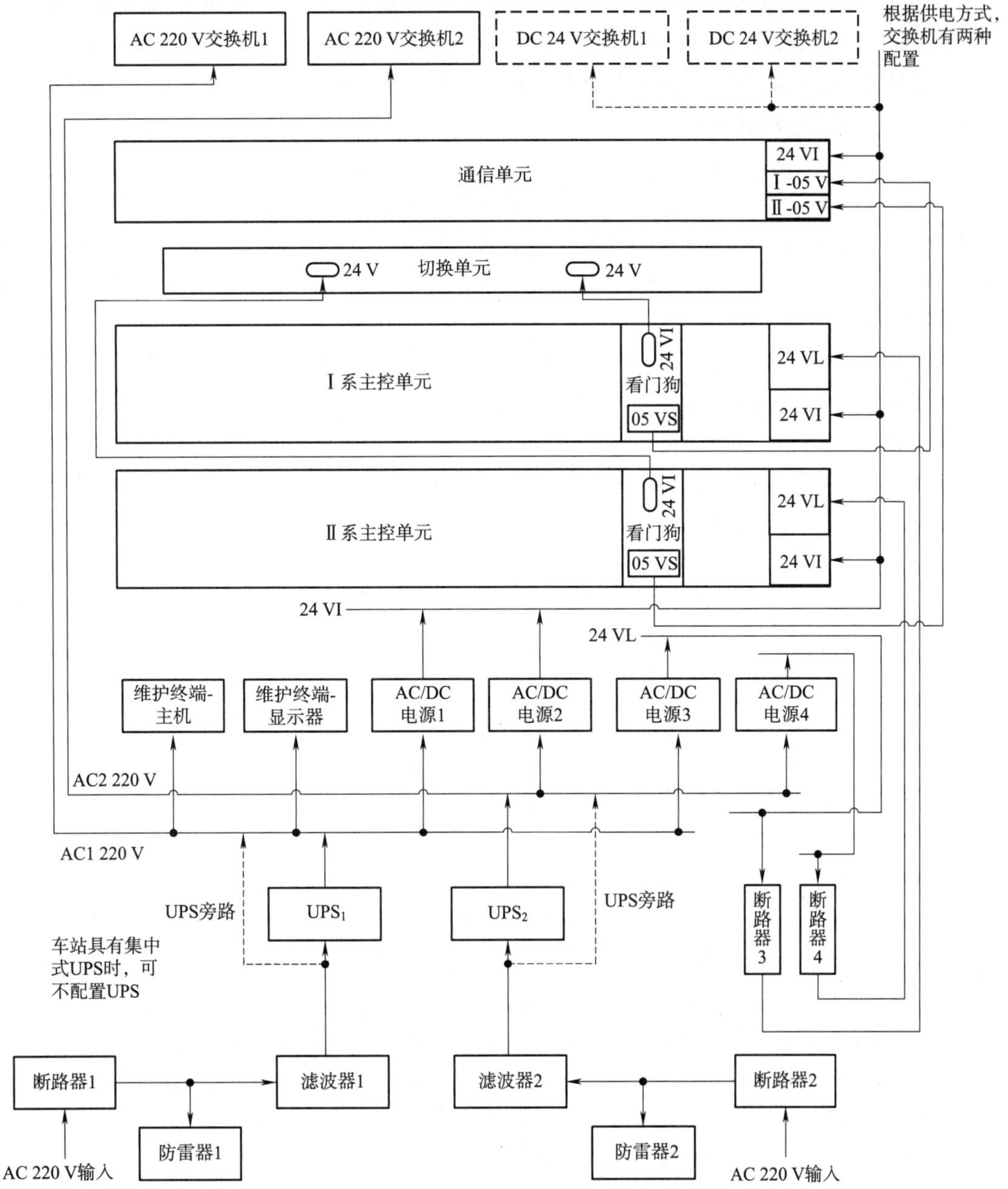

图 6.5　双电源配电原理

②AC/DC 电源模块

AC/DC 电源模块为系统提供 DC 24 V 供电，两两冗余配置。控制部分配置冗余 2 个电源单元，每一个电源模块为一系主控单元供电；IO 部分设置冗余 2 个电源单元，IO 电源模块并联为继电器采集、通信机笼供电。

220 V 电经 AC/DC 电源转换为 24 V 逻辑控制电源(24 VL)和 24 V 接口电源(24 VI)。

24 VL 为Ⅰ系主控单元电源板和Ⅱ系主控单元电源板提供输入电源。

24 VI 为Ⅰ/Ⅱ系主控单元采集板及通信单元提供输入电源。

两个 24 V 逻辑电源模块两两冗余，任一模块故障只影响单系工作；两个 24 V 接口电源模块两两冗余，任一模块故障只影响单系工作。

看门狗板将输入的 24 VI 转接至切换单元，同时将输入的 24 VL 转换为 05 V 安全控制电源(05 VS)，控制通信单元输出。

(7)UPS

如果车站电源屏设置集中在线式 UPS，QJK-JS 型区间综合监控系统机柜不再设置 UPS。

QJK-JS 型区间综合监控系统 UPS 为机架式安装，输出容量为 1 kV · A。当外部电源供电异常时，UPS 自动切换至电池供电，并具备自动旁路功能，当 UPS 自身发生故障时，UPS 可自动切换至外电输出。

对 UPS 更换或检修时，可将 UPS 电源输入线和机柜工作电源输入线直接旁路短接或通过 UPS 电源转换头进行短接，将 UPS 人工手动旁路。

交流 220 V 输入电源经防雷器、滤波器后进入 UPS。UPS_1 为维护终端主机、维护终端显示器、交换机 1、DC 24 V 接口电源 1 和 DC 24 V 逻辑电源 1 供电，UPS_2 为交换机 2、DC 24 V 接口电源 2 和 DC 24 V 逻辑电源 2 供电。

(8)维护终端

系统设置独立的维护终端，实时采集系统的运行状态和室外信号设备的采集数据，以图形化的方式显示端口方向信息、区间轨道占用检查状态、驱动采集信息、报警信息等，对状态数据进行记录、查询。

3. 逻辑结构

QJK-JS 型区间综合监控系统逻辑原理如图 6.6 所示。

邻站通过冗余的站间通信数据网与本站进行连接。

人工解锁盘通过冗余 CAN 总线与解锁盘通信板进行连接。

维护终端通过网线或串口线与信号集中监测进行连接。

两个以太网通信板负责站间通信，两个通信板冗余配置，以太网通信板 1 负责网 1 的站间通信，以太网通信板 2 负责网 2 的站间通信。每一个以太网通信板与Ⅰ系和Ⅱ系交叉互连，将接收的数据发送至Ⅰ/Ⅱ系，并接收Ⅰ/Ⅱ系发送至邻站的数据。

两个 CAN 通信板负责与解锁盘通信，两个通信板冗余配置，CAN 通信板 1 负责 CAN1 的解锁盘通信，CAN 通信板 2 负责 CAN2 的解锁盘通信。每一个 CAN 通信板与Ⅰ系和Ⅱ系交叉互连，将接收的数据发送至Ⅰ/Ⅱ系，并接收Ⅰ/Ⅱ系发送至解锁盘的数据。

Ⅰ系和Ⅱ系独立采集继电器的不同接点，独立驱动继电器的两线圈。

4. 组合柜

(1)区间方向控制

对于区间方向控制，每个接、发车口增设一个改变运行方向组合 ZBFZ、半个小轨组合 XGZ。组合内继电器排列及类型见表 6.1。

(2)占用逻辑检查

对于区间占用逻辑检查，每个闭塞分区增设一台防护继电器 FHJ，FHJ 安装在 FHJ 组合中，每个组合可安装 10 个继电器。

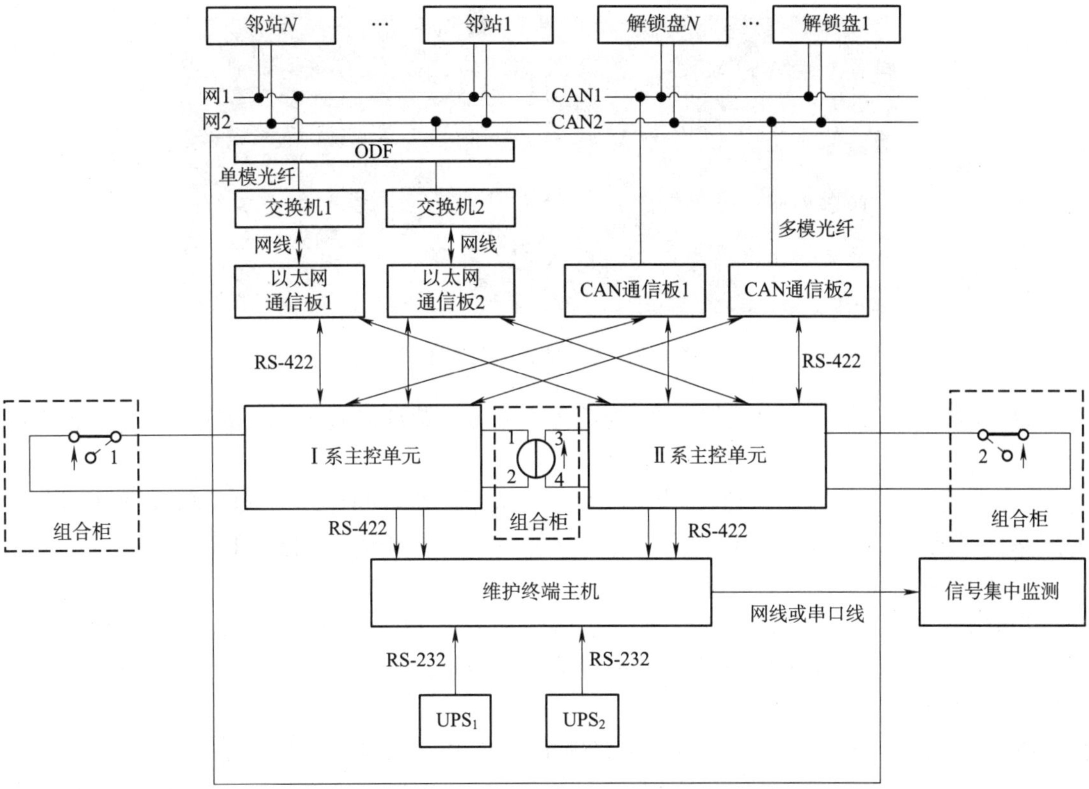

图 6.6　QJK-JS 型区间综合监控系统逻辑原理

表 6.1　ZBFZ、XGZ 组合类型

组合	1	2	3	4	5	6	7	8	9	10
ZBFZ	FKTJ	JCDJ	FCDJ	FZDJ	JQDJ	JQSDJ	FCFJ	JCFJ	FJ	FXHJ
	JWXC-1700	JWXC-1700	JWXC-1700	JWXC-1700	JWXC-1700	JWXC-1700	JWXC-1700	JWXC-1700	JYXC-270	JWXC-1700
XGZ	GFZTJ	XGJ(邻)	1XGJ	2XGJ		GFZTJ	XGJ(邻)	1XGJ	2XGJ	
	JWXC-1700	JWXC-1700	JWXC-1700	JWXC-1700		JWXC-1700	JWXC-1700	JWXC-1700	JWXC-1700	

每个发车口增设一台出站继电器 CZJ。对每个区间线路增设一台关闭继电器 GBJ。

5. 人工解锁盘

人工解锁盘安装在车站值班员室，为区间占用逻辑检查提供操作和表示界面。

(1)人工解锁盘盘面布置

人工解锁盘盘面布置如图 6.7 所示。

其中，RJA、GBA、SQA、QGJD、BJD 的设置和作用同继电式区间占用逻辑检查设备的人工解锁盘。

不同的是，本人工解锁盘设有运行表示灯 RUN、通信表示灯 COM、总人工解锁按钮 ZRJA，并将 BJDL 改为报警蜂鸣器 BJFMQ。

RUN 在每个人工解锁盘设置一个，为绿色。人工解锁盘通电正常运行后，绿色闪烁。

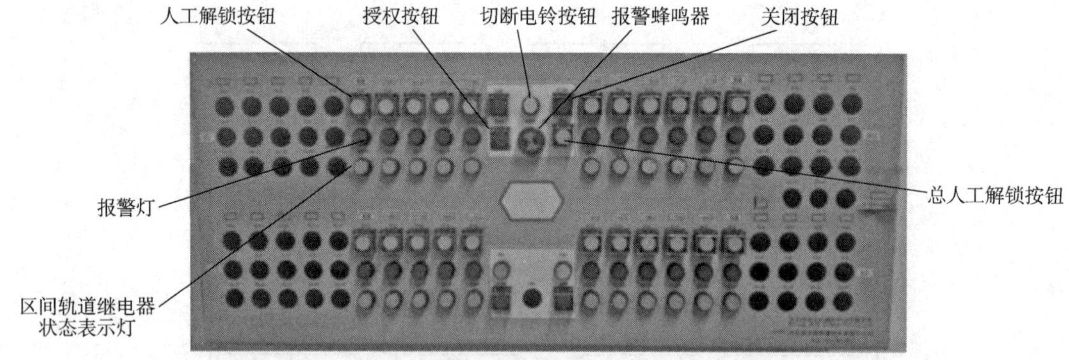

图 6.7　人工解锁盘盘面布置

COM 在每个人工解锁盘设置一个，为黄色。人工解锁盘与 QJK-JS 型区间综合监控系统通信正常时，黄灯闪烁。

ZRJA 为自复式带铅封按钮，每个人工解锁盘设置一个，同时按下 ZRJA 和 RJA 可对相应的闭塞分区进行人工解锁。每次按下 ZRJA 只能对一个闭塞分区进行人工解锁。

(2)I/O 单元

和继电式区间占用逻辑检查设备的人工解锁盘不同，QJK-JS 型区间综合监控系统人工解锁盘中有 I/O 单元，用于采集按钮状态，驱动表示灯点亮。

6. 设备接口

QJK-JS 型区间综合监控系统设置于联锁车站时，接口包括与联锁的接口、与其他结合继电器接口、与信号集中监测系统的接口、与相邻 QJK-JS 型区间综合监控系统的接口、与人工解锁盘的接口等，预留与 CTC/TDCS 的接口，并管辖其范围内的中继站 QJK-JS 型区间综合监控系统，如图 6.8 所示。

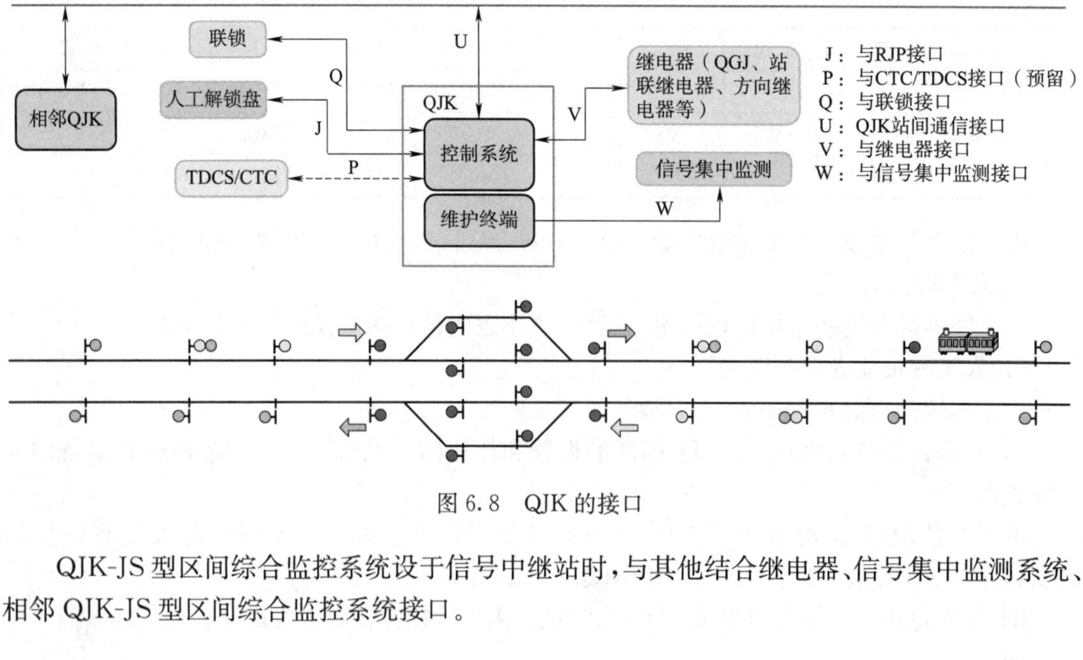

图 6.8　QJK 的接口

QJK-JS 型区间综合监控系统设于信号中继站时，与其他结合继电器、信号集中监测系统、相邻 QJK-JS 型区间综合监控系统接口。

QJK 设置于线路所时，与联锁、其他结合继电器、信号集中监测系统、相邻 QJK-JS 型区间综合监控系统、人工解锁盘接口，预留与 CTC/TDCS 的接口。

(1)与联锁的接口

QJK-JS 型区间综合监控系统通过驱动采集单元与继电器接口，采集继电器状态并输出继电器驱动信息。与联锁的接口采用继电器。双系独立采集继电器的不同接点，采集正电由机柜内部供电，电压 DC 24 V；驱动 JWXC-1700 型继电器，驱动电压 DC 24 V，双系独立驱动继电器的两个线圈。

与 6502 继电联锁的接口电路，每个方向端口各设置一套，如图 6.9 所示。和四线制改变运行方向电路与 6502 继电联锁的接口电路基本相同。只是新设出发继电器 CFJ，在 11 线端用 FKTJ 接点代替 FJ 接点。

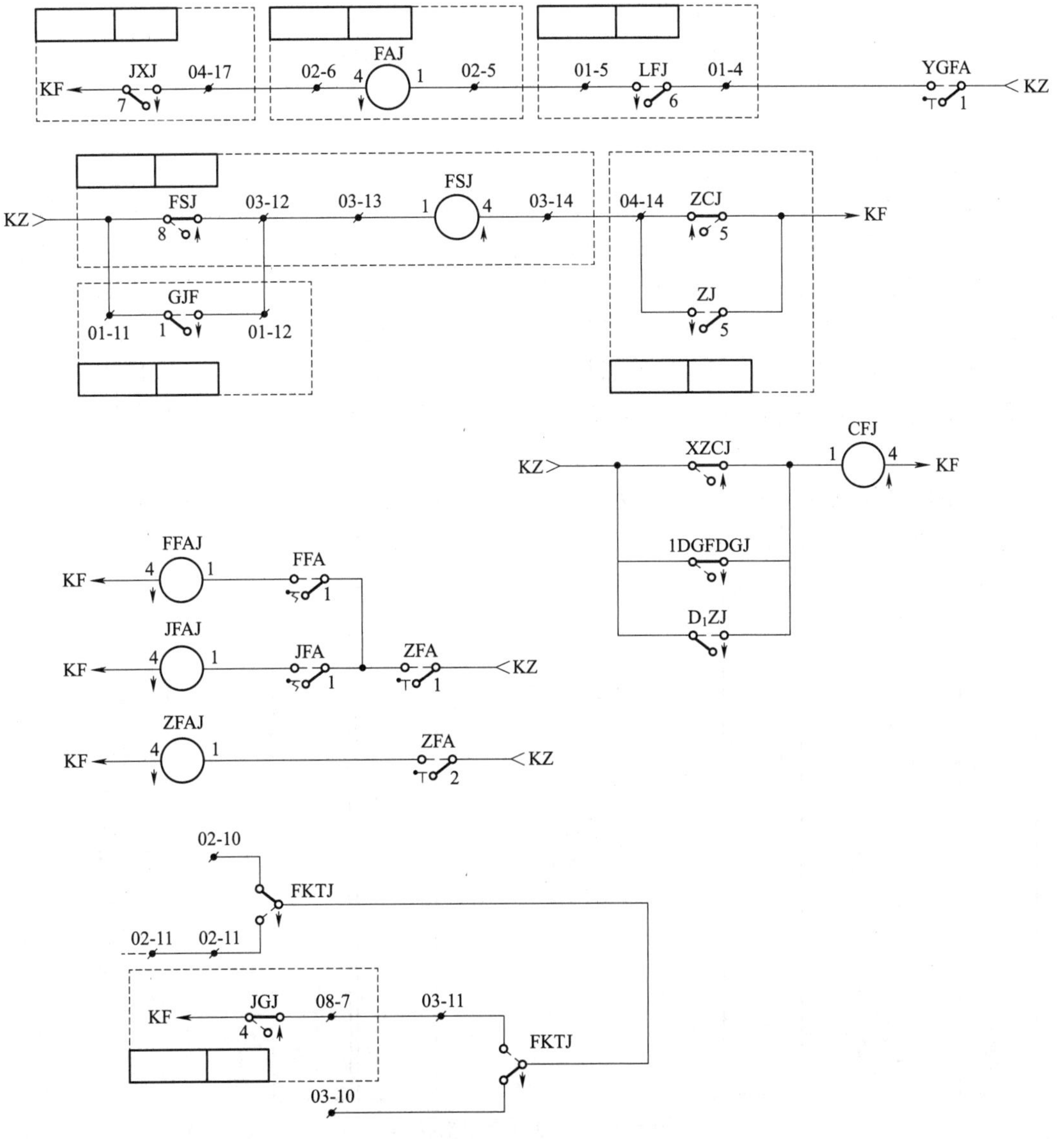

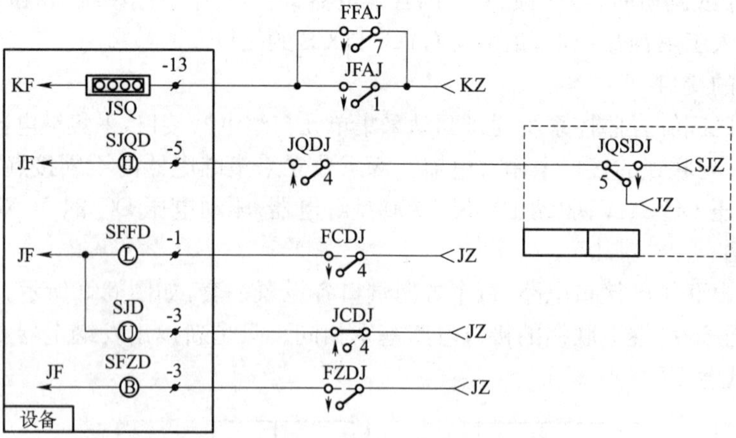

图 6.9　与 6502 继电联锁的接口电路

(2)与继电器接口

①与站联继电器接口

通过光纤通道实现站联、边界编码条件等继电器及其他信息在两站之间的传输。采用二乘二取二安全计算机平台保证继电条件的安全采集和驱动;双系独立采集、驱动。采用快速以太网(FE)单模光接口,RSSP-Ⅰ安全协议,周期交互全体数据,通信周期为 500 ms,仅主系向外发送数据,主备系均接收两个通道的数据;站间通道冗余热备;保证信息传输的安全性、完整性、时效性。当系统仅实现区间占用逻辑检查时,对于不具备半纤的线路,可以使用 2M 通道或铁路通信数据网实现站间通信。使用 2M 通道时,通信需要提供 2 条独立的车站到车站的带保护的 2M 通道。

自动闭塞区间站联继电器传输举例如图 6.10 所示。QJK 驱动 XGBJ(邻)、GJ(邻)、2GJ、GJ(邻)、DJ(邻)、3GJ,采集 XGBJ、1GJ、2GJ、3GJ、DJF、GJ 前接点。

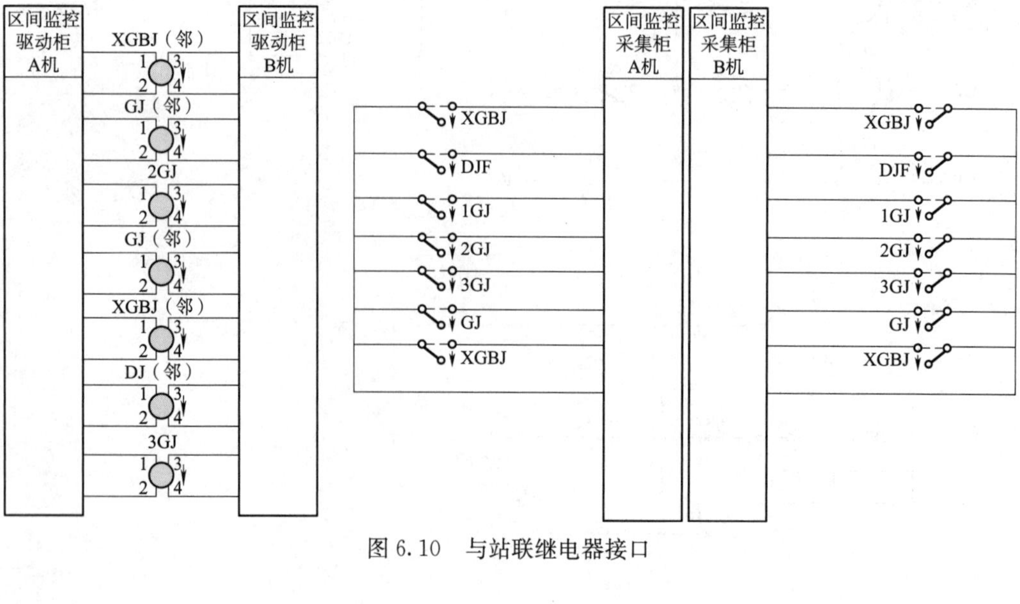

图 6.10　与站联继电器接口

②与 JQJ 电路接口

当 QJK 只完成区间占用逻辑检查功能时，QJK 需采集区间的方向，且需将 FHJ 的接点串入 JQJ 的电路中，如图 6.11 所示。

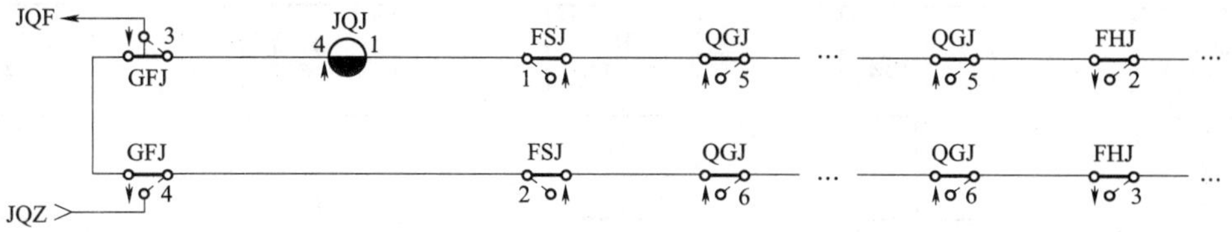

图 6.11　与 JQJ 电路接口

③与轨道电路继电器接口

QJK-JS 区间综合监控系统采集区间的 QGJ 和进站信号机内方第一区段的 GJ。具备区间逻辑检查功能时，区间每个区段的 QGJ 独立采集；不具备区间逻辑检查功能时，每个区间的 QGJ 串联采集。对于分割区段的闭塞分区，系统也可以将闭塞分区内的 QGJ 串联采集。站内进站信号机内方第一区段 GJ 的状态，具备区间逻辑检查功能时，该采集有效，否则不采集。

(3)与信号集中监测系统的接口

QJK-JS 区间综合监控系统通过维护终端与信号集中监测系统 CSM 进行通信，接口方式采用 RJ-45 和 RS-422 两种方式，为单通信通道。

QJK-JS 区间综合监控系统向 CSM 发送设备状态信息、报警信息和分区的逻辑状态，CSM 向 QJK-JS 区间综合监控系统发送心跳校时包。

(4)与 CTC/TDCS 的接口

CTC/TDCS 的采集配线按闭塞分区修改 QGJ 为 GJ，有 AG、BG 的区段增加总轨采集，如图 6.12 所示。

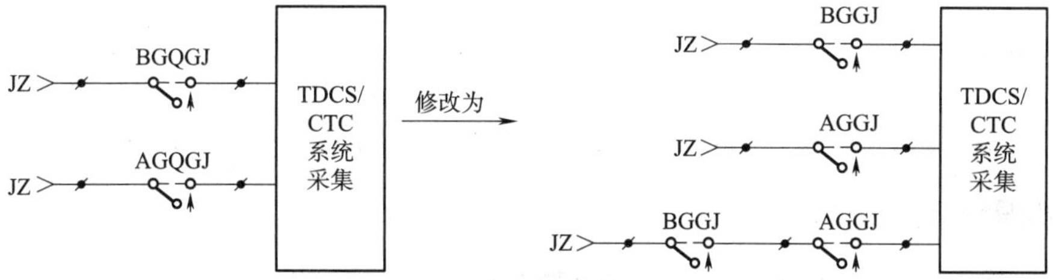

图 6.12　CTC/TDCS 的采集配线修改

(5)与邻站 QJK-JS 区间综合监控系统的接口

接口形式为 FE 单模光接口。数据交互方式：周期交互全体数据，通信周期为 500 ms，仅主系向外发送数据，主备系均接收两个通道的数据；站间通道冗余热备。安全协议为 RSSP-Ⅰ。

当系统仅实现区间占用逻辑检查时，对于不具备光纤的线路，可以使用 2M 通道或铁路通信数据网实现站间通信。使用 2M 通道时，通信需要提供 2 条独立的车站到车站的带保护的 2M 通道。

采用 2M 通道或铁路通信数据网时，通信机房提供 FE(O)的接口至信号机房。

采用 4 芯光纤或两个 2M 通道组成冗余站间通信网，如图 6.13 所示。

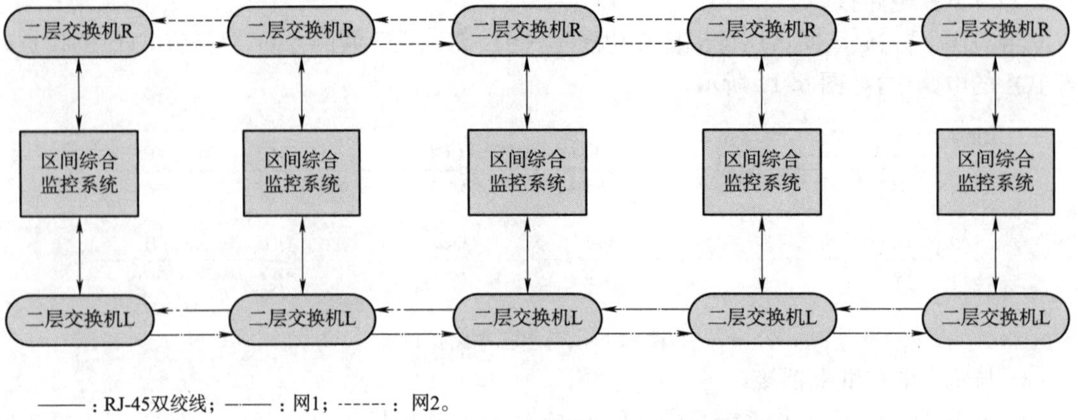

图 6.13　与邻站 QJK-JS 区间综合监控系统的接口

(6)与人工解锁盘接口

QJK-JS 区间综合监控系统控制机柜与解锁盘的接口采用通信方式，通过多模光纤与解锁盘连接。解锁盘安装在车站值班员室，QJK-JS 区间综合监控系统安装在信号计算机房。信号计算机房和车站值班员室之间有 4 条铠装光纤连接 QJK-JS 区间综合监控系统和人工解锁盘。

QJK-JS 区间综合监控系统给人工解锁盘发送各轨道区段状态和占用丢失报警命令。人工解锁盘给 QJK-JS 区间综合监控系统发送解锁盘的工作状态、通信状态、人工解锁人解命令和功能关闭命令。

典型工作任务 3　区间改变运行方向功能认知

6.3.1　工作任务

了解区间综合监控系统的区间改变运行方向的工作原理。

6.3.2　知识链接

1. QJK-JS 区间综合监控系统的驱动和采集电路

QJK-JS 区间综合监控系统驱动的继电器见表 6.2。其中，FCFJ、JCFJ 动作 FJ，用来改变运行方向；GFZTJ 在改方过程中，用来解决小轨闪红的问题；JCDJ、CDJ、FZDJ、JQDJ、JQSDJ 的接点均为计算机联锁所采集，显示界面点灯所用；FKTJ 的接点为计算机联锁所采集，开放出站信号机所用。

表 6.2　QJK-JS 区间综合监控系统驱动的继电器

序号	信息种类	信息名称	继电器名称	动作时机
1	改变运行方向	FCFJ	发车方向继电器	驱动 FJ，为发车方向时吸起，接车方向时落下
2		JCFJ	接车方向继电器	驱动 FJ 为接车方向时吸起，发车方向时落下
3		GFZTJ	改方状态继电器	在改方过程中，用来解决小轨道电路闪红

续上表

序号	信息种类	信息名称	继电器名称	动作时机
4	改变运行方向表示	JCDJ	接车表示灯继电器	接车方向时吸起，发车方向时落下
5		FCDJ	发车表示灯继电器	发车方向时吸起，接车方向时落下
6		FZDJ	辅助表示灯继电器	辅助办理时吸起，接车站辅助办理结束后落下，发车站列车出发后落下
7		JQDJ	监督区间灯继电器	区间空闲且两站无发车进路时吸起，区间有车或任一站办理发车进路时落下
8		JQSDJ	监督区间闪灯继电器	辅助办理期间存在发车进路时吸起，其他情况下落下；具备改方功能时有效
9		FKTJ	发车开通继电器	正方向端口发车时吸起，反方向端口发车时区间空闲时吸起，其他情况时落下

FKTJ ↑后，在1LQ空闲时，发车信号继电器FXHJ ↑，如图6.14所示。计算机联锁采集FXHJ前接点，作为出站信号机开放条件。

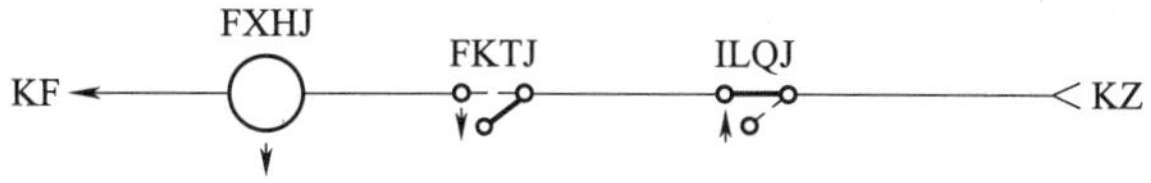

图6.14 FXHJ电路

QJK-JS区间综合监控系统采集的继电器见表6.3。其中，FAJ、FSJ、CFJ、ZFAJ、FFAJ、JFAJ在办理改变运行方向时由计算机联锁驱动，JCDJ、CDJ、FZDJ、JQDJ、JQSDJ的接点均为QJK所回采。

表6.3 QJK-JS区间综合监控系统采集的继电器

序号	信息种类	信息名称	继电器名称	动作时机
1	区间方向控制命令	FAJ	发车按钮继电器	办理发车进路改方时吸起，发车进路锁闭后落下
2		FSJ	发车锁闭继电器	进路锁闭后落下，进路解锁后吸起
3		CFJ	列车出发继电器	列车进入发车进路后落下，列车离开进路后吸起
4		ZFAJ	总辅助按钮继电器	按下ZFA时吸起，拔出ZFA时落下
5		FFAJ	发车辅助按钮继电器	按下FFA时吸起，抬起FFA时落下
6		JFAJ	接车辅助按钮继电器	按下JFA时吸起，抬起JFA时落下
7	区间方向表示	JCDJ	接车表示灯继电器	接车方向时吸起，发车方向时落下
8		FCDJ	发车表示灯继电器	发车方向时吸起，接车方向时落下
9		FZDJ	辅助表示灯继电器	辅助办理时吸起，接车站辅助办理结束后落下，发车站列车出发后落下

续上表

序号	信息种类	信息名称	继电器名称	动作时机
10		JQDJ	监督区间灯继电器	区间空闲且两站无发车进路时吸起，区间有车或任一站办理发车进路落下
11	区间方向表示	JQSDJ	监督区间闪灯继电器	辅助办理期间存在发车进路时吸起，其他情况下落下
12		FKTJ	发车开通继电器	正向端口发车时吸起，反向端口发车时区间空闲吸起，其他情况落下；联锁采集 FKTJ 和 1LQGJ 的串联状态作为发车信号开放条件
13		FJ	方向继电器	定位接点闭合表示接车，反位接点闭合表示发车
14		QZJ	区间正向继电器	串联采集区间所有轨道区段的 QZJ 前接点
15	改方状态	QFJ	区间反向继电器	串联采集区间所有轨道区段的 QFJ 前接点
16		GFZTJ	改方状态继电器	在改方过程中，用来解决小轨道电路闪红改方状态继电器，采集后接点，区间小轨道电路纳入联锁时有效

2. FJ 电路

FJ 电路如图 6.15 所示。JCFJ 和 FCFJ 由 QJK 驱动，JCFJ 接点和 FCFJ 接点接通 FJ 电路。JCFJ↑、FCFJ↓，使 FJ 在定位。JCFJ↓、FCFJ↑，使 FJ 在反位。

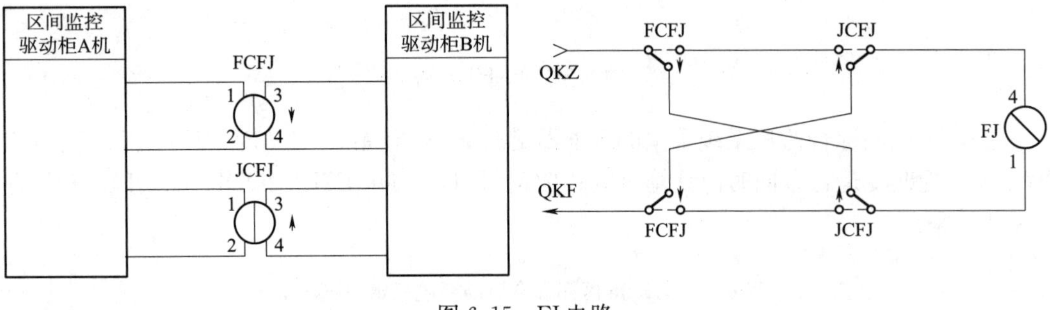

图 6.15　FJ 电路

FJ 在定位，使 QZJ↑；FJ 在反位，使 QFJ↑，从而改变了运行方向，如图 6.16 所示。

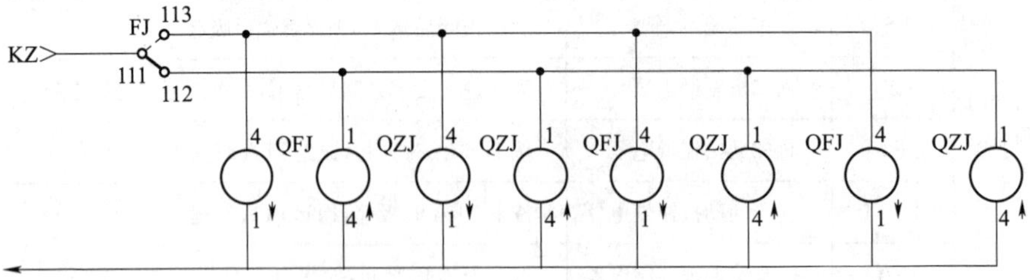

图 6.16　QZJ、QFJ 电路

3. 小轨道电路修改

1XGJ/2XGJ 与 GFZTJ 配合，用于区间闭塞电路，解决改方时小轨道电路闪红问题。小轨道电路修改如图 6.17 所示。2LQ 解决小轨道电路闪红的结合电路如图 6.18 所示。

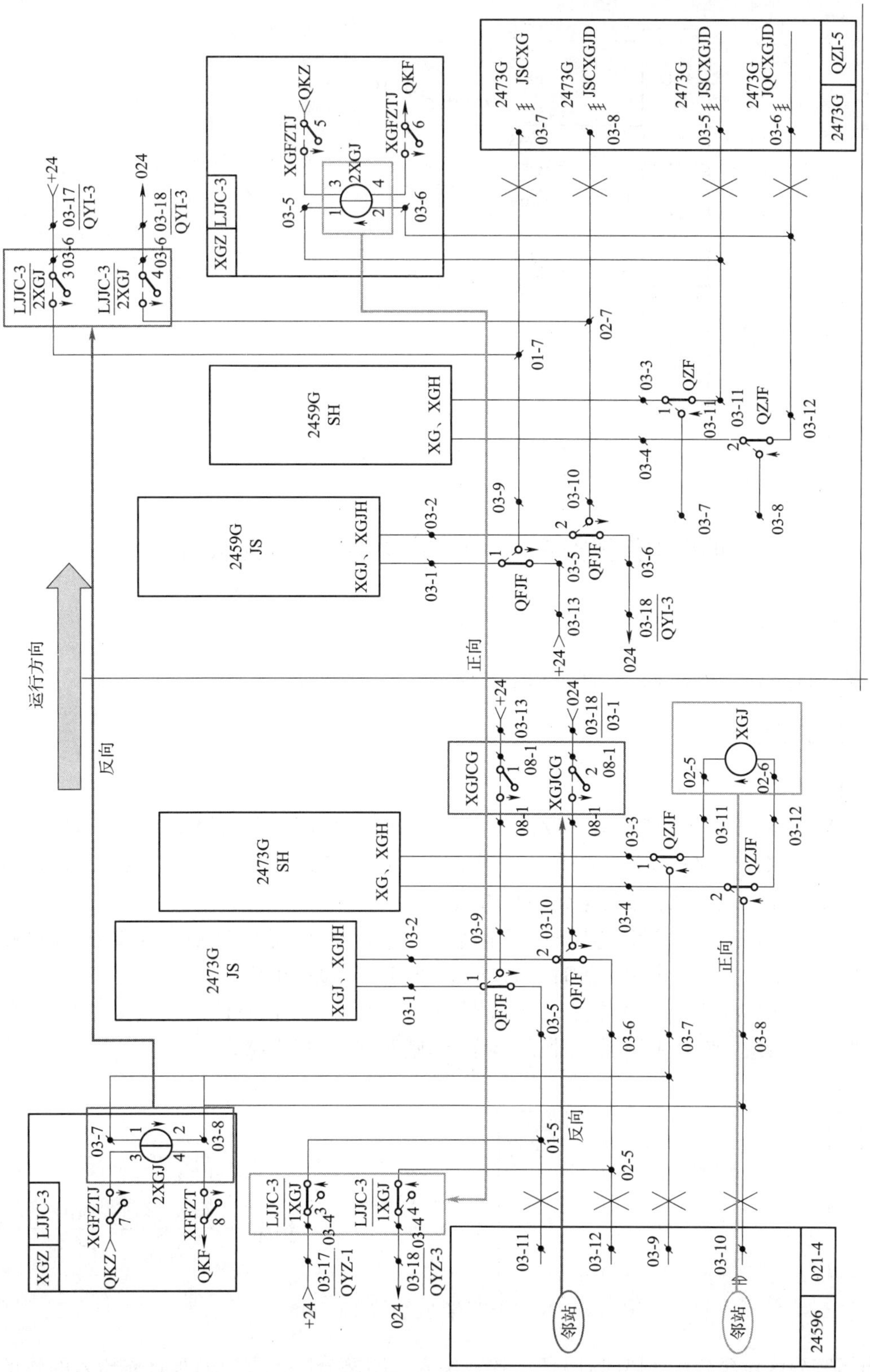

图 6.17　小轨道电路修改

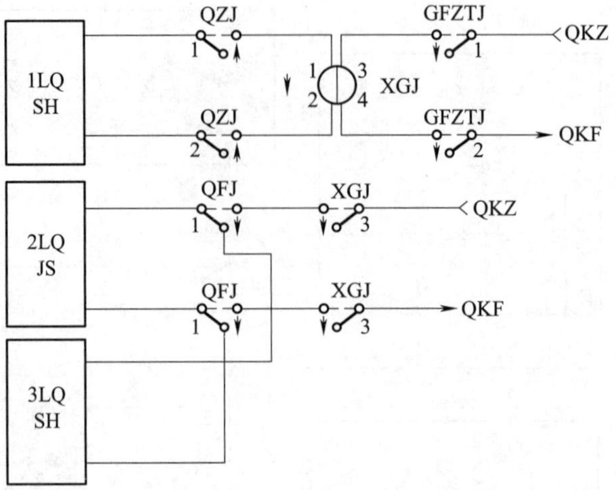

图 6.18　2LQ 解决小轨道电路闪红的结合电路

典型工作任务 4　区间占用逻辑检查功能认知

6.4.1　工作任务

了解区间综合监控系统的区间占用逻辑检查的工作原理。

6.4.2　知识链接

1. FHJ 及其接点使用

防护继电器 FHJ 每个闭塞分区设置一个，由 QJK-JS 区间综合监控系统根据区间实际占用情况驱动。FHJ 的接点使用根据具体工程情况而定，有使用 FHJ 后接点接通 GJ 励磁电路和使用 FHJ 前接点接通 GJ 励磁电路两种做法。

使用 FHJ 后接点接通励磁电路时，正常情况下 FHJ 落下，用 FHJ 后接点接通 GJ 励磁电路，如图 6.19 所示。发生占用丢失时，FHJ 吸起，断开 GJ 励磁电路。

使用 FHJ 前接点接通励磁电路时，正常情况下 FHJ 吸起，用 FHJ 前接点接通 GJ 励磁电路，如图 6.20 所示。发生占用丢失时，FHJ 落下，断开 GJ 励磁电路。

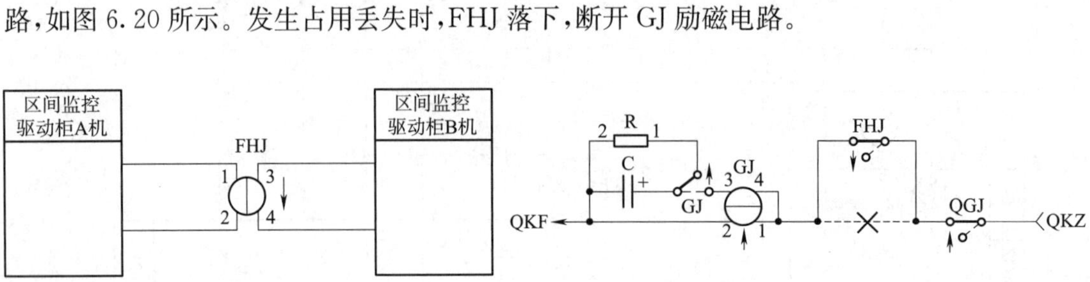

图 6.19　用 FHJ 后接点接通 GJ 励磁电路

当闭塞分区包含分割区段时，FHJ 的接点串入该闭塞分区正方向列车首先压入的轨道区段 GJ 驱动电路中。

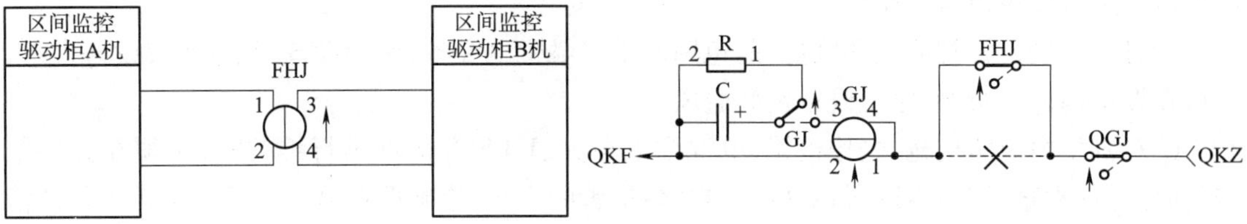

图 6.20 用 FHJ 前接点接通 GJ 励磁电路

2. CZJ 及其接点使用

每个发车口设置一台出站继电器 CZJ。发车时,CZJ 由 QJK-JS 区间综合监控系统驱动。CZJ 的接点串入联锁发车进路末区段的 GJ 采集电路中,如图 6.21 所示。

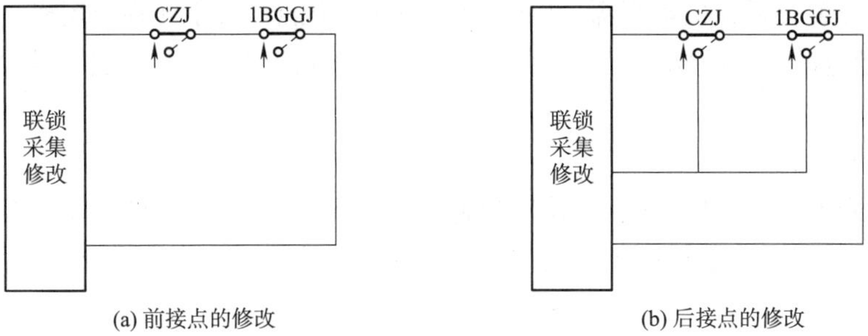

图 6.21 联锁采集 GJ 接点修改

3. QJK-JS 区间综合监控系统采集的继电器接点

QJK-JS 区间综合监控系统采集区间的 QGJ(由轨道电路接收器驱动)和进站信号机内方第一区段的 GJ,采集反映进站信号机状态的 LXJ、YXJ,为区间占用逻辑检查使用。

典型工作任务5 区间综合监控系统的操作使用、维护和故障处理

6.5.1 工作任务

掌握区间综合监控系统的操作使用和维护方法、常见故障处理方法。

6.5.2 知识链接

1. 操作使用

(1)安全使用注意事项

①设备的使用和维护规则必须满足铁路安全生产相关规定的要求。

②设备经联调联试、验收合格后才能投入使用。

③设备必须在规定的环境条件下使用,必须提供符合要求的电源、接地条件,机房环境满足设备对温湿度等的要求,避免设备在高温、强振动、强电磁场环境下运行。

④设备驱动的继电器仅支持 JWXC-1700 型继电器。

⑤设备双系正常工作期间,严禁带电作业插拔板卡,严禁带电插拔驱动采集电缆;如果某一系故障或需要对某一系进行维修时,则将该系的电源(机柜底部右侧对应的空开)关闭后,才

能对该系进行插拔板卡作业。

⑥对设备进行日常巡视和维护，避免用湿手接触带电设备，保持设备清洁，严禁设备进水，不可在设备内放置杂物，保持设备良好通风。

⑦对机柜内通信机笼、主控机笼、电源配电单元、UPS 等部件进行维护时，必须在允许维修的时间段(垂直天窗)内进行；对机柜内冗余配置的模块，应确保在另一个模块正常工作的情况下才可对其中一个模块进行维护，无须在天窗点内进行，如交换机、通信模块、主控单元等，并在维护结束后立即恢复冗余配置；对维护终端和多电脑切换器(KVM)的操作和维护，无须在天窗点内进行。

(2)开关使用

①机柜电源开关

机柜电源开关设置在机柜底部，设备全天候工作，未经许可不允许关闭机柜电源开关。正常工作时，机柜电源开关手柄位于上面位置。机柜为双路电源输入时，独立设置两个机柜电源开关。

②主控单元开关

主控单元开关设置在机柜底部，设备全天候工作，未经许可不允许关闭主控单元开关。正常工作时，主控单元开关手柄位于上面位置。A 系(Ⅰ系)和 B 系(Ⅱ系)独立设置两个主控单元开关。

③维护终端开关

维护终端包括维护终端的工控机和 KVM。工控机默认是上电自动开机，无须人工操作。

工控机的开关在工控机上，如特殊情况需要人工开机时，根据工控机的类型操作工控机的电源开关。KVM 电源开关位于 KVM 后部电源线旁边，开关打到上面为上电，打到下面为关电。

④通信板开关

通信板开关位于通信板面板上，具有防误触碰设置，开关需要向外拔出一点才能够进行开关操作，开关打到上面为上电，打到下面为关电。

(3)上电和关电操作

设备上电和关电要严格按照上电和关电顺序进行操作。

设备上电流程如下：

①打开机柜电源开关。双路电源输入时分别打开两路机柜电源开关。

②打开 UPS 开关。如果 UPS 自动开机则不需要。

③打开交换机开关。如果交换机自动开机则不需要。

④打开维护终端 KVM 开关。

⑤打开维护终端工控机开关。如果工控机自动开机则不需要。

⑥打开通信板开关。

⑦打开Ⅰ系主控单元开关。

⑧打开Ⅱ系主控单元开关。

系统上电时，应确保交换机正常工作、通信板正常工作后，再打开 A 系(Ⅰ系)主控单元电源开关和 B 系(Ⅱ系)主控单元电源开关，否则会导致系统上电后区间方向全部初始化为接车。如果上电后，区间方向为双接时，可在区间空闲的状态下，使用正常改方操作恢复区间方向。

主控单元断电后至少要间隔 60 s 才能再上电，否则主控单元可能会无法正常启动。

机柜上电后，需确认 UPS 处于开机正常工作中。

设备启动后自动建立主备系工作状态，完成设备投入。如果某个设备为开机自动启动，则务必确认该设备已经启动。

设备关电流程如下：

①关闭Ⅰ系主控单元开关。

②关闭Ⅱ系主控单元开关。

③关闭通信板开关。

④关闭维护终端工控机开关。如果工控机自动关机则不需要。

⑤关闭维护终端 KVM 开关。

⑥关闭交换机开关。如果交换机自动关机则不需要。

⑦关闭 UPS 开关。如果 UPS 自动关机则不需要。

⑧关闭机柜电源开关。双路电源输入时分别关闭两路机柜电源开关。

(4)主备系切换操作

设备正常运行时，切换钥匙开关应在中间位置，Ⅰ系和Ⅱ系为一主一备，一系亮主控绿灯，一系亮备机黄灯。

当需要对某一系进行维护时，可将钥匙拧到对方系，强制对方系为主系。

当某一系处于离线或故障时，不得将钥匙拧到该系位置，否则将会导致系统离线。只有当该系处于备用状态时，才能将钥匙拧到该系位置。

当一系上电启动后，至少要等 60 s 系统稳定工作后，根据主备系状态才能使用钥匙进行切系操作。

(5)拔插板卡

严禁带电作业插拔板卡。拔插主控单元板卡时，应先将该主控单元的电源开关，即Ⅰ系主控单元开关或Ⅱ系主控单元开关断开；拔插通信单元板卡时，应先将对应板卡开关关闭。

所有板卡均设置助拔器，拔插板卡时需要通过助拔器拔插板卡。

拔出板卡时，首先松开板卡的固定螺丝，然后同时按下板卡上下助拔器内方的红色按键，将上下助拔器分别向外扳动，即可将板卡拔出。

插入板卡时，将助拔器处于打开模式，手扶助拔器将板卡垂直缓慢推入机笼上下导轨内，当助拔器卡扣卡上机笼扣孔后，将上下助拔器向内扳动，助拔器扳正后，板卡即插入到位，最后将板卡的固定螺丝拧紧。

2. 维护终端

拉出维护终端的 KVM，可以在 KVM 上查看设备运行状态，信息包括报警，实时运行信息，站场显示，设备状态、信息查询，版本显示等。

正常工作时，拉开 KVM，显示器显示维护终端站场界面。

维护终端主界面主要分 6 个区域，各区域的名称、位置与说明见表 6.4。

表 6.4 维护终端主界面

序号	界面区域	位置	说　明
1	标题栏	顶部	显示软件名称和日期时间
2	主显示区	中间黑色区域	显示连接状态、区间方向和区段状态等
3	报警及恢复信息区	中部偏下位置	显示报警及恢复相关信息
4	导航栏	左侧偏上区域	提供所有信息的查询导航菜单
5	联系方式	左侧偏下区域	显示联系方式
6	版权声明	底部	显示版权归属

(1)主显示区

主显示区有 CPU 标识、通信站标识、服务器连接状态标识、区间方向标识、区段状态标识、区间逻辑检查状态标识,均由名称与颜色两部分组成。

(2)实时状态

单击导航栏中的实时状态,可实时显示系统运行状态,包括:版本信息、设备状态信息、驱动板信息、采集板信息、解锁盘按钮信息、人工解锁盘表示灯信息、人工解锁盘计数器信息、站间通信发送信息、站间通信接收信息和逻辑控制信息。

(3)数据查询

单击导航栏中的历史数据,可根据实际需要查询系统运行数据,包括:平台状态、应用状态、继电器采集信息、继电器驱动信息、自动闭塞区间状态维护、区间方向控制、采集方向控制、区间占用逻辑、报警信息、人工解锁盘接收信息、人工解锁盘发送信息、平台统计信息、UPS 信息、设备连接状态、宕机信息和站间通信信息。

(4)回放

单击导航栏中的回放,显示出回放功能的下拉子菜单,在下拉菜单中选择回放,弹出回放功能控制菜单,在控制菜单中选择回放日期、时间和回放速度,然后单击确定按钮,再单击播放即可完成回放功能。只能回放 30 min 以内的数据。

(5)报警信息

在报警及恢复信息区显示了所有时刻的报警和恢复信息,可拖动顶部上拉或下拉放大或缩小区域,也可通过右侧滚动条查看未显示信息。数据记录包括:状态数据、报警和故障数据、人工解锁盘按钮统计数据和监控日志。

(6)系统运行日志

系统运行日志文件保存的数据包括维护终端启动、退出、故障事件、校时等信息。

3. 停机

(1)设备全天候工作,未经许可不允许停机。

(2)设备因停电而导致停机时,恢复供电后,需要人工确认设备各模块正常工作。

(3)设备因故单系故障、站间单通道故障或冗余配置的一个模块故障,不会影响设备功能,但必须及时修复。

(4)设备双系或站间双通道故障会造成设备停用,影响行车。

系统具备站联信息传输功能时,本站和邻站的发车区间边界红光带;系统具备区间方向控制时,两站无法进行改方操作;系统具备区间占用逻辑检查时,区间无法实现占用逻辑检查功能；逻辑检查采用 FHJ 前接点接通 GJ 电路时，区间全部红光带，站内发车口内方区段红光带。

(5)设备具备逻辑检查功能时，如果发生设备停电或双系故障，车站值班员应立即通知已进入区间的后续列车停车，待前方区间空闲后，方可通知后续列车逐列恢复运行至前方站，指示后列恢复运行前必须确认前列已完整到达前方站。停电恢复后，车站值班员根据信号人员逻辑检查设备恢复正常的登记，报告列车调度员，恢复正常行车。

4. 日常维护

设备日常维护包括日常巡视和集中检修，并做好维护记录。根据现场实际情况可增加、修订相应维护项目。

(1)日常巡视

①查看工作环境温度、湿度，确认是否在规定范围内。

②查看设备有无局部过热、异常噪声或气味。

③巡视设备的运行状态，查看系统是否为一主一备。

④查看设备两系主备关系，与前一次记录对比，如有变化查找切换原因。

⑤查看机柜 AC/DC 电源模块是否处于正常工作状态。

⑥查看 UPS 是否处于正常工作状态。

⑦查看信号集中监测和维护终端的故障记录，将情况进行记录，测试和分析报警情况，发现问题及时汇报处理。

(2)集中检修

①清扫机柜设备，对维护终端、键盘等设备进行除尘。

②检查各接线端子连接是否松动，发现松动及时处理。

③检查柜内机笼、模块等各部分安装螺栓是否松动，发现松动及时处理。

④在双系工作正常，一主一备的情况下，通过切换单元的切换钥匙进行主备切换试验。

5. 故障处理

(1)单系故障(离线)

信号集中监测系统报警：QJK-JS 区间综合监控系统Ⅰ系故障(离线)或者Ⅱ系故障(离线)。维护终端报警：$CPUA_1$ 和 $CPUA_2$ 主控模块故障，或 $CPUB_1$ 和 $CPUB_2$ 主控模块故障。QJK-JS 区间综合监控系统机柜运行状态：切换单元面板Ⅰ系或者Ⅱ系故障指示灯点亮。

单系故障(离线)不影响行车，但需立即处理，处理流程如图 6.22 所示。

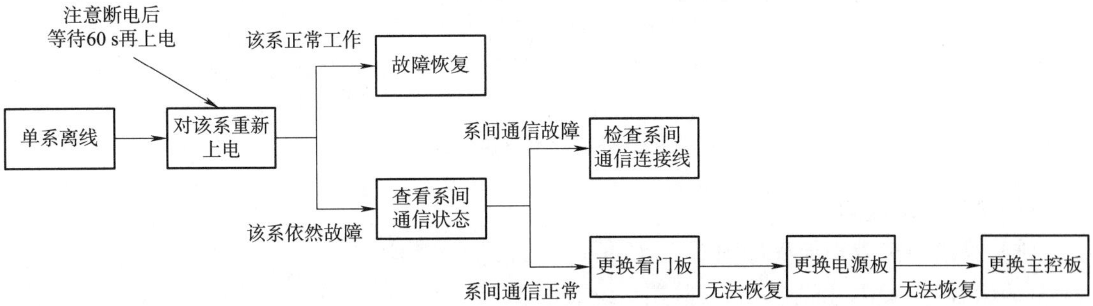

图 6.22　单系故障处理流程

注：1. 更换板卡时，需要将该系断电。

2. 更换板卡重新上电需距断电时间大于 60 s 以上。

(2)通信板故障

信号集中监测报警:QJK-JS 区间综合监控系统通信板故障。

维护终端报警:通信板与主控板通信故障。

QJK-JS 区间综合监控系统机柜运行状态:通信板面板指示灯异常。

通信板冗余配置,单通信板故障不影响列车运行,但需立即处理,处理流程如图 6.23 所示。

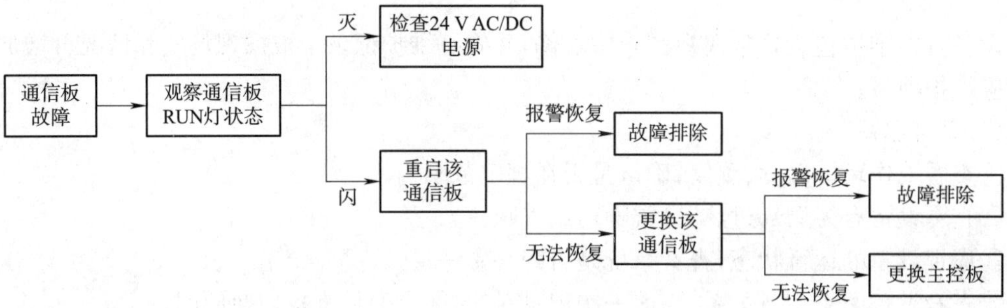

图 6.23 通信板故障处理流程

注:1. 更换板卡时,需要将该系断电。

2. 更换板卡重新上电需距断电时间大于 60 s 以上。

(3)UPS 故障

设置单 UPS 的车站,UPS 故障会导致机柜掉电,影响列车运行。设置双 UPS 的车站,两 UPS 同时故障会导致机柜掉电,影响列车运行。单 UPS 故障不影响列车运行,但必须立即处理。先手动旁路 UPS,再在点内更换 UPS。

(4)外电供电故障

信号集中监测报警:QJK-JS 区间综合监控系统外电供电故障。

维护终端报警:UPS_1外电故障或 UPS_2外电故障。

UPS 电池耗尽前,不影响列车运行;UPS 电池耗尽后,系统掉电,影响列车运行;因此必须立即处理,处理流程如图 6.24 所示。

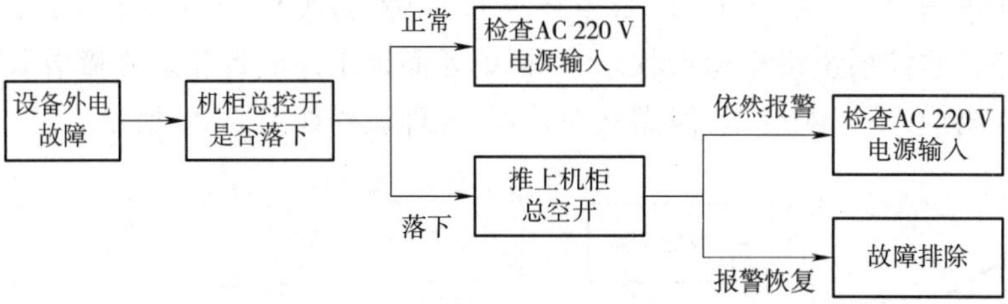

图 6.24 外电供电故障处理流程

(5)维护终端故障

维护终端故障处理流程如图 6.25 所示。

(6)CSM 与 QJK-JS 区间综合监控系统通信中断

CSM 与 QJK-JS 区间综合监控系统通信中断后,CSM 会产生与该系统通信中断的报警。

CSM 与 QJK 的设备通信中断,不影响列车运行,但无法及时对 QJK 的设备的故障进行报警,如果此时 QJK-JS 区间综合监控系统发生故障,无法及时维修。

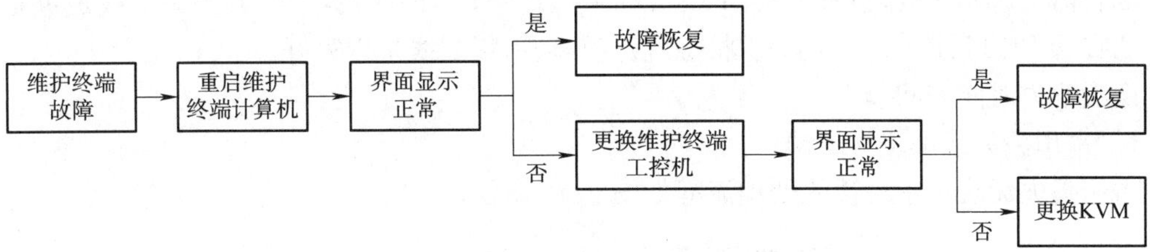

图 6.25　维护终端故障处理流程

CSM 与 QJK-JS 区间综合监控系统通信中断处理流程如图 6.26 所示。

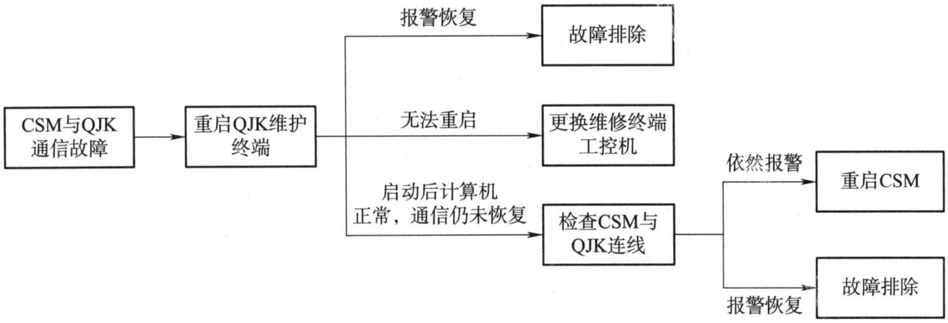

图 6.26　CSM 与 QJK-JS 区间综合监控系统通信中断处理流程

(7)QJK-JS 区间综合监控系统单通道(双通道)中断

系统具备站联信息传输时，本站和邻站的发车区间边界红光带；系统具备区间方向控制，两站无法进行改方操作；系统具备区间占用逻辑检查，列车通过区间边界后会发生占用丢失报警。QJK-JS 区间综合监控系统单通道(双通道)中断处理流程如图 6.27 所示。

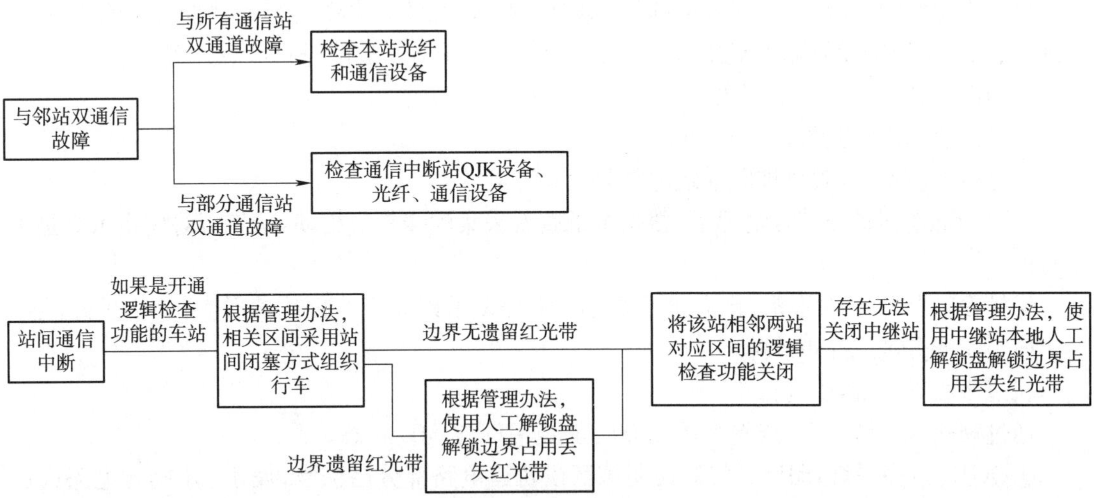

图 6.27　QJK-JS 区间综合监控系统单通道(双通道)中断处理流程

(8)区间无法正常改方

①观察监督区间灯是否红灯，若红灯，需采用辅助改方办理。

②若监督区间灭灯，检查 FSJ 、FAJ 、ZFAJ 、FFAJ 、JFAJ 的状态，其采集配线是否完好。

③查看 FKTJ、JCFJ、FCFJ、FJ 状态，检查驱动采集配线是否完好。

两次改方时间需间隔 13 s。

(9)占用丢失无法正常解锁

占用丢失无法正常解锁的处理流程如图 6.28 所示。

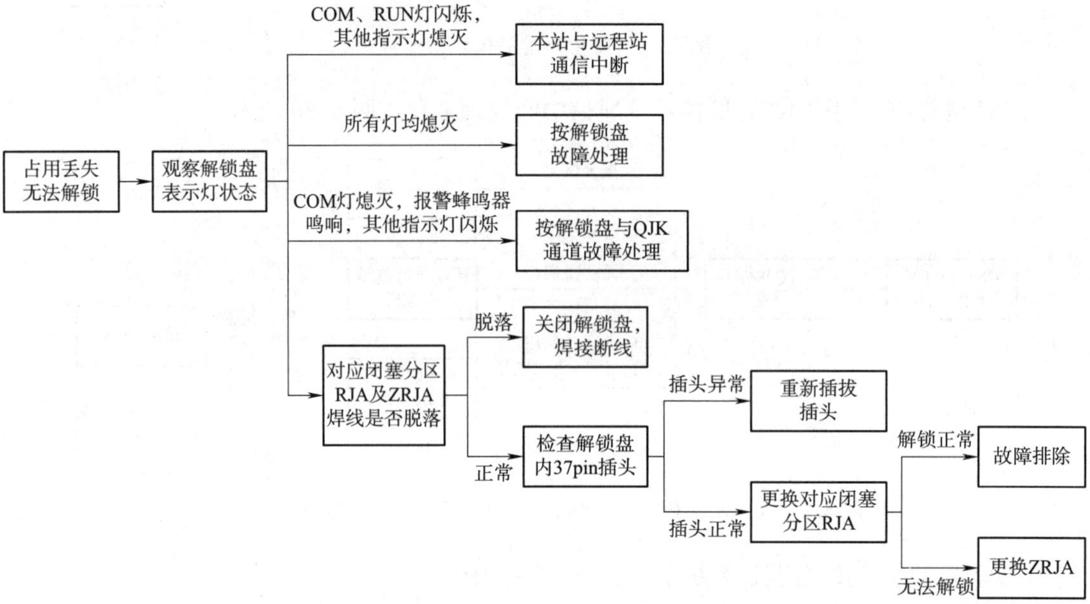

图 6.28　占用丢失无法正常解锁的处理流程

(10)区间占用逻辑检查功能无法开启

由于人工解锁盘故障和 QJK-JS 区间综合监控系统双系故障引起的功能无法开启的情况，应按照人工解锁盘故障和 QJK-JS 区间综合监控系统双系故障进行应急处置。

(11)继电器驱动采集不一致

①可能会产生红光带，影响行车。

②进行相应操作，观察被驱动继电器是否动作到位。

③驱动继电器动作正常情况下，根据图纸查看采集配线是否松动，采集板对应指示灯是否正常。

④排除以上问题，对Ⅰ系、Ⅱ系进行切换，判断驱动采集板是否正常，若不正常点内进行更换。

(12)闭塞分区红光带故障

轨道区段红光带，影响行车。

通过观察人工解锁盘，查看占用故障区段 QGJD 与 BJD 状态。

①QGJD 点亮绿灯，BJD 亮红灯说明该区段轨道电路部分已恢复，属于 GJ 励磁电路或逻辑检查电路故障。

②QGJ 点亮绿灯，BJD 灭灯，则为 GJ 励磁电路故障。

③QGJ 灭灯，则为区间轨道电路故障，查找轨道电路故障即可。

闭塞分区有 A、B 两个区段，正常行车时，A 轨占用后出现占用丢失(未占用 B 轨)与 A 轨占用并出清后，B轨始终处于占用丢失状态时，逻辑判断均为A轨占用丢失，显示A轨红光带。所以在故障查找时要对占用丢失区段的相邻区段一并进行查找。

项目小结

QJK-JS型区间综合监控系统是利用安全计算机平台和数据通信技术的铁路信号控制设备，实现站间安全信息传输、区间方向控制和区间占用逻辑检查三项功能。

QJK-JS型区间综合监控系统机柜采用标准机柜，机柜内配置主控单元、通信单元、切换单元、以太网交换机、配电单元、UPS(可选)、ODF架、维护终端等设备。

维护终端独立设置，实时采集系统的运行状态，以图形化的方式进行记录、显示、查询。

人工解锁盘安装在车站值班员室，为区间占用逻辑检查提供操作和表示界面。

QJK-JS型区间综合监控系统的接口包括与联锁的接口、与其他结合继电器接口、与信号集中监测系统的接口、与邻站QJK-JS型区间综合监控系统的接口、与人工解锁盘的接口等。

QJK-JS型区间综合监控系统驱动FCFJ、JCFJ，动作FJ，用来改变运行方向；GFZTJ在改方过程中，用来解决小轨道电路闪红的问题；JCDJ、CDJ、FZDJ、JQDJ、JQSDJ的接点均为计算机联锁所采集，显示界面点灯所用；FKTJ的接点为计算机联锁所采集，开放出站信号机所用。

QJK-JS型区间综合监控系统驱动FHJ，由FHJ接点接通GJ励磁电路，发生占用丢失时，FHJ落下，断开GJ励磁电路，实现区间占用逻辑检查。

QJK-JS型区间综合监控系统的操作包括上电和关电操作、主备系切换操作、使用维护终端。

设备日常维护包括日常巡视和集中检修。

复习思考题

1. 区间综合监控系统有哪些技术特点?
2. 区间综合监控系统有哪些功能?
3. 简述区间综合监控系统机柜的配置。
4. 区间综合监控系统有哪些主要部件？各有什么作用?
5. 简述区间综合监控系统的逻辑结构。
6. 简述组合柜的配置。
7. 对于区间方向控制要新增哪些继电器？对于占用逻辑检查要新增哪些继电器?
8. 简述人工解锁盘的配置。各有什么作用?
9. QJK-JS型区间综合监控系统与哪些设备接口?
10. 简述区间综合监控系统改变运行方向的工作原理。
11. 简述区间综合监控系统区间占用逻辑检查的工作原理。
12. 简述QJK-JS型区间综合监控系统的操作使用。QJK-JS型区间综合监控系统有哪些安全使用注意事项?
13. 维护终端有什么作用?
14. 简述QJK-JS型区间综合监控系统的日常维护事项。
15. 简述QJK-JS型区间综合监控系统的常见故障及处理方法。

项目 7　高速铁路自动闭塞功能认知与维护

项目描述

本项目主要介绍高速铁路自动闭塞功能的特点、高速铁路自动闭塞功能的实现；通信编码的 ZPW-2000A 型轨道电路的特点、结构和工作原理；200～250 km/h 高速铁路自动闭塞电路原理、300～350 km/h 高速铁路自动闭塞电路原理；高速铁路自动闭塞的维护和常见故障处理。通过学习，掌握高速铁路自动闭塞电路原理和维护方法。

学习目标

了解高速铁路自动闭塞系统的概况，系统掌握通信编码的 ZPW-2000A 型轨道电路的特点、结构和工作原理；运行速度 200～250 km/h 高速铁路自动闭塞电路原理；运行速度 300～350 km/h 高速铁路自动闭塞电路原理，能够阅读高速铁路自动闭塞电路图，进行高速铁路自动闭塞维护，具有初步分析电路和排除一般故障的能力。

典型工作任务 1　高速铁路自动闭塞功能介绍

7.1.1　工作任务

了解高速铁路自动闭塞功能的特点与其实现。

7.1.2　知识链接

1. 高速铁路自动闭塞功能的特点

高速铁路的信号系统符合双线双向运行的要求，正方向运行采用自动闭塞，反方向运行采用自动站间闭塞。

高速铁路的自动闭塞与即有线的自动闭塞有诸多不同，它的技术特点有：

(1)自动闭塞的实现

高速铁路的自动闭塞由列控系统实现，没有普速铁路那样的独立自动闭塞设备的概念，即自动闭塞与列控系统地面设备实现了一体化。

(2)区间通过信号机的设置和点灯控制

只运行动车组列车的高速铁路(包括运行速度 300～350 km/h 的高速铁路和部分运行速度 200～250 km/h 的高速铁路)区间不设通过信号机，列车运行由车载 ATP 控制。运行非动车组列车的高速铁路(部分运行速度 200～250 km/h 的高速铁路)区间设通过信号机，其点灯由列控系统控制。

(3)轨道电路编码

高速铁路将轨道电路纳入列控中心控制，实现了区间自动闭塞的继电编码向数字编码的转变。

(4)区间方向控制

高速铁路的区间方向控制也纳入列控中心控制，不再采用继电式改变运行方向电路。

2. 高速铁路自动闭塞功能的实现

在高速铁路的车站和区间信号中继站都设有列控中心，它是CTCS-2级列控系统的核心安全设备。列控中心根据轨道区段占用信息、联锁进路信息、线路限速信息等，产生列车行车许可命令，并通过轨道电路和有源应答器，传输给车载子系统，保证其管辖内的所有列车的运行安全。

高速铁路的列控中心除了必须具备接发车进路报文发送、临时限速报文发送、进站信号机降级显示等功能外，扩展了轨道电路低频编码、轨道电路发送方向控制、区间轨道区段状态判断、区间运行方向与闭塞控制、区间信号机点灯控制、站间安全信息传输等功能。

列控中心具有轨道电路“三点检查”(首、末区段“两点检查”)的逻辑判断功能。列控中心接收各轨道电路的列车占用轨道区段信息和联锁的车站进路信息，根据每个轨道电路运行前方各闭塞分区的状况(对于进站信号机外方的各接近区段还要依据进站信号机的显示)生成对轨道电路低频编码，发往对应的轨道电路发送器。从轨道电路接收器接收轨道电路状态、接收到的轨道电路载频、低频信息。列控中心通过核对发送和接收到的载频和低频信息实现信息的安全校核(轨道电路接收器能提供相关的信息)。

列控中心根据运行前方各闭塞分区的状况，决定防护本闭塞分区的通过信号机的显示，同时对灯丝断丝做相应处理，具备红灯转移功能；接收来自CTC的命令，完成无岔站信号点灯及进路状态的控制。

在行车人员根据调度命令在车站联锁控制台上进行改变运行方向操作后，列控中心接收来自联锁的区间方向控制信息，通过车站间通信完成区间运行方向与闭塞的控制，驱动区间轨道电路方向继电器，控制轨道电路的发码方向。

典型工作任务2　通信编码的ZPW-2000A型轨道电路认知

7.2.1　工作任务

掌握通信编码的ZPW-2000A型轨道电路的特点、结构和工作原理。

7.2.2　知识链接

1. 通信编码的ZPW-2000A型轨道电路的特点

高速铁路采用通信编码的ZPW-2000A型无绝缘轨道电路，通信编码的ZPW-2000A型无绝缘轨道电路具有以下技术特点：

(1)发送器、接收器载频选择通过列控中心进行集中配置，发送器采用无接点的计算机编码方式，取代了既有的继电编码方式，取消了大量的编码继电器。

(2)发送器由既有的“$n+1$”提高为“1+1”的备用模式，最大限度地降低了因设备故障而影响行车的概率。

发送器冗余方式如图7.1所示。

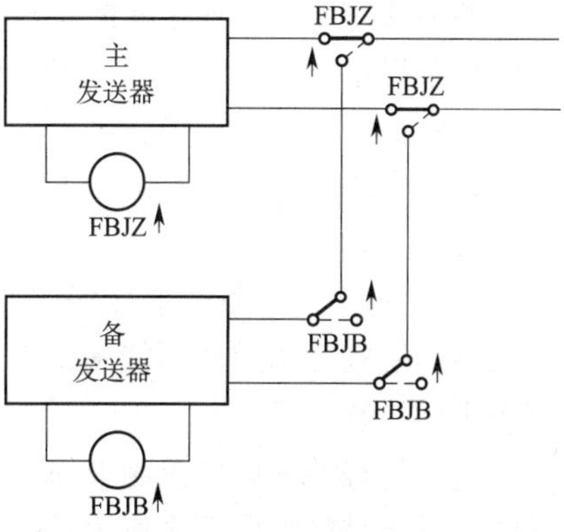

图7.1　发送器冗余方式

(3)将调谐单元和匹配单元整合为一个调谐匹配单元,减少了系统的设备数量,提高了系统的可靠性。

(4)优化了补偿电容器的配置,道砟漏泄电阻值不小于(大于或等于)2 Ω·km时,补偿电容值为25 μF一种(漏泄道床电阻值小于2 Ω·km时,补偿电容值为40 μF、46 μF、50 μF和55 μF四种),不同的信号载频采用不同的补偿间距。补偿电容器采用了全密封工艺,提高了其容值稳定性和延长了使用寿命。

(5)加大了空芯线圈的导线线径,从而提高了关键设备的安全容量要求。

(6)带有监测和故障诊断功能,为系统的状态提供了技术支持。

(7)站内采用与区间同制式的轨道电路,提高系统的可靠性。

(8)站内道岔区段的弯股采用与直股并联的一送一受轨道电路结构,使道岔分支长度由小于或等于30 m延长到160 m,提高了车载设备在站内使用的安全性、灵活性,方便了设计。

2. 通信编码的ZPW-2000A型轨道电路的工作原理

(1)设备设置

轨道电路设备集中设置在车站,但高速铁路不同于普速铁路,车站之间的距离较长,ZPW-2000系列轨道电路传输电缆的长度不应大于10 km,300 km/h及以上的高速铁路不宜大于7.5 km。当该电缆长度超过上述规定时,宜设区间信号中继站。在区间信号中继站集中设置相近的轨道电路设备。车站与区间信号中继站、中继站与区间信号中继站间的距离一般情况下不超过15 km。为了简化设备配置、减轻维修维护的工作量、减少房屋面积,无人值守站一般不再设综合维修工作站和电务维护工作站,改用便携式的综合维修终端和电务维护终端。

(2)设计基本原则

①载频排列

区间、车站轨道电路载频统一排列。闭塞分区分界点两侧必须采用不同基准载频。特殊情况下车站轨道电路机械绝缘节(道岔区内或股道的分割点)两侧可采用相同基准载频的-1型、-2型载频。各种基准载频的-2型载频与低频25.7 Hz组合使用,用于车载信号的载频自动切换。

②分路灵敏度

道床电阻为1.0 Ω·km或2.0 Ω·km时,为0.15 Ω;道床电阻不小于3.0 Ω·km时,为0.25 Ω。无砟轨道线路,路基和混凝土桥梁地段的钢轨参数应根据参数测量结果确定。

③横向连接

两相邻完全横向连接间的距离不得小于1 200 m、完全横向连接与相邻简单横向连接间的距离不得小于1 000 m。一段轨道电路内不得设置两个空扼流。

④轨道电路传输电缆长度

轨道电路传输电缆长度一般不应大于7.5 km,困难情况下不应大于10 km。

(3)区间轨道电路

区间采用通信编码的ZPW-2000A型无绝缘轨道电路,轨道电路的传输长度满足相关技术条件的要求。当道砟不能满足轨道电路传输要求时,可采用计轴轨道检查装置等手段实现列车占用检查。

电气绝缘节—电气绝缘节轨道电路系统结构如图7.2所示;机械绝缘节—电气绝缘节轨道电路系统结构如图7.3所示;区间机械绝缘节—电气绝缘节轨道电路图如图7.4所示。

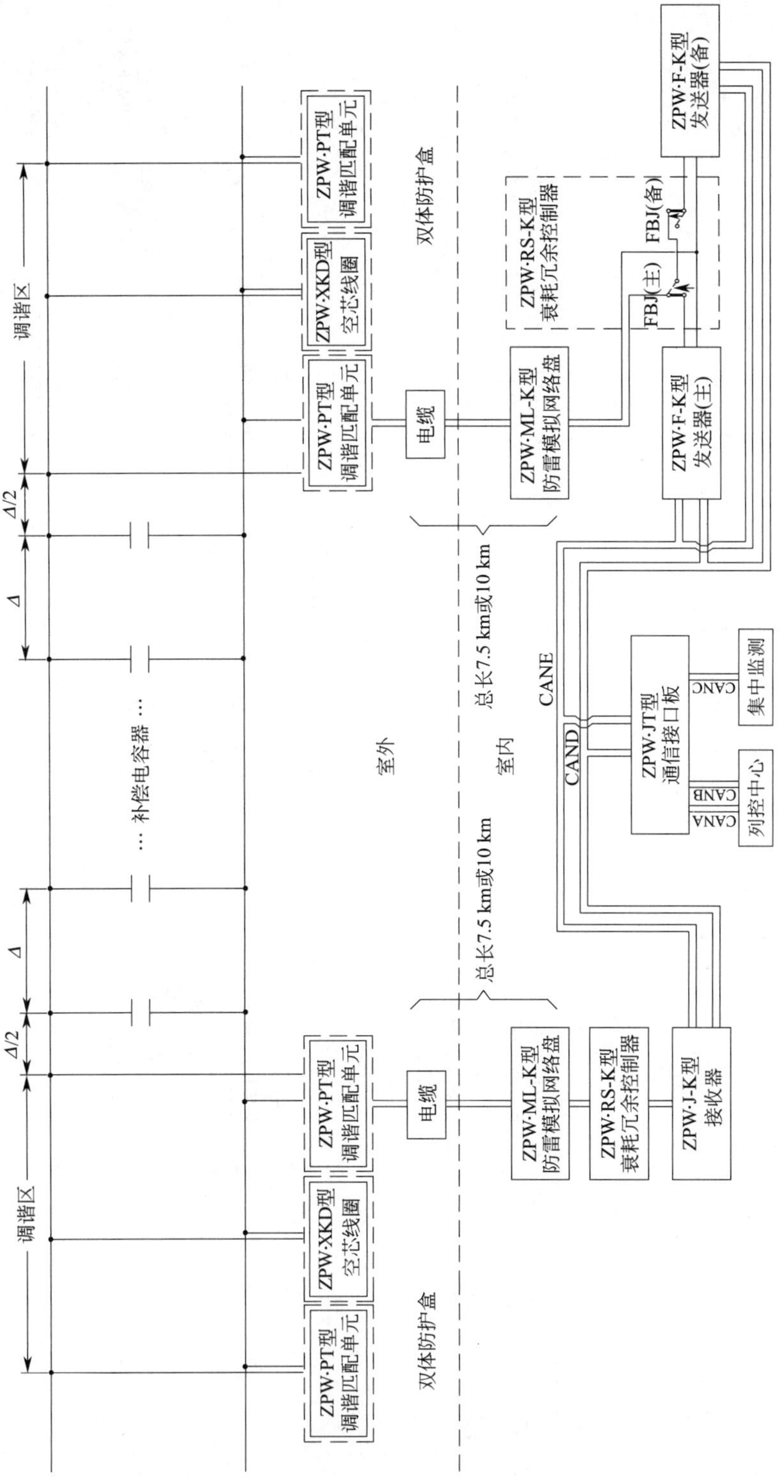

图7.2 电气绝缘节—电气绝缘节轨道电路系统结构

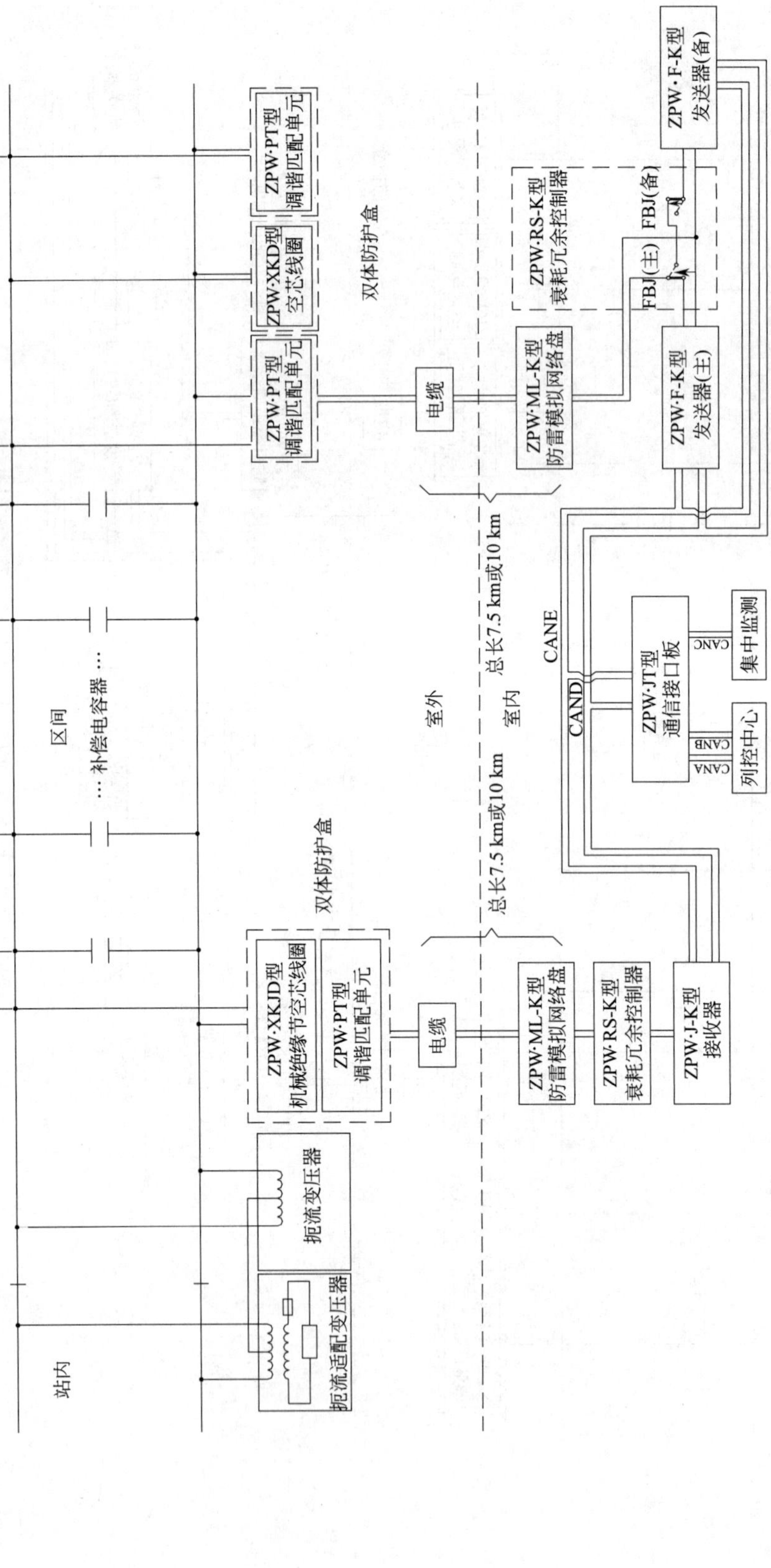

图7.3 机械绝缘节—电气绝缘节轨道电路系统结构

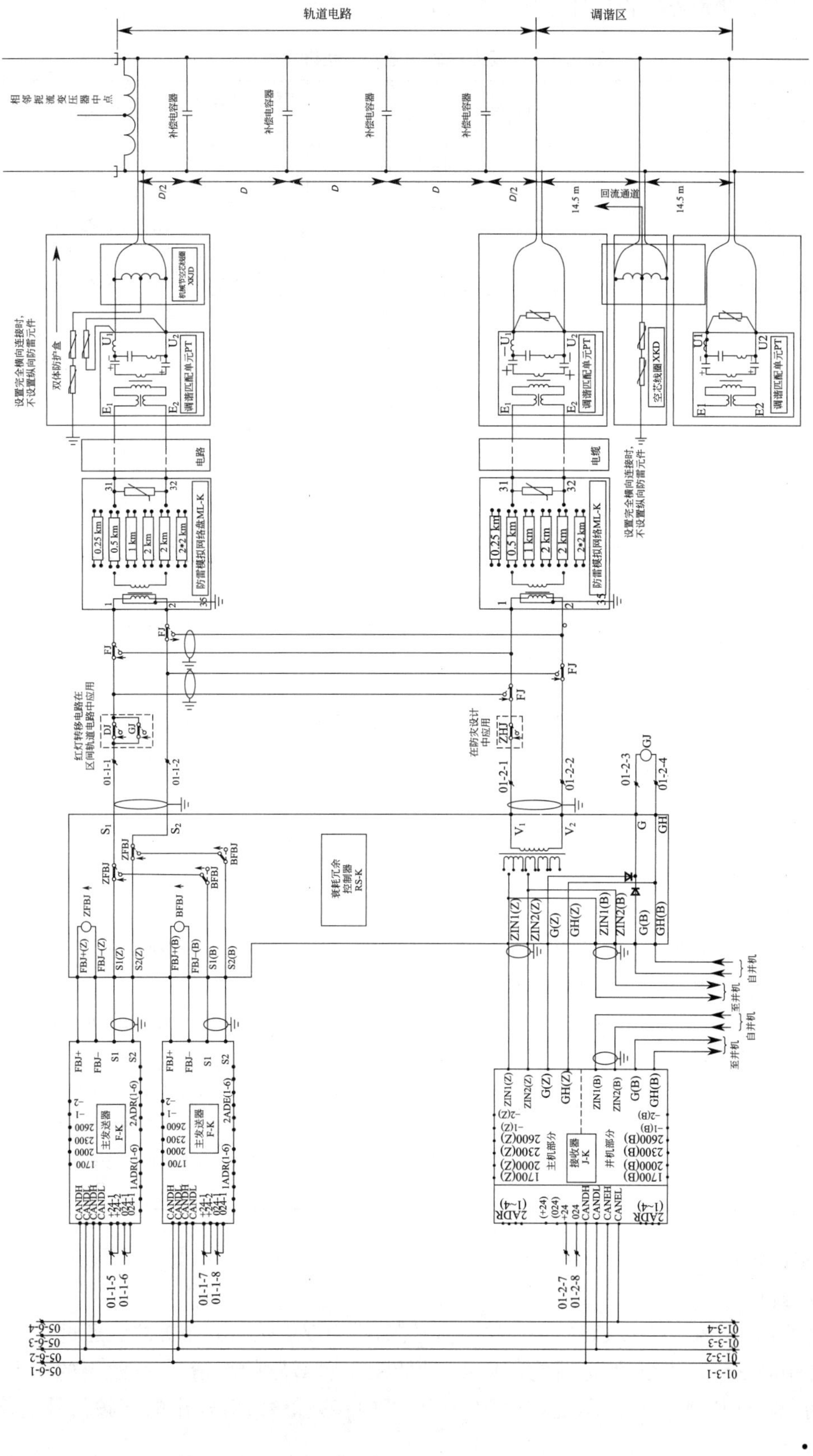

图 7.4 区间机械绝缘节—电气绝缘节轨道电路

区间无砟轨道电路工程设计长度见表 7.1。

表 7.1 区间无砟轨道电路工程设计长度

<table>
<tr><th>无砟轨道板型</th><th colspan="3">轨道结构类型</th><th>工程设计长度/m</th><th>说　明</th></tr>
<tr><td rowspan="9">CRTSⅠ型
双块式无砟轨道

CRTSⅡ型
双块式无砟轨道</td><td colspan="2" rowspan="2">路　基</td><td>路基结构</td><td>1 400</td><td rowspan="8">路基结构指轨道线路下方无底座钢筋结构。
桥梁和桩板结构指轨道线路下方有底座钢筋结构。
考虑到长大和特长大隧道的线路环境影响，道砟维护达标问题等因素，给出该建议值</td></tr>
<tr><td>桥梁和桩板结构</td><td>1 000</td></tr>
<tr><td rowspan="6">隧道</td><td rowspan="2">长度 300 m 以下</td><td>路基结构</td><td>1 400</td></tr>
<tr><td>桥梁结构</td><td>1 000</td></tr>
<tr><td rowspan="2">长度 300～2 000 m</td><td>路基结构</td><td>1 000</td></tr>
<tr><td>桥梁结构</td><td>800</td></tr>
<tr><td rowspan="2">长度 2 000 m 以上</td><td>路基结构</td><td>700</td></tr>
<tr><td>桥梁结构</td><td>600</td></tr>
<tr><td colspan="2">桥　梁</td><td></td><td>1 000</td><td>混凝土桥</td></tr>
<tr><td>CRTSⅠ型
板式无砟轨道</td><td colspan="2"></td><td></td><td>800</td><td>由于日本板的钢轨参数数据不足，暂按统一考虑</td></tr>
</table>

当闭塞分区长度大于轨道电路工程设计长度时，应采用分割点，将闭塞分区分割成二、三段(或更多段)轨道电路，各段轨道电路载频不同，需统一排列。一个区间轨道电路设备构成见表 7.2。

表 7.2 一个区间轨道电路设备构成

<table>
<tr><th>序号</th><th>名　称</th><th>型　号</th><th>设备数量</th><th>备　注</th></tr>
<tr><td>1</td><td>发送器</td><td>ZPW·F-K</td><td>2</td><td>双机热备使用</td></tr>
<tr><td>2</td><td>接收器</td><td>ZPW·J-K</td><td>1</td><td>与另一台接收器构成双机</td></tr>
<tr><td>3</td><td>衰耗冗余控制器</td><td>ZPW·RS-K</td><td>1</td><td></td></tr>
<tr><td>4</td><td>防雷模拟网络盘</td><td>ZPW·ML-K</td><td>2</td><td></td></tr>
<tr><td>5</td><td>调谐匹配单元</td><td>ZPW·PT</td><td>2</td><td>1 700～2 600 Hz 四种频率</td></tr>
<tr><td>6</td><td>空芯线圈</td><td>ZPW·XKD</td><td>1</td><td></td></tr>
<tr><td rowspan="2">7</td><td rowspan="2">轨道电路防雷单元</td><td>ZPW·ULG</td><td></td><td>室外设备的纵向防雷，用于电化区段，AC 2×385 V</td></tr>
<tr><td>ZPW·ULG2</td><td>2</td><td>室外设备的横向防雷，AC 75 V</td></tr>
<tr><td rowspan="2">8</td><td rowspan="2">补偿电容器</td><td rowspan="2"></td><td rowspan="2">若干</td><td>道床电阻 2 Ω·km，四种载频通用，为 25 μF</td></tr>
<tr><td>道床电阻 1 Ω·km，四种载频为 55 μF、50 μF、46 μF、40 μF</td></tr>
</table>

(4)室内设备

①发送器

发送器用于产生高精度、高稳定的移频信号源，采用双机热备冗余方式。通过 CAN 总线接收列控中心的编码指令，发送器能产生 18 种低频、8 种载频的高精度、高稳定的移频信号；在输出为 400 Ω 负载的情况下，能产生 70 W 功率的移频信号；对输出的移频信号进行自检测，故障时向信号集中监测主机发出报警信息；能够向信号集中监测主机上传设备工作状态及故障信息。发送器原理如图 7.5 所示。

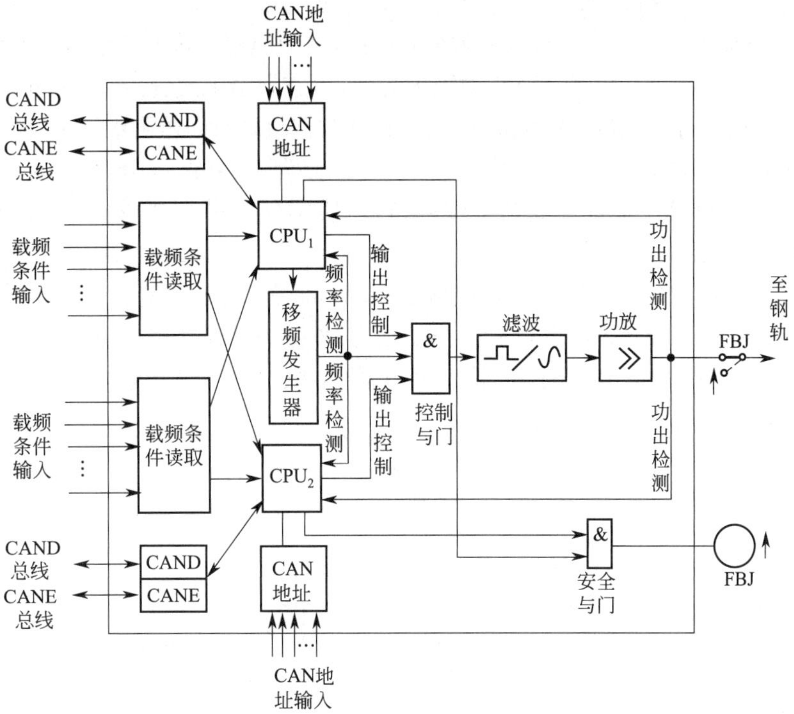

图 7.5　发送器原理

列控中心根据轨道空闲（占用）条件及信号开放条件等进行编码，通过通信接口板转发编码数据。

发送器内部采用双套相互独立的 CPU 处理单元。同一载频、低频编码条件源，以反码的形式分别通过互为冗余的两条 CAND、CANE 总线送至 CPU_1 及 CPU_2。CPU_1 控制“移频发生器”产生移频信号，移频信号分别送至 CPU_1 及 CPU_2 进行频率检测。频率检测结果符合规定后，控制输出信号，经“控制与门”使移频信号送至“滤波”环节，实现方波—正弦变换。“功放”输出的移频信号送至 CPU_1 及 CPU_2，进行功出电压检测。CPU_1 及 CPU_2 对移频信号进行低频、载频、幅度特征检测，符合要求后驱动“安全与门”电路使发送报警继电器吸起，并使经过“功放”放大的移频信号输出至轨道。当发送端短路时，经检测使“控制与门”有 10 s 的关闭（休眠保护）。

发送器对外连接线包括发送器工作电源、CAN 地址条件、载频编码条件、CAND 总线、CANE 总线、发送报警继电器吸起接点回采、电平级调整端子、功放输出、发送报警继电器输出。

发送器设工作表示灯、故障表示灯和 CAN 总线工作灯。每台发送器设一个工作表示灯，工作表示灯设置于发送器内，工作正常时点绿灯，发送器故障时工作表示灯点红灯。为便于对发送器数字电路的维修，在发送器内部 CPU 板上，对应每个 CPU 设置了一个指导维修人员查找设备故障的故障表示灯（红灯），可以根据其闪动状况，判断发送器的故障点。在发送器内部 CPU 板上每个 CPU 为每条总线设置了一个 CAN 总线通信工作灯（黄灯），根据其闪烁状况，判断设备的故障点，通信正常时通信工作灯闪烁，通信故障时通信工作灯常亮或常灭。

②接收器

接收器用于对主轨道移频信号的解调，动作轨道继电器同时向列控中心上传轨道空闲或占用状态信息；实现调谐区短小轨道电路移频信号的解调，给出短小轨道电路断轨及调谐区设备故障的报警条件，并通过CAN总线送至监测维护终端；检查轨道电路完好，减少分路“死区”长度，用接收门限控制实现对调谐匹配单元断线的检查；接收器故障时向监测维护主机发出报警信息。

接收器按双机并联运用设计(或称“0.5＋0.5”)分为主、并两部分，由两路独立的信号输入、执行条件输出和CAN地址及载频条件接口，可协同处理另一区段信号，从而构成互为热备的冗余系统，保证系统的可靠工作。

接收器对外连接线包括接收器工作电源、CAN地址条件、载频编码条件、小轨道类型编码条件、CAND总线、CANE总线、主轨道(主机)信号输入、小轨道(主机)信号输入、主轨道(并机)信号输入、小轨道(并机)信号输入、轨道继电器(主机)输出、轨道继电器(并机)输出、接收器报警条件输出。接收器原理如图7.6所示。

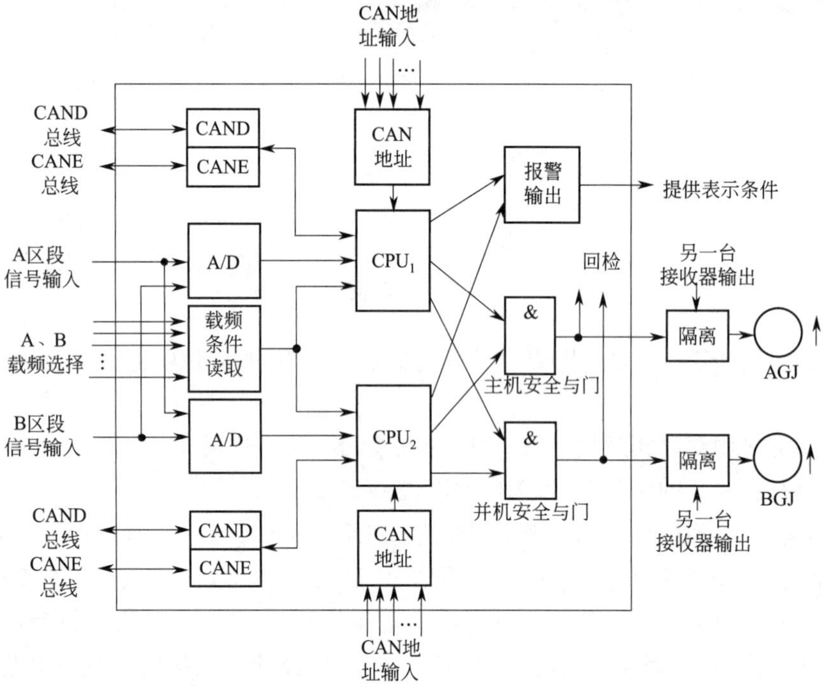

图7.6　接收器原理

接收器采用两路独立的CPU处理单元，对输入的信号分别进行解调分析，满足继电器吸起条件时输出方波信号，输出至安全与门电路。与另一台接收器的安全与门输出共同经过隔离电路，动作轨道继电器。

A/D为模数转换器，将输入的模拟信号转换成计算机能处理的数字信号。

载频条件读取电路设定主机、并机载频条件，由CPU进行判决，确定接收器的接收频率。同一载频、低频编码条件源，以反码的形式分别通过CAND、CANE总线送至CPU_1及CPU_2。

CPU_1、CPU_2根据确定的载频编码条件，通过各自识别、通信、比较确认一致，判断该条件有效，视为正常，不一致时，视为故障并报警。条件有效时，外部送进来的信号分别经过主机、并机两路模数转换器转换成数字信号。CPU_1、CPU_2对外部信号进行单独的运算，判决处理。当接收信号符合幅度、载频、低频要求时，就输出 3 kHz 的方波，驱动安全与门电路。安全与门电路收到两路方波后，转换成直流电压驱动继电器。如果 CPU_1、CPU_2的结果不一致，安全与门输出不能构成，则同时报警，电路中增加了安全与门的反馈检查，如果 CPU_1、CPU_2有动态输出，那么安全与门就应该有直流输出，否则就认为安全与门故障，接收器进行报警。如果接收器接收到的信号电压过低，则判为列车分路。

安全与门电路将 CPU_1、CPU_2输出的动态信号变成直流输出，驱动继电器（或执行条件）。

接收器设工作表示灯和故障表示灯。每台接收器内设一个工作表示灯，工作正常时工作表示灯亮绿灯，接收器故障时工作表示灯点红灯（其中 CAN 总线故障时不表现在工作指示灯上，在信号集中监测系统报警）。为便于对接收器数字电路的维修，每个 CPU 设置了一个指导维修人员查找设备故障的故障表示红灯，根据故障表示灯闪动状况，判断设备故障点。

③通信接口板

通信接口板（CI-TC）实现 CAN 总线通信协议间的互换。通信接口板采用双机热备冗余方式，可满足 10 个轨道电路通信。通信接口安装在列控中心主机柜中。通信接口板 CAN 地址的设置原则见表 7.3。

表 7.3 通信接口板 CAN 地址的设置原则

CPU	ADR_7	ADR_6	ADR_5	ADR_4	ADR_3	ADR_2	ADR_1	ADR_0
CPU_1	奇校验	单元号		柜号				槽号
CPU_2	奇校验	单元号反码		柜号反码				槽号反码

单元号：移频柜的单元号都是 00；柜号：为工程设计中的移频柜编号；槽号：为区别主备通信盘设置，主通信接口板设置为 0，备通信接口板设置为 1；奇校验：为奇校验位。

CPU_1和 CPU_2的 CAN 地址的设置分别见表 7.4 和表 7.5。

表 7.4 CPU_1的 CAN 地址的设置

柜号	主备	ADR_7	ADR_6	ADR_5	ADR_4	ADR_3	ADR_2	ADR_1	ADR_0	地址值
1	主	1	0	0	0	0	0	0	0	0x80
	备	0	0	0	0	0	0	0	1	0x01
2	主	0	0	0	0	0	0	1	0	0x02
	备	1	0	0	0	0	0	1	1	0x83
3	主	0	0	0	0	0	1	0	0	0x04
	备	1	0	0	0	0	1	0	1	0x85
4	主	1	0	0	0	0	1	1	0	0x86
	备	0	0	0	0	0	1	1	1	0x07
5	主	0	0	0	0	1	0	0	0	0x08
	备	1	0	0	0	1	0	0	1	0x89
6	主	1	0	0	0	1	0	1	0	0x8A
	备	0	0	0	0	1	0	1	1	0x0B

续上表

柜号	主备	ADR_7	ADR_6	ADR_5	ADR_4	ADR_3	ADR_2	ADR_1	ADR_0	地址值
7	主	1	0	0	0	1	1	0	0	0x8C
	备	0	0	0	0	1	1	0	1	0x0D
8	主	0	0	0	0	1	1	1	0	0x0E
	备	1	0	0	0	1	1	1	1	0x8F
9	主	0	0	0	1	0	0	0	0	0x10
	备	1	0	0	1	0	0	0	1	0x91
10	主	1	0	0	1	0	0	1	0	0x92
	备	0	0	0	1	0	0	1	1	0x13

表 7.5 CPU_2的 CAN 地址的设置

柜号	主备	ADR_7	ADR_6	ADR_5	ADR_4	ADR_3	ADR_2	ADR_1	ADR_0	地址值
1	主	0	1	1	1	1	1	1	1	0x7F
	备	1	1	1	1	1	1	1	0	0xFE
2	主	1	1	1	1	1	1	0	1	0xFD
	备	0	1	1	1	1	1	0	0	0x7C
3	主	1	1	1	1	1	0	1	1	0xFB
	备	0	1	1	1	1	0	1	0	0x7A
4	主	0	1	1	1	1	0	0	1	0x79
	备	1	1	1	1	1	0	0	0	0xF8
5	主	1	1	1	1	0	1	1	1	0xF7
	备	0	1	1	1	0	1	1	0	0x76
6	主	0	1	1	1	0	1	0	1	0x75
	备	1	1	1	1	0	1	0	0	0xF4
7	主	0	1	1	1	0	0	1	1	0x73
	备	1	1	1	1	0	0	1	0	0xF2
8	主	1	1	1	1	0	0	0	1	0xF1
	备	0	1	1	1	0	0	0	0	0x70
9	主	1	1	1	0	1	1	1	1	0xEF
	备	0	1	1	0	1	1	1	0	0x6E
10	主	0	1	1	0	1	1	0	1	0x6D
	备	1	1	1	0	1	1	0	0	0xEC

④衰耗冗余控制器

衰耗冗余控制器实现正方向继电器复示及反方向继电器复示；通过主发送报警继电器或备发送报警继电器，实现总功出输出的切换；实现单载频区段主轨道电路的调整；实现单载频区段小轨道电路的调整(含正向调整及反向调整)；实现主发送器和备发送器发送报警条件的回采。

主轨道信号经变压器 B_1输入，变压器 B_1匝数比为 116∶(1～146)。次级通过变压器抽头连接，可构成 1～146 级变化，按轨道电路调整参考表调整接收器电平。

根据方向电路，接收端接至不同的两端小轨道电路，故小轨道电路的调整按正、反方向进行。负载阻抗为 3.3 kΩ，为提高 A/D 模数转换器的采样精度，小轨道信号经过 1∶3 升压变压器 B_2输出至接收器。

面板上有主发送工作灯、备发送工作灯、接收工作灯、轨道表示灯、正向指示灯、反向指示灯、主发送电源、备发送电源、主发送报警、备发送报警、总功出电压、总功出电流、接收电源、主机轨道继电器、并机轨道继电器、轨道继电器、轨道信号输入、主轨道信号输出、小轨道信号输出测试塞孔。

⑤双频衰耗冗余控制器

双频衰耗冗余控制器实现双载频区段主轨道电路调整；实现正方向继电器复示及反方向继电器复示；通过主发送报警继电器或备发送报警继电器，实现总功出输出的切换（总功出电压是主发送器输出还是备发送器输出）；实现主发送器、备发送器发送报警条件的回采。

根据方向电路，接收端接收不同载频的移频信号，故主轨道电路的调整按正、反方向进行。主轨道信号经变压器 SB_1 或 SB_2 输入，变压器 SB_1 或 SB_2 的匝数比为 116∶(1～146)。次级通过变压器抽头连接，可构成 1～146 级变化，按轨道电路调整参考表调整接收器电平。

面板上有主发送工作灯、备发送工作灯、接收工作灯、轨道表示灯、正向指示灯、反向指示灯、主发送电源、备发送电源、主发送报警、备发送报警、总功出电压、总功出电流、接收电源、主机轨道继电器、并机轨道继电器、轨道继电器、轨道信号输入、主轨道信号输出测试塞孔。

⑥防雷模拟网络盘

防雷模拟网络盘通过 0.25 km、0.5 km、1 km、2 km、2 km、2×2 km 电缆模拟网络模拟电缆参数，实现对 SPT 数字信号电缆的补偿，便于轨道电路调整，对通过传输电缆引入室内的雷电进行横向和纵向防护。

防雷模拟网络盘原理如图 7.7 所示。模拟一定长度电缆传输特性，与真实电缆共同构成一个固定极限长度，由 0.25 km、0.5 km、1 km、2 km、2 km、4 km 共六节组成，通过串联连接，可以构成 10 km 以内的间隔为 0.25 km 的 40 种长度，使所有轨道电路不需要根据所在位置和运行方向改变配置。

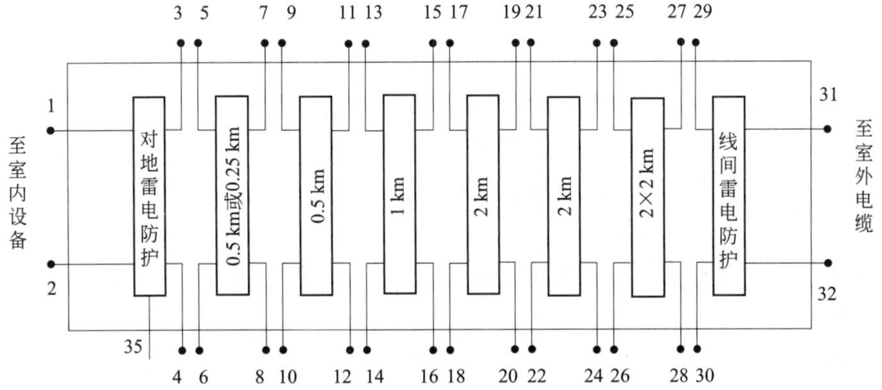

图 7.7 防雷模拟网络盘原理

⑦无绝缘轨道电路机柜

无绝缘轨道电路机柜对外连接有下出线及上出线两种方式，根据现场需要选用：型号：ZPW·G-2000A/K；外形尺寸：900 mm×600 mm×2 350 mm。

每台机柜可安装 10 套轨道电路设备，每套轨道电路由主发送器、备发送器、接收器、衰耗冗余控制器组成。发送器冗余工作方式为主发送器、备发送器构成“1+1”双机热备结构，在机柜内部自行构成。接收器按照 1、2；3、4；5、6；7、8；9、10 构成双机并联运用结构，在机柜内部自行构成。

机柜正面由八层设备组成，由上至下分别是主发送器、备发送器、接收器、衰耗冗余控制器、衰耗冗余控制器、主发送器、备发送器、接收器。

机柜背面由上至下分别安装零层端子板、断路器组合板、零层端子板、电源端子板。上部的零层端子板用于机柜上半部五个轨道电路设备的对外接线；下部的零层端子板用于机柜下半部五个轨道电路设备的对外接线及列控中心与机柜之间的通信线连接。断路器组合板安装20个10 A和10个5 A断路器，10 A用于发送器的过流保护；5 A用于接收器的过流保护；电源端子用于发送器电源、接收器电源与供电电源屏的连接。

⑧无绝缘轨道电路接口柜

无绝缘轨道电路接口柜对外连接有下出线及上出线两种方式，根据现场需要选用：型号：ZPW・GK-2000A/K；外形尺寸：900 mm×600 mm×2 350 mm。

无绝缘轨道电路接口柜设备安装配备比较灵活，既可放置防雷模拟网络组匣，也可放置继电器组合、综合采集分机、绝缘漏流测试组合等，最大容量为9台防雷模拟网络组匣。每个防雷模拟网络组合可安装8个防雷模拟网络盘。

(5)室外设备

①调谐匹配单元

调谐匹配单元可看作是ZPW-2000A轨道电路中调谐单元(BA)和匹配变压器(TAD)的二合一设备，用于轨道电路的电气绝缘节和机械绝缘节处，根据本区段的载频频率选用。

调谐部分形成相邻区段载频的短路且与调谐区内钢轨电感(或机械绝缘节处的机械绝缘节扼流空芯线圈)形成并联谐振，实现相邻区段信号的隔离和本区段信号的稳定输出。匹配部分主要作用是实现钢轨阻抗和电缆阻抗的连接，以实现轨道电路信号的有效传输。

图7.8为调谐匹配单元原理图，端子V_1、V_2、V_3、E_1、E_2为6 mm^2万可端子。E_1、E_2连接电缆，V_1、V_2为匹配单元的测试端子，V_1与V_3在使用中用4 mm^2多股铜线连接。A、B为铜连接板，设备出厂时A、B间使用铜引接片连接。调谐匹配单元用于机械绝缘节处时，必须拆除A、B间铜引接片；调谐匹配单元用于电气绝缘节处时，必须用铜引接片和ϕ4 mm螺母将A、B间短接。U_1、U_2为盒体外方的铜连接板用于与其他设备或钢轨的连接。

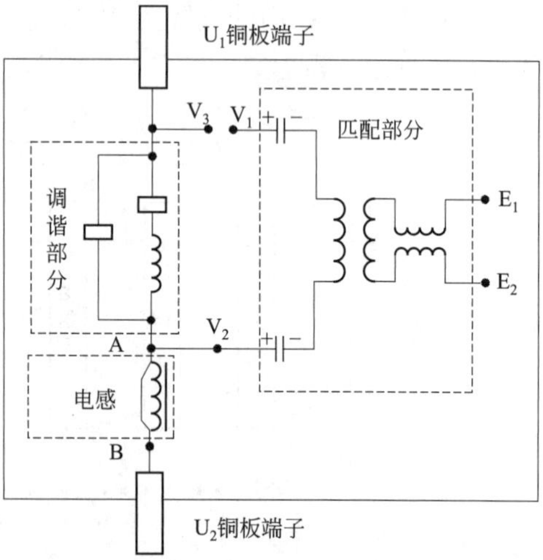

图7.8 调谐匹配单元原理图

②空芯线圈

空芯线圈的作用是平衡两钢轨的牵引电流，实现上、下行线路间的等电位连接，改善电气绝缘节的Q值，保证设备工作的稳定性。

机械绝缘节的空芯线圈用于进、出站口处，与调谐匹配单元形成并联谐振，使机械绝缘节电气参数与电气绝缘节电气参数等效，实现含有机械绝缘节的轨道电区段与双端均为电气绝缘节区段具有等长的传输长度。

③补偿电容器

补偿电容器采用高可靠的全密封电容器(型号：ZPWC・BGM)，用来补偿因钢轨电感的感抗所产生的无功功率损耗，保证接收端信号有效信干比，使得轨道电路具有良好传输性能，并保证钢轨在同侧两端接地的条件下，轨道电路分路及断轨检查性能。

当轨道电路区段长度大于 300 m 时，区间轨道电路区段和站内道岔轨道电路区段需要设置补偿电容器，以改善轨道电路信号在钢轨线路的传输条件，保证轨道电路信号传输长度。

补偿电容器容值的选择根据道床漏泄电阻值确定。道床漏泄电阻值小于 2 Ω·km 时，补偿电容值为 40 μF、46 μF、50 μF、55 μF 四种。站内道岔区段和道床漏泄电阻值不小于 2 Ω·km 时，补偿电容器值为 25 μF 一种。补偿电容器按照相等间距原则进行布置，电容器间距根据不同情况通过计算确定。

④空扼流变压器

空扼流变压器（型号：BE-1000/ZPW）用于区间 ZPW-2000A 无绝缘轨道电路区段，需要将牵引回流线或保护线引入钢轨的地方，及其上、下行线路间横向连接线的地方，平衡牵引电流，使之不影响轨道电路的正常工作。

为了降低该设备的引入对区间轨道电路的影响，在不大于规定的不平衡牵引电流条件下，其对于轨道电路信号的阻抗不小于17 Ω。BE(K)型扼流变压器接线图如图 7.9 所示。

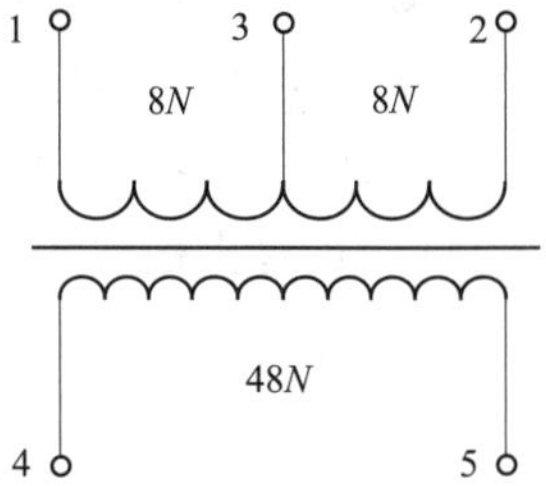

图 7.9 BE(K)型扼流变压器接线

典型工作任务3 区间逻辑占用检查认知

7.3.1 工作任务

了解区间逻辑占用检查的机理和实现方法。

7.3.2 知识链接

自动闭塞区段，无论是通过信号机显示，还是车载设备收到的行车信息，均是以闭塞分区占用、空闲作为判断的基础。由于钢轨、轮对表面存在影响分路电阻的物质（如撒砂、油污、锈蚀等），会造成轮轨间电气性能的变化，从而出现占用丢失现象。发生占用丢失后，可能会造成一个闭塞分区中同时存在两辆列车运行的情况。但是，仅从轨道电路方面采取措施无法根本解决区间占用丢失问题。鉴于以上情况，有必要采取类似站内三点检查的逻辑判断方式，对区间闭塞分区占用丢失进行安全防护。在高速铁路，通过 TCC 的软件实现区间占用逻辑检查。

1. 区间占用逻辑检查的实施方案

区间占用逻辑检查功能主要通过列控中心 TCC 的软件实现。CTC、TSRS 等也需要提供接口功能。

区间逻辑检查软件的核心逻辑是从列车出发开始，TCC 追踪列车的运行轨迹，根据区间的运行方向和列车当前的占用位置，判断列车下一时刻可能占用的闭塞分区。如果下一个出现占用的闭塞分区位置符合判断，则轨道电路设备正常。如果某时刻出现占用或空闲的闭塞分区前后空间位置逻辑关系与列车运行轨迹不符合物理位置空间连续性的要求，则轨道电路设备可能出现异常，此时将对应闭塞分区的逻辑状态置为故障占用或失去分路，并通过控制轨道电路发码对其进行安全防护。

列车在区间线路运行，当在某个闭塞分区发生列车占用丢失时，其运行后方至少有一架信号机保持红灯进行防护。随着当前列车运行，信号系统按照逻辑关系检查后，可对占用丢失的区间防护措施进行自动解除，后续列车可按照车载或地面信号机显示正常运行。当因某种特殊情况，系统故障或不具备自动解除防护措施时，需使用区间解锁按钮按照规定程序进行人工解锁。

该方案实现了当出现占用丢失时的红灯防护，从而提高了自动闭塞区间列车运行的安全性，而且将改善运输应急处置方式，降低对运输效率的影响。

区间占用逻辑检查功能中有两个最基本的概念：逻辑状态与信号许可（SA）。

逻辑状态是指TCC采集到闭塞分区的设备状态（轨道电路反映的占用状态）后，根据列车的占压顺序，经过逻辑判断得来的占用状态。闭塞分区逻辑状态分为四种状态：

(1)空闲状态。列车未占用该闭塞分区，并且闭塞分区设备状态为空闲。

(2)正常占用状态。列车占用该闭塞分区，并且闭塞分区设备状态为占用。

(3)故障占用状态。列车未占用该闭塞分区，但闭塞分区设备状态为占用。

(4)失去分路状态。列车占用该闭塞分区，但闭塞分区设备状态为空闲。

信号许可SA是指TCC用来空间隔离不同列车，确定列车对其他闭塞分区逻辑状态影响范围的辅助标志。SA包含一个或若干个连续的闭塞分区，在一个SA内只允许有一列车。

2. 逻辑状态的处理原则

(1)系统启动

TCC上电启动时，若从TSRS接收到闭塞分区无失去分路状态，如果该闭塞分区设备状态为空闲，TCC逻辑状态判定为空闲；如果该闭塞分区设备状态为占用，TCC逻辑状态判定为正常占用。若从TSRS接收到闭塞分区有失去分路状态，如果该闭塞分区设备状态为空闲，TCC逻辑状态判定为失去分路；如果该闭塞分区设备状态为占用，TCC逻辑状态判定为正常占用。

(2)故障占用状态

逻辑状态为故障占用的闭塞分区，若设备状态变为空闲，则逻辑状态判定为空闲；若设备状态保持占用，并且同时满足如下条件，则判定为正常占用：

①运行后方相邻闭塞分区属于同一SA或者均未分配SA。

②运行后方相邻闭塞分区原逻辑状态也为故障占用。

③两闭塞分区占用顺序与列车运行方向一致。

④运行后方相邻区段(非站内区段)所属闭塞分区逻辑状态由故障占用变为空闲。

否则逻辑状态维持故障占用。

故障占用状态转为正常占用状态举例：

1G、2G、3G、4G、5G初始状态均为空闲状态，并且未分配SA。

此时3G闭塞分区设备状态由空闲变为占用，3G闭塞分区逻辑状态判定为故障占用，如图7.10所示。

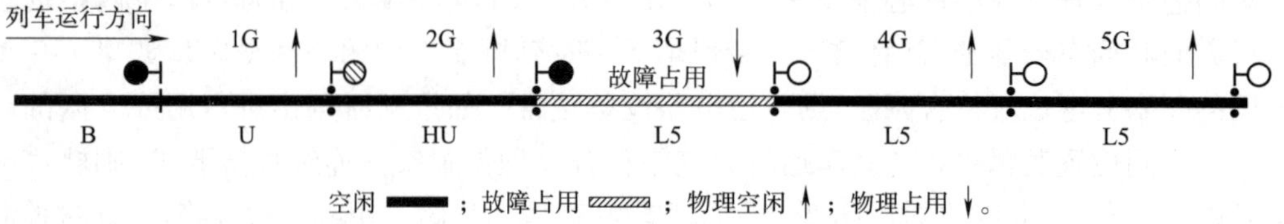

图7.10　3G状态转为故障占用示意

4G 闭塞分区设备状态由空闲变为占用，4G 闭塞分区逻辑状态判定为故障占用，如图 7.11 所示。

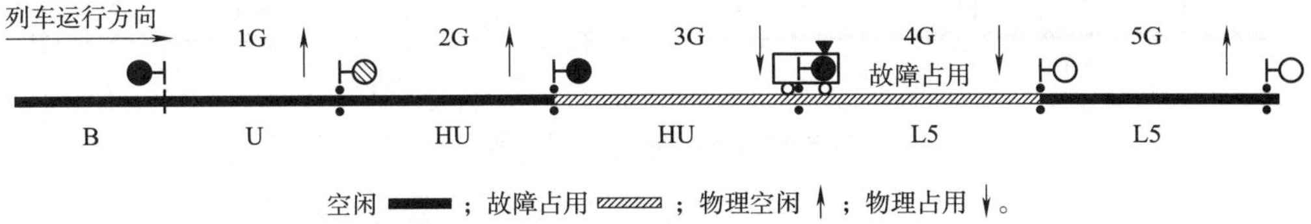

图 7.11　4G 状态转为故障占用示意

3G 设备状态由占用变为空闲，3G 逻辑状态由故障占用判定为空闲；4G 设备状态保持占用，4G 逻辑状态满足 3G 先故障占用，4G 后故障占用，3G 由故障占用变为空闲，并且 3G/4G 均未分配 SA(原已分配相同 SA 亦可)，4G 状态转为正常占用，如图 7.12 所示。

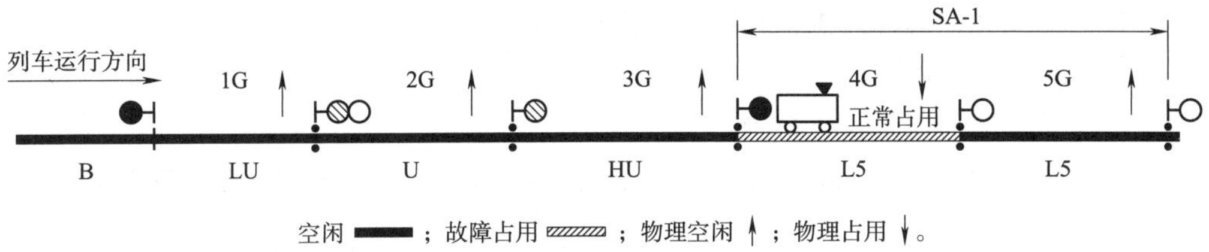

图 7.12　4G 逻辑状态判定为正常占用示意

(3)空闲状态

逻辑状态为空闲的闭塞分区，若设备状态保持空闲，则闭塞分区逻辑状态保持空闲；若设备状态由空闲变为占用，并且同时满足如下条件，则判定为正常占用：

①运行后方相邻闭塞分区与本闭塞分区属于同一个 SA。

②运行后方相邻闭塞分区逻辑状态为正常占用(如果运行后方相邻的是站内区段，则为进路最末轨道区段占用且锁闭)。

否则，判定为故障占用。

空闲状态转为正常占用状态的举例：

列车出站，顺序占压至驶入 3G，3G 为正常占用，如图 7.13 所示。

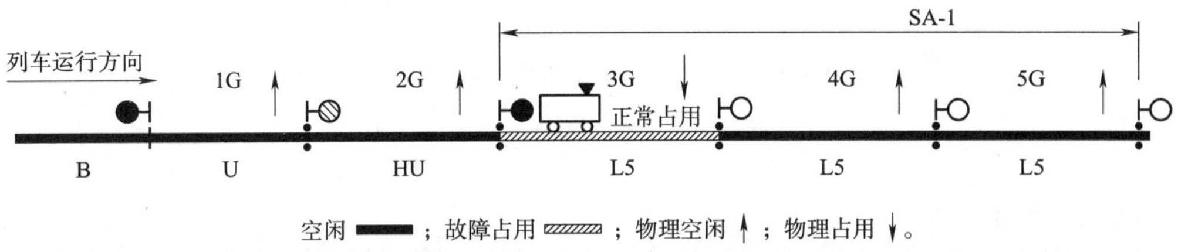

图 7.13　3G 逻辑状态正常占用示意

4G 设备状态由空闲变为占用，由于 3G 与 4G 同属相同 SA，并且 3G 逻辑状态为正常占用，判定 4G 逻辑状态为正常占用，如图 7.14 所示。

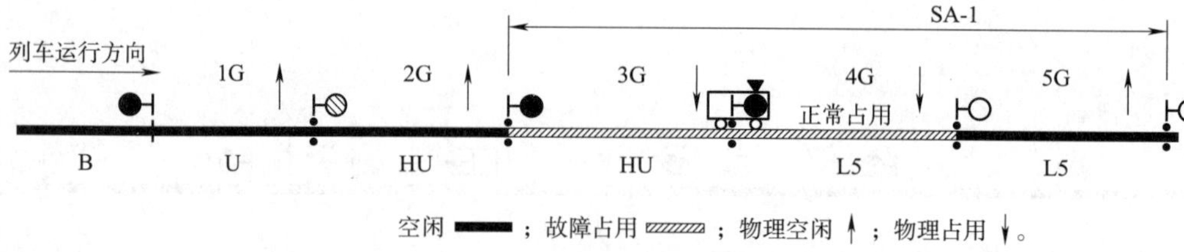

图 7.14　4G 逻辑状态判定为正常占用示意

(4)正常占用状态

逻辑状态为正常占用的闭塞分区，若设备状态保持占用，则逻辑状态保持正常占用；若设备状态由占用变为空闲，并且同时满足如下条件，则判定为空闲：

①运行前方相邻闭塞分区与本闭塞分区属于同一个 SA。

②运行前方相邻闭塞分区原逻辑状态为正常占用。

③运行前方相邻闭塞分区设备状态保持占用。

否则，判定为失去分路。

正常占用状态转为空闲状态举例：

列车顺序驶入 3G、4G，设备状态均为占用，逻辑状态均为正常占用状态，如图 7.15 所示。

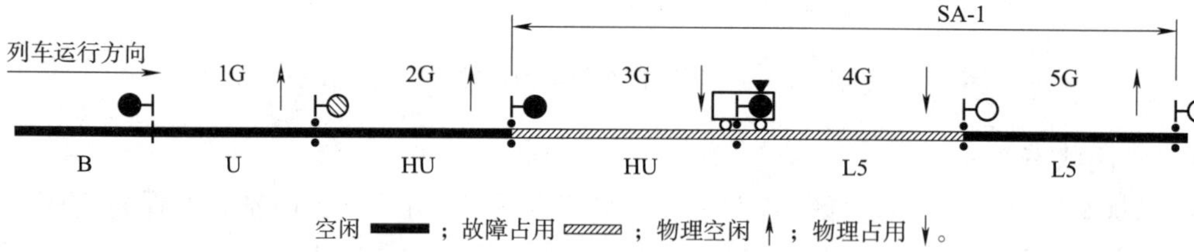

图 7.15　3G/4G 均正常占用示意

列车完全驶入 4G，3G 设备状态由占用变为空闲，由于 4G 与 3G 同属相同 SA，并且 4G 逻辑状态为正常占用，则 3G 逻辑状态判定为空闲，如图 7.16 所示。

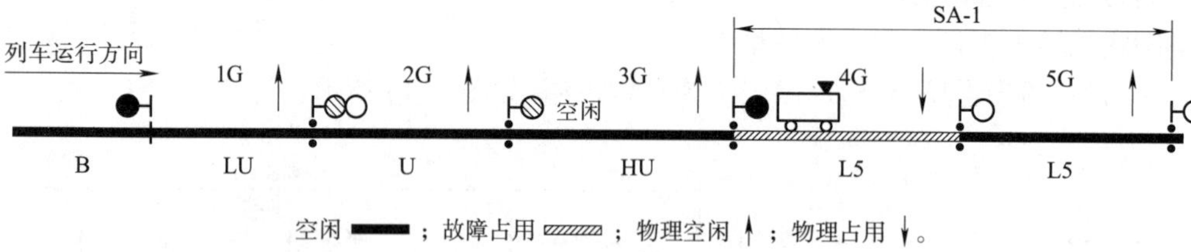

图 7.16　3G 正常占用判定为空闲示意

(5)失去分路状态

逻辑状态为失去分路的闭塞分区，若设备状态保持空闲，则逻辑状态保持失去分路；若设备状态由空闲变为占用，则逻辑状态判定为正常占用。

(6)SA 内前方正常占用

在一个 SA 内，如果运行前方闭塞分区判定为正常占用，则该闭塞分区后方所有原判定为失去分路状态的闭塞分区,其逻辑状态均判定为空闲,失去分路状态及相应防护措施自动解除。在一个 SA 内,如果运行前方闭塞分区判定为正常占用,则与该分区不连续的后方所有原判定为正常占用状态的闭塞分区,其逻辑状态均判定为故障占用。

3. 信号许可的处理原则

闭塞分区逻辑状态判定为正常占用或失去分路时,如果该分区未分配任何 SA,则生成一个新的 SA,并将运行前方所有未分配 SA 的空闲状态闭塞分区分配到新生成的 SA 中。SA 自列车占用的闭塞分区开始,至前方非空闲状态闭塞分区或前方站与列车运行同方向的进站信号机为止。

TCC 实时将 SA 范围内被判断为正常占用的闭塞分区后方处于空闲或故障占用状态的闭塞分区予以释放。TCC 实时将运行前方被判断为处于空闲状态且未被其他 SA 包含的闭塞分区纳入本 SA 范围。一个 SA 最多包含两个 TCC 管辖范围(含区间信号中继站)内的闭塞分区,即一个 SA 不能同时跨越三个 TCC 管辖范围。

SA 编号的取值范围为 1～255。TCC 循环递增分配 SA 编号。同一个 TCC 内,各 SA 编号必须唯一。

4. 设备间接口

TCC 与调度集中 CTC、临时限速服务器 TSRS 有接口功能。

CTC 调度台及车务终端设备应具备闭塞分区确认无车占用、区间逻辑状态总解锁、区间逻辑检查开启/关闭的人工操作功能。TCC 执行 CTC 下达的闭塞分区确认无车占用命令后,该闭塞分区逻辑状态改为空闲。TCC 执行 CTC 区间逻辑状态总解锁命令后,TCC 将该区间所有处于失去分路状态的闭塞分区逻辑状态改为空闲。

TCC 正常运行时,应把控制范围内区间闭塞分区的失去分路的标识发送给 TSRS。TCC 重启时,应从 TSRS 获取区间闭塞分区的失去分路的标识。

5. 限制使用条件

区间占用逻辑检查是利用计算机逻辑判断实现列车在区间运行时出现分路不良情况下的安全防护措施,该功能的限制使用条件为:

(1)列车断钩,遗留车辆所在的闭塞分区同时处于失去分路状态。

(2)列车在本闭塞分区失去分路,并且列车前方相邻闭塞分区同时发生故障占用,组成双重故障。

(3)列车跨压前方闭塞分区时,车尾所在的闭塞分区又恰好处于失去分路状态。

(4)列车在区间退行、折返、救援等非正常运行时。

(5)区间有车情况下,办理区间改方操作。

(6)TCC 上电启动时,列车所在的闭塞分区恰好发生失去分路或列车跨压两个及以上闭塞分区。

典型工作任务4　高速铁路自动闭塞电路认知

7.4.1　工作任务

掌握运行速度 200～250 km/h 高速铁路自动闭塞电路原理、运行速度 300～350 km/h 高速铁路自动闭塞电路原理。

7.4.2 知识链接

1. 运行速度 200～250 km/h 高速铁路自动闭塞电路

(1)轨道电路的设置

区间采用 TCC 编码的 ZPW-2000A 型无绝缘轨道电路。发送双机热备、接收双机并联运用,故障检测和发送切换由轨道电路实现。低频信息编码和切频控制由列控中心实现。

区间上行正线载频采用 2 000/2 600 Hz;区间下行正线采用 1 700/2 300 Hz。区间、车站轨道电路载频统一排列,绝缘节两侧采用不同载频。区间正向增加 L4、L5 低频信息码,反向按追踪码序发码。轨道电路实现轨道空闲检查,并连续向列车传送空闲闭塞分区数量、道岔侧向允许速度等信息。调谐区小轨道条件不纳入联锁,仅作为检测内容。

ZPW-2000A 轨道电路保留接收器驱动的 GJ,为其他系统提供轨道区段的空闲状态,并作为区间信号机点灯的控制条件。列控中心采集区间 GJ,用于轨道状态的校核。接近区段和离去区段轨道占用/空闲状态,由计算机联锁直接采集区间轨道继电器。中继站管辖范围的轨道状态,由列控中心通过站间通道传至邻站,将占用/空闲状态信息提供给 CTC。

轨道电路控制电缆长度原则上按不超过 10 km 设计。对 200 km/h 及以上的区间(有砟轨道),最小道床漏泄电阻取 2.0 Ω·km,标准分路电阻取 0.15 Ω;160 km/h 及以下低速区段最小道床漏泄电阻取 1.0 Ω·km,标准分路电阻取 0.15 Ω。

(2)列控中心与轨道电路的通信

①列控中心与轨道电路的接口

列控中心通过与轨道电路的接口(T 口)和轨道电路通信。轨道电路状态和低频编码信息以通信方式交互。列控中心根据 ZPW-2000A 提供的基于 CAN 总线的通信协议实现互联。轨道电路与列控中心的通信拓扑结构如图 7.17 所示。

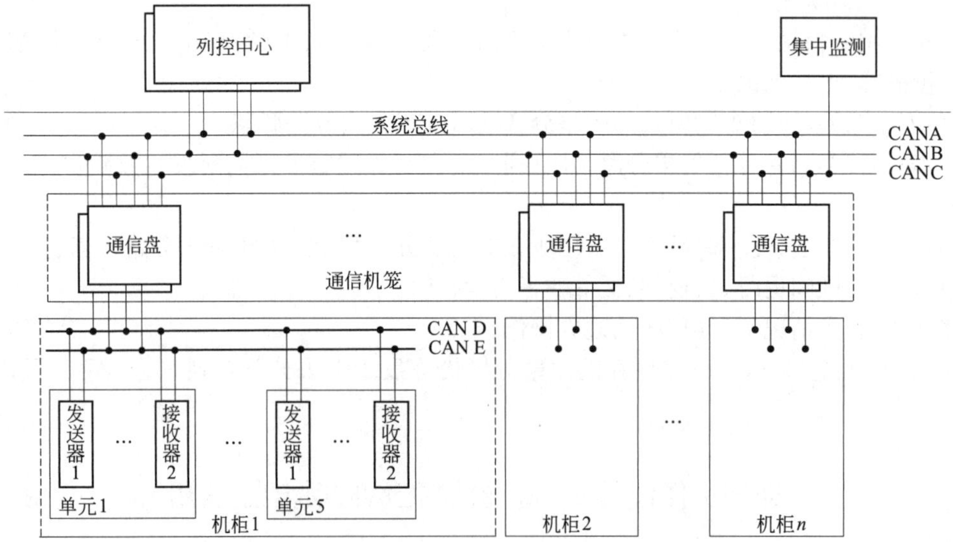

图 7.17 轨道电路与列控中心的通信拓扑结构图

列控中心的 CAN 通信扩展板(CANIF)实现列控主机与轨道电路设备及通信接口单元之间的数据交换,配置有两路 CAN 总线通信接口。CAN 通信扩展板背面是 CANIO 接口板,提供 CAN 通信接口和外部设备通信。

通信接口单元实现列控中心设备对外的通信接口，主要实现列控中心对轨道电路、LEU 及 CTC 设备的通信。

通信接口单元为一个 4U 的机笼单元，配置在列控中心的主机柜中。通信接口单元中包含三种类型的通信接口板：轨道电路通信接口板（CI-TC）、CTC 通信接口板（CI-GS）、应答器报文实施编码板（CI-TIU）。

CI-TC 为轨道电路通信接口板，用于实现和轨道电路设备的编码通信。通信接口单元机笼中按照不同的站场类型配置 CI-TC 板。CI-TC 板用于列控中心主机和轨道电路设备间的 CAN 总线通信协议间互换，实现列控中心主机向轨道电路设备发生编码命令，并接收轨道电路设备的状态，其中 CAN 总线的 CANA、CANB 用于和列控主机交换数据，CAN 总线的 CANC 用于发送监测数据给监测维护机，CAN 总线的 CAND、CANE 用于和轨道电路设备交换数据。列控中心与轨道电路的数据通信结构如图 7.18 所示。

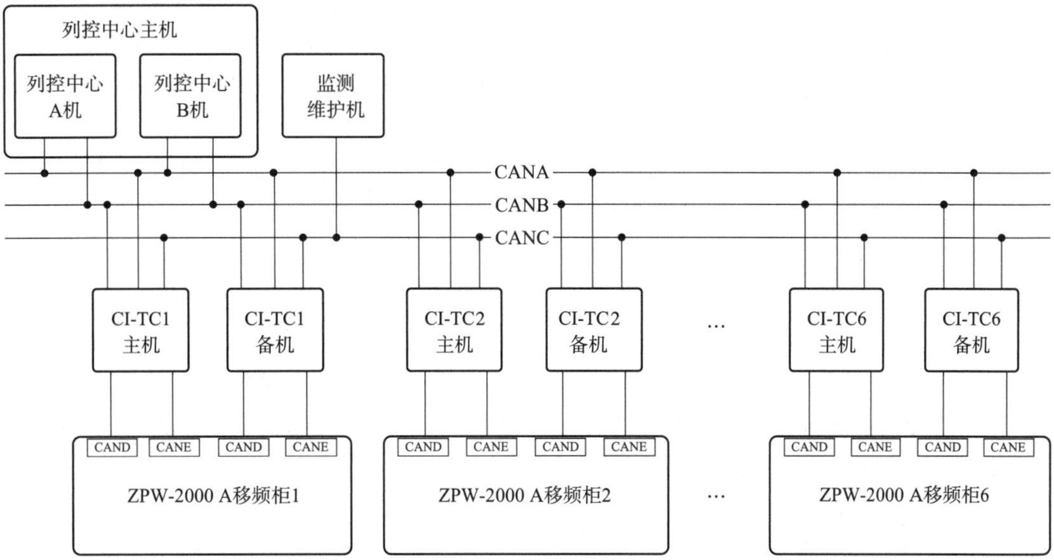

图 7.18　列控中心与轨道电路的数据通信结构

②列控中心与轨道电路的信息交换

列控中心与轨道电路主要交换如下信息：轨道电路状态信息，状态数据帧由接收器产生，用于传送轨道区段当前的状态，即占用或空闲；轨道电路编码信息，由列控主机产生，用于传输控制发送器输出信号的编码命令，即载频编码数据和低频编码数据。

同时，列控中心作为与轨道电路接口总线通信方式中的主节点，还必须向轨道电路设备发送同步帧，以划分不同时间片。同步帧没有数据，仅用于系统同步。列控中心主机发送同步帧，以收集轨道电路的状态数据。通信接口板转发同步帧，延时后，将接收的数据打包，向列控主机发送。

③列控中心与轨道电路接口的工作过程

a. 列控中心向轨道电路通信接口板发送同步帧，以收集轨道电路的状态数据。

b. 通信接口板转发同步帧。

c. 发送器、接收器接收到同步帧后，分别进行延时，发送轨道电路状态信息。

d. 通信接口板经过打包,向列控主机转发轨道电路状态信息。

e. 列控主机根据收到的轨道电路状态信息,进行编码计算,并将编码信息发送给轨道电路通信接口板。

f. 通信接口板转发编码信息,发送器根据编码信息,产生调制信号向钢轨发送;接收器根据编码信息,处理轨道上返回的调制信号。

④接口故障

列控中心与轨道电路接口故障主要有收到无效数据和未收到数据两种情况。在这两种情况下,列控中心不能立刻判定与轨道电路接口故障,可能使轨道电路闪红,影响整个系统的可用性和稳定性。列控中心应等待一定的时间以确认主通道是否永久故障。

当列控中心与轨道电路接口发生故障时,列控中心等待一定的时间,如在该时间内收到有效数据,则继续正常工作;如未收到有效数据,则进行双系切换。切换完成后,重新与轨道电路建立通信,如通信建立,则切系后正常工作;如失败,则轨道电路发 27.9 Hz 占用检测码。

(3)自动闭塞的实现

区间正向按自动闭塞方式追踪运行,正向旅客列车最小追踪间隔 4 min,反向按站间闭塞方式运行。闭塞分区的划分应满足动车组列控车载设备按照目标—距离模式控车和按四显示自动闭塞行车的要求。

有运行非动车组列车的速度 200～250 km/h 高速铁路保留区间通过信号机,以满足未装设 ATP 车载设备非动车组列车的行车需要。

增加防护码——H(红)码;增加 L2～L5 码;反方向运行时按站间闭塞办理,但码序与正方向相同,所有区段都有码。

①轨道电路编码控制

列控中心通过 T 口与轨道电路接口,列控中心的 CAN 总线的 CANDH、CANDL、CANEH、CANEL 分别与轨道电路发送器的 CANDH、CANDL、CANEH、CANEL 相连,实现无接点载频和低频编码。轨道电路编码控制原理如图 7.19 所示。

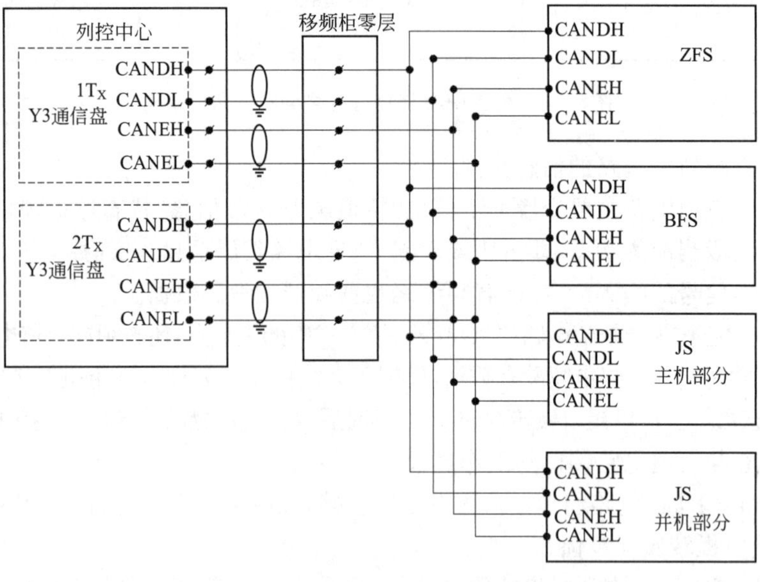

图 7.19　轨道电路编码控制原理

②区间通过信号机点灯控制

列控中心根据各闭塞分区状态消息，通过信号点灯控制接口(V口)驱动区间通过信号机并驱动红灯继电器HJ、黄灯继电器UJ、绿灯继电器LJ，HJ、UJ、LJ电路如图7.20所示。由HJ、UJ、LJ接点构成通过信号机点灯电路，如图7.21所示。为了保持编码与信号机显示的一致性，列控中心采集灯丝继电器DJ的状态。

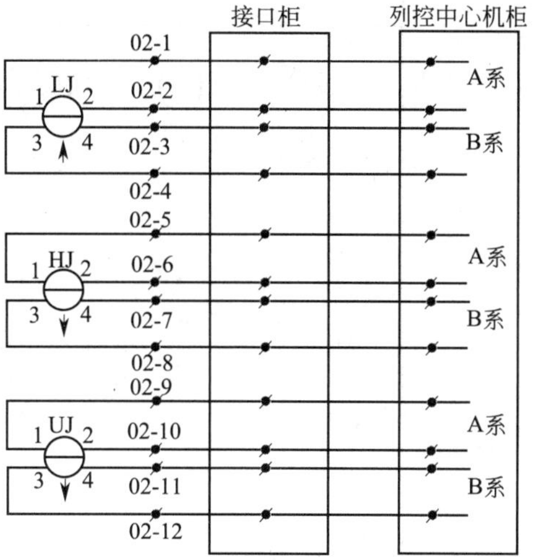

图7.20　HJ、UJ、LJ电路

③区间方向控制电路

列控中心根据区间方向控制信息，驱动各个方向每个信号点的方向切换继电器FQJ，区间方向控制电路如图7.22所示。FQJ用于切换轨道电路发码方向，FQJ落下表示正方向；FQJ吸起表示反方向。列控中心回采各方向切换继电器的状态。

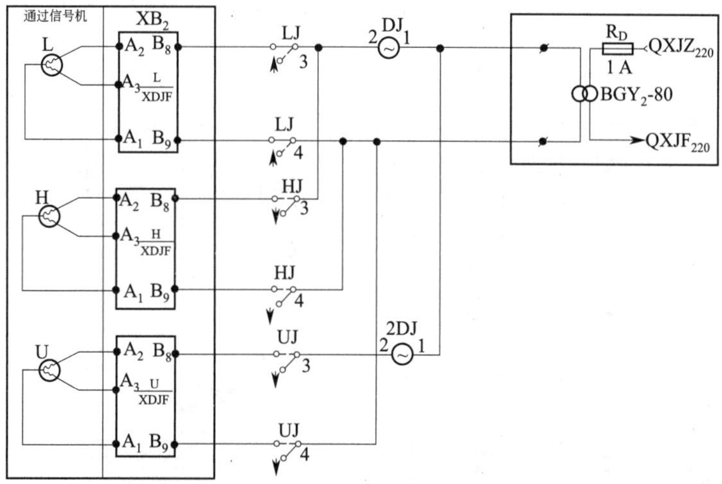

图7.21　通过信号机点灯电路

车站联锁终端设置JD、FD、JQD、FZD、ZFA、FFA、JFA。

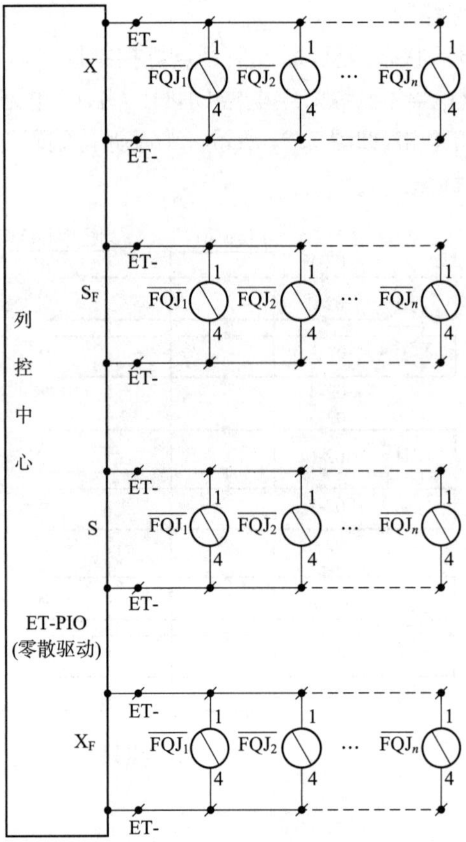

图 7.22　区间方向控制电路

④接近、离去轨道继电器电路

列控中心设接近、离去轨道继电器驱采电路。由列控中心根据闭塞分区状态信息驱动接近轨道继电器 1JGJ、2JGJ、3JGJ，回采它们的前接点，接近轨道继电器驱采电路如图 7.23 所示。

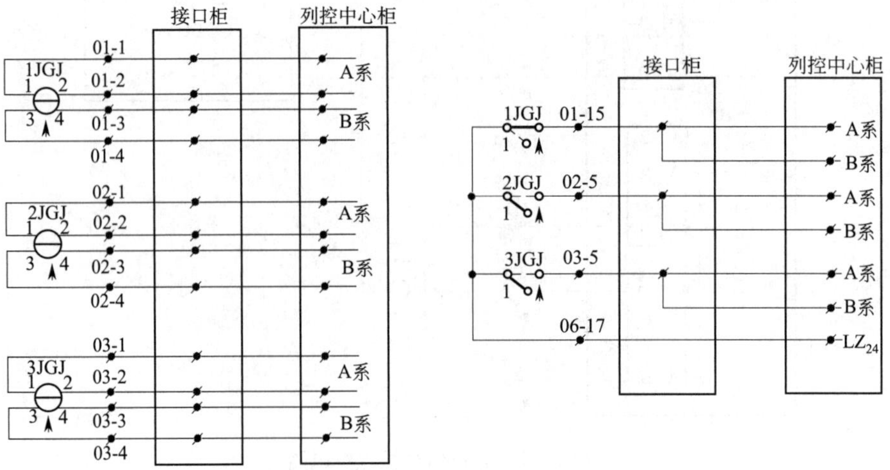

图 7.23　接近轨道继电器驱采电路

由列控中心根据闭塞分区状态信息驱动离去轨道继电器 1LQGJ、2LQGJ、3LQGJ，回采它们的前接点，离去轨道继电器驱采电路如图 7.24 所示。

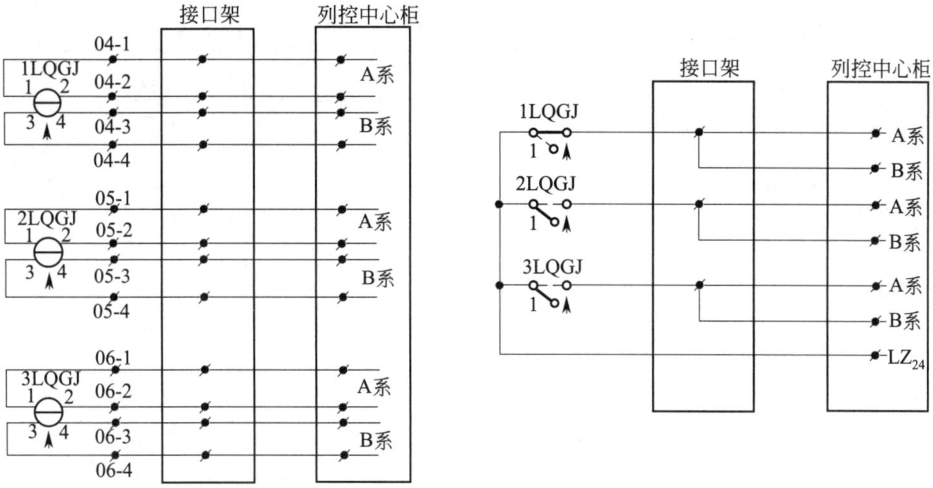

图 7.24　离去轨道继电器驱采电路

2. 运行速度 300～350 km/h 高速铁路自动闭塞电路

区间采用计算机编码控制的通信编码的 ZPW-2000 系列无绝缘轨道电路，轨道电路的传输长度满足相关技术条件的要求。轨道电路的正常码序为 L5—L4—L3—L2—L—LU(绿黄)—U(黄)—HU(红黄)，满足 CTCS-2 级 300 km/h 速度列车安全运行的要求。为满足速度 300 km/h、3 min 列车追踪运行的要求，并考虑轨道电路传输长度等条件，闭塞分区长度原则上按照不少于 2 000 m 进行设计(为便于闭塞分区标志牌的安装，闭塞分区分界点考虑与某个接触网支柱同里程)。闭塞分区配置要考虑电气化分相绝缘器的位置，以防止列车停车再运行时无法越过无电区域。

运行速度 300～350 km/h 高速铁路的自动闭塞和 200～250 km/h 高速铁路的自动闭塞一样，轨道电路的编码和区间运行方向控制由列控中心完成。闭塞分区空闲时，发送器的输出使本闭塞分区的 GJ 吸起。列控中心采集 GJ 的前接点。

列控中心根据区间方向控制信息，驱动各个方向的改变方向继电器，每个方向设正方向改变方向继电器 ZGFJ 和反方向改变方向继电器 FGFJ，再由它们去控制每个方向的方向继电器 FJ，由本方向的 FJ 控制本方向的各信号点的 FQJ。FQJ 用于切换轨道电路发码方向，FQJ 落下表示正方向；FQJ 吸起表示反方向。列控中心回采各方向的 FJ 定、反位接点，以及各信号点的 FQJ 的前接点。改变方向继电器电路如图 7.25 所示。

区间不设通过信号机，无须点灯控制。在闭塞分区分界处(尽量利用接触网杆)设置标志牌，如图 7.26 所示。

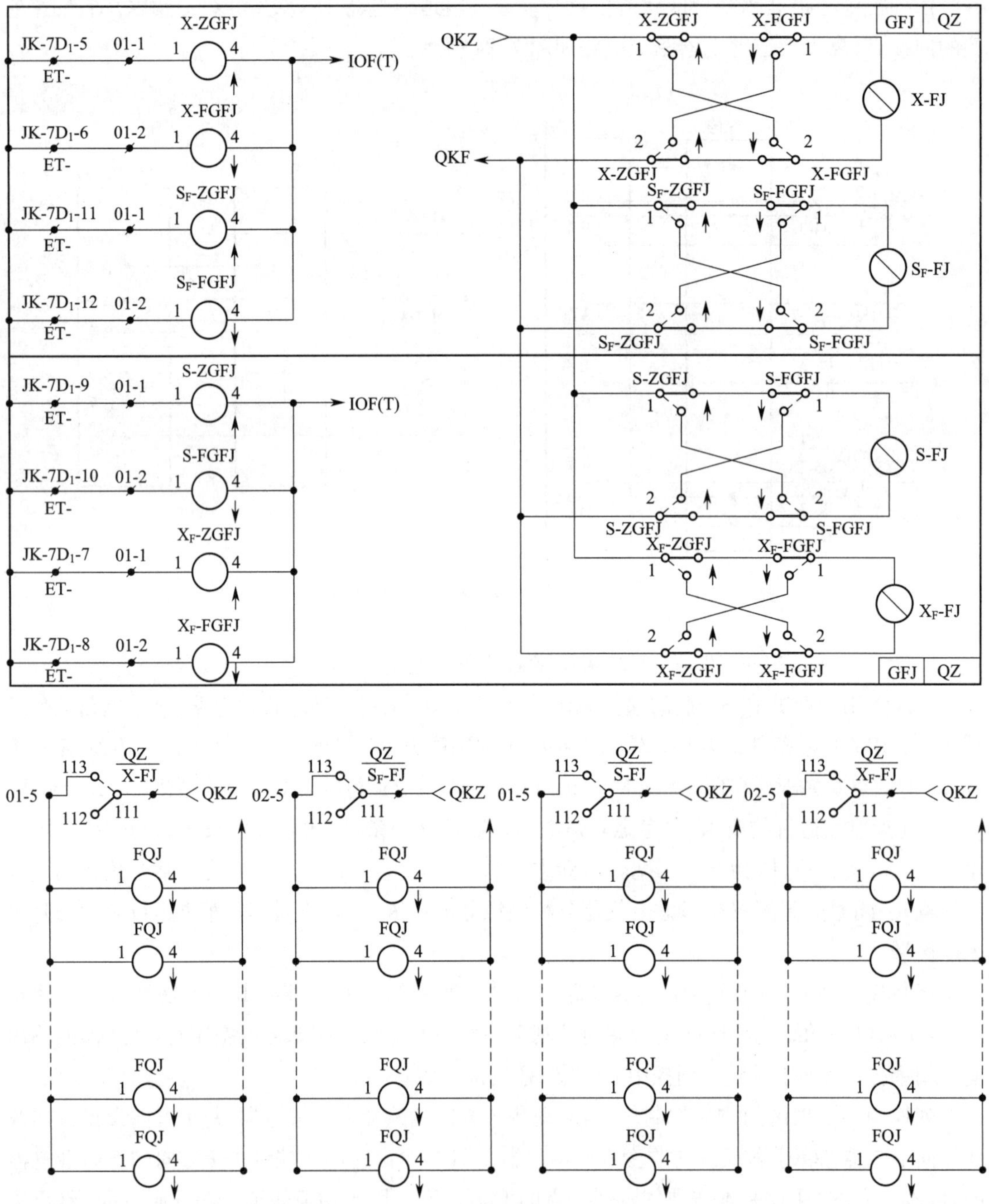

图 7.25　改变方向继电器电路

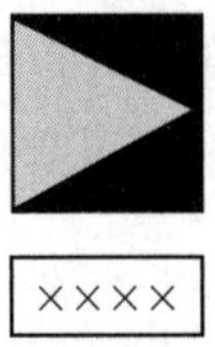

图 7.26　闭塞分区信号标志牌

典型工作任务5 高速铁路自动闭塞阅图练习

7.5.1 工作任务

通过阅图练习，提高对于高速铁路自动闭塞的阅图能力。

7.5.2 练习步骤

《自动闭塞图册(第三版)》第Ⅱ、Ⅲ部分分别是200～250 km/h和300～350 km/h高速铁路自动闭塞电路图，通过对该图的阅图练习来进行本内容的学习。

1. 区间信号设备平面布置图阅图

通过对《自动闭塞图册(第三版)》图Ⅱ-01、Ⅲ-01的阅图，掌握自动闭塞电路室外设备的组成和布置图的阅图方法。

提示：图Ⅱ-01是200～250 km/h高速铁路区间信号设备平面布置图，其与图Ⅰ-01基本相同，只是增加了应答器和反方向预告牌的设置位置。图Ⅲ-01是300～350 km/h高速铁路区间信号设备平面布置图，其与图Ⅱ-01不同之处仅在于在将通过信号机改为标志牌。

2. 区间电缆径路图和配线图阅图

通过对《自动闭塞图册(第三版)》图Ⅲ-02、Ⅲ-03的阅图，掌握自动闭塞干线和支线电缆的径路图和配线图的阅图方法。

提示：图Ⅲ-02是300～350 km/h高速铁路区间干线电缆径路图，其表示方法基本上同图Ⅰ-03，不同的是其按上、下行分设发送和接收电缆，共有四根干线电缆，而没有站联干线电缆(思考为什么这样?)。

3. 区间设备柜布置图阅图

通过对《自动闭塞图册(第三版)》图Ⅱ-02、Ⅱ-03、Ⅱ-04、Ⅲ-04、Ⅲ-05、Ⅲ-06的阅图，掌握区间移频柜、区间综合柜、区间组合柜布置图的阅图方法。

提示：这些机柜的表示方法同图Ⅰ-08、Ⅰ-09、Ⅰ-10没有什么区别。

4. 闭塞分区电路图阅图

通过对《自动闭塞图册(第三版)》图Ⅱ-05、Ⅲ-07的阅图，掌握闭塞分区电路图的阅图方法。

提示：图Ⅱ-05是200～250 km/h高速铁路闭塞分区电路图，其与图Ⅰ-11的区别在于没有低频编码电路、与内方闭塞分区联系电路和复示继电器电路，这些都由列控中心完成，因此，有列控中心与区间移频柜的联系。图Ⅲ-07是300～350 km/h高速铁路闭塞分区电路图，其与图Ⅱ-05的区别在于没有通过信号机点灯电路。因此，不需要对每个轨道电路区段设计一张图，而由一张电路图和一张配线表即能表明每个轨道电路区段的全部情况。

5. 区间信号采集电路

通过对《自动闭塞图册(第三版)》图Ⅱ-06、Ⅲ-08的阅图，掌握区间信号采集电路的阅图方法。

提示：图Ⅱ-06是200～250 km/h高速铁路区间TCC采集电路图，分为区段采集和零散采集。区段采集采集的是各信号点的HJ、UJ、LJ的前接点；零散采集采集的是每个方向各个区段的FJ、FJF的定位接点。区段采集和零散采集各由电路图和配线表组成。

图Ⅲ-08是300～350 km/h高速铁路方向切换继电器采集电路图，分为区段采集和零散采集。区段采集采集的是各方向的 FJ 接点；零散采集采集的是每个方向各个区段的 FQJ 前接点。区段采集由电路图表示，零散采集由电路图和配线表组成。

6. 区间信号驱动电路

通过对《自动闭塞图册(第三版)》图Ⅱ-07、Ⅲ-09 的阅图，掌握区间信号驱动电路的阅图方法。

提示：图Ⅱ-07 是 200～250 km/h 高速铁路区间 TCC 驱动电路图，分为区段驱动和零散驱动。区段驱动的是各信号点的 HJ、UJ、LJ；零散驱动采集的是每个方向各个区段的 FQJ。区段驱动和零散驱动各由电路图和配线表组成。图Ⅲ-09 是 300～350 km/h 高速铁路方向切换继电器驱动电路图，驱动的是各个方向的 ZGFJ 或 FGFJ。由它们分别接通各个方向的 FJ 电路，再由 FJ 接通各区段的 FQJ 电路。

典型工作任务 6　高速铁路自动闭塞维护

7.6.1　工作任务

了解高速铁路自动闭塞的维修事项和常见故障处理方法。

7.6.2　知识链接

1. 高速铁路自动闭塞的维修

(1)通信编码的 ZPW-2000A 型轨道电路日常维修作业项目

①调谐区设备检查

检查防护盒、空扼流变压器基础完好不倾斜，防护盒无裂纹、不破损、加锁良好；无锈蚀、油饰良好；设备代号清晰正确，硬面化完好清洁，周围电缆不外露；检查钢包铜线、空扼流变压器等阻线完好，各类防护线无破皮、无膨胀变形，固定良好。

②调谐区防护盒内部检修

调谐单元、匹配变压器、空芯线圈固定良好；配线整齐、不破皮、不老化、无断股、螺母垫片齐全紧固；加锁装置良好、活动部分适当注油；箱盒内电缆去向铭牌齐全清楚，配线图清晰正确，引入孔绝缘胶不龟裂、无废孔；地线与贯通地线接触良好；匹配变压器与调谐单元的连线采用 7.4 mm^2 的铜线，线头两端采用 $\phi 6$ mm 的铜端头冷压连接，不松动；检查防雷单元良好。

③测试、调整与记录

a. 调整状态："主轨出"电压一般调整至 450～600 mV，"小轨出"电压调整在(155±10) mV，小轨道接收条件(XGJ、XGJH)电压不小于 20 V。

b. 分路状态：用 0.25 Ω 标准分路电阻线在不利处所轨面上分路时，"主轨出"分路电压应不大于 140 mV，轨道继电器可靠落下。

c. 轨道电路应实现全程断轨检查：主轨道断轨时，"小轨出"电压小于或等于 140 mV，继电器可靠落下。

d. 轨道电路分路状态在最不利条件下，在轨道电路任意一处轨面用 0.25 Ω 标准分路线分路时，列车入口电流正线(1.5±0.1) A，侧线(1.1±0.1) A。

e. 钢包铜引接线塞钉与轨面间电压小于或等于 1 mV。

(2)通信编码的 ZPW-2000A 型轨道电路集中检修作业项目

通信编码的 ZPW-2000A 型轨道电路集中检修作业项目和周期见表 7.6。

表 7.6　通信编码的 ZPW-2000A 型轨道电路集中检修作业项目和周期

项　目		工作内容	单位	周期
区间轨道电路	1	(1)钢包铜引接线不良整治或更换。 (2)塞钉头、冷压铜端头与轨面间接触电压测试,不良整治或更换。 (3)补偿电容器不良整治或更换。 (4)钢轨接续线不良整治或更换。 (5)ZPW-2000 调谐区设备电气特性在线测试移频。 (6)ZPW-2000 设备入口电流、分路残压在线测试	区段	每年 2 次
	2	防护盒、扼流变压器箱开盖检查整治	个	每年 2 次

2. 高速铁路自动闭塞的常见故障处理

(1)常见故障定位

①工作灯亮红灯。通信板对应的 CPU_1 或 CPU_2 的 CAN 地址配置错误。

②工作灯亮红灯,主备灯不亮,CANA、CANB、CAND、CANE 表示灯闪烁。列控主机与通信板的 CANAB1,CANAB2 连线没连接。

③工作灯亮红灯,主备灯不亮,CANA、CANB、CANC、CAND、CANE 表示灯闪烁。通信板与移频柜的 CAN 连线没有连接。

④在单总线工作状态下(即列控主机与通信组匣只有一条 CAN 总线连接),主通信板工作正常,备通信板工作灯亮红灯。对应移频柜与通信板的两对 CAN 连接线有交叉连接现象,即一个通信板的 CAND/CANE 与移频柜的 CAND/CANE 对应连接,另一个通信板的 CAND/CANE 与移频柜的 CANE/CAND 对应连接了。

⑤通信板上对应 CPU_1 及 CPU_2 有故障定位灯,其表示为:D_0 为对应 CPU 的 CAN 地址设置错误灯;D_1 为 CPU_1 与 CPU_2 通信故障灯;D_2 为本通信板与其互为主备的通信板通信故障灯;D_4 为 CANA 通信故障灯;D_5 为 CAND 通信故障灯;D_6 为 CANB 通信故障灯;D_7 为 CANE 通信故障灯。

(2)设备故障的结果与影响范围

通信编码的 ZPW-2000A 型轨道电路故障结果与影响范围见表 7.7。

表 7.7　通信编码的 ZPW-2000A 型轨道电路故障结果与影响范围

序号	故障设备名称	故障结果	影响范围	说　明
1	通信板	1. 中断 TCC 与轨道电路机柜、轨道电路机柜与轨道电路监测维护终端间的通信。 2. 其所控制的轨道区段仅发送轨道检测码 27.9 Hz。 3. 区间轨道电路无轨道继电器,故无输出;站内轨道电路因有轨道继电器,所以工作在默认工作状态下	一个轨道电路机柜的轨道区段的工作	1. 由于设备为主备冗余设置,所以故障是指主备设备均出现故障。 2. 一个轨道电路机柜对应于一对主备通信板

续上表

序号	故障设备名称	故障结果	影响范围	说　明
2	发送器	1. 轨道区段“红光带”。 2. 本轨道电路区段无机车信号信息	本轨道区段“红光带”后，将影响与其相关的轨道区段的编码信息	轨道电路的发送器为“1+1”冗余设置，所以故障必须是两台发送器同时故障
3	接收器	接收器为“0.5+0.5”冗余方式，本区段的接收器故障后，造成其对应的主机所在轨道区段的接收器处于单机工作状态	如果对应的并机工作正常，则无影响	接收器为“0.5+0.5”冗余设置，其为本轨道区段的主机，对应区段的并机
4	衰耗冗余控制器	如果其中的接收调整变压器或与其相关的部分故障，则引起本区段轨道电路轨道占用，即“红光带”；如果冗余控制部分故障且此时发送器故障，则要么发送器倒机不成功，要么轨道电路发送无输出；如果小轨道衰耗部分断线故障，则小轨道给出占用表示	本轨道电路区段。在“红光带”条件下，影响与其有关的相关轨道电路轨道区段的编码信息	根据故障部分具体分析
5	防雷模拟电缆网络盘	1. 如果为断线故障，则本轨道电路区段“红光带”。 2. 本轨道电路区段无机车信号信息	本轨道电路区段。与其相关的轨道电路区段的编码信息	
6	区间室外调谐区设备（PT或空芯线圈）	1. 调谐匹配单元中调谐部分故障： a. 本轨道区段“红光带”。 b. 如果有小轨道，则其高落。 c. 相邻轨道区段不确定，需要具体分析。 2. 调谐匹配单元中匹配部分故障： a. 发送端故障，则本轨道区段“红光带”且无机车信号信息。 b. 接收端故障，则本轨道区段“红光带”。 3. 本轨道电路区段无机车信号信息	本轨道电路和相邻轨道电路区段。与其相关的轨道电路区段的编码信息	机械绝缘节处的设备仅影响本区段
7	站内室外设备（BPLN 或 BES-）	1. 匹配单元 BPLN 故障，则本轨道电路区段“红光带”。 2. 电气化区段中，扼流变压器故障，则列车占用后，本轨道区段列车出清不恢复。 3. 本轨道电路区段无机车信号信息	本轨道电路区段。与该轨道电路区段有关的进路办理，以及与其有关的相关轨道电路区段的编码信息	
8	钢轨引接线断线	1. 轨道电路区段“红光带”。 2. 轨道区段内无机车信号信息	本轨道电路区段。与该轨道电路区段有关的进路办理，以及与其有关的相关轨道电路区段的编码信息	
9	道岔“跳线”断线	1. 可能造成本轨道电路区段失去分路防护。 2. 本轨道区段的机车信号信息不足	1. 影响机车信息的接收。 2. 影响该轨道区段的正常解锁	
10	补偿电容器	1. 短路时，本轨道区段“红光带”。 2. 断线时，恶化本轨道区段轨道电路工作条件	本轨道电路区段。可能影响与其相关的轨道电路区段的编码信息	恶化结果与补偿电容器的故障位置和道床漏泄（主要指天气条件）情况有关

(3)故障案例

①“主轨出”电压太低

××××BG,××××AG“主轨出”电压太低,分别为 270 mV 和 240 mV。在下行线正向时,××××BG 轨入中主轨电压为 270 mV,小轨电压太低只有 29 mV,造成“小轨出”电压无法调整;在下行线反向时,×××× AG 轨入中主轨电压为 240 mV,小轨电压太低只有39 mV,造成“小轨出”电压无法调整。

检查移频柜配线(发送电平和接收电平是否调整正确),检查综合柜配线(模拟网络盒 7.5 km 调整),测量模拟网络发送端和接收端电缆、设备、防雷端子电压是否正常,再和其他正常区段对比,接收端电压太低只有 6 V,正常电压一般在 10 V 左右,再在电缆分线端子测量电压,和接收器电压一致,说明区间回到中继站的电压太低,检测区间电缆配线,测量××××BG、××××AG 对应端子电压,测量区间轨面电压,检查设备安装和配线,找到了分割点F××××空芯线圈轨道连接线 V_1、V_2接线错误。

②主轨接收输出电压曲线异常

列车占用且全部进入该区段时,接收电压有升高的脉冲,在列车通过时有的电压幅值甚至超过调整状态的电压值。在利用集中监测对 ZPW-2000 移频轨道电路电特性进行调阅浏览时,发现某站某个区段在列车通过时主轨接收输出电压曲线异常。

经过对发送端、轨面和接收端全面检查,发现出站口的发送端(此时仍为反方向状态)的纵向防雷接地线未接在空芯线圈的中心点,而是接在了连接一侧钢轨的输出端端子上,因而构成了一侧钢轨接地,形成了列车占用该区段时的“第三轨”通道。当列车占用该区段时,通过接触网、车体、回流线(该线是接地的)和发送端的接地线构成了与一侧钢轨并联的另一条支路,虽然轮对分路了轨面,对另一侧钢轨而言,仅仅是分路了一侧轨面这条支路,而接地线的这条支路仍然存在,使接收端能接收到部分移频电压,同时由于两钢轨接地不平衡,使牵引供电对轨道电路造成不平衡,工频交流电中满足 2 600 Hz 的谐波叠加至移频轨道电路接收端的接收电压上,出现了异常现象。

将纵向防雷接地线移至空芯线圈的中心点,经两个串联的防雷模块后接地,测试发送端各部数据为:发送端轨面为 1.58 V/2 600 Hz,一侧钢轨对地电压为 810 mV/2 600 Hz,另一侧钢轨对地电压为 773 mV/2 600 Hz,两侧钢轨基本平衡;测试相邻站内轨道区段轨面的电压基本为零。

利用信号集中监测对 ZPW-2000A 移频轨道电路的主轨输出电压曲线进行调阅检查,发现列车通过时曲线变化异常,应迅速组织对室内外设备的配线进行检查,重点应检查室外防雷接地线的接线方法是否正确、是否有配线破皮或绝缘破损等造成单侧钢轨接地的现象,对存在的问题应立即克服处理。判断单侧钢轨是否有接地的方法为:设轨面电压为 V,分别测试左、右两侧钢轨对综合地线的电压为 V_1、V_2,如 $V_1 \approx V_2$且$(V_1+V_2) \approx V$,则属于正常,否则有可能存在单侧钢轨接地。

③接收器工作灯常亮红灯

××××BG、××××AG 接收器工作灯常亮红灯。

检查接收器是否插好。如果插好没有问题,再检查移频柜内部配线、移频柜零层配线,测量零层电压,测量 13-D、14-D、15-D,轨道电路在正向是 14-D、15-D,应该有 24 V 电压,13-D、15-D 应没有 24 V 电压,测出 13-D、15-D 有 24 V 电压,说明 13-D 配线错误,查找移频柜 13-D 到区间组合柜配线,找出到区间组合柜配线错误。

区间红光带故障。原因是7042BG接收端调谐匹配单元(PT)内部电容器连接螺栓松动,出厂时螺栓固定胶结不良。

S2LQG区段红光带,故障原因为S2LQG室内接收模拟网络后部35针插头因固定卡不良出现插头松动。

冰雪打坏轨道电路发送箱液压断路器落下,造成轨道电路红光带。

项目小结

高速铁路正方向运行采用自动闭塞,反方向运行采用自动站间闭塞。高速铁路的自动闭塞与普速铁路的自动闭塞有诸多不同,在高速铁路的车站和区间信号中继站都设有列控中心,高速铁路的自动闭塞由列控系统实现,即自动闭塞与列控系统地面设备实现了一体化。高速铁路将轨道电路纳入列控中心控制,实现了区间自动闭塞的继电编码向通信编码的转变。高速铁路区间通过信号机点灯由列控中心控制。高速铁路的区间方向控制也纳入列控中心控制。

高速铁路采用通信编码的ZPW-2000A型无绝缘轨道电路,其发送器、接收器载频选择通过列控中心进行集中配置;发送器采用无接点的计算机编码方式,发送器由既有的"$n+1$"提高为"1+1"的备用模式;将调谐单元和匹配单元整合为一个调谐匹配单元;优化了补偿电容器的配置;加大了空芯线圈的导线线径;带有监测和故障诊断功能;站内采用与区间同制式的轨道电路。

列控中心根据轨道空闲(占用)条件及信号开放条件等进行编码,通过通信接口板转发编码数据,列控中心通过与轨道电路的接口(T口)和轨道电路通信。

运行速度200~250 km/h高速铁路的自动闭塞增加防护码——H(红)码;增加L2~L5码;反方向运行时按自动站间闭塞办理,但码序与正方向相同,所有区段都有码。

运行速度300~350 km/h高速铁路的自动闭塞和200~250 km/h高速铁路的自动闭塞一样,轨道电路的编码和区间运行方向控制由列控中心完成,只是区间不设通过信号机,无须点灯控制。

区间占用丢失会造成严重后果,仅从轨道电路方向无法根本解决,为此在高速铁路,通过TCC的软件实现区间逻辑占用检查,进行安全防护。

复习思考题

1. 高速铁路的自动闭塞有何特点?
2. 高速铁路的自动闭塞是如何实现的?
3. 通信编码的ZPW-2000A型轨道电路有何特点?
4. 比较通信编码的ZPW-2000A型轨道电路与继电编码的ZPW-2000A型轨道电路的异同。
5. 简述通信编码的ZPW-2000A型轨道电路设备的设置。
6. 当闭塞分区长度大于轨道电路工程设计长度时如何处理?
7. 简述通信编码的ZPW-2000A型轨道电路发送器的结构和工作原理。
8. 简述通信编码的ZPW-2000A型轨道电路接收器的结构和工作原理。

9. 通信接口板有何作用?
10. 简述通信编码的 ZPW-2000A 型轨道电路衰耗冗余控制器结构和工作原理。
11. ZPW-2000A 型轨道电路调谐匹配单元有何特点?
12. 运行速度 200～250 km/h 高速铁路的轨道电路如何设置?
13. 列控中心与轨道电路如何通信?
14. 高速铁路的轨道电路编码如何控制?
15. 什么是区间逻辑占用检查? 为什么要进行该项检查?
16. 区间逻辑占用检查采用何种实施方案?
17. 简述区间逻辑的处理原则。
18. 简述信号许可的处理原则。
19. 区间逻辑检查在哪些情况下限制使用?
20. 高速铁路的区间通过信号机点灯如何控制?
21. 高速铁路的区间运行方向如何控制?
22. 运行速度 300～350 km/h 高速铁路自动闭塞有何特点?
23. 简述高速铁路 ZPW-2000A 型轨道电路的日常维护作业。
24. 简述高速铁路 ZPW-2000A 型轨道电路的集中检修作业。
25. 简述高速铁路 ZPW-2000A 型轨道电路的常见故障处理方法。

名词术语英（缩略语）中对照

英文缩略语	中　文
A/D	模拟/数字
ATP	列车自动防护
BA	调谐单元
BP	轨道匹配单元
CAN	控制器局域网
CSM	信号集中监测系统
CTC	调度集中
CTCS	中国列车运行控制系统
DFT	离散傅里叶变换
DSP	数字信号处理
D-SVA	电气—平衡线圈
FE	快速以太网
FFT	快速傅里叶变换
FPGA	现场可编程门阵列
FSK	移频键控
I/O	输入/输出
JES	电气绝缘节
J-SVA	机械—平衡线圈
KVM	多电脑切换器
MTBF	平均故障间隔时间
ODF	光纤配线架
RAM	随机存储器
ROM	只读存储器
RSSP	铁路信号安全协议
SA	信号许可
TCC	列控中心
TDCS	列车调度指挥系统
UPS	不间断电源

参考文献

[1] 中国铁路总公司. 铁路技术管理规程(普速铁路部分)[S]. 北京:中国铁道出版社,2014.
[2] 中国铁路总公司. 铁路技术管理规程(高速铁路部分)[S]. 北京:中国铁道出版社,2014.
[3] 中国铁路总公司. 普速铁路信号维护规则 技术标准[S]. 北京:中国铁道出版社,2015.
[4] 中国铁路总公司. 高速铁路信号维护规则 技术标准部分[S]. 北京:中国铁道出版社,2016.
[5] 国家铁路局. 铁路信号设计规范[M]. 北京:中国铁道出版社,2017.
[6] 国家铁路局. 高速铁路设计规范[M]. 北京:中国铁道出版社,2015.
[7] 林瑜筠. 新型移频自动闭塞[M]. 3 版. 北京:中国铁道出版社,2007.
[8] 林瑜筠. 高速铁路信号技术[M]. 北京:中国铁道出版社,2012.